O TRABALHO NO ECRÃ

Título original:
O Trabalho no Ecrã. Memórias e Identidades Sociais através do Cinema

Revisão: Diogo Tellechea

Capa: FBA

Depósito Legal n.º 418891/16

Biblioteca Nacional de Portugal – Catalogação na Publicação

O TRABALHO NO ECRÃ

O trabalho no ecrã: memórias e identidades
sociais através do cinema / coord. Frédéric
Vidal, Luísa Veloso. – (Extra coleção)
ISBN 978-972-44-1902-2

I – VIDAL, Frédéric
II – VELOSO, Luísa

CDU 316

Paginação:
MA

Impressão e acabamento:
ARTIPOL - ARTES TIPOGRÁFICAS, LDA.
para
EDIÇÕES 70
Dezembro de 2016

EDIÇÕES 70, uma chancela de Edições Almedina, S.A.
Avenida Engenheiro Arantes e Oliveira, 11 – 3.º C – 1900-221 Lisboa / Portugal
e-mail: geral@edicoes70.pt

www.edicoes70.pt

FRÉDÉRIC VIDAL
LUÍSA VELOSO
[COORD.]

O TRABALHO NO ECRÃ

MEMÓRIAS E IDENTIDADES SOCIAIS ATRAVÉS DO CINEMA

70

Índice

Agradecimentos

A equipa de investigação endereça aqui uma palavra de agradecimento a algumas pessoas e entidades que tornaram possível este estudo.

Em primeiro lugar, agradecemos a toda a equipa da Cinemateca Portuguesa e do Arquivo Nacional das Imagens em Movimento (ANIM), em especial ao seu diretor, José Manuel Costa, que nos abriu a possibilidade de desenvolvermos uma intensa pesquisa no ANIM, e a Sara Moreira e Luís Gameiro, pela disponibilidade permanente em responder às questões que foram sendo colocadas e à disponibilização dos filmes para visionamento e análise.

Em segundo lugar, vai uma palavra de agradecimento a todas as pessoas que de forma tão prestável e disponível, entre Lisboa, Sacavém e o Barreiro, participaram nesta investigação, ora facultando os seus testemunhos, ora providenciando informação preciosa para a análise.

Em terceiro lugar, agradece-se à Terra Treme, pela disponibilização de material para filmagem, em particular a Susana Nobre, pela sua presença em alguns momentos do trabalho da equipa de investigação.

Em quarto lugar, agradecemos aos funcionários do Arquivo do Gabinete de Estratégia e Planeamento do Ministério do Trabalho (Ministério da Solidariedade, Emprego e Segurança Social), que ajudaram a desenvolver a pesquisa sobre a história da Secção Cinema e Televisão da Junta de Acção Social.

Em quinto lugar, agradecemos à Esmeralda U. Pereira, aluna da licenciatura em antropologia da Faculdade de Ciências Sociais e Humanas da Universidade Nova de Lisboa, que realizou o inventário do arquivo pessoal do cineasta Fernando Matos Silva, no âmbito de um estágio curricular realizado no Centro em Rede de Investigação em Antropologia (CRIA).

Em sexto lugar vai uma palavra de agradecimento aos consultores Nicolas Hatzfeld e Jorge Ribalta, pelo seu olhar atento e perspetivas reflexivas em vários dos momentos da investigação.

Em último lugar agradecemos a Jacques Lemière e João Sousa Cardoso os estimulantes momentos de reflexão e partilha ao longo da investigação.

CAPÍTULO 1

INTRODUÇÃO

FRÉDÉRIC VIDAL E LUÍSA VELOSO

Este livro apresenta e discute os principais resultados de uma investigação coletiva sobre as representações do trabalho no cinema português que decorreu entre julho de 2013 e dezembro de 2015. Adotando o título «O trabalho no ecrã», com o acrónimo WorkS (para *Work on Screen*), o projeto visou pensar os processos de categorização do mundo social a partir do cinema e dos seus diferentes modos de receção[1].

O trabalho continua a desempenhar um papel essencial na estabilidade e dotação de sentido das trajetórias dos indivíduos e grupos sociais e nos mecanismos de reconhecimento social. No entanto, tem vindo a sofrer processos vários de mudança que, com o contexto atual de crise económica e emprego, exigem equacionar a estruturação das identidades que sobre o trabalho se constroem, destroem e modificam.

O projeto WorkS teve como objetivo analisar os processos sociais de formação de identidades sobre o trabalho em Portugal e reconstruir as narrativas que daí resultam e, simultaneamente, as estruturam. Este projeto assumiu um enquadramento multidisciplinar, a partir do qual diferentes abordagens das ciências sociais e humanas (sociologia, história, antropologia) dialogaram com os questionamentos mais específicos dos estudos fílmicos. Nesta perspetiva, consideramos que a análise das representações cinematográficas do trabalho deve designadamente prolongar e aprofundar estudos que têm tido por objeto a construção discursiva do mundo social (Sewell, 1980).

No início da investigação foram identificados dois riscos inerentes ao diálogo entre análise de imagens e abordagens das ciências sociais e humanas, sobre os quais refletimos e problematizamos ao longo do estudo: i) considerar os filmes como meras fontes históricas ou sociológicas que completam ou conferem conhecimentos já pré-existentes (elaborados nomeadamente a partir de fontes textuais); ii) considerar as representações fílmicas como simples formas ou sistemas de signos (imagens), inteligíveis apenas do ponto de vista do gesto cinematográfico.

Os estudos discutidos ao longo dos diferentes capítulos desse livro abordam uma grande variedade de género cinematográfico, contextos de produção e de receção dos filmes. Os estudos sobre os «documentários industriais»

[1] «WorkS – O trabalho no ecrã» (PTDC/IVC SOC/3941/2012) foi um projeto financiado pela Fundação para a Ciência e a Tecnologia (FCT), desenvolvido no CIES-IUL em parceria com o CRIA e o CECL-UNL. Para além dos autores dos estudos reunidos neste livro, a equipa de investigação incluiu também Jacques Lemière (Université de Lillle 1) e João Sousa Cardoso (CECL-UNL).

(Martins, 2011), os filmes de «atualidade» (Piçarra, 2006; Piçarra, 2011), ou os «outros filmes»[2] ganharam uma grande visibilidade na área dos estudos de cinema, constituindo um campo de investigação particularmente fecundo e inovador, nomeadamente do ponto de vista da análise do papel do cinema na configuração do mundo social contemporâneo.

A maior parte desses estudos tem como ponto de partida a identificação ou definição de categorias ou géneros cinematográficos, seja a partir de um contexto de produção (documentários industriais, filmes de atualidades) ou de um objeto (os filmes turísticos) singulares e que dão à investigação a sua coerência e principal linha diretiva.

O primeiro desafio do projeto WorkS foi precisamente trabalhar a partir de um corpus extremamente heterogéneo, e encontrar ferramentas teóricas e metodológicas que permitissem estabelecer pontos de comparação e de diálogo entre filmes e categorias de filmes cujos contextos históricos de produção e de realização, conteúdos e estruturas formais, usos políticos e ideológicos e os seus modos de difusão e receção são extremamente diversificados.

O livro está organizado em 10 capítulos. Para além do capítulo introdutório (capítulo 1), começa por expor a metodologia de seleção, visionamento e classificação dos filmes que constituem o corpus da análise (capítulo 2). Propõe-se a seguir uma análise figurativa dos filmes ou de sequências cinematográficas que permite observar com mais fineza a relação entre o dispositivo cinematográfico (imagem e som) e as representações do trabalho (capítulo 3). Nos três capítulos seguintes, tomamos como ponto de partida, problemáticas ou categorias analíticas que tradicionalmente pertencem às ciências sociais e que foram construídas ao longo do visionamento e análise dos filmes: a construção social do espaço de trabalho (capítulo 4); o uso da palavra (capítulo 5); e os gestos e os dispositivos técnicos (capítulo 6). Considerámos essas problemáticas como pertinentes para compreender o modo de construção das representações cinematográficas do trabalho e analisar como o dispositivo cinematográfico interage com a realidade do trabalho. Nesta fase da investigação, o objetivo não era o de analisar como é que os filmes figuram e representam uma determinada situação ou realidade do trabalho, mas antes questionar o papel do cinema na construção de um discurso próprio – ou uma narrativa, porque a grande maioridade dos filmes visionados possuem uma lógica narrativa – sobre o trabalho, e como este discurso vai ao encontro das verdades «objetiva» e «subjetiva» sobre o trabalho (Bourdieu, 1996). Partimos então de uma problemática sobre o trabalho e procuramos analisar como o cinema a (re)trata.

Os últimos quatro capítulos são consagrados a estudos de caso que permitem analisar diferentes contextos de produção, difusão e receção de filmes sobre o trabalho: num primeiro tempo, analisamos o desenvolvimento de um cinema institucional em Portugal na década de 1960, com um estudo sobre o funcionamento da Secção Cinema e Televisão da Junta de Acção Social (JAS), um organismo público criado em 1956 para executar o Plano de Formação Social e Corporativa lançado nesse mesmo ano pelo Ministério das Corporações e Previdência Social (capítulo 7); seguidamente, a partir da análise de dois

[2] Designação adotada pelo grupo de trabalho da Associação de Investigadores da Imagem em Movimento (AIM) coordenado desde 2013 por Sofia Sampaio, Raquel Schefer e Thaís Blank.

filmes que retratam as lutas de um grupo de trabalhadores de uma empresa multinacional da periferia de Lisboa – a Applied Magnetics – analisamos as representações do trabalho presentes no cinema militante realizado em Portugal na segunda metade da década de 1970, bem como a configuração das várias memórias coletivas dos atores sociais envolvidos nessas lutas sociais e na produção dos filmes (capítulo 8); o último estudo de caso detém-se sobre os processos sociais de produção, uso e receção do cinema industrial ou de empresa a partir de um conjunto de filmes relacionados com as atividades da Companhia União Fabril (CUF), ao longo do século XX (capítulo 9 e 10). Na parte final, do relatório são apresentadas as principais conclusões desta investigação, enfatizando a configuração dos seus eixos analíticos (capítulo 11).

Referências bibliográficas

Bourdieu, P. (1996). La double verité du travail. *Actes de la Recherche en Sciences Sociales*, 114(1), 89-90.

Martins, P. M. (2011), *O Cinema em Portugal: Os Documentários Industriais de 1933 a 1985*. Lisboa: Imprensa Nacional-Casa da Moeda.

Piçarra, M. do C. (2006), *Salazar vai ao Cinema: O Jornal Português de Actualidades Filmadas*. Coimbra: Minerva.

Piçarra, M. do C. (2011), *Salazar vai ao Cinema II: A 'Política do Espírito' no Jornal Português*. Lisboa: DrellaDesign.

Sewell, W. H. (1980), *Work and Revolution in France: The Language of Labor from the Old Regime to 1848*. Cambridge: Cambridge University Press.

CAPÍTULO 2

A CONSTRUÇÃO DE UM CORPUS DE FILMES SOBRE O TRABALHO

FRÉDÉRIC VIDAL, LUÍSA VELOSO E JOÃO ROSAS

1. Introdução

Este capítulo tem por objetivo propor uma reflexão geral sobre o uso do cinema para a análise das representações do trabalho na sociedade portuguesa ao longo do século XX. Após a apresentação do enquadramento teórico, discutem-se os principais aspetos da metodologia que foi adotada no âmbito do projeto «WorkS – O trabalho no ecrã». Esta investigação pluridisciplinar contempla domínios diversos, entre os quais se inclui a análise de um conjunto de filmes selecionados a partir da coleção disponível no Arquivo Nacional das Imagens em Movimento (ANIM) da Cinemateca Portuguesa – Museu do Cinema.

Durante a primeira fase da investigação, estabelecemos os critérios de visionamento e seleção de filmes com o objetivo de constituir o corpus da investigação. A seleção foi baseada em três critérios principais: autor(es); entidade e/ou setor de atividade; série[1]. Para cada um destes critérios foi criada uma lista aberta de itens em construção ao longo da investigação. O desafio inicial residiu no facto de o nosso objeto de investigação – as representações cinematográficas do trabalho – ser bastante amplo e flexível, isto é, não remeter para uma definição clara e unívoca de uma tipologia de filmes que poderiam constituir um corpus de análise coerente.

Visionámos 314 filmes (num universo de mais de 600 filmes identificados), dos quais 256 foram selecionados para constituir um corpus intermédio de filmes que foram o objeto de uma análise detalhada (*ver a lista completa dos filmes do corpus no anexo 1*). De uma maneira geral, nesta fase inicial de visionamento, confrontámo-nos com um universo cinematográfico bastante diversificado, sem linha diretiva clara, em que alguns realizadores – como João Mendes ou J. N. Pascal-Angot, nas décadas de 1950 e 1960 – ou entidades – como o Ministério da Educação ou a Junta de Acção Social, a partir dos anos 1950 e até ao 25 de Abril de 1974 – têm um papel central na produção, realização e difusão dos filmes. Assim, para a constituição de um corpus coerente, foi necessário proceder a um mapeamento do universo fílmico em questão, mas também, e sobretudo, ir organizando esse mesmo corpus, confrontando os filmes e encontrando formas de diálogo entre eles.

[1] O(s) autor(es) é(são) o(s) realizador(es) do filme creditado(s) na ficha técnica. A entidade e/ou setor de atividade corresponde ao setor de atividade e/ou do lugar de produção representado no filme; pode ser uma empresa (ex. Companhia União Fabril), um setor de atividade (ex. cortiça, pesca) ou, por metonímia, a identificação de um território ligado a um setor de atividade específico (ex: Sines/petroquímica; Marinha Grande/indústria do vidro; Alentejo/cortiça). A série corresponde às coleções de filmes identificadas e constituídas a partir de um mesmo processo de encomenda e/ou ciclo de produção que se encontra creditado na ficha técnica do filme.

Apesar da diversidade, foi desde logo evidente a oposição nítida entre dois tipos de filmes e de produção cinematográfica. Por um lado, este corpus é maioritariamente composto por filmes que têm uma dimensão utilitária (Acland & Wasson, 2011), ou seja, que preenchem uma função económica e social, estando, nomeadamente, ao serviço de uma empresa, de um organismo público ou de uma organização profissional. A maioria destes filmes apenas ganha relevância heurística quando enquadrados num ciclo ou num grupo mais alargado de produção. Por outro lado, há filmes que se destacam e singularizam - seja pela sua riqueza formal, seja pela relevância de determinada representação do trabalho - merecendo assim uma análise específica, tanto em termos de conteúdo e de forma, como de contexto de produção, isto é, das condições sociais que estão na sua base. No caso português, esta dualidade do corpus fílmico é ainda enriquecida pelo facto de a realização de uma parte (quantitativamente importante) de filmes utilitários ser da responsabilidade de cineastas reconhecidos, como é o caso dos filmes que se enquadram no movimento do Cinema Novo (realizações de António de Macedo ou de Fernando Lopes, por exemplo), o caso de Manuel Guimarães, que tanto na sua obra autoral como de encomenda se debruçou diversas vezes sobre o trabalho, ou ainda o caso singular de alguns dos filmes de Manoel de Oliveira, nomeadamente *Douro, Faina Fluvial* (1931) e *O Pão* (1959).

Assim, o valor heurístico dos filmes visionados é necessariamente variável e dependente de escalas ou unidades de análise díspares, como séries, filmes isolados, sequências, planos, imagens, etc. Para dar conta da complexidade deste universo em estudo, partimos do princípio que a metodologia adotada deveria, necessariamente, cruzar análises em série - para observar regularidades e transformações nas representações do trabalho no cinema - com análises pormenorizadas de um número limitado de filmes ou de sequências.

2. O filme como fonte, processo ou representação

O reconhecimento do cinema como fonte histórica é um facto antigo[2]. Filme de ficção, documentários, filme de atualidade ou de propaganda, filme amador ou experimental, qualquer filme é portador de uma parte do real que pode interessar potencialmente ao historiador (Delage & Guigueno, 2004). Relativamente à questão da construção das representações sociais, vários trabalhos debruçaram-se sobre o papel do cinema na formação ou afirmação de identidades sociais, cruzando análises contextuais (a inserção dos filmes num tempo e num espaço) e análises de conteúdo (a especificidade da linguagem cinematográfica)[3]. A esta dimensão socio-histórica clássica, propomos acrescentar uma reflexão sobre o papel do cinema enquanto ator do processo de construção e de classificação do real, seguindo uma abordagem reflexiva que se interessa pela relação entre as categorias cinematográficas, culturais e sociológicas de apropriação da realidade social. De uma maneira geral, consideramos que os filmes não devem ser analisados apenas numa ótica de reconstituição de um

[2] Ver o estado da arte apresentado por Delage & Guigueno (2004).

[3] Ver por exemplo, o trabalho de Cadé (2004) sobre as representações da classe operária no cinema francês.

passado ou de processos de transformações sociais que teriam sido escassa ou nada documentados por outras fontes (fontes escritas, por exemplo). Assim, não recorremos aos filmes como fonte para desenvolver eixos de investigação sobre a história do trabalho em Portugal. Ou seja, não procurámos selecionar filmes que pudessem ajudar a perceber melhor a evolução das formas e organizações do trabalho na sociedade portuguesa. Antes perspetivamos o cinema como um campo com um papel ativo na construção da realidade social.

Na sua conceção, esta investigação deve muito ao *cultural turn* que marcou a história nas últimas duas décadas do século XX, delineando novas formas de diálogo e convergência entre história cultural e história social (Hunt, 1989). Do nosso ponto de vista, as questões levantadas por essa «viragem cultural» ultrapassam os respetivos campos disciplinares, pois nasceram de uma crise mais geral das ciências sociais nesses anos – crise talvez mais acentuada no caso da história – que se depararam com uma série de ruturas concetuais e epistemológicas, tais como o colapso do marxismo e dos modelos de interpretação totalizantes. A apreensão do mundo social através de categorias pré-constituídas e que não variam – ou variam pouco – no tempo e no espaço (as classes sociais, as classificações socioprofissionais, por exemplo) deixou de ser o caminho mais óbvio para analisar as sociedades do passado. O trabalho de crítica e de desconstrução dessas categorias passou por uma maior atenção dada aos discursos, às linguagens, às imagens e representações (Lequin, 1986). Novos paradigmas foram então elaborados, como por exemplo, uma valorização das «vozes» – ou seja, todas as formas de expressão, das mais coletivas às mais individualizadas – do passado e, sobretudo, as vozes das populações ou grupos sociais (operários, mulheres, imigrantes, etc.) que eram normalmente apenas ouvidos e olhados através da mediação dos discursos do poder (Rancière, 1981). Paralelamente a essa mudança de objeto ou de enfoque, assistimos também a uma redescoberta/releitura da fonte histórica, enquanto texto e discurso, que não dá um acesso direto a uma realidade histórica, mas sim a um conjunto de relações, confrontos e configurações que passaram a constituir a matéria-prima da investigação histórica. Neste aspeto, a influência da sociologia configuracional de Norbet Elias foi fundamental (Chartier, 1998). Do lado da história das artes, algumas propostas influenciadas pela iconologia e a redescoberta dos trabalhos de Aby Warburg, ocuparam um lugar similar na redefinição dos objetos históricos, como o analisou recentemente Carlos Ginzburg (2013).

Numa versão mais radical – nomeadamente os trabalhados que se referem de uma maneira mais ou menos explicita ao *linguistic turn* – esta discussão levou a considerar a história como uma simples narrativa, que não obedece a nenhum regime científico ou de verdade específico (Ginzburg, 1999). A realidade chegaria até nós apenas sob a forma de uma linguagem. E escrever a história das sociedades do passado seria então fundamentalmente um exercício literário e de *mise en forme*. Estas posições relativistas suscitaram muitas discussões e contestações que não cabe aqui elencar[4]. Uma abordagem mais atenta aos contextos sociais de produção e receção das representações culturais, influenciada

[4] Para acompanhar o debate ao longo das últimas três décadas, ver por exemplo Gribaudi (1981), Ginzburg (1999) e Sewell (2005).

nomeadamente pelas leituras de Michel de Certeau (1990) ou de Pierre Bourdieu (1992), permitiu delinear uma via intermédia que Roger Chartier resume como uma via para articular a «construção discursiva do mundo social» com a «construção social dos discursos» (Chartier, 1998, p. 129). Ou seja, pensar os textos – e os discursos – e as suas enunciações em termos de processo social, tanto do lado da produção, como da difusão e da receção. É a abordagem que tentamos seguir no WorkS.

A centralidade da análise das formas de expressão cultural (incluindo o cinema) nasceu da transformação profunda dos objetos e dos métodos da história social. Por um lado, a história cultural deve estar atenta à difusão de representações e de sensibilidades, além das formas materiais e/ou institucionais de construção de objetos culturais sempre reinventados por atores sociais que ocupam posições específicas neste processo (artistas, produtores, espectadores, leitores, etc.). Por outro lado, a cultura pode ser considerada não tanto um domínio absolutamente autónomo, mas sim um «olhar» (Baecque, 2003) sobre o mundo social. Ou seja, «uma via de acesso ao conjunto das realidades sociais, de que a cultura seria, de algum modo, a expressão estruturante» (Kalifa, 2012, p. 67), e o que William Sewell (2005) designou como a «construção cultural do mundo social».

A análise das imagens em movimento coloca dificuldades suplementares que remetem para a complexidade da matéria fílmica: uma matéria múltipla e densa (sons, imagens, tempo), que dificilmente pode ser decomposta e apreendida na totalidade sob a forma de texto (científico ou não). O que é fundamental reafirmar a cada momento é que não se pode pensar as representações (o que se vê) sem tentar analisar ou apontar os processos sociais que emergem através delas. Esses processos não se reduzem à personalidade ou à individualidade do cineasta, apesar de as integrarem necessariamente.

As opções tomadas a nível teórico ao longo da investigação articulam-se além disso com as especificidades do trabalho num arquivo cinematográfico. Se o filme não constitui uma fonte, já que é um objeto de análise em si, o arquivo cinematográfico não é um arquivo banal onde se procuram «documentos» para discutir e afinar uma problemática previamente definida (Bloch, 1999 [1949]). De facto, ao longo do processo de investigação no ANIM, tivemos de aprender a lidar com um modo de organização de um arquivo singular e detentor de uma posição monopolística nesta fase da investigação. O processo de requisição e visionamento dos filmes estava dependente do estado patrimonial das cópias, mas também de formas de reconhecimento e identificação prévias, tais como a base de dados do ANIM, as publicações diversas sobre o cinema português, o conhecimento e interesses dos investigadores envolvidos no projeto, aspetos que podem ter uma dimensão casual e uma capacidade de influência na pesquisa que nem sempre é possível de controlar.

Ainda que, num primeiro momento, se tenha equacionado a eventualidade de a investigação vir a assumir um caráter um pouco rotineiro e tautológico, num segundo momento evidenciaram-se as potencialidades analíticas de assumir os filmes como objeto de estudo acerca das representações do trabalho no cinema português. A investigação não teve como objetivo chegar a uma visão total e exaustiva, mas sim perceber processos sociais e culturais que fizeram do cinema uma ferramenta essencial na construção e difusão de imagem e categorias de pensamento sobre o trabalho. Seguindo as análises de Michael Baxandall sobre a pintura italiana do século XV (1972) e as de Pierre Bourdieu sobre a construção do campo literário e artístico (1992 e 2013), consideramos o filme como o produto de uma relação social e é neste sentido que o constituímos como objeto de estudo.

Nesta perspetiva, importa ainda convocar diferentes abordagens que têm sido desenvolvidas. Primeiro, foram conduzidas análises das formas de escrita cinematográfica que privilegiam o estudo dos filmes que oferecem um desafio ou contemplam uma problemática em termos estéticos ou de narração, geralmente designados como «filmes de autor» (Cadé, 2004; Delage & Guigueno, 2004). Segundo, autores como Sylvie Lindeperg (2001) propuseram o método dito do «cinema em ação» que privilegia a análise do processo de fabricação do filme e das camadas de escrita de um «filme-palimpsesto» (escrita do guião, produção, montagem, etc.)[5]. Finalmente, a análise da relação entre cinema e memória e dos papéis desempenhados pelos filmes na constituição, transmissão e/ou transformação de uma memória coletiva, na perspetiva dos trabalhos de Paul Ricœur (2000) sobre a relação entre arquivos e memórias, ou de Jacques Rancière (2008) sobre os modos diferenciados de apropriação das imagens, por exemplo. Esta abordagem pode também conduzir a uma reflexão em torno do cinema como espaço de conflitos simbólicos e de poder.

Estas diferentes abordagens podem ser vistas como complementares, na medida em que focam momentos distintos da produção e receção das representações cinematográficas. Ao mesmo tempo, a opção por uma destas abordagens depende, geralmente, do tipo de filmes analisados e do enquadramento temático da investigação. Por exemplo, o método do «cinema em ação» (Lindeperg, 2001) tem sido muitas vezes associado aos filmes que documentam períodos ou eventos marcados por fortes conflitos ideológicos ou sociais (tais como a Segunda Guerra Mundial, o Maio de 1968 ou o Período Revolucionário do pós-25 de Abril de 1974). A abordagem «memorial» é particularmente adaptada para uma análise de longa duração das construções e difusões das representações sociais.

3. A seleção dos filmes: o registo de situações de trabalho

A relação do corpus fílmico com a problemática do trabalho deve ser pensada do ponto de vista tanto da definição do tipo de representação a analisar (o que se vê quando se representa o trabalho no cinema), como dos contextos de produção dessas imagens.

Na fase inicial da investigação conduzida no ANIM, foi central a definição dos critérios de inclusão e exclusão dos filmes na base de dados que serviu de suporte à análise. Não partimos de uma definição *a priori* do tipo de representação

[5] Ver por exemplo o trabalho de Lindeperg (2013) sobre os filmes no tempo da ocupação alemã em França. A expressão «cinema em ação» refere-se aos trabalhos de Bruno Latour.

do trabalho (gestos, espaços, tipologias ou tipificações) ou dos setores de atividade (limitação ou não ao setor industrial) a excluir e a incluir no corpus da análise. Procurámos identificar registos cinematográficos de «situações» (Mitchell, 1987) de trabalho. Ou seja, definimos o trabalho de uma maneira contextualizada a partir dos filmes: o que representam e a maneira como representam o trabalho. Os critérios de seleção dos filmes foram necessariamente flexíveis, variáveis e instáveis, dependendo dos períodos históricos e dos espaços (campo / cidade), dos setores de atividade, dos grupos ou classes sociais representados, etc. Do ponto de vista formal, privilegiamos os filmes que descrevem (Vidal, 2007) ou representam o trabalho através de um uso – mais ou menos elaborado – da linguagem cinematográfica: organização dos planos em unidades espácio-temporais (cenas) ou temáticas e narrativas (sequências), adoção de um ponto de vista e criação de um tempo de ação, montagem de sons e imagens para a elaboração de um discurso, etc. O som (locução, música, som ambiente, som direto) surgiu rapidamente como um eixo de análise fundamental, já que a representação do trabalho é muitas vezes veiculada tanto pela voz como pela imagem[6].

Esta definição contextualizada do trabalho pressupõe um conhecimento preciso dos contextos de produção e receção dos filmes, relacionados com, nomeadamente: a finalidade dos filmes; os atores envolvidos no momento da filmagem (realizadores, produtores, etc.); e os processos de receção e modo de difusão. Para além de uma análise particularizada de cada filme – uma análise que terá sempre um âmbito limitado, tendo em conta a escassez da documentação geralmente disponível – procuramos explorar a relação entre o campo cinematográfico português e as instituições ou organismos envolvidos na encomenda ou produção de filmes: as administrações públicas (Ministério do Trabalho, Ministério da Educação, Junta de Acção Social, Departamento de Prospetiva e Planeamento, entre outros), mas também as organizações empresariais (como a Associação Industrial Portuguesa-AIP)[7]. A ideia não foi apenas procurar documentos sobre os filmes analisados, mas também reconstruir um contexto de produção e, se possível, as relações que entidades várias (ministérios, juntas, secretariados, etc.) tinham com o cinema, ou seja, reconstituir «culturas visuais» (Brunet, 2013) do trabalho.

Ao longo dos diferentes capítulos que compõem este livro, os resultados desta investigação serão expostos, focando diferentes linhas temáticas e abordagens. Neste primeiro capítulo de apresentação geral, avançamos com algumas análises preliminares acerca da natureza do corpus de filmes constituído para esta investigação e das representações do trabalho que eles veiculam.

A primeira nota a reter é a de que se trata de um universo extremamente diversificado. Verificamos que a maior parte dos filmes visionados está associada ao rótulo de «filmes de encomenda», conforme esse conjunto tem sido definido e repertoriado na bibliografia existente (Lagny, 2000). No entanto, na maior parte dos casos, não temos nenhuma certeza sobre a natureza real desse processo de encomenda. Temos algumas dificuldades em perceber,

[6] Ver as análises conduzidas neste livro nos capítulos 5 e 8.

[7] Tudo indicia que o Estado teve um papel preponderante ao longo do período em análise, pois a estrutura do setor empresarial português condiciona a emergência de um uso específico do cinema, mesmo nas empresas de maior dimensão. No entanto, não se trata de um traço específico de Portugal (ver Lagny, 2000).

nomeadamente, as condições jurídicas (contratação ou não) de dada encomenda, a identificação dos parceiros, o processo concreto que está na base da iniciativa do filme, a existência ou não de ciclos ou séries, etc. As próprias fichas técnicas dos filmes (os genéricos de início ou créditos finais) são pouco explícitas a este respeito: a relação entre a equipa de produção do filme e as empresas ou entidades filmadas é geralmente omissa ou expressa sob a forma de agradecimentos[8]. Em poucos filmes é possível encontrar a assunção clara da encomenda de forma explícita. Uma exceção é por exemplo *As Rodas de Lisboa (1951)*, de António Lopes Ribeiro onde se lê que com este filme «A CARRIS quis...».

A questão da forma como os filmes retratam o trabalho, nas suas diferentes dimensões (sociais, culturais, técnicas), coloca-se de maneira diferente em função da tipologia dos filmes e dos contextos de produção: filmes de empresa, filmes de encomenda, filmes utilitários, filmes militantes, filmes de ficção, etc. No seu estudo sobre as representações dos operários no cinema francês, Michel Cadé (2004) escolheu analisar filmes de ficção e alguns documentários de larga difusão em salas comerciais, excluindo do seu corpus os filmes de empresa e os filmes militantes que tiveram uma difusão muito mais restrita. Para este autor, o objeto da análise – as representações cinematográficas de um grupo social, examinado nas suas várias dimensões: no trabalho, na vida familiar, nos lazeres, etc. – pressupõe privilegiar os filmes que foram o «vetor de uma representação geral» (Cadé, 2004, p. 41).

Na nossa investigação, consideramos que os contextos de difusão dos filmes institucionais ou utilitários, não limitam o seu valor heurístico, nomeadamente quando os comparamos com os filmes de ficção difundidos no circuito comercial. Depois da Segunda Guerra Mundial, a multiplicação das produções cinematográficas em instituições públicas ou privadas que intervêm na organização económica, técnica ou social do trabalho em Portugal é um dado importante que constitui por si só um eixo de análise. A confrontação desses filmes com um cinema dito de «autor», de maior difusão e caracterizado por enredos narrativos ou desafios estéticos mais complexos ou exigentes, enriquece a investigação e alarga a reflexão. Consideramos que os limites na afirmação do estatuto de criador ou a existência de regras ou constrangimentos na produção das imagens não são uma característica do cinema de encomenda. Eles estão sempre presentes, em qualquer tipo de produção cinematográfica (ver Lagny, 2000; Leblanc, 2001).

Trabalhos sistemáticos de investigação em arquivos – quando e se possíveis – revelariam provavelmente a existência de estratégias diferenciadas de uso do cinema em função dos enquadramentos institucionais. Por um lado, nos anos 1960, a Associação Industrial Portuguesa desenvolveu algum interesse pelo uso do cinema em termos promocionais, num contexto de larga difusão internacional dos filmes de empresa. Este interesse surge esporadicamente nas páginas da revista *Indústria Portuguesa* (o jornal da AIP) e vai ser particularmente afirmado na altura do VIII Festival Internacional do Filme Industrial, organizado no âmbito da Feira Internacional de Lisboa (FIL) de 1967. Por outro lado, a Junta de Acção Social fez um uso do cinema bastante mais pragmático

[8] A expressão de circunstância costuma ser: «agradecem-se as facilidades concedidas para a realização deste filme».

e circunstanciado, seguindo uma estratégia que era essencialmente definida em função de uma procura, isto é, os circuitos de difusão dos organismos corporativistas, como as casas do povo, casas dos pescadores ou organizações profissionais[9]. É de sublinhar, além disso, que a própria denominação e classificação deste tipo de filmes foi sofrendo um conjunto de mudanças ao longo da segunda metade do século XX – filmes industriais, documentários industriais (Martins, 2011), filmes de encomenda, filmes utilitários, filmes de empresa, etc. – o qual não se limita ao contexto português e tem uma dimensão claramente transnacional.

Os tipos de representação do trabalho presentes nesses filmes podem ser caracterizados com base na sua relação com a evolução histórica das formas de organização do trabalho em Portugal. Em primeiro lugar, os filmes visionados dão conta do avanço e dos limites do processo de modernização da economia portuguesa. Frequentemente, as atividades e gestos de trabalho não ocupam uma posição central nas representações fílmicas, mas antes as formas de enquadramento institucional ou político das atividades económicas. Quando as representações do trabalho estão presentes, elas permitem sobretudo ilustrar um discurso geral sobre a transformação da economia portuguesa (industrialização, desenvolvimento de novos setores, etc.) ou dos modos de produção (modernização, mecanização) ou, pelo contrário, sobre as permanências dos setores tradicionais (artesanato). Em segundo lugar, analisar o trabalho a partir desses filmes pressupõe, num primeiro momento, perceber que se está a assumir o ponto de vista, a linguagem e o modo de pensamento do poder económico (as empresas) ou político (o Estado), para só depois poder refletir criticamente sobre o que os filmes mostram e o que não mostram, o que está presente e o que está ausente. Esta dimensão é particularmente visível na análise das estruturas narrativas dos filmes.

O enfoque que atribuímos à modernização e às transformações do trabalho ao longo do século XX pode significar privilegiar os filmes que tratam preferencialmente do trabalho industrial, já que ambos estão associados. Estabelecemos, no entanto, que não podemos excluir totalmente os filmes que não tratam especificamente da indústria ou da industrialização, pois numerosos filmes estabelecem ligações entre as atividades dos setores primários, secundário e terciário. Essas ligações resultam também das características da estrutura da economia, de um mercado de trabalho pouco especializado, das profissões, dos processos produtivos e dos modos de trabalhar durante grande parte do século XX em Portugal.

Ao longo da nossa investigação, procuramos, assim, ultrapassar categorias estanques, como as definidoras dos setores de atividade, para de forma mais fina e reflexiva nos aproximarmos da realidade social e das formas como o cinema a constrói.

[9] Ver o estudo de caso sobre a JAS no capítulo 7 deste livro.

4. A estrutura de um corpus: conjuntos e subgéneros

Uma primeira fase da análise do corpus de 256 filmes selecionados durante a pesquisa no ANIM foi dedicada à definição de categorias de filmes ou de géneros cinematográficos que ajudavam a estabelecer uma estrutura na massa de imagens recolhidas. O objetivo era encontrar ferramentas de análise que permitissem confrontar e pôr em diálogo filmes ou categorias de filmes *a priori* bastante afastados cronológica, temática e formalmente. A questão dos critérios de agrupamento e classificação dos filmes foi pensada tanto do ponto de vista dos conteúdos (o que eles representam) e da forma (como eles representam), como dos contextos de produção (alguns dos quais reconstituídos, em parte, através dos arquivos).

Determinámos dois modos de organização e estruturação do corpus de filmes em análise: os conjuntos e os subgéneros. Esses agrupamentos são úteis para pensar a relação entre cinema e trabalho sem privilegiar nenhuma chave, evitando tanto uma visão socio-histórica desligada das problemáticas específicas das formas cinematográficas, como uma análise a-histórica ou «metahistórica» (White, 1973) das imagens. Aos dois níveis de classificação, correspondem diferenças de escala que remetem para o modo de observação, ou seja, uma distância mais ou menos acentuada com o objeto filme – no singular – e não para os modos de representação do trabalho em si (a escala do indivíduo, da fábrica, do grupo socioprofissional, por exemplo). Estes níveis de classificação permitem também articular diferentes regimes temporais, mais ou menos dependentes do tempo político e social ou, pelo contrário, restituir as «conexões tipológicas ou formais» (Ginzburg, 1999) no seio da «iconografia» (Ginzburg, 2013) do trabalho.

4.1. Os conjuntos

Os filmes foram primeiro considerados do ponto de vista da sua proximidade com períodos históricos ou ciclos políticos (Estado Novo; período revolucionário; Planos de Fomento; campanhas do Ministério da Educação; Plano de Formação Social e Corporativa), processos de transformação geral da sociedade e economia portuguesas (industrialização, urbanização) ou do seu modo de inserção na economia geral do cinema (evolução das técnicas e dos géneros cinematográficos). Definimos 10 conjuntos de filmes que situámos no arco temporal da nossa investigação, entre os anos 1930 e os anos 1980. Esta classificação teve o duplo objetivo de organizar e estruturar o corpus tanto diacrónica como tematicamente (quadro 2.1.).

Quadro 2.1. – Os dez conjuntos*

A ideologia do «Trabalho Nacional» (anos 1930 – anos 1950) Filmes com referências explícitas ao contexto político e ideológico do Estado Novo e que visam ilustrar ou celebrar a doutrina corporativa.
A modernização do país e a construção de uma economia nacional (anos 1930 – anos 1940) Filmes que procuram ilustrar a necessidade de modernização do país, nomeadamente do ponto de vista do ordenamento territorial ou da aceleração do processo de industrialização, com referências explícitas ao contexto político e ideológico nacional.
Desenvolvimento das economias locais e regionais (anos 1930 – anos 1980) Filmes sem enquadramento político explícito, que adotam uma escala local ou regional e procuram ilustrar ou descrever o processo de diversificação das economias locais ou regionais. Estes filmes dão geralmente um destaque particular às atividades do setor terciário (indústrias turísticas, serviços) e às suas ligações com atividades económicas mais antigas (artesanato, indústria tradicional).
Urbanização e economias urbanas (anos 1930 – anos 1970) Filmes sem enquadramento político explícito, que ilustram ou descrevem o processo de urbanização do país, frisando a diversificação do mercado de trabalho, das profissões e dos modos de trabalhar em contexto urbano.
O ciclo da industrialização (anos 1940 – anos 1970) Filmes sem enquadramento político explícito e que ilustram ou descrevem o processo de industrialização do país a diferentes escalas (uma fábrica, um território local, regional, ou nacional).
A modernização do setor agrícola (anos 1940 – anos 1970) Filmes que ilustram ou descrevem a transformação do setor agrícola e das sociedades rurais a partir dos anos 1940.
Políticas educativas e de formação (anos 1950 – anos 1970) Filmes que se enquadram nas políticas educativas e de formação implementadas pelo Estado português (período do Estado Novo e período democrático) a partir dos anos 1950.
Planificação do desenvolvimento económico (anos 1950 – anos 1980) Filmes que ilustram ou defendem as políticas de planificação económica, implementadas em Portugal a partir dos anos 1950 (período do Estado Novo e período democrático, num contexto nacional e internacional).
O Novo Cinema Português (anos 1960) Filmes de encomenda ou documentários industriais que refletem uma renovação das formas cinematográficas durante a década de 1960, na senda de correntes como o *cinéma-vérité*, o *free cinema* e a *nouvelle vague*. Os filmes deste conjunto funcionam como um espaço de experimentação formal para os seus autores, os quais tentam realizar filmes com alguma liberdade dentro das regras da encomenda.
O movimento revolucionário e o período de democratização (1974 – anos 1980) Filmes que fazem referências explícitas às transformações políticas e sociais associadas ao fim do Estado Novo e aos primeiros anos de democracia.

* Ver a lista detalhada de classificação dos filmes no anexo 1.

FIGURA 2.1. – Classificação cronológica do corpus WorkS.

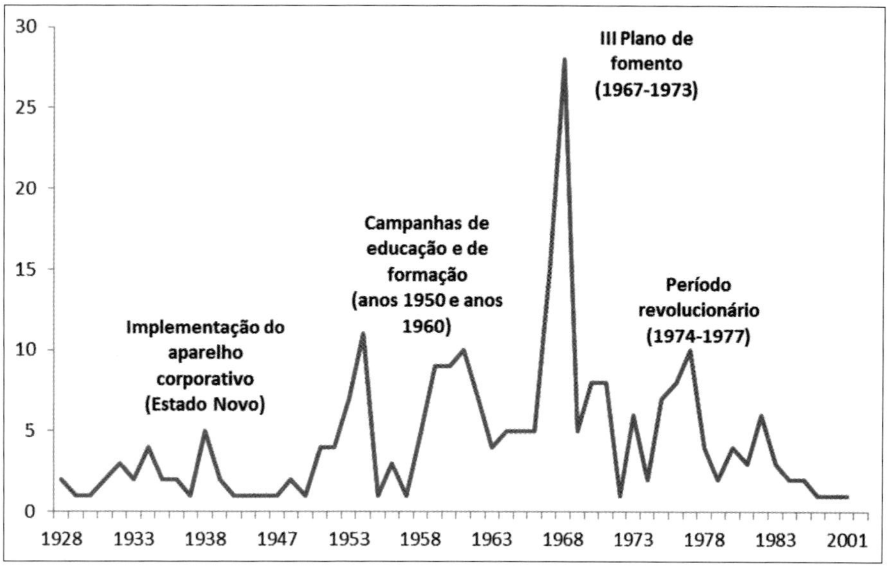

Estes dez conjuntos de filmes estão representados de uma maneira bastante desigual, do ponto de vista quantitativo, no corpus em análise. Os quatro conjuntos «o ciclo de industrialização», «planificação do desenvolvimento económico», «urbanização e economias urbanas» e «o movimento revolucionário e o período de democratização» representam no total cerca de 150 filmes, ou seja perto de dois terços do corpus de filmes em análise. Outros conjuntos, tais como «a ideologia do "Trabalho Nacional"» ou «políticas educativas e de formação» têm uma presença mais residual (uma dezena de filmes cada um) mas representam tendências ou inflexões importantes nos modos de pensar as representações do trabalho no cinema ao longo do século XX.

A classificação cronológica dos filmes em função das datas de produção evidencia a relação estreita entre o nosso corpus e quatro períodos políticos que foram associados a usos específicos do cinema e que se traduziram em alguns casos na produção ou encomenda de uma grande quantidade de filmes (*figura 2.1.*):

i) Os primeiros anos do Estado Novo, na década de 1930, marcados pela implementação do regime corporativo;
ii) As campanhas de educação e de formação profissional lançadas pelo Estado Novo (Ministério da Educação e Ministério das Corporações e Previdência Social) no final da década de 1950;
iii) O final da década de 1960, marcado, nomeadamente, pelo terceiro Plano de fomento (1967-1973), constituindo o período de maior difusão dos filmes institucionais;
iv) O período revolucionário do pós-25 de abril de 1974, marcado por um uso militante do cinema em relação com o processo de transformação global da sociedade portuguesa.

Estes quatro momentos evidenciados pela estrutura do corpus correspondem a transformações (no caso das campanhas de educação da década de 1950) ou ruturas (no caso do movimento revolucionário no pós-25 de Abril de 1974) nos usos do cinema e nas representações do trabalho veiculadas pelos filmes. Ao longo deste livro, as abordagens situacionais, socio-histórias e os estudos de caso terão por objetivo exemplificar e analisar essas transformações.

4.2. Os subgéneros

Tal como no cinema de ficção existem vários géneros associados a determinadas estruturas narrativas mais ou menos identificáveis (filme *noir*, musical, terror, comédia *screwball*, etc.), também no nosso corpus identificámos filmes que obedecem a determinadas regras de subgénero próprias (quadro 2.2.). A denominação subgénero deve-se à existência prévia de uma distinção de género para nos referirmos a uma ficção ou a um documentário. Os filmes foram considerados do ponto de vista das suas estruturas internas ou das suas narrativas, identificadas em função das situações retratadas (visita ou celebração, por exemplo), da escala adotada (comunidade, empresa, setor de atividade, indivíduo), ou de tipo de discurso dominante (deliberativo, retrospetivo, pedagógico, depoimento). Os subgéneros são, assim, formas intermédias de classificação dos filmes que permitem identificar sistemas de representação privilegiados em determinado contexto ou situação (podem, por exemplo, refletir o ponto de vista particular dos «patrões» ou do Estado, etc.). A reprodução de estruturas internas ou de estratégias narrativas depende tanto dos diferentes contextos históricos nacionais e das representações que eles geram (ex. Planos de fomento), como da história geral do documentário e dos filmes de empresa (ver Hatzfeld, Rot & Michel, 2006). Os subgéneros não são categorias exclusivas, podendo um mesmo filme ser incluído em vários subgéneros.

Dois desses subgéneros revelam um grande valor heurístico para pensar as representações do trabalho no cinema, pelo que nos propomos analisá-los em maior pormenor. Por um lado, um número destacado dos filmes visionados utiliza um discurso empresarial típico: apresentação detalhada de um ciclo de produção interno, onde a visão global (e positiva) da organização industrial oculta os gestos individuais do trabalho (ver Hatzfeld, Rot & Michel, 2009). Por outro lado, grande parte desses filmes recicla sistemas de representação e dispositivos de apresentação do mundo do trabalho que têm sido mobilizados desde o início do período industrial: por exemplo, a ideia de visita ou de percurso guiado, como mediação entre os espaços sociais do trabalho e o poder político (Estado) ou o campo cultural (literatura, cinema).

QUADRO 2.2. – Os doze subgéneros

A celebração
Filmes que ilustram ou descrevem um evento (inauguração, comemoração, etc.), com uma unidade de tempo e de lugar.

A visita de um espaço de trabalho
Filmes que relatam uma visita de um espaço de trabalho (ou um conjunto de espaços) claramente identificado, adotando um ponto de vista subjetivo e uma unidade de tempo.

A visita de uma localidade
Filmes que relatam uma visita a uma localidade (um espaço geográfico identificado, com diferentes escalas possíveis: bairro, cidade, região, etc.), adotando um ponto de vista subjetivo e uma unidade de tempo.

O ciclo de produção
Filmes que retratam as etapas de um ciclo produtivo (de uma maneira sistemática ou parcial), adotando um ponto de vista objetivo ou técnico. A unidade temporal do filme depende essencialmente da duração ou da sequência do ciclo de produção.

O retrato de comunidade
Filmes que descrevem uma comunidade de indivíduos (identificada ou não) sem focar exclusivamente situações de trabalho.

O retrato de empresa
Filmes que descrevem uma empresa (identificada ou não), focando aspetos como as instalações, as zonas sociais, a cultura da empresa, entre outros.

O retrato de setor de atividade
Filmes que descrevem um setor de atividade, podendo para isso retratar várias empresas.

O retrato individual
Filmes que descrevem situações ou itinerários profissionais individuais.

O filme deliberativo
Filmes que deliberam ou comentam decisões ou ações políticas.

O filme retrospetivo
Filmes que adotam uma perspetiva diacrónica, articulando várias temporalidades (passado/presente).

O filme pedagógico
Filmes com fins pedagógicos e cuja estrutura se baseia numa aprendizagem por parte do protagonista e/ou espectador ao longo do filme.

O filme-depoimento
Filmes cuja estrutura se baseia na intenção de dar a palavra ao sujeito filmado, podendo esta funcionar como fio condutor do discurso ou conviver com a voz de um locutor/narrador. Por norma, o depoimento refere-se à experiência pessoal de vida ou trabalho do enunciador, seja ela referente ao passado ou ao presente.

4.2.1. O ciclo de produção

A representação do ciclo de produção está bastante presente no cinema de empresa sendo mesmo, na aceção de Hatzfeld, Rot e Michel, «um clássico» (2006, p. 35). Estes autores, focando-se nos filmes realizados sobre a Renault, destacam o acento colocado na ideia de fluxo, em que «a fábrica é apresentada como um mecanismo bem oleado» (Hatzfeld, Rot & Michel, 2006, p. 35). A representação do ciclo de produção constitui uma opção narrativa que exibe várias das secções da empresa, escolhidas em função de critérios vários de cariz estético, técnico, económico, etc., e que permite mostrar diversos elementos do trabalho realizado, desde os gestos à tecnologia, passando pelas relações de trabalho.

Classificamos neste subgénero filmes que retratam as etapas de um ciclo produtivo de uma maneira sistemática ou parcial, adotando um ponto de vista objetivo ou técnico. No corpus constitutivo da nossa análise este subgénero classifica um volume considerável de filmes (cerca de 50), que, de forma predominante, se relacionam com os conjuntos «O ciclo da industrialização (anos 1940 - anos 1970)» e «A modernização do país e a construção de uma economia nacional (anos 1930 - anos 1940)».

Trata-se, no entanto, de um subgénero que atravessa as várias décadas em análise do cinema português (desde os anos 1930 aos anos 1980), assim como os vários setores da atividade económica e regiões do país ao longo de cerca de 50 anos, o que potencia um olhar sobre os processos socio-históricos de desenvolvimento das atividades económicas e como, simultaneamente, os usos do cinema exibem e legitimam essas atividades, desempenhando, também, um papel de promoção. Veja-se, por exemplo, na década de 1980, os casos da indústria vidreira (*50 anos de vidro plano em Portugal*, João Santa Clara, 1986) ou da petroquímica (*Como nascem os plásticos*, José Carlos Oliveira, 1982).

Para ilustrar com uma breve análise as especificidades e, de algum modo, o espaço que ocupa no cinema industrial ou de empresa, em particular, a exibição do ciclo produtivo como mecanismo de ênfase das atividades laborais e, logo, do espaço e dos gestos de trabalho, da tecnologia e das matérias-primas e produtos intermédios e finais, optamos por analisar o filme mudo *Cerâmicas de Portugal* de Aníbal Contreiras (1932).

A exibição exemplar do ciclo de fabricação das peças de cerâmica é constituída por uma alternância entre imagem e texto, sob a forma de separadores que vão identificando em que ponto se encontra a fabricação de vários produtos. A ênfase conferida à sequência do processo de fabrico traduz-se, também, na exibição detalhada dos gestos de trabalho e dos dispositivos técnicos (Malglaive, 1990) no quadro de determinados espaços de trabalho.

Estes três grandes domínios – espaços, gestos e dispositivos técnicos – são privilegiados em detrimento da exibição dos rostos dos trabalhadores, que raramente assumem notoriedade. O ritmo lento da montagem, mantendo cada plano antes do corte, permite ao espectador ver com algum detalhe a ação em curso. A luz do filme, num preto e branco muito contrastado, enfatiza o branco da porcelana, que, rimando com o branco do vestuário das mulheres, confere ao filme uma beleza particular.

O objetivo do filme, isto é, o facto de se centrar na sequência do ciclo produtivo, é explicitado logo ao início, quando surge o primeiro separador que refere: «Vamos assistir à fabricação de loiça de porcelana na Electro Cerâmica de V. N. de Gaia». É possível agrupar as várias cenas constitutivas do filme num conjunto de sequências, para as quais propomos uma leitura dos principais elementos representacionais do trabalho no quadro 2.3.

Quadro 2.3. – Ciclo de produção: as sequências da narrativa em *Cerâmicas de Portugal*, 1932, Aníbal Contreiras

As matérias-primas	
Sequência 1 **As matérias-primas**	Apresentação das matérias-primas – caulino, feldespato e quartzo – em recipientes por mãos de mulheres. A exibição das mãos prevalece em detrimento da exibição dos rostos. O branco das matérias-primas rima com a roupa das operárias estabelece uma relação com a sequência seguinte, marcada pelo transporte das matérias-primas.
Sequência 2 **A entrada das matérias-primas no espaço de trabalho**	Transporte e entrega das matérias-primas por mulheres descalças que se movimentam em fila, seguindo, muito provavelmente, as indicações recebidas por parte do realizador. Exibição do espaço de trabalho num plano geral picado das instalações.
Sequência 3 **A preparação, transformação e armazenamento das matérias-primas**	Moagem das matérias-primas: trabalho masculino de acionamento de maquinaria (como a roda de moagem), centrando-se os enquadramentos nos dispositivos técnicos e nos gestos de trabalho e na relação entre ambos. Formação de «pasta líquida» que é, seguidamente, amassada. Destaque conferido ao movimento circular da máquina.
Os produtos	
Sequência 4 **Os produtos – fabrico de chávenas, terrinas e pratos**	Fabrico de produtos nas várias secções. Destaque conferido ao fabrico de terrinas, podendo ler-se no separador: «Interessantes aspetos da fabricação de terrinas». Exibição do domínio humano das máquinas e das ferramentas no fabrico do produto. Exibição para a câmara do trabalho realizado, quando terminado em várias das suas fases.
Sequência 5 **Os produtos – acabamentos**	Acabamentos: «Nas secções de acabamento, os produtos cerâmicos sofrem as ultimas operações.»
Sequência 6 **Os produtos – vidração**	Trabalho feminino acompanhado por um presumível superior hierárquico, homem, que usa gravata e bata.
Sequência 7 **Os produtos – embalagem na «secção de encaixe»**	Trabalho feminino. Exibição para a câmara quando termina um «encaixe».
Sequência 8 **Os produtos – preparação e cosedura das loiças**	Trabalho masculino de inserção das peças nos fornos. Trabalho de organização do espaço no forno para acondicionamento das caixas. Exibição do corpo humano na íntegra, já que exige a sua mobilidade total e não apenas das mãos.
Sequência 9 **Os produtos – estampagem e pintura**	Trabalho de detalhe com o uso de ferramentas manuais filmado em planos aproximados e de pormenor

Este filme conduz-nos a salientar um conjunto de eixos que permite evidenciar a importância deste subgénero na representação do trabalho no cinema de empresa ou industrial, quer ao nível substantivo, quer formal.

Do ponto de vista substantivo salientamos três aspetos. Em primeiro lugar, o facto de a narrativa do filme acompanhar de forma linear e sequencial o ciclo de produção, desde a exibição da matéria-prima até ao produto final. As sequências podem ser subdivididas em dois grandes domínios: as matérias-primas e os produtos.

Em segundo lugar, o destaque vai para a ênfase no trabalho humano, isto é, para os gestos de trabalho e o domínio da matéria-prima e dos dispositivos técnicos em detrimento dos rostos humanos. Estes gestos, representados de forma sincopada e mantendo o ritmo de transformação das matérias-primas, dialogam com a maquinaria e com as ferramentas, exibindo-se no final o resultado do trabalho para a câmara. Assim, o corpo humano, em relação com a maquinaria, ganha uma presença particular no ciclo produtivo (Hatzfeld, 2011) (*figura 2.2.*).

Em terceiro e último lugar, frisamos a intenção do filme exibir a organização do espaço produtivo, tendo o seu início na parte exterior, de onde as matérias-primas são transportadas, para o interior das instalações, onde todo o processo tem lugar (*figura 2.3.*). O espaço é usado para exibir o trabalho e, logo, o gesto humano (*figura 2.4.*).

Do ponto de vista formal, importa salientar o facto de a narrativa do ciclo de produção ter marcadamente um registo repetitivo em que o texto explicativo antecede sempre a imagem; o texto introduz e é a imagem que exibe, de forma clara, o trabalho. Destaque-se ainda o controlo do operador de câmara das tonalidades do preto e branco entre as zonas de sombra e de luz em função do gesto, dispositivo técnico ou espaço de trabalho representado, jogando com o contraste entre a densidade dos negros e o brilho dos brancos para a construção de uma representação esteticizada do trabalho (*figura 2.5.*).

Finalmente, o destaque vai para a diversidade na tipologia e escala de planos: planos gerais, planos picados, grandes planos, planos aproximados e de pormenor, construídos de forma distinta quando se pretende exibir, nomeada e respetivamente, a sequências de transporte de matérias-primas, dos vários processos de transformação dos produtos nos diversos postos de trabalho e os detalhes do trabalho manual, como é o caso da estampagem e pintura, assente num objetivo claro de exibição da perícia do trabalho humano.

Entendido como um recurso relativamente óbvio de exibição do trabalho, pela ênfase conferida à sequência dos processos laborais, o subgénero «ciclo de produção» revela-se particularmente profícuo na análise do que marca o cinema da empresa ou industrial em particular, numa perspetiva de promover empresas, setores de atividade económica e investimentos públicos.

A tríade gestos, espaços e dispositivos técnicos, notória em vários filmes que se enquadram neste subgénero, estrutura uma narrativa sobre o trabalho que valoriza a exibição da execução e do «chão da fábrica» (Monteiro, 2014, p. 66) como evidência da industrialização.

Figura 2.2. – *Cerâmicas de Portugal*, 1932, Aníbal Contreiras [col. ANIM].

Figura 2.3. – *Cerâmicas de Portugal*, 1932, Aníbal Contreiras [col. ANIM].

Figura 2.4. – *Cerâmicas de Portugal*, 1932, Aníbal Contreiras [col. ANIM].

Figura 2.5. – *Cerâmicas de Portugal*, 1932, Aníbal Contreiras [col. ANIM].

4.2.2. A visita

Contrariamente ao «ciclo de produção», o subgénero «visita» não proporciona uma leitura socio-histórica tão direta dos modos de representação do trabalho, nomeadamente do trabalho industrial, no cinema. Não se trata de um subgénero especificamente relacionado com os discursos sobre o trabalho ou as atividades económicas; pelo contrário, se o subgénero «ciclo de produção» enfatiza a organização interna do espaço do trabalho, a «visita» é antes de mais um dispositivo ou uma forma narrativa que permite relacionar o trabalho – ou seja, os espaços de trabalho e sua organização social – com o mundo exterior.

Entendemos o conceito de «visita» de duas maneiras: i) quando o filme retrata uma visita, seguindo as ações e as deslocações de uma pessoa ou de um grupo de pessoas num espaço de trabalho; ii) quando o filme segue uma linha narrativa que convida o espectador a visitar um lugar claramente identificado nas imagens (uma localidade, uma fábrica, uma oficina), mostrando de uma maneira seletiva e subjetiva as atividades aí desenvolvidas. Distinguimos as «visitas de espaço de trabalho», limitadas a uma fábrica ou um conjunto de oficinas, das «visitas de localidade» que descrevem também o meio ambiental onde se insere o espaço de trabalho. No corpus do projeto WorkS, 76 filmes foram associados a uma destas duas subcategorias de «visita», com a repartição seguinte: 50 filmes para a «visita de espaço de trabalho» e 26 filmes para a «visita de localidade». Se a «visita de localidade» aparece na maior parte dos casos como o subgénero dominante nos filmes, a «visita de espaço de trabalho» surge geralmente associada aos subgéneros «retrato de setor de atividade» ou de «empresa».

A visita é um «modo de acesso» a um lugar (Bossé, 2010, p. 17). Trata-se de uma prática espacial enquadrada do ponto de vista legal e social: para visitar um espaço temos de ter uma autorização – os espaços de trabalho são geralmente espaços privados regidos por dispositivos regulamentares bastante estritos – ou ser convidado por alguém que exerce uma forma de autoridade sobre este espaço. Mas a prática da visita tem também uma dimensão relacional. As diferentes formas de contacto e relacionamento que se estabelecem entre o visitante e o visitado podem traduzir-se na ideia de (bom) acolhimento ou, pelo contrário, de embaraço ou entrave (Bossé, 2010, p. 21).

Visitar significa deslocar-se para ver. Quando se refere a um lugar ou uma localidade, a prática da visita pode confundir-se com a prática turística. Seguindo o estudo clássico de Adler (1989) convém lembrar que a difusão da prática da visita se relaciona com a extensão da «visualização de perceção», a partir do século XVII. A ligação feita aqui com o turismo permite sublinhar uma outra característica do nosso corpus: a sua proximidade e, por vezes, concomitância com o vasto corpus dos «filmes turísticos» que constituem «um dos géneros mais produzidos e divulgados durante o Estado Novo, de tal modo que as imagens da nação que emanaram do regime continuam a ser comparadas a bilhetes-postais ou panfletos turísticos» (Sampaio, 2013, p. 216) Essa ligação é particularmente forte nos filmes agrupados no subgénero «visita de localidade», em que as atividades laborais são representadas no contexto de um retrato mais geral desse local e montadas numa única sequência

Na ocasião de uma visita turística, territórios outrora estranhos tornam-se visíveis, ou seja, conhecidos e reconhecidos. A visita, seja ela por prazer ou por interesse, intercede na relação complexa que se estabelece entre, por um lado, a definição material e social dos espaços e, por outro lado, os discursos e representações produzidos em torno deles. A experiência da visita, individual ou coletiva, contribui para moldar formas de identificação, perceção e vivência de territórios ou espaços. Nos filmes que analisamos este processo é visível

Figura 2.6. – *Inauguração da fábrica de fibro-cimento Cruz-Quebrada 11 Abril 1934*, 1934, autor não identificado [col. ANIM].

a diferentes escalas: uma fábrica, uma localidade, ou mesmo a escala de uma região ou do território nacional.

A partir destas considerações sumárias sobre o tema da visita, podemos salientar que este subgénero estabelece uma relação forte com o poder, seja ele económico ou político. A análise dos filmes classificados neste subgénero deixa entrever várias formas de representação, dissimulação ou encantamento das formas de exercício deste poder. Vejam-se três exemplos representativos das diferentes situações de visita presente no nosso corpus.

Visita Oficial ao Barreiro (1933) e *Inauguração da fábrica de fibro-cimento Cruz-Quebrada 11 Abril 1934* (1934) são dois filmes que mostram a visita do Presidente da Republica Óscar Carmona – no primeiro filme acompanhado de Salazar e Duarte Pacheco – a um espaço de trabalho. Nos dois casos, o pretexto da visita oficial é uma inauguração: novas oficinas gerais da empresa Comboios de Portugal (CP) no Barreiro em 1933; uma fábrica na Cruz Quebrada em 1934. As visitas são coletivas, assumem um caráter bastante formal e seguem um programa e um percurso mais ou menos preestabelecido. Os dois filmes visam celebrar o progresso económico e industrial do país, com dois pontos de vista diferentes e complementares. O filme de 1933 é dedicado à visita a uma localidade e oferece uma visão geral do Barreiro como cidade industrial. A sequência dos lugares visitados – as ruas da cidade, as fábricas da CUF, as oficinas da CP – transmite a ideia de projeto coerente e global para o desenvolvimento económico do país. No filme de 1934, pelo contrário, entramos diretamente nas oficinas e seguimos os passos de Óscar Carmona observando diferentes etapas do processo industrial, comentadas pelo administrador da fábrica (*figura 2.6.*)[10]. É um saber-fazer técnico que é celebrado. Nestes dois filmes, a representação da visita é claramente uma maneira de enaltecer o

[10] Comentários que não ouvimos dado tratar-se de um filme mudo.

poder do Estado Novo que acabou de ser instituído. A população do Barreiro ou dos trabalhadores da fábrica de Cruz Quebrada é quase inteiramente ocultada pela encenação da visita. Não passam de simples figurantes. Apenas uma imagem fugaz no plano final do filme de 1934 vem fragilizar este dispositivo. Nesse plano, vê-se operários a oferecerem uma prenda ao administrador. Na fila bem ordenada dos trabalhadores e das trabalhadoras, uma criança visualmente incomodada tem dificuldade em encontrar o seu lugar[11]. Essa imagem que parece pretender humanizar a força de trabalho e naturalizar a sua relação com a autoridade patronal é na verdade de uma grande violência, rompendo com o dispositivo brando e afável da visita e sublinhando antes a submissão da massa de trabalhadores.

O terceiro filme que gostávamos aqui de salientar é *A revelação* (1969), já que é um dos filmes do nosso corpus que segue de uma maneira mais sistemática as regras do subgénero da visita, e, neste caso, da visita de um espaço de trabalho. Esta pequena ficção é um filme de cariz publicitário, realizado por António de Macedo (não creditado), e encomendado pela Sociedade Nacional de Sabões. O filme relata uma visita improvisada a uma fábrica por João, uma criança que fugiu da escola à procura do seu cão. Num primeiro tempo, o acesso à fábrica é bloqueado por um guarda que persegue a criança através de uma sucessão de espaços desertos e ameaçadores: passarelas metálicas, escadas, etc. (*figura 2.7. Extratexto*). Num segundo tempo, João é encontrado pelo dono da fábrica que vai ser o cicerone nas diferentes oficinas da fábrica, cada uma ligada a uma produção específica (sabões, olhos, margarinas, etc.). A fábrica transforma-se, assim, num espaço de brincadeira e de fantasia (*figura 2.8. Extratexto*). Na ficha da Cinemateca Portuguesa redigida em abril de 2016 na ocasião de uma programação organizada pela equipa do projeto WorkS, Tiago Baptista (2016) descreve bem a inventividade formal deste filme onde a fábrica surge como «uma fonte de cores, formas e sons que podem ser combinados como puros elementos visuais, ou como cenário evocador de visões oníricas». O filme não esconde as hierarquias e as relações de poder existentes no seio da fábrica – entre o dono e os trabalhadores, sempre filmados em planos de conjunto –, mas procura transfigurar a realidade social e adota essa «visão encantada» do mundo social, característica da visão turística (Réau & Poupeau, 2007).

5. Conclusão

Na sequência das questões levantadas desde uma fase preliminar dos visionamentos – nomeadamente a opção por uma definição contextual do trabalho e a dualidade de um vasto corpus de filmes – surgiu a necessidade de aproximar objetos cinematográficos, *a priori* distantes entre si atendendo, nomeadamente, aos géneros em que se enquadram, aos seus objetivos ou aos recursos formais que mobilizam.

O que tentámos atingir com a metodologia adotada nesta investigação foi estabelecer um diálogo entre universos que, à partida, poderiam parecer

[11] Esta sequência é objeto de uma análise mais aprofundada no capítulo 3 deste livro, consagrado à abordagem situacional.

inconciliáveis. O que alguns dos nossos procedimentos metodológicos nos têm permitido descobrir é que esse diálogo, na verdade, existe pelo menos desde o final dos anos 1920, tanto ao nível dos protagonistas, como das formas, servindo-se da mesma matéria cinematográfica – a imagem e o som – para dar forma a determinadas ideias sobre o trabalho, concretizadas em representações.

Assim, procuramos analisar as representações do trabalho no cinema português cruzando eixos analíticos distintos e atendendo à diversidade de suportes. A ênfase não é apenas colocada nos registos dos gestos de trabalho, mas antes nos vários mecanismos e temáticas evocadas para representar o trabalho em Portugal em épocas distintas e dialogantes entre si.

O cinema é retido nesta investigação como um processo social complexo, com propriedade para construir e discutir – e não apenas divulgar – representações do trabalho.

Referências bibliográficas

Acland, C. R. & Wasson, H. (org.) (2011). *Useful Cinema*. Durham & London: Duke University Press.

Adler, J. (1989). Origins of sightseeing. *Annals of Tourism Research*, 16, 7-29.

Baecque, A. (2003). *La cinéphilie: invention d'un regard, histoire d'une culture. 1944-1968*. Paris: Fayard.

Baptista, T. (2016). *Folha de sala Cinemateca Portuguesa – Abril de 2016*.

Baxandall, M. (1972). *Painting and Experience in 15th century Italy*. Oxford: Oxford University Press.

Bloch, M. (1999). *Apologie pour l'histoire ou métier d'historien* (1949). Paris: A. Colin.

Bossé, A. (2010), *L'expérience spatiale de la visite. Engagement dans l'action, épreuve collective et transformations urbaines*. Thèse en géographie, Université François – Rabelais de Tours.

Bourdieu, P. (1992). *Les règles de l'art: Genèse et structure du champ littéraire*. Paris: Seuil.

Bourdieu, P. (2013). *Manet: Une révolution symbolique*. Paris: Seuil/Raisons d'agir.

Brunet, F. (org.). (2013). *L'Amérique des images – Histoire et culture visuelle des États-Unis*. Paris: Hazan.

Cadé, M. (2004). *L'écran bleu, la représentation des ouvriers dans le cinéma français*. Perpignan: Presses Universitaires de Perpignan.

Certeau, M. de (1990). *L'invention du quotidien. 1. Arts de faire* (1980). Paris: Gallimard.

Chartier, R. (1998). *Au bord de la falaise. L'histoire entre certitudes et inquiétudes*. Paris: Albin Michel.

Delage, C. & Guigueno, V. (2004). *L'Historien et le Film*. Paris: Gallimard.

Ginzburg, C. (1999). *History, Rhetoric, and Proof. The Menachem Stern Jerusalem Lectures*. Londres: Press of New England.

Ginzburg, C. (2013). *Peur révérence terreur – Quatre essais d'iconographie politique.* Dijon: Les Presses du réel.

Gribaudi, M. (1981). A proposito di linguistica e storia. *Quaderni Storici*, 46 (pp. 236-266).

Hatzfeld, N., Rot, G. & Michel, A. (2006). Filmer le travail au nom de l'entreprise? Les films Renault sur les chaînes de production. *Entreprises et histoire*, 44 (pp. 25-42).

Hatzfeld, N. (2011). De l'usure des corps à la chaine. Comment documenter l'histoire des gestes ouvriers sur une chaine des années 1920?. In Guignard, L., Raggi, P. & Thévenin, É. (orgs.), *Corps et machines à l'âge industriel* (pp. 137-149). Rennes: Presses Universitaires de Rennes.

Hunt, L. (org.) (1989). *The new cultural History.* Berkeley: University of California Press.

Kalifa, D. (2012). Lendemains de bataille. L'historiographie française du culturel aujourd'hui. *Histoire, Économie & Société*, 2, 61-70.

Lagny, M. (2000). Documentaire et commandite: conséquences pour le cinéma ouvrier. *Les Cahiers de la Cinémathèque*, 71, 35-40.

Leblanc, G. (2001). L'auteur face à la commande. In Bertin-Maghit, J.-P. & Fleury-Vilatte, B. (orgs.), *Les institutions de l'image* (pp. 75-84). Paris: EHESS.

Lequin Y. (1986). Le métier. In Nora, P. (org.), *Les lieux de mémoire*, tome 3, volume 2 (pp. 377-419). Paris: Gallimard.

Lindeperg, S. (2001). Traces, documents, monuments. Usages cinématographiques de l'histoire, usages historiques du film. In Bertin-Maghit, J.-P. & Fleury-Vilatte, B. (org.) (pp. 11-21). *Les institutions de l'image.* Paris: EHESS.

Lindeperg, S. (2013). *La voie des images. Quatre histoires de tournage au printemps--été 1944.* Paris: Verdier.

Malglaive, G. (1990). *Enseigner à des adultes.* Paris: PUF.

Martins, P. M. (2011). *O cinema em Portugal – Os documentários industriais de 1933 a 1985.* Lisboa: Imprensa Nacional Casa da Moeda.

Mitchell, J.C. (1987). The situational perspective. In: Mitchell, J.C., *Cities, Society and Social Perception. A Central African Perspective* (pp. 1-33). Oxford: Clarendon Press.

Monteiro, B. (2014). *Frágil como o mundo. Etnografia do quotidiano operário.* Porto: Edições Afrontamento.

Rancière, J. (1981). *La nuit des prolétaires: archives du rêve ouvrier.* Paris: Fayard.

Rancière, J. (2008). *Le Spectateur émancipé.* Paris: Éditions de La Fabrique.

Réau, B. & Poupeau, F. (2007). L'enchantement du monde touristique, *Actes de la Recherche en Sciences Sociales*, 170, 4-13.

Ricœur, P. (2000). *La mémoire, l'histoire, l'oubli.* Paris: Seuil.

Sampaio, S. (2013). Turismo como não-turismo: confluências e inflexões do filme turístico em filmes do período (pós-) revolucionário, *Revista Online do Museu de Lanifícios da Universidade da Beira Interior*, 2 (pp. 217-228).

Sewell, W. H. (2005). *The logics of history. Social Theory and Social Transformation.* Chicago: Chicago University Press.

Vidal, F. (org.) (2007). Dossier: Descrever a cidade. *Ler História*, 52, 5-91.

White, H. (1973). *Metahistory: the historical imagination in nineteenth-century Europe.* Baltimore: Johns Hopkins University Press.

CAPÍTULO 3

A ANÁLISE SITUACIONAL DAS FIGURAÇÕES: MECANISMOS REPRESENTACIONAIS DO TRABALHO NO CINEMA

LUÍSA VELOSO, FRÉDÉRIC VIDAL E JOÃO ROSAS

1. Introdução

Este texto tem por objetivo desenvolver uma reflexão sobre a análise das representações do trabalho no cinema português entre os anos 1930 e os anos 1980 a partir do conceito de figuração. A análise foi conduzida com base no corpus de filmes apresentado no capítulo 2 deste livro.

O conceito de figuração é assumido como um conceito teórico e como um conceito operatório ou metodológico, com base na conceção mertoniana das teorias de médio alcance (Merton, 1949), isto é, visando a construção de um instrumento de análise que permite concetualizar uma abordagem das imagens em movimento e efetuar um recorte específico da realidade empírica. Como irá ser explicitado, as figurações surgiram como um campo heurístico da nossa análise a partir do percurso trilhado de visionamento iterativo e de seleção dos filmes.

Após um trabalho detalhado sobre as imagens, a análise centrou-se sobre duas figurações: a pausa nas atividades de trabalho, e o corpo coletivo – político, laboral e iconográfico – quando representado em relação com a figura de autoridade. A análise não pretendeu ser exaustiva, mas antes representativa de um enfoque figurativo que permitiu problematizar as representações do trabalho presentes em filmes substancialmente heterogéneos entre si, atendendo a elementos vários, formais, narrativos ou de conteúdo.

A figuração é, assim, entendida como, e analisada a partir de segmentos de imagens em movimento isolados especificamente para efeitos da pesquisa. Este conjunto de imagens permitiu-nos analisar representações do trabalho presentes em vários filmes e contribuiu para a construção de discursos, narrativas, perceções e práticas sobre o trabalho em Portugal.

Refira-se ainda, e voltando a Robert Merton (1949), que a análise das figurações surge da preocupação em adotar um enfoque próximo da realidade empírica – um corpus de filmes em aberto e em permanente construção – e que elas constituem em si uma evidência empírica, um resultado analítico que se concretiza num olhar específico sobre as representações do trabalho no cinema.

2. O conceito de figuração: da problematização à operacionalização metodológica

Como foi referido, as figurações são entendidas duplamente como um conceito teórico e como um conceito operatório ou metodológico.

2.1. A figuração como um conceito teórico

Na qualidade de conceito teórico, a sua problematização ancora-se em algumas referências a reter. Em primeiro lugar, destaca-se a concetualização de figuração na aceção de figural de Jean-François Lyotard (1971) concretizadas em formas de espaço-tempo (num cruzamento com o trabalho de Gilles Deleuze) que resistem aos julgamentos do discurso (Ionescu, 2013). O figural representa, assim, a irredutibilidade do visual ao discurso (Ionescu, 2013) e confere a primazia à visualidade. Nesta mesma linha podem ser entendidos os trabalhos de Gilles Deleuze e de Paul Valéry (Ionescu, 2013), pelo foco no figural. Se na ordem do discurso estamos em presença de um sistema fechado de relações que subordina um determinado objeto a um conjunto de regras (de linguagem), no figural presenciamos a sua transgressão. Como refere Vlad Ionescu, referindo-se a Jean-François Lyotard,

> «O discurso produz sentido ao manter espaços regulares entre termos; o figural produz sentido ao relacionar o corpo desejado com signos que são plásticos, visuais e densos. (...) O figural designa o gesto que atravessa a linguagem e revela as suas formas puras.» (2013, p. 146)[1].

Assim, segundo Lyotard (1971), o domínio do discurso não é suficiente para a compreensão do visual e «o espaço da apresentação visual é um espaço para ser desconstruído e não reduzido às regularidades formativas do discurso». (Ionescu, 2013, p. 149)[2].

Numa leitura de uma das obras de David N. Rodowick que se detém sobre os média, Warwick Mules (2003) refere: «A nossa tarefa na análise de filmes e média não é avaliar a verdade da imagem enquanto representação de um evento (passado), mas salientar o passado como uma configuração da futuridade potencial do texto»[3]. Ainda que indiretamente associado à análise que aqui realizámos, retemos a sua preocupação em olhar criticamente para a relação da imagem com categorias como tempo e história. O figural, segundo Rodowick (2001), não é apenas identificável como um conjunto de imagens isoladas nos filmes, mas como um princípio produtivo do filme em si. Assim, Mules postula que a análise figural:

> «Não se limita a descrever figuras em textos do filme. Inversamente, é relativo ao mapeamento de uma máquina abstrata, destinada a escrever em imagens compostas por vários elementos históricos definidos, que são

[1] Tradução dos autores.
[2] Tradução dos autores.
[3] Tradução dos autores.

sinteticamente configurados e atraídos sinteticamente para disposições e composições que fazem com que o filme aconteça de uma determinada forma.» (2003)[4].

Uma terceira referência é a de Jacques Aumont e Michel Marie, que propõem uma definição da figuração como um «produto de códigos picturais específicos» (2003, p. 136) que induzem um «efeito de realidade» (2003, p. 136), o que corresponde às funções das figurações na estrutura de cada filme. Trata-se, nesta investigação, da criação de uma representação específica sobre o trabalho em que a figuração assegura a inscrição de sentido no filme. A leitura relacional das figurações nos vários filmes culmina numa narrativa, num encadeamento de pontos de vista (Aumont, 1985).

As figurações permitem-nos, assim, colocar em confronto vários tipos de representações sobre o trabalho, e colocar em diálogo (rimar) um conjunto de filmes, explorando de forma heurística a riqueza do corpus.

2.2. A figuração como um conceito operatório

Do ponto de vista da sua operacionalização metodológica, as figurações são entendidas como situações, na linha da abordagem desenvolvida, nomeadamente, no quadro da antropologia urbana. Segundo Michel Agier (2011), o «*engagement situationnel*» (Agier, 2011, p. 91), privilegia a análise das situações em detrimento das estruturas (Agier, 2011, p. 92). A sua delimitação e, logo, a definição de uma janela de observação das imagens, exigiu proceder a uma operação de, como refere Michel Agier, «isolar intelectualmente um acontecimento ou um conjunto de acontecimentos de modo a facilitar uma análise coerente» (1996: 6)[5]. Assim, no nosso estudo, a «situação» constitui um conceito que permite definir um modo de observação e de apreensão das sequências cinematográficas. Esta aproximação metodológica e analítica entre a nossa investigação e a antropologia urbana nasce de uma necessidade de relacionar diferentes elementos que são inteligíveis apenas quando considerados nas suas interdependências. Esta definição de situação sustentou teoricamente as unidades de análise consideradas para chegar às figurações, o que se concretizou no isolamento de determinado(s) momento(s) do(s) filme(s) para nele(s) analisar as representações do trabalho[6].

A construção das figurações teve na sua base o percurso teórico-metodológico de aproximação ao corpus de filmes explicitado no capítulo 2 deste livro. Começou com a criação de rimas entre os filmes, entendidas como uma dimensão de análise introduzida na investigação de forma um pouco casual, mas que se revelou bastante operativa como ferramenta de análise fílmica.

Constituído como um processo iterativo e relacional de visionamento de filmes distintos, foi-se concretizando na identificação de aproximações e mecanismos de diálogo, potenciando a constituição das figurações. A sua

[4] Tradução dos autores.

[5] Tradução dos autores. O trabalho de Michel Agier (1996; 2011) detém-se sobre os diferentes tipos de recortes e modos de observação que permitem apreender a vida urbana, profusamente presente também no cinema. Ver, também, a propósito da análise situacional no quadro dos estudos urbanos, Hannerz (1980). Em ambas as obras referidas pode encontrar-se a vasta literatura que está na base desta problematização.

[6] Hannerz (1980), em referência ao trabalho de Gluckman (1940, in Hannerz, 1980, p. 132), sobre o trabalho de terreno realizado na Zululand, na África do Sul, assinala a operação analítica do foco num evento singular, claramente demarcado no espaço e no tempo, em que a descrição da situação é usada para uma análise mais vasta da sociedade Zululand. Hannerz identifica também outra tendência que radica no «*extended case study*» (1980, p. 133), sobre o qual não nos detemos, pois é a primeira aceção que importa reter neste texto. Nesta segunda aceção integra-se também o trabalho de Burawoy, com o «*extended case method*» (1998).

escala micro-analítica permitiu-nos partir de elementos internos aos filmes para aproximar objetos aparentemente inconciliáveis, através da identificação de permanências ou ruturas nas representações.

Se o essencial, desde o início, foi criar pontos de contacto entre filmes, um dos efeitos imediatos da identificação de certas rimas foi o de singularizar filmes ou elementos de filmes que de outra maneira fariam parte de uma massa dificilmente destrinçável (como, por exemplo, o gesto de uma mão, uma expressão facial ou o uso de um som).

Estabeleceu-se, assim, uma relação de cariz etnográfico com os filmes e a sua análise intensiva e repetitiva culminou no isolamento de determinadas situações, na aceção acima referida.

A operação de análise empírica consistiu em identificar as rimas que funcionavam como momentos narrativa e dramaturgicamente unitários - um plano, uma cena, uma sequência - usados por parte dos autores dos filmes para representar o trabalho. A definição da unidade de análise foi, assim, variável em função dos filmes e da situação, tendo-se optado por manter um princípio teórico-metodológico e empírico de orientar a investigação numa perspetiva de integração da riqueza, heterogeneidade e diferenciação do corpus de filmes e, logo, de plasmar na análise do corpus as suas propriedades, na linha também dos pressupostos da «*grounded theory*» (Glasser & Strauss, 1967).

3. As figurações: uma análise situacional

Face ao exposto, e procurando cruzar a aceção de figuração definida acima com a forma como foi analisada e respetivos resultados, procedemos a uma diferenciação das figurações identificando e contrapondo, com inspiração em Michel Agier (2011), situações ordinárias/quotidianas (marcadas pela rotina, pela identificação de um determinado momento) a situações extraordinárias (marcadas pela exceção, pelo acontecimento e, em alguns casos, pelo seu caráter ritual e performativo) em que o trabalho é representado.

A operacionalização destes dois tipos de situações traduziu-se na identificação de duas figurações: a pausa; e o corpo coletivo e a sua relação com a autoridade. Se na primeira figuração estamos em presença de um tipo de situação marcado por ações de rotina que têm lugar em determinados momentos repetíveis, a segunda remete para situações de exceção e de cariz ritualista.

3.1. A pausa das atividades laborais quotidianas

Entendida como um momento previsto de interrupção no quotidiano das atividades laborais, a pausa constitui uma figuração de uma situação extremamente rica, devido às suas potencialidades para a análise das representações do trabalho.

Seguindo os procedimentos de análise explicitados no capítulo 2, selecionámos 7 filmes para a análise desta figuração (quadro 3.1.).

QUADRO 3.1. – Figuração a pausa: os filmes selecionados

Évora, 1929, 94', José César de Sá*
Douro, faina fluvial, 1931, 18', Manoel de Oliveira
Uma fábrica de trigo, 1931, 36' Artur Costa de Macedo
Um futuro melhor, 1953, 21', João Mendes
Crónica do esforço perdido, 1967, 16', António de Macedo
Avante com a Reforma Agrária, 1977, 20', Unidade de Produção Cinematográfica n.º 1
O movimento das coisas, 1985, 85', Manuela Serra

* Existe uma versão deste filme com 7 partes, mas a cópia visionada só tem 4.

A análise realizada conduziu-nos a diferenciar dois grandes tipos de pausa – a pausa de manutenção e a pausa de rutura – sendo no quadro destes dois tipos que distinguimos a forma como a pausa é representada – uma refeição, um momento de descanso, de lazer, de exercício físico, ou um retrato ao estilo fotográfico para a câmara – e, por fim, a função que representa na estrutura de cada filme[7].

Por pausa de manutenção entendemos uma pausa em que o quotidiano e as condições de trabalho, incluindo as relações laborais, permanecem inalterados. Como será discutido seguidamente na análise dos filmes, este tipo de pausa refere-se a duas ordens de manutenção diferentes. Nalguns casos, é usada para destacar como são mantidas as relações hierárquicas mesmo em momentos de interrupção do trabalho, na perspetiva marxiana da existência de uma relação entre a divisão social e a divisão técnica do trabalho, isto é, de a primeira se refletir na segunda. Noutros filmes, a manutenção significa uma preservação dos símbolos do trabalho que marcam as relações sociais nos momentos da sua interrupção, como o vestuário ou os gestos.

A pausa de rutura, por seu lado, caracteriza-se pelo distanciamento que estabelece face à ordem do trabalho, detendo a propriedade de introduzir uma rutura tanto no contexto e desempenho laboral, como na estrutura formal do filme, estando estes dois domínios relacionados entre si.

No Quadro 3.2. encontra-se esquematizada a análise dos 7 filmes, organizados com base na divisão entre a pausa de manutenção e a pausa de rutura.

[7] O par «manutenção/rutura» foi proposto por Rosental (1990) para a análise dos percursos migratórios.

QUADRO 3.2. – Figuração a pausa: síntese analítica

Título do filme	Tipo	Forma de representação	Função no filme
Évora (1929, 94', José César de Sá)	Manutenção	Descanso	Singularizar e apresentar um retrato estereotipado do trabalhador rural
O movimento das coisas (1985, 88', Manuela Serra)		Descanso Refeição	Narrar o ciclo quotidiano da vida e do trabalho
Um futuro melhor (1953, 21', João Mendes)		Refeição	Promover atividades de educação dos trabalhadores
Crónica do esforço perdido (1967, 16', António de Macedo)		Exercício físico	Promover atividades de educação dos trabalhadores
Uma fábrica de trigo (1931, 36', Artur Costa de Macedo)		Refeição	Evidenciar a eficiência tecnológica
Douro, faina fluvial (1931, 19', Manoel de Oliveira)	Rutura substantiva e formal	Descanso Refeição	Narrar o ciclo quotidiano da vida e do trabalho
Avante com a Reforma Agrária (1977, 20', Unidade de Produção Cinematográfica nr.1)	Rutura substantiva	Refeição	Evidenciar a luta e cooperação da classe trabalhadora

3.1.1. A pausa de manutenção

A pausa de manutenção, em que predomina um peso dos vários elementos de referência de simbolização do trabalho, como, por exemplo, os gestos, o vestuário ou o espaço de trabalho, foi analisada em dois filmes contrastantes entre si, tanto cronologicamente, como em termos de origem e objetivos. A comparação entre ambos permite-nos analisar, por um lado, a continuidade entre a representação do trabalho e da pausa e de que forma esta é usufruída pelo(s) trabalhador(es), e por outro lado, a relação entre quem filma e quem é filmado no seu momento de descanso.

O primeiro desses filmes é *Évora* (1929), em que a última das quatro partes que compõem a cópia visionada é dedicada à representação do trabalho. Trata-se de um segmento de 12 minutos que se inicia com o intertítulo:

> «O Alentejo é a região das searas, da cortiça, dos olivais e das planícies nuas. O trigo e a cortiça são as suas principais riquezas e nós vamos observar algumas passagens da preparação e carregamento do trigo e do arrancar da cortiça.»

Figura 3.1. – *Évora*, 1929,
José César de Sá [col. ANIM].

Este segmento termina com cinco planos, a nossa unidade de análise, em que os trabalhadores da cortiça, até aqui representados durante a sua atividade em planos gerais do campo de sobreiros, são retratados em planos frontais, de corpo inteiro, num momento em que não estão a trabalhar, permitindo-nos ver-lhes as feições, expressões e trajes com maior detalhe. A cena começa com três trabalhadoras a afastarem-se do espaço de trabalho após terem interrompido a sua atividade laboral, e a caminharem em direção à câmara (*figura 3.1.*).

A câmara, ao unir ambos os espaços num mesmo enquadramento – o espaço do trabalho, ao fundo, e o espaço reservado para a representação das trabalhadoras, em primeiro plano – exibe a continuidade entre a interrupção e a ordem do trabalho. Trata-se de uma pausa de manutenção durante a qual se mantém vigente a relação laboral – e que é reproduzida na relação entre quem filma e quem é filmado – funcionando os retratos como um prolongamento simbólico da representação do trabalho rural da região do Alentejo, ganhando a espessura de uma personagem iconográfica – o Alentejano – que virá a ser desenvolvida ao longo de várias décadas em inúmeros filmes portugueses[8].

[8] Outros filmes que ilustram a abrangência temporal (e diversidade de contextos políticos) da narrativa desenvolvida por estes filmes em torno da figura do trabalhador rural alentejano são: *Alentejo não tem sombra* (1953, Orlando Vitorino, Azinhal Abelho); *O trigo da nossa terra* (1954, Augusto Fraga, Carlos Marques); *O trigo e o joio* (1965, Manuel Guimarães); *Terra de pão, terra de luta* (1977, José Nascimento).

Nestes cinco planos, os retratados estão trajados com o vestuário de trabalho, numa variação cinematográfica dos retratos fotográficos de figuras típicas, comuns nas primeiras décadas da prática fotográfica. Em cada um dos planos, de cerca de 11 a 20 segundos de duração, os trabalhadores, mantendo-se de pé na mesma posição, mexem-se apenas ligeiramente, ora inquietos, ora alegres, dentro do enquadramento, falando entre si e para fora de campo.

As imagens permitem claramente perceber que existe uma interação entre quem está diante e detrás da câmara: os sujeitos retratados começam os planos já em campo e, à exceção do primeiro plano, permanecem parados diante da objetiva, no centro do enquadramento, à espera de ordens ou estímulos vindos de fora de campo, aos quais reagem.

Apesar de terem interrompido o seu trabalho corticeiro, os retratados continuam ainda assim a cumprir uma função: a representação estereotipada de uma determinada região do país e da sua população trabalhadora, o que se confirma pela inserção prévia de um intertítulo, identificando-os como Alentejanos. Se nos planos anteriores os trabalhadores são representados num processo de trabalho coletivo, com uma predominância de mão de obra masculina, no momento da pausa para o retrato, são sobretudo mulheres a serem individualizadas e chamadas a representar os restantes trabalhadores que, em segundo plano e desfocados, continuam a trabalhar.

A pausa de manutenção cumpre uma função distinta na estrutura do filme *O movimento das coisas* (1985), longa-metragem que retrata alguns momentos da vida de uma comunidade (em particular de uma família), na vila de Lanheses, no Norte de Portugal.

Na primeira metade do filme, esse retrato tem por base o ciclo de um dia de trabalho, desde o amanhecer até ao deitar, focando-se particularmente em diversos trabalhos femininos, tanto domésticos como rurais e, no caso de uma das personagens, no trabalho industrial. A pausa surge como um momento expectável e devidamente enquadrado no decorrer do dia. A primeira metade do filme (até cerca dos 45') assume um cariz orgânico, com o almoço a meio (20') e o jantar passado um período de tempo equivalente (aos 40').

A representação da pausa estende-se ao longo de uma sequência com cerca de 10 minutos, durante a qual a montagem vai intercalando momentos de trabalho com momentos de interrupção nas tarefas do campo, sublinhando a continuidade entre ambos. A sequência começa ainda a meio da manhã, prossegue com o almoço, e alguns momentos após a refeição, em que se lava a louça e as crianças brincam ou lavam os dentes.

O ambiente de pausa é por vezes sugerido simbolicamente mais por elementos como o som do que por gestos, já que o ritmo pausado e regular com que estes são executados nem sempre permite identificar o que é da ordem do trabalho formalizado e o que é uma tarefa de trabalho quotidiano doméstico levada a cabo durante uma pausa do almoço. A pausa de manutenção traduz-se, precisamente, na continuidade simbólica entre o gesto de trabalho e os restantes gestos do quotidiano, inseridos num mesmo ciclo dos dias e da natureza, que é espelhado tanto pela estrutura do filme (sobretudo a primeira metade), como pelas cenas que compõem toda a sequência. A não distinção entre tempo de trabalho e tempo de não trabalho é constitutivo de um quotidiano que marca determinadas formas de vida e que evidenciam a centralidade e o caráter difuso do trabalho.

De todas as cenas que constituem a sequência, para a nossa análise destacamos uma que nos permite rimar com os retratos do filme anterior. Enquanto um grupo de mulheres se dirigiu para a realização das atividades agrícolas, uma delas fica em casa a fazer pão, juntando-se às outras após um breve momento de descanso. A forma como esta cena está filmada, num único plano, que termina num grande plano da mulher, atribui à pausa a função de a retratar mais de perto. Trata-se de um retrato frontal que difere substancialmente dos retratos analisados em *Évora* (1929), já que se vê uma ação e um gesto em movimento – beber uma malga de vinho – ao contrário de *Évora* (1929), em que os retratados começam o plano estáticos diante da câmara (*figura 3.2. Extratexto*).

É particularmente importante reter aqui a ideia de gesto, como assinala Lisboa (2007), pois a ele surge associada a ideia de ciclo e continuidade entre trabalho e não trabalho: «N'*O movimento das coisas,* nenhum gesto existe isoladamente. (...) Observamos os gestos imemoriais de uma comunidade, no tempo circular do retorno pontuado pelo sino da igreja, pelo pêndulo do relógio, pela sirene dos bombeiros ou pelo galo da manhã». O gesto de levar a malga de vinho à boca surge na continuidade dos gestos anteriores – amassar o pão, colocá-lo no forno, benzê-lo – e os gestos seguintes executados no campo, formando um todo. A pausa aqui é aproveitada pela personagem para se sentar e beber uma malga de vinho de um só trago para seu próprio proveito.

Outro aspeto a salientar, e que distingue ambos os filmes, é a relação de proximidade entre quem está diante e detrás da câmara. Como afirma a realizadora, Manuela Serra, «colocava-me sempre no sítio onde queria que se pusesse a câmara. Colocava-me lá, sem dizer nada. E estabelecia-se uma grande cumplicidade.» (Cunha, in Lisboa, 2007, p. 13). Essa cumplicidade é visível não só na escala e ângulo do enquadramento, como nos gestos e no olhar frontal da personagem para a câmara, sorrindo ao beber a malga de vinho.

As situações de quotidiano em que a pausa enfatiza e reforça a dimensão hierárquica das relações de trabalho surgem de forma evidente em dois filmes institucionais, isto é, da iniciativa de organismos públicos com objetivos pedagógicos.

Um futuro melhor (1953), uma curta-metragem promovida e produzida no quadro da Campanha Nacional de Educação de Adultos (CNEA)[9], foca-se na trajetória profissional e pessoal de um operário, com destaque para a sua decisão de frequentar a escola em horário pós-laboral. A escolarização da classe operária (por via da educação de adultos) é o elemento central do filme e visa sublinhar como pode constituir um fator central de defesa das condições e direitos de trabalho.

A pausa surge de forma claramente identificável em quatro cenas – duas pausas para almoço e duas cenas na taberna – as quais têm uma grande relevância, tanto na construção do filme, como dos arquétipos sobre as relações

[9] Campanha promovida no quadro das políticas educativas e de formação do regime do Estado Novo (1933-1974) no início dos anos 1950 para combater o analfabetismo nos meios populares. Para um maior desenvolvimento ver Barcoso (2002).

Figura 3.3. – *Um futuro melhor*, 1953, João Mendes [col. ANIM].

hierárquicas de trabalho marcadas pela lógica de subordinação que caracteriza o trabalho assalariado, sendo conferido destaque à relação do operário com o supervisor direto. A análise deste conjunto de cenas permite destacar, por um lado, como a relação hierárquica se mantém fora do espaço de trabalho assalariado e, por outro, como a decisão do operário em frequentar a educação de adultos em horário pós-laboral não questiona a manutenção das posições de domínio e de subordinação. Ainda que o operário se torne um pouco mais escolarizado, a relação de autoridade não só se mantém, como é reafirmada no final do filme.

Na primeira pausa de almoço, o encarregado, sentado numa posição de destaque à cabeceira da mesa, lê o jornal aos operários que não sabem ler, comentando as notícias em monólogo (*figura 3.3.*).

Na pausa seguinte, numa taberna, fora do local de trabalho, repete-se a presença do encarregado sentado à cabeceira da mesa a falar com os operários que o escutam, menosprezando a campanha de educação de adultos cujo anúncio se ouve nesse momento na rádio e dando ordens ao proprietário do referido espaço.

A terceira pausa representada no filme é um almoço no local de trabalho, sem a presença do encarregado. Esta cena segue-se à decisão do operário frequentar a escola, simbolizando, assim, o estabelecimento de uma relação hierárquica com os seus colegas de trabalho marcada agora, já não pelo trabalho, mas pela escolarização. Esta é perspetivada, intencionalmente, como um fator de distinção social. Se antes temos uma autoridade marcada pelo capital económico, agora temos uma autoridade sinalizada pelos capitais cultural e social plasmado na escolarização (Bourdieu, 1979; 1980; 1997).

Na cena seguinte, regressamos à taberna, onde o encarregado bebe sozinho, após o operário ter convencido os seus colegas a frequentarem a escola. No entanto, uma vez regressado ao local de trabalho, no final do filme, a sua autoridade não será posta em causa.

A análise situacional da pausa neste filme permite evidenciar como esta cumpre uma função de veicular um conjunto de representações sobre as relações hierárquicas do trabalho assalariado, dentro e fora da ordem do trabalho.

Crónica do esforço perdido (1967) é um filme também ele de cariz pedagógico, encomendado pela Fundação Nacional para a Alegria no Trabalho (FNAT) com o objetivo de divulgar a denominada «ginástica de pausa», um conjunto de exercícios de ginástica de curta duração a serem efetuados em conjunto no próprio local de trabalho.

O filme encontra-se dividido em dois segmentos: o primeiro dedicado ao trabalho e à vida urbana (a «vida moderna» como é referido no filme); o segundo à ginástica de pausa e seus benefícios. Esta divisão é clara não só em termos de conteúdo, mas também formais, tendo a imagem, o som e a montagem um papel central. A estrutura do filme pretende reforçar o efeito da pausa no segundo segmento, distinguindo-se formalmente das propriedades visuais e sonoras do meio urbano e de alguns contextos de trabalho.

No primeiro segmento vemos, por exemplo, uma série de planos de mulheres a trabalhar em ambiente de escritório, evidenciando gestos curtos, rápidos e repetitivos de telefonistas e dactilógrafas, bem como imagens de posturas incorretas de trabalho ou expressões de cansaço. O caráter intenso do ritmo do trabalho é ainda fundamentado com diagramas, estatísticas e gráficos sobre a pressão do sangue, a força dos punhos e a concentração exigida ao longo de um dia de trabalho.

No segundo segmento surge o momento de pausa, a nossa unidade de análise (uma sequência de 7 minutos, que ocupa toda a segunda metade do filme até ao final), marcado pela realização de um conjunto de exercícios no interior de uma sala situada numa fábrica ou oficina que são indicados por uma professora como um exemplo de uma «pausa racional» por oposição a uma «pausa espontânea» dos trabalhadores, seguindo as expressões referidas no filme. Trata-se de uma sala ampla, iluminada por luz natural e ocupada por mulheres com um fato de trabalho igual a trabalhar em fila.

As imagens consistem sobretudo em exemplos de exercícios que se podem fazer na pausa do trabalho, como é referido na narração, que é acompanhada por uma melodia de piano:

> «As sessões de ginástica de pausa, executadas no próprio local de trabalho aproximadamente às três e meia da tarde, não devem durar mais de dez a quinze minutos. Esta curta interrupção diária do trabalho, longe de trazer prejuízo à empresa, traduz-se num aumento de rendimento, como o provaram inquéritos efectuados na Suécia, França, Estados Unidos e Rússia, países onde a ginástica de pausa se pratica correntemente. As lições devem ser leves e fáceis de executar, e compõem-se de movimentos simples de descontracção e compensação, bem como de movimentos rítmicos de relaxamento. Os movimentos compensatórios devem ser estudados para cada profissão atendendo aos vícios corporais que as respectivas atitudes provocam. Pratica-se com o acompanhamento de música adaptada ao ritmo dos movimentos, o que é aliás um excelente meio de encorajar os operários a aderirem voluntariamente a estes cursos. A música é indispensável para favorecer a descontracção nervosa, a mudança de ambiente psicológico. No entanto, não convém que seja sistematicamente empregada; também o silêncio em muitos casos permite alcançar resultados favoráveis à descontração.»

A professora usa calças, sapatilhas e uma camisola branca com o símbolo das quinas e sobe para cima de uma mesa de modo a ilustrar os exercícios que devem ser realizados enquanto as operárias se levantam dos seus lugares. A hierarquia é, assim, notória do ponto de vista do vestuário, do lugar assimétrico ocupado no espaço (*figura 3.4. Extratexto*), e das ordens que são dadas, como se as trabalhadoras não soubessem usufruir do seu próprio tempo livre de forma «racional».

O início da cena está construído em torno de uma série de campos-contracampos entre a professora e as operárias executando movimentos com os braços ou dobrando os joelhos quando sentadas. Estes exercícios são depois filmados de diversos ângulos, que exploram a disposição em filas sucessivas das operárias: panorâmicas e *travellings*, planos com pontos de fuga entre as filas e jogos de simetria. Estes planos vão sendo alternados com grandes planos ou planos aproximados de certos membros do corpo humano para ilustrar os exercícios. Ouvimos em raros momentos da cena a voz da professora num volume muito baixo, dando breves indicações durante os exercícios, como «e volta, e vai, e esquerda...».

A exceção ao dualismo entre as duas partes do filme é o tom de voz da narradora que está presente ao longo de todo o filme, assumindo um discurso que pretende apresentar-se como objetivo, racional e instrutivo, falando apenas quando é necessário cumprir a função pedagógica de explicar as vantagens da ginástica de pausa tanto para as trabalhadoras como para a empresa:

> «Para atenuar estes sintomas de fadiga mental e muscular, certos países criaram nas suas empresas uma pausa de trabalho preenchida com ginástica. É uma forma de substituir a pausa espontânea a que

todo o trabalhador se entrega num momento de cansaço por uma pausa racional feita de movimentos de compensação. Bastam alguns minutos de ginástica de pausa na hora de maior fadiga para que as funções reassumam um equilíbrio próximo do normal».

Uma fábrica de trigo (1931) é um filme de promoção dos produtos de uma firma importadora de máquinas agrícolas, que pretende demonstrar as vantagens da mecanização do trabalho agrícola. Neste filme mudo, dividido em quatro partes, a pausa surge para sublinhar a eficiência do trabalho mecânico por oposição ao trabalho do homem.

A nossa unidade de análise é constituída pela pausa para almoço, uma sequência de duas cenas com a duração de dois minutos e meio. Surge aos 17 minutos de filme, a meio do dia de trabalho, e é representada enquanto atividade de grupo: um corpo coletivo de homens que almoçam partilhando a refeição de uma panela, uma prática da época no contexto do trabalho rural e de um determinado tipo de contratação[10].

Esta cena contempla seis planos e tem o seu início com os intertítulos «Dois turnos de pessoal, revezam-se nas horas das refeições. Enquanto uns trabalham... /...os outros comem...».

A segunda cena analisada, que abre a terceira parte do filme, começa com o intertítulo: «Para beber agua não é necessário parar. 1 minuto de paragem representa um atraso de 85 metros na lavoura...». Nesta cena, vemos um rapaz jovem sentado no meio do campo e um trator a aproximar-se que se levanta para dar água ao condutor do trator, mas, como este não para a máquina, tem alguma dificuldade em agarrar a caneca que o rapaz lhe estende. Para além de ser visível que a maior parte da água não é bebida, caindo no terreno devido ao gesto em movimento, o rapaz também se desequilibra na concretização do gesto. Assim, para evitar o desperdício de tempo que é referido no intertítulo, a pausa é simultânea ao trabalho, no sentido de acompanhar a rentabilidade proporcionada pela técnica.

A representação da pausa em ambas as cenas permite evidenciar, para além da demonstração da eficácia tecnológica dos equipamentos mecânicos, a organização hierárquica do trabalho já que: na primeira cena vemos o cozinheiro e o seu ajudante; na segunda cena, vemos o rapaz (possivelmente com uma atividade mais indiferenciada) esperando que passe o trabalhador mais velho e que conduz o trator para lhe servir água.

O que também distingue este filme é a forma como a representação da pausa de manutenção é usada pelo realizador para introduzir um fio narrativo que nos aproxima dos trabalhadores e que constitui na estrutura e nos objetivos do filme uma rutura formal.

Se no caso de *Évora* (1929), o espaço de trabalho e o espaço da representação do trabalho se fundiam num só plano que impedia a separação entre ambos, em *Uma fábrica de trigo* (1931) acontece o contrário, vendo-se os trabalhadores, pela planificação e montagem, afastados da ordem do trabalho. Quando o realizador nos mostra a cozinha de campanha com mais detalhe do que algumas

[10] A situação retratada no filme é de um caso em que os trabalhadores foram contratados «a de comer», ou seja, recebem do patrão uma remuneração em dinheiro e uma refeição quente por jornada de trabalho (podem ainda receber outras refeições mais leves e vinho, depende dos locais, e água), comendo todos da mesma bacia (o que acontecia por todo o país e no desempenho de tarefas agrícolas).

das cenas de trabalho, opta por dois grandes planos dos trabalhadores e o diálogo entre eles; já em *Évora* (1929) não acontece. Alia-se assim um lado documental, que regista fielmente não só as pessoas, como o ambiente de trabalho e a sua organização, a um lado ficcional, que, ainda que ténue, insere os trabalhadores numa outra narrativa cinematográfica.

3.1.2. A pausa de rutura

Se a pausa de manutenção cumpre nos filmes uma função de preservação, e mesmo de reforço, dos modelos de trabalho, das atividades económicas e dos investimentos técnicos, noutros filmes evidencia-se que a pausa provoca uma rutura não só na narrativa do filme, mas também entre as ordens do trabalho e do não trabalho.

É o caso de *Douro, faina fluvial* (1931), filme que retrata a atividade da estiva no espaço urbano de uma das margens do rio Douro, no Porto.

A pausa surge a meio do filme, após uma série de sequências anteriores terem focado o contexto do rio e as diversas atividades de trabalho na sua margem.

A pausa é representada como o contracampo do trabalho. Trata-se de um contracampo que consiste, por um lado, numa mudança da imagem do rio para a sua margem (e o respetivo bairro habitacional), e por outro lado, na montagem, em que se associam planos muito breves numa lógica formalista própria do cinema das vanguardas. Essa rutura é, assim, plasmada numa rutura formal do filme nesta cena, tanto ao nível da escala dos planos como da lógica da montagem. Nestes planos vemos pessoas a comer, a dormir, um momento afetivo de um jovem casal e um senhor que toca acordeão, os quais são alternados com planos dos barcos e instrumentos de trabalho parados (*figuras 3.5. e 3.6.*).

A rutura é, pois, potenciada neste filme por uma representação da pausa que contrasta com a imagem do trabalho, quer em termos de câmara e montagem, quer na ocupação daquele espaço pelos trabalhadores em descanso. Ainda que territorialmente o mesmo, o espaço de trabalho é separado do território simbólico do descanso pela rutura formal introduzida pelo realizador.

Em *Avante com a reforma agrária* (1977), um filme que retrata o ambiente de cooperação entre camponeses, operários e intelectuais no contexto da Reforma Agrária e dos movimentos revolucionários pós-25 de Abril 1974, em várias cooperativas de agricultores, um conjunto de operários desloca-se ao Alentejo para umas jornadas de colaboração no trabalho rural e nos momentos de convívio nas cooperativas.

Todo o filme é rodado num contexto de pausa laboral, neste caso dos operários, que interromperam o seu trabalho na cidade para se deslocar ao Alentejo e realizar um trabalho que não é o seu: a apanha da azeitona. Embora não se traduza numa rutura formal como no filme anterior, estamos aqui perante uma pausa de rutura evidente com a ordem do trabalho. É exemplar

FIGURA 3.5. – *Douro, faina fluvial*, 1931, Manoel de Oliveira [col. ANIM].

FIGURA 3.6. *Douro, faina fluvial*, 1931, Manoel de Oliveira [col. ANIM].

o plano, aos 14 minutos, das camionetas com os operários a acenar e com bandeiras, afastando-se da cidade a caminho da região do Alentejo.

A sequência da pausa para almoço, uma das unidades de análise que definimos, reúne os trabalhadores rurais e os operários e intelectuais que se deslocaram da cidade, que são figurados de forma alternada entre grandes planos de uns e outros partilhando uma mesma refeição ao ar livre (*figura 3.7. Extratexto*).

Trata-se, assim, de uma pausa que se enquadra num conjunto de acontecimentos também com cariz político, patente numa assembleia constituída por uma vasta massa de pessoas, muitas delas vestindo trajes rurais, ouvindo dois oradores que frisam a unidade entre todos os trabalhadores para a prossecução da Reforma Agrária.

A pausa cumpre, assim, a função de sublinhar a comunhão entre os dois grandes grupos sociais (isto é, oriundos e ocupantes do espaço rural e do espaço urbano), através da partilha de uma refeição que é, também, a partilha de uma posição política. Esta função é reforçada numa sequência posterior em que é mostrado um piquenique que termina com um comício que encerra o filme. A pausa representa a constituição de um corpo coletivo politizado, que se opõe à autoridade associada a um certo tipo de ordem do trabalho assalariado.

3.1.3. A pausa revelando o trabalho

A análise situacional permitiu a identificação da pausa como figuração nos filmes selecionados e evidenciar uma importante heterogeneidade da sua abordagem, quer numa lógica de manutenção, quer de rutura da ordem do trabalho.

Permitiu abordar a forma como a pausa potencia uma análise de aspetos centrais do domínio do trabalho, tais como: a hierarquização das relações sociais, a distinção marcada pela escolarização, as condições de vida e de trabalho, o quotidiano do trabalho ou os processos em curso de constituição de uma relação de trabalho assalariada regulada.

É interessante salientar ainda a recorrência do recurso à refeição como dispositivo cénico para representar os momentos de pausa do trabalho, o que permite aventar a hipótese da intenção em exibir e enaltecer a necessidade da pausa para recuperar as forças físicas que permitem o regresso às atividades laborais. Esta opção evidencia-se também por ser construída pelos filmes quer em continuidade, quer em rutura com o quotidiano de trabalho. Focando sobre uma situação integrante do quotidiano, a pausa permite figurar o trabalho em várias das suas dimensões.

3.2. O corpo coletivo e a relação com a autoridade

Se a figuração da pausa permite evidenciar as situações que marcam o quotidiano do trabalho e da luta pelos direitos dos trabalhadores, em rutura, ou não, com a ordem do trabalho, a figuração do corpo coletivo e a sua relação com a figura da autoridade permite evidenciar as situações de exceção (Agamben, 2010 [2003]) e que não se integram na ordem do trabalho. Ganha aqui força a ideia de figuras (Lyotard, 1971) que, para além do discurso, são dotadas de uma espessura, vontade, contexto e direção e que permitem estruturar narrativas sobre o trabalho.

A associação do corpo coletivo à autoridade assenta no pressuposto segundo o qual é no exercício de poder sobre um coletivo de pessoas que sobressaem narrativas de trabalho marcadas pela sua excecionalidade e que, por contraposição à pausa, permitem chegar a um outro olhar sobre o trabalho.

A matriz analítica que relaciona a constituição de um corpo coletivo com o exercício de autoridade assenta em três grandes tipos de corpo coletivo – laboral, político e iconográfico – e em cada um deles aborda-se a sua relação com três configurações de legitimação da autoridade – política, económica e da ordem. Esta abordagem inspira-se na problematização de Max Weber (2002 [1922]) sobre a necessidade de legitimação do exercício do poder, plasmado na autoridade. Assim, a partir da proposta de Weber (2002 [1922]) dos tipos ideais de tipificação em legitimidade racional, assente nas regras estatutariamente definidas, tradicional, baseada na crença em tradições e crenças, e carismática, ancorada na crença em qualidades pessoais excecionais, procedemos a uma análise que condensa aspetos destes três tipos.

Para a análise situacional de exceção foram selecionados 8 filmes que evidenciam o tipo de corpo coletivo representado e a sua relação com a autoridade (quadro 3.3.).

Quadro 3.3. – Figuração o corpo coletivo e a relação com a autoridade: os filmes selecionados

Setúbal, suas indústrias, 1930, 20', Virgílio Nunes
Madeiras indústria portuguesa, 1932, 33', Aníbal Contreiras
Inauguração da fábrica de *fibro-cimento Cruz-Quebrada 11 Abril 1934*, 1934, 10', autor não identificado
Comícios anti-comunistas, 1936, 20' (duração incompleta), Serviços Cinematográficos do SPN – Secretariado de Propaganda Nacional
O trigo da nossa terra, 1954, 32', Augusto Fraga, Carlos Marques
A lei da terra, 1977, 67', Grupo Zero
Terra de pão, terra de luta, 1977, 68', José Nascimento
12 de Fevereiro 1982 Greve Geral, 1982, 44', António Damião

Por oposição à representação de uma massa de trabalhadores que sai da fábrica e se desfaz, dirigindo-se cada trabalhador para a sua casa (por exemplo), o corpo coletivo conflui num dado espaço e tempo – criado, recriado e/ou captado pelo filme – para, a partir daí, ser representado de várias formas, de entre as quais destacamos três: a do corpo coletivo laboral, a do corpo coletivo político e a do corpo coletivo iconográfico. A primeira refere-se a uma força de trabalho coletiva que é representada tendo por base as atividades económicas, com destaque para a indústria, a agricultura e a pesca. O coletivo de operários, de camponeses ou de pescadores é apresentado, quer por via da representação de gestos de trabalho comuns e simultâneos (por exemplo puxar uma rede de pesca ou ceifar o trigo nos campos), quer pelo discurso sobre esses gestos. No caso do corpo coletivo político, a montagem de imagens e sons tem um papel preponderante na sua figuração. A massa indistinta, num primeiro momento, conflui num determinado espaço público, para se manifestar, ou privado, para o ocupar, gerando-se uma representação sobre o trabalho. O corpo coletivo iconográfico, concretizado na análise do Alentejano, já previamente evidenciado na análise da pausa, destaca-se por ser representado como um corpo coletivo que é singularizado de forma iconográfica (Ginzburg, 2013).

A relação entre o corpo coletivo e a figura da autoridade pode assumir distintas propriedades, na qual destacamos dois pontos polares: num polo, o controlo e a obediência, e, no outro, o confronto.

No quadro 3.4. encontra-se sistematizada a análise realizada, que desenvolvemos seguidamente.

3.2.1. Da massa ao corpo coletivo político

O corpo coletivo político está presente num conjunto de filmes, contemplando desde desfiles de apoio ao Estado Novo no início dos anos 1930, a manifestações contra o governo da Aliança Democrática (AD) que se encontrava em exercício de funções no governo português em 1982.

O filme *12 de Fevereiro 1982 Greve Geral* (1982) está construído em torno da ideia de constituição de um corpo coletivo de trabalhadores enquanto sujeito político. No pré-genérico, ao som do hino da Confederação Geral dos Trabalhadores Portugueses – Intersindical Nacional (CGTP-IN), temos uma sequência de planos individuais de trabalhadores que trabalham em atividades várias, como a agricultura, a construção naval, a indústria têxtil ou a pesca, e dois planos gerais que evidenciam os trabalhadores em dois momentos de não trabalho: um plenário e uma saída de fábrica. A letra da canção espelha, desde logo, a relação deste corpo coletivo de trabalhadores com a autoridade, marcada pela contestação de uma determinada legitimação, baseada no domínio económico: «Unidade, unidade, unidade, do Trabalho contra o Capital».

Após o genérico inicial, retrata-se a preparação da greve e, logo, a constituição do corpo coletivo. Assim, logo após o título do filme, surge a organização num corpo coletivo unitário da diversidade representada anteriormente: os representantes sindicais presentes no plenário da CGTP-IN, segundo o narrador, «o maior da história da CGTP. Presentes representantes de mais de um milhão e 300 mil trabalhadores. Uma decisão histórica, a convocação da greve geral de 12 de fevereiro, tomada por unanimidade e aclamação».

Segue-se uma sequência de planos em que se evidencia a ação do corpo coletivo, seja através dos apelos à greve por todo o país – cartazes, faixas e pichagens

Quadro 3.4. – Figuração o corpo coletivo e a relação com a autoridade: síntese analítica

Título do filme	Tipo de corpo coletivo	Tipo de legitimação da autoridade	Tipo de relação do corpo coletivo com a autoridade	Forma de representação	Função no filme
12 de Fevereiro 1982 Greve Geral (1982, 44', António Damião)	Corpo político	Política	Confronto	Manifestação Comício	Constituir um corpo coletivo político
Comícios anti-comunistas (1936, 20' (duração incompleta), Serviços Cinematográficos do SPN – Secretariado de Propaganda Nacional)		Política/ Ordem	Obediência	Desfile	Legitimar o exercício da autoridade
Madeiras indústria portuguesa (1932, 33', Aníbal Contreiras)	Corpo laboral	Económica	Controlo	Atividade de trabalho	Legitimar o exercício da autoridade
Inauguração da fábrica de fibro-cimento (1934, 10', autor não identificado)		Económica/ Política	Obediência	Celebração	Legitimar o exercício da autoridade
Setúbal, suas indústrias (1930, 20', Virgílio Nunes)		Carismática	Obediência	Atividade de trabalho	Constituir uma representação iconográfica de uma atividade de trabalho
Terra de pão, terra de luta (1977, 68', José Nascimento)	Corpo iconográfico	Ordem/ Económica	Confronto	Reforma Agrária	Constituir um corpo coletivo político
A lei da terra (1977, 67', Grupo Zero)		Ordem/ Económica	Confronto	Reforma Agrária	Constituir um corpo coletivo político
O trigo da nossa terra (1954, 32', Augusto Fraga, Carlos Marques)		Política	Cooperação/ Obediência	Trabalho	Legitimar o exercício da autoridade

em contextos urbanos e rurais, de norte a sul – que nos dão a noção de abrangência geográfica do corpo coletivo, seja por via de uma série de curtos depoimentos montados alternadamente com cenas de plenários em empresas. Assim, por exemplo, à enunciação por um delegado sindical das pessoas representadas pela greve e em nome da qual ela é convocada, segue-se um retrato concreto dessas pessoas: o reformado, o jovem casal, a mulher, o trabalhador da empresa de transportes. Após esta sequência, surge uma cena de cerca de quatro minutos na Lisnave, empresa de construção naval, onde decorre um plenário de trabalhadores reunidos no seu espaço de trabalho. É possível ver, num plano frontal ligeiramente picado dos trabalhadores sentados, o coletivo de trabalhadores em várias panorâmicas (*figura 3.8. Extratexto*).

Uma vez representada a formação do corpo político, a representação passa a focar-se na sua ação, isto é, no dia da greve previamente planeada no plenário dos trabalhadores. O narrador refere-se a este momento como «a Greve Geral salta dos cartazes de parede para os portões das fábricas, dos panfletos para os campos, dos plenários para as ruas», e vemos então um corpo compacto de trabalhadores diante do portão fechado de uma fábrica com um cartaz que anuncia «Estamos em Greve».

As sequências seguintes são constituídas por planos com diversos depoimentos individuais de trabalhadores sobre a greve, num olhar retrospetivo sobre esse dia, compostas, sobretudo, por imagens dos trabalhadores em laboração.

Os depoimentos dos trabalhadores ao longo do filme coexistem constantemente com o discurso do narrador, que contextualiza e direciona a narrativa. Ao narrador cabe o papel de, por um lado, situar esta Greve Geral na história do movimento sindical, «a primeira depois do 18 de Janeiro de 1934»; por outro, definir este corpo coletivo como contestatário da autoridade: «Apesar dos métodos fascizantes utilizados pelo governo da AD, a Greve Geral realizou-se e fica a constituir a mais extraordinária jornada de massas na história da luta dos trabalhadores portugueses».

O filme retrata assim, o processo de constituição de um corpo coletivo político e a sua exibição por via dos discursos dos seus membros, evidenciando uma diversidade que se reúne numa causa política assente na defesa dos direitos dos respetivos membros. Esta ideia é bem sintetizada pelo narrador quando, sobre imagens da paralisação, diz que «Em cada rosto, era a vontade de luta de mais de um milhão e meio de trabalhadores que se podia ver».

Quer o plenário, quer a greve evidenciam-se como situações de exceção, na aceção adotada por nós de Agier (2011), marcadas por uma relação de confronto da autoridade legitimada por um determinado sistema económico e por uma aliança partidária em exercício.

Também em *Comícios anti-comunistas* (1936), é notória a constituição de um corpo coletivo de matriz política e a sua relação com a figura da autoridade[11].

A autoridade é concretizada em duas figuras – António de Oliveira Salazar, Presidente do Conselho de Ministros, e Marechal Óscar Carmona, Presidente da República – que se destacam enquanto representantes da autoridade política legítima do Estado e da Nação. A autoridade está também representada por militares, polícias, políticos e membros da Legião Portuguesa. Ao contrário destes últimos, os dois dirigentes políticos não são representados em pessoa, mas através de fotografias nas montras de lojas, retratos em néon num comício noturno e em cartazes com os seus nomes, evidenciando como a sua autoridade assenta, também, numa legitimidade carismática.

Assim, se no filme anterior o corpo coletivo se relaciona com a autoridade com base no confronto, neste filme a relação é de ordem e obediência, como é referido nos intertítulos que abrem o filme:

[11] Para um maior desenvolvimento do enquadramento destes comícios ver, nomeadamente, Rodrigues (1995).

> «Enquanto em Espanha a onda de selvageria e de destruição, servida por autênticos bandidos e assassinos, vai arruinando tôdas as actividades e riquezas da nação, em Portugal realizam-se comicios anti-comunistas em todo o Paiz, na melhor ordem e com uma vibração popular enorme.
>
> Nêstes comicios, realizados com numerosissima concorrência, em Lisboa, Porto e Coimbra, bem como nas restantes capitais do districto e grandes centros industriais, milhares de nacionalistas afirmam a vitalidade e a sua devoção patriótica unindo-se à volta do Govêrno do Estado Novo na defeza do prestígio e da integridade da Pátria Portugueza.»[12]

Temos assim um corpo coletivo que adere a uma determinada ideologia política e que se reúne também num determinado momento num comício. A vigilância exercida sobre a população não tem um reflexo de caráter físico, mas manifesta-se num jogo de espaços e rituais (Foucault, 1975).

O comício, que tem lugar no Porto, é representado seguindo uma lógica simples de campo-contracampo em planos fixos, com ligeiras correções de enquadramento, entre a multidão de pé composta por centenas de homens ouvindo, aplaudindo e fazendo a saudação fascista, e alguns oradores num palanque elevado, um dos quais singularizado pelo intertítulo «O Snr. Secretário do Estado das Corporações Dr. Rebelo de Andrade, em uniforme de legionário, preside ao comício».

Junto ao palanque dos oradores, vemos um homem não identificado incitando a multidão com palavras de ordem que não ouvimos. A multidão ocupa todo o espaço, decorado com galhardetes e bandeiras com a cruz de Cristo e várias faixas com palavras de ordem como «Estado Novo, Valorização do Império», «Estado Novo, Paz nos Espíritos», «Estado Novo, Tranquilidade na Casa e na Rua», «Estado Novo, Organização Corporativa».

Enfatiza-se o corpo coletivo político e são evidenciadas faixas com nomes de localidades portuguesas, reiterando a presença de pessoas oriundas de várias regiões.

A segunda sequência do filme a ser analisada exibe um comício em Coimbra. Ao espaço escuro e confinado da cena anterior, opõe-se aqui uma representação diurna nas margens do rio Mondego.

Num *travelling* vê-se uma grossa fila de gente parada, filmada em ângulo picado, alinhada do lado esquerdo do enquadramento; do lado direito do enquadramento, um polícia de costas caminha um pouco à frente da viatura onde segue a câmara para estar ligeiramente elevada em relação às pessoas. Estas levantam o olhar para a objetiva, e muitas delas olham-na fixamente.

O corpo coletivo de pessoas está organizado por fábricas de várias atividades económicas – lanifícios, cerveja, curtumes, massas alimentares, serração e carpintaria, cerâmica – identificadas nas faixas. A relação com a autoridade, personificada num polícia, é de obediência às ordens dadas para mostrar entusiasmo, e legitimada simbolicamente pelo vestuário. A figura do polícia associa-se, assim, à manutenção da ordem e à vigilância (Foucault, 1975).

[12] O filme é realizado num contexto marcado pela guerra civil de Espanha.

FIGURA 3.9. – *Comícios anti-comunistas*, 1936, Serviços Cinematográficos do SPN – Secretariado de Propaganda Nacional [col. ANIM].

O *travelling* vai sendo interrompido por intertítulos e, a dado momento, por dois planos fixos, de modo a serem legíveis as palavras de ordem em duas faixas: «Viva Portugal, Viva Salazar, Viva o Dr. Bissaia» e «Morra o comunismo que é contra a pátria, destruidor da família, perturbador da paz, violador dos lares». Neste último plano fixo, as pessoas estão também elas imóveis, em pose para um retrato fotográfico de um corpo coletivo obediente reunido numa situação de exceção (*figura 3.9.*).

Em direções distintas, estamos, assim, em presença de dois filmes que retratam a formação de um corpo coletivo político que se relaciona com a autoridade, ora em contestação da legitimidade do seu exercício, ora em obediência pela imposição da ordem, esta última no quadro de um Estado de exceção, na linha da formulação de Agamben (2010 [2003]), em que não existe uma atitude alternativa ao exercício da ordem. Mas também no processo de contestação da ordem política, devidamente legitimada por eleições democráticas, o corpo coletivo mobiliza-se no sentido da obediência a uma causa comum.

3.2.2. O corpo coletivo laboral

O corpo coletivo laboral forma-se numa perspetiva relacional com a autoridade legitimada no poder económico.

O início do filme mudo *Madeiras indústria portuguesa* (1932) parece indicar uma atenção particular do seu autor, Aníbal Contreiras, na representação da autoridade assente no domínio económico, corporizada no dono e fundador da empresa retratada. A arquitetura de toda a primeira sequência, que constitui a nossa unidade de análise, denota uma intenção clara de construção de uma narrativa sobre o trabalho baseada na relação entre a autoridade patronal e o corpo coletivo de trabalho assalariado rural.

Após dois intertítulos esclarecedores do contexto de produção do filme – «Filme de propriedade de Manoel Vieira da Cruz & Filhos, Lda.» e «Devido a esforços empregados durante anos, numa labuta constante e enérgica, o acreditado industrial Manoel Vieira da Cruz que, com seu filho mais velho, dirige atualmente as suas importantes explorações florestais e fábricas de madeiras, conseguiu fazer da sua indústria uma das mais importantes do País.» – a narrativa começa com uma cena que representa o patrão no seu gabinete a tomar decisões juntamente com outro homem (que poderá ser o filho, atendendo ao intertítulo). Ambos conversam enquanto cada um folheia os seus papéis; o homem mais velho tem um ar pouco satisfeito e faz gestos rápidos[13].

À cena no interior do gabinete segue-se um plano da alvorada, criando a montagem uma associação direta entre o patrão e o sol que acaba de nascer, representando-os a ambos como o fator central para o início do trabalho do corpo coletivo. O facto de a representação da autoridade anteceder o nascer do sol marca uma distinção entre as duas partes da relação de trabalho: a primeira legitimada pelo poder económico e encerrada nas instalações da empresa; a segunda de execução do trabalho num contexto aberto característico do trabalho agrícola.

O corpo coletivo é representado através de uma sequência de planos que se sucedem numa lógica de acumulação de trabalhadores, em estreita ligação com a paisagem natural e monumental: um homem de fato, gravata e chapéu passando sob um velho arco de pedra, seguido de um plano de detalhe de um relógio de parede que nos indica que são 7 horas da manhã; três homens, também de fato, gravata e chapéu, que caminham na direção da câmara, subindo uma colina e passando sob um pórtico de pedra, que enquadra em fundo, a vila de Pombal; e um plano do castelo de Pombal enquadrado na paisagem. Passamos para uma estrada de terra onde caminham homens, mulheres e crianças: «... a gente trabalhadora das importantes fabricas de madeiras de Manoel Vieira da Cruz & Filhos, caminha para as matas de pinheiros...». O vestuário indicia uma distinção social: os homens de fato e gravata caminham juntos num grupo; os trabalhadores vestidos com roupas de trabalho rural caminham noutro grupo.

Já em *Inauguração da fábrica de fibro-cimento Cruz-Quebrada 11 Abril 1934* (1934), a relação com a autoridade assume um duplo enfoque: político – o Presidente da República Marechal Óscar Carmona – e económico – o administrador da empresa. No contexto da inauguração da fábrica, ambos percorrem as instalações.

A visita às instalações da fábrica[14] atravessa todo o filme, seguindo-se um momento de celebração com bebidas e terminando com uma criança a oferecer

[13] Traço característico do cinema mudo.

[14] Ver capítulo 4.

Figura 3.10. – *Inauguração da fábrica de fibro-cimento Cruz-Quebrada 11 Abril 1934*, 1934, autor não identificado [col. ANIM].

uma prenda ao administrador em representação dos operários, uma representação harmoniosa das relações de trabalho. A criança vira-se repentinamente para a câmara segurando o presente, para que este seja visível na imagem. Ao entregá-lo ao administrador, faz uma vénia, e este vira-se para a câmara sorridente mostrando o que recebeu. Os operários a seu lado, com exceção da criança e do jovem, estão todos de frente para a câmara, como que posando para um retrato fotográfico. O administrador sorri (*figura 3.10.*).

O corpo coletivo operário, é bastante numeroso e denso, sendo mostrado com uma panorâmica de modo a exibir todos os seus membros e, logo a seguir, um segundo plano para recomeçar a panorâmica do início e enquadrar as mulheres (cerca de seis ou sete), bastante menos numerosas do que os homens e que se encontram todas juntas numa das extremidades do semicírculo. Ao fundo, em segundo plano atrás das mulheres, vemos ainda um pequeno grupo de pessoas paradas num campo agrícola olhando para a câmara.

À singularização da figura de autoridade, devidamente identificada nos dirigentes políticos e económicos, contrapõe-se o corpo coletivo laboral, numeroso e homogéneo, que assume uma postura de subordinação face aos primeiros.

O corpo coletivo, mas agora de pescadores, surge no filme mudo *Setúbal, suas indústrias* (1930), a propósito do retrato de uma indústria que segundo um intertítulo «é hoje a propulsora de toda a vida industrial e comercial de

Setúbal». O narrador traça o retrato das pessoas que nela trabalham – «esta gente do mar é paciente e bondosa», e «as redes são tratadas com carinho, pois são a ferramenta com que procuram desvendar os mistérios infinitos do oceano» – o qual é acompanhado por uma série de gestos de trabalho coletivo de pescadores, nomeadamente o puxar da rede, mas efetuados em terra, servindo-se de um carro de bois agrícola, e muitos deles vestidos como camponeses.

A natureza coletiva do trabalho é nesta sequência retratada em planos de conjunto, sendo singularizadas duas figuras em grande plano que se distinguem do corpo coletivo de pescadores pela sua posição de autoridade – uma baseada na distinção hierárquica de trabalho, o Mestre, e outra na idade e no respetivo estatuto simbólico e carismático, o Lobo do Mar.

As imagens desta sequência em terra funcionam como contracampo de uma mitologia e simbologia associada à personagem do pescador e à sua relação com o mar, mostrando o que tantos outros filmes sobre a pesca omitem, nomeadamente a sujidade deste trabalho preparatório em terra.

A cena seguinte a ser analisada tem lugar em alto mar e dura cerca de minuto e meio. É marcada pela ausência de intertítulos e de narração, evidenciando um corpo coletivo laboral no respetivo espaço de trabalho: a disposição espacial dos barcos; a comunicação entre eles ou entre os vigias e a traineira. Segue-se o enfoque nos gestos de trabalho (como, por exemplo, o içar da rede), que rimam com os gestos que víramos antes em terra, mas agora em planos mais fechados sobre as personagens. Estes planos aproximados são filmados em *travelling*, o que reforça a união de gestos e a natureza coletiva do trabalho, já que vemos a sucessão de corpos dos pescadores como se fosse um só, movimentando-se ao mesmo ritmo e executando gestos semelhantes numa mesma cadência sem que haja um corte na imagem. A ritmar a montagem, são por vezes entrecortados grandes planos, montados de forma dinâmica e num ritmo crescente à medida que nos aproximamos do intertítulo que anuncia a captura do peixe.

A representação dos pescadores enquanto corpo coletivo de trabalho distingue-se dos outros setores de atividade por não colocar os trabalhadores em relação direta com nenhum tipo de autoridade, nem para lhe obedecer, nem para a confrontar, mas com uma autoridade legitimada pelo saber e pelo caráter icónico – o Mestre e o Lobo do Mar[15]. A obediência ou confronto dos pescadores é, nos filmes do nosso corpus, em relação à natureza, em particular o mar, tendo este último uma dimensão trágica associada ao meio em que se desenvolve a atividade.

3.2.3. O corpo coletivo iconográfico: o caso da figura do Alentejano

Ainda que associado ao corpo coletivo laboral, o caso da figura do Alentejano, com algum paralelismo com a do Pescador, destaca-se pelo peso iconográfico que assume nos filmes portugueses, como já tivemos oportunidade de explicitar neste texto. Assume um enfoque figuracional singular e iconográfico

[15] A exceção no nosso corpus é *Nazaré* de Manuel Guimarães (1952), filme de ficção que aborda nalgumas cenas a relação conflituosa entre os pescadores e a autoridade económica que detém os meios de produção, o proprietário dos barcos de pesca, a quem aqueles têm de obedecer de modo a poderem exercer a sua atividade.

(Ginzburg, 2013) e, seguindo a aceção de Elias (1993; 1994), representa um corpo coletivo com determinadas propriedades e estando afeto a um determinado território em Portugal. O Alentejano foi identificado através de um tipo de plano recorrente em filmes sobre o Alentejo e o trabalho agrícola aí desenvolvido, nomeadamente o trigo, desde o início do Estado Novo (1933-1974) até ao período revolucionário (1974-1976), em que os trabalhadores são representados sempre em conjunto, movimentando-se pelos campos, a caminho das searas ou dos sobreiros, filmados em planos gerais laterais em silhueta contra a paisagem, ou no caso da atividade da cortiça, em planos frontais.

A narração cumpre um papel central na caracterização do Alentejano como um corpo coletivo que condensa um percurso profissional, um conjunto de atividades de trabalho, a ocupação de um espaço determinado e concreto de trabalho e de vida. O seu caráter iconográfico evidencia-se, nomeadamente, pela existência de um canto – o cante alentejano – que surge nos filmes em contextos de trabalho, de luta por direitos e condições laborais, ou sobre imagens da paisagem rural.

Para clarificar a análise realizada, selecionamos um filme anterior e outro posterior ao 25 de Abril de 1974.

Em *O trigo da nossa terra* (1954), o Alentejano é retratado como a força de trabalho que põe em prática a Campanha do Trigo iniciada em 1929 e que é descrita pelo narrador como «exército da paz».

O plano analisado[16], que encerra o filme, é constituído por uma lenta panorâmica para a esquerda, que acompanha a caminhada em fila de dezenas de trabalhadores rurais enquadrados em silhueta face à paisagem. Os trabalhadores começam a surgir como pequenos pontos indistintos na paisagem, e vão-se aproximando lentamente da câmara, caminhando por uma estrada de terra, evidenciando-se um corpo coletivo laboral com um forte peso simbólico. Torna-se assim possível distinguir entre homens e mulheres, todos vestidos com roupas de trabalho (*figura 3.11.*).

Durante a panorâmica, sobre a banda sonora do cante alentejano, ouvimos o discurso final do narrador:

> «Drama permanentemente renovado, uma esperança que não morre. Se uma colheita foi fraca, outra virá, se a próxima falhou, outra virá depois e outras ainda depois desta numa sucessão que não finda, que se transmite de pais a filhos, esperança de gerações sobre gerações, luta hereditária presa à terra que nem sempre dá, mas que permanentemente consome. Luta que nobilita quem nela põe o seu esforço e a sua inteligência...»

Este discurso final é paradigmático da caracterização que é feita do Alentejano ao longo das décadas, alternando entre um «drama permanentemente renovado» e uma «esperança que não morre», numa «luta hereditária presa à terra» que eterniza a sua condição social associada à região do Alentejo, um dos territórios portugueses em que o trabalho agrícola adquire um peso mais significativo.

[16] O plano permite-nos além disso dialogar com *A lei da terra* (1977), filme sobre o movimento da Reforma Agrária em que esta mesma imagem volta a ser reutilizada com um objetivo oposto: a contestação de determinadas medidas do poder político.

FIGURA 3.11. – *O trigo da nossa terra*, 1954, Augusto Fraga, Carlos Marques [col. ANIM].

Em *Terra de pão, terra de luta* (1977), o corpo coletivo laboral adquire uma dimensão também política, associado ao processo revolucionário de ocupação de terras após o 25 de Abril de 1974, nomeadamente através da formação de cooperativas. Muitos dos recursos formais utilizados são semelhantes aos identificados no filme anterior, nomeadamente: os planos gerais da paisagem com o corpo coletivo laboral caminhando em silhueta; os planos de conjunto na ceifa do trigo; o cante alentejano como banda sonora; e a caracterização de uma população de uma região de um país.

Prevalece, assim, uma coexistência do corpo coletivo e da sua singularização ao longo de todo o filme, o que potencia o seu peso simbólico e nos conduz a desenvolver uma análise do filme na íntegra e não de sequências isoladas.

A primeira sequência do filme representa um corpo coletivo retratado desde o feudalismo até às ocupações, passando pela greve de 1962, colocando-o em confronto com a autoridade dotada de legitimidade económica e política. Este uso da história baseia-se numa narração de teor deliberativo e de imagens que a ilustram: gravuras, fotografias, filmes caseiros de latifundiários, imagens de arquivo das primeiras ocupações após o 25 de Abril de 1974; o discurso do narrador é acompanhado na íntegra por dois cantes alentejanos.

As imagens de arquivo integram lógicas de patrimonialização e folclorização deste coletivo que coexistem com uma iconografia que contempla, nomeadamente, tratores transportando os trabalhadores para os campos e bandeiras vermelhas. Estes planos, e slogans como «A terra a quem a trabalha», vão surgindo ao longo do filme como transição entre sequências e funcionando como uma espécie de *ritornello*.

O segundo segmento do filme foca-se mais sobre as atividades laborais nas cooperativas e a organização do trabalho baseada numa lógica de trabalho coletivo, nomeadamente através de reuniões informais que têm lugar em espaço rural.

Uma vez organizado em cooperativas, o corpo coletivo simbolizado no Alentejano é reforçado pela aliança entre trabalhadores do campo e da cidade, referida tanto pelo discurso do narrador, como por imagens da chegada dos operários urbanos ao espaço rural.

Vemos um grupo de operários que distinguimos dos trabalhadores rurais pela roupa que usam, os quais cantam uma canção composta por Zeca Afonso que marca o movimento da Reforma Agrária - *Grândola Vila Morena* - e, ao passarem pelo edifício da Câmara Municipal, reforçam as vozes e alguns levantam os punhos para a câmara. A narração refere:

> «Confrontados com estas situações contraditórias, mesmo assim os trabalhadores foram capazes de superar a herança de um passado de miséria e escravidão, contando para isso com a ajuda e a solidariedade dos seus camaradas, especialmente com os operários dos grandes centros urbano-industriais. Timidamente é certo, avançava, contudo a aliança entre os trabalhadores do campo e os trabalhadores da cidade.»

Na sequência seguinte, o corpo coletivo é colocado em confronto com um outro corpo coletivo político, representado por imagens de arquivo tanto de comícios da Confederação dos Agricultores Portugueses (CAP), como das sedes do Partido Comunista Português (PCP) a serem incendiadas no norte do país, comentando, em forma narrativa, os avanços do fascismo. A narração singulariza-se no depoimento de um trabalhador rural: «Enquanto nós estivermos unidos, somos capazes de vencer o fascismo. Se nos desunirmos, o fascismo segue sempre para diante, embora esteja de joelhos. Ele não está morto, está de joelhos». A sequência culmina com imagens de arquivo da manifestação em Lisboa em defesa da Reforma Agrária.

O último segmento é dedicado às desocupações das terras, sendo de salientar o peso simbólico presente em planos de tratores em desfile transportando os trabalhadores tendo por banda sonora novamente o cante alentejano, reforçado por canções de Zeca Afonso e Vitorino, a par da alusão a Catarina Eufémia, uma camponesa que foi assassinada em 1954 pela Guarda Nacional Republicana, tendo-se tornado um ícone da resistência ao regime ditatorial contra a autoridade política da ordem.

Assistimos, novamente, à singularização simbólica de um corpo coletivo laboral e político, neste caso marcado pelo trabalho rural feminino.

3.2.4. Corpo coletivo e relação com a autoridade: uma abordagem de situações de exceção

A figuração corpo coletivo e a relação com a autoridade evidencia alguns eixos estruturantes das representações do trabalho no cinema português que dialogam entre si partindo de objetos aparentemente tão díspares, como é o caso de um filme focado numa iniciativa do regime ditatorial e uma outra de organizações de trabalhadores.

O recurso a situações de exceção para retratar o trabalho exacerba o seu caráter iconográfico e da forma como as relações de trabalho se configuram numa lógica de distinção entre detentores e não detentores de autoridade legítima e como, por sua vez, em alguns casos se contrapõe uma figura singular a um corpo coletivo e, noutros, um corpo coletivo que é singularizado num ícone.

4. Conclusão

A pausa e o corpo coletivo na sua relação com a figura da autoridade constituíram as figurações analisadas neste texto.

Marcada por uma distinção entre situações de rotina e exceção, a abordagem evidencia dois eixos figuracionais que ressaltam dos filmes e que também dialogam entre si: a pausa nas atividades quotidianas de trabalho, quer numa lógica de rutura, quer de manutenção, é marcada pela constituição, em alguns dos casos, de um corpo coletivo que mostra o seu trabalho num momento de não trabalho. Em ambos os tipos de figurações fica evidenciado que os processos de representação do trabalho assentam em estratégias narrativas de o mostrar através de momentos de interrupção no seu quotidiano, ora para evidenciar os momentos de descanso, ora para frisar a sua simbolização por via de acontecimentos celebrativos (por exemplo, num desfile, numa inauguração ou numa manifestação do dia do trabalhador). Trata-se de interrupções do trabalho de natureza distinta, marcadas pela sua trivialidade, por um lado, e pela sua excecionalidade, por outro.

O trabalho agrícola e o trabalho piscatório, bem como as várias atividades que decorrem junto ao rio, são dois domínios exemplares de uma abordagem relacional entre corpo coletivo, pausa e mecanismos de legitimação da autoridade.

O destaque conferido às relações de trabalho está também presente em ambas as figurações, quer estejamos perante relações de paridade, quer de autoridade.

A análise permite refletir acerca de critérios assumidos pelos realizadores para abordar a problemática do trabalho, não numa lógica da sua exibição direta, mas do não exercício do trabalho. O cinema potencia, pois, uma multiplicidade de eixos analíticos pouco evidentes numa leitura linear, mas particularmente profícuos numa abordagem situacional.

O conceito de figuração constitui um operador teórico-metodológico que permite uma análise extremamente profícua das representações do trabalho no cinema. Potenciando uma análise centrada em recorrências em filmes de períodos históricos, realizadores e intenções díspares, permite evidenciar a existência de rimas entre objetos cinematográficos diferenciados e que comungam determinados mecanismos de representação do trabalho.

A seleção de determinadas unidades para a realização da análise, por um lado, e a consideração de um filme na íntegra, por outro, potenciam uma abordagem eclética e sintonizada com o corpus de filmes, respeitando a sua estrutura.

Consideramos, assim, que este procedimento analítico contém um potencial particularmente profícuo na análise de representações sobre o trabalho no caso desta investigação.

Referências bibliográficas

AGAMBEN, G. (2010 [2003]). *Estado de excepção*. Lisboa: Edições 70.

AGIER, M. (1996). Les savoirs urbains de l'anthropologie. *Enquête*, 4, 35-58.

AGIER, M. (2011). *Antropologia da cidade. Lugares, situações, movimentos*. São Paulo: Editora Terceiro Nome.

AUMONT, J. (1985). O ponto de vista. In E. GEADA, (org.). *Estéticas do cinema* (pp. 125-156). Lisboa: Dom Quixote.

AUMONT, J. & Marie, M. (2003). *Dicionário teórico e crítico de cinema*. Campinas: Papirusz.

BARCOSO, A. C. (2002). *O Zé Analfabeto no Cinema – O cinema na Campanha Nacional de Educação de Adultos de 1952 a 1956*. Lisboa: Educa.

BOURDIEU, P. (1997). Le champ économique. *Actes de la Recherche en Sciences Sociales*, 119, 48-66.

BOURDIEU, P. (1980). Le capital social. *Actes de la Recherche en Sciences Sociales*, 31, 2-3.

BOURDIEU, P. (1979). Les trois états du capital culturel. *Actes de la Recherche en Sciences Sociales*, 30, 3-6.

BURAWOY, M. (1988). The extended case method. *Sociological Theory*, 16(1), 4-32.

ELIAS, N. (1993). *A Sociedade dos indivíduos*. Lisboa: Publicações Dom Quixote.

ELIAS, N. (1994). *Mozart. Sociologia de um génio*. Rio de Janeiro: Zahar.

FOUCAULT, M. (1975). *Surveiller et punir. Naissance de la prison*. Paris: Gallimard.

GINZBURG. C. (2013). *Peur révérence terreur – Quatre essais d'iconographie politique*. Dijon: Les Presses du réel.

GLASSER, B. G. & STRAUSS, A. L. (1967). *The discovery of Grounded Theory: Strategies for qualitative research*. Chicago: Aldine Publishing Company.

HANNERZ, U. (1980). *Exploring the city. Inquires toward an urban anthropology*. New York: Columbia University Press.

Ionescu, V. (2013). Figural aesthetics. Lyotard, Valéry, Deleuze. *Cultural Politics*, 9(2), 144-157.

Lyotard, J.-F. (1971). *Discours, Figure*. Paris: Klincksieck.

Lisboa, N. (2007). A comunidade dos gestos. *Docs.pt*, 5, 10-14.

Merton, R. K. (1949). *Social theory and social structure*. New York: The Free Press.

Mules, W. (2003). The figural in film and the new media interface. Review of D.N. Rodowick, Reading the Figural, or Philosophy after the New Media, Durham: Duke University Press, 2001. *Film Philosophy*, 7(56). Em linha: http://www.film-philosophy.com/vol7-2003/n56mules.

Rodowick, D. N. (2001). *Reading the Figural, or, Philosophy after the New Media*, Durham: Duke University Press.

Rodrigues, L. N. (1995). «A gravidade da hora que passa!»: a criação da Legião Portuguesa em 1936. *Análise Social*, 130 (1), 91-119.

Rosental, P.-A (1990). «Maintien/rupture : un nouveau couple pour l'analyse des migrations», *Annales. Économies, Sociétés, Civilisations*, 45(6), 1403-1431.

Weber, M. (2002 [1922]). *Economía y sociedad. Esbozo de sociología compreensiva*. Madrid: Fondo de Cultura Económica de España, segunda reimpressão.

CAPÍTULO 4

A CONSTRUÇÃO SOCIAL DO ESPAÇO DE TRABALHO

JOÃO ROSAS E FRÉDÉRIC VIDAL

1. Introdução

Este texto procura descrever e analisar a dimensão espacial das representações cinematográficas do trabalho. Esta dimensão é aqui apreendida tanto através da análise de representações de espaços especificamente dedicados ao trabalho (uma fábrica, uma oficina), como de espaços plurifuncionais onde o trabalho se relaciona e interage com outro tipo de atividades quotidianas retratadas nos filmes. Neste segundo caso, escolhemos analisar o trabalho em dois espaços abundantemente documentados no nosso corpus de filmes: as ruas e o porto da cidade de Lisboa. Os filmes que agrupamos na categoria «Porto de Lisboa» e «Lisboa» não representam exclusivamente espaços de trabalho, mas sim espaços onde, entre outras atividades, se trabalha. Assim, foi a existência de representações do trabalho que delimitou a coerência e os limites deste corpus, excluindo, por exemplo, filmes que se limitavam a descrever de modo muito geral a vida urbana (nomeadamente os filmes turísticos).

Em termos cronológicos, a nossa escolha abarca todo o período da investigação, entre as décadas de 1930 e 1980, acompanhando não só a história administrativa do porto de Lisboa, mas também diferentes modos de pensar e representar o trabalho e a cidade ao longo do século XX (quadro 4.1.). A partir do final dos anos 1920 o tráfego do porto de Lisboa conhece um período de grande crescimento. Entre 1920 e 1934, as tonelagens das entradas e saídas de mercadoria duplicam (Bebiano, 1936). Depois de uma queda durante a segunda guerra mundial, o tráfego do porto de Lisboa cresce de uma maneira contínua, estimulado a partir dos anos 1970 pelo desenvolvimento da contentorização (Barata, 1996). Alimentado pelos emigrantes que iam para as colónias africanas e o Brasil, e, no tempo das guerras coloniais da década de 1960, pelos militares, o movimento de passageiros é também bastante intenso até aos anos 1970 (Barata, 1996). A partir dos anos 1960, e sobretudo depois da independência das colónias, o turismo representa uma parte cada vez mais importante dos passageiros.

Os filmes do nosso corpus retratam esse desenvolvimento do porto de Lisboa e a evolução das atividades portuárias (contentorização, turismo, lazer), mas eles são também o testemunho, e em parte o resultado, por via das encomendas, da evolução do contexto administrativo que enquadra essas atividades. Na década de 1930, a zona ribeirinha de Lisboa é uma zona privilegiada de intervenção política e institucional (Ferreira, 1987). Em 1934, uma lei orgânica reconhece a importância económica e política desta zona, estipulando o princípio da «independência dos serviços do porto de qualquer outro serviço, independência que vai até à personalização» (citado por Ferreira, 1987, p. 141). A Administração Geral do Porto de Lisboa (AGPL) - depois Administração do Porto de Lisboa (APL) - é então reconhecida enquanto órgão de Estado, de natureza supramunicipal. A este reforço institucional corresponde um crescimento territorial. Em 1987, a área de jurisdição da APL totaliza 32.500 ha, com uma extensão de 25 km, variando a sua largura entre 2 e 14 km e envolvendo os seguintes municípios: Oeiras, Lisboa, Loures, Vila Franca de Xira, Benavente, Alcochete, Barreiro, Seixal, Almada (Ferreira, 1987).

Se no caso da análise da cidade e do rio como espaços de trabalho o nosso ponto de partida foi a identificação dos filmes ambientados no espaço geográfico de Lisboa e do seu porto, no caso do espaço da fábrica, convocámos uma segunda fase do nosso trabalho de classificação do corpus, que organizou os filmes segundo as suas estruturas narrativas - os subgéneros. Destes, dois estão intimamente ligados à representação dos espaços de trabalho fabris - o ciclo de produção e a visita de um espaço de trabalho[1]. Em termos cronológicos, o corpus que constituímos (quadro 4.2.) incide principalmente sobre o início do período do Estado Novo (anos 1930) e as décadas de 1950 e 1960 - incluindo um filme de ficção de Paulo Rocha. Ou seja, abordámos dois períodos marcados por inflexões profundas do corporativismo que se traduzem nos discursos e representações dominantes sobre o trabalho (Rosas, 2001)[2]. No entanto, dentro dos filmes assim classificados, foi surpreendente verificar o reduzido número daqueles que fazem uma representação do trabalho fundada na representação do espaço e que não se limitam a filmar o interior de uma fábrica enquanto cenário diante do qual se vê trabalho. Esta constatação levou-nos a formular a principal interrogação da nossa análise: de que modo filmar o trabalho significa representar um espaço de trabalho? O que significa do ponto de vista da construção das representações cinematográficas do trabalho a ausência de uma dimensão espacial claramente assumida?

O principal objetivo desta análise é identificar o papel específico das imagens sobre o trabalho na construção de um espaço cinematográfico, tanto na sua dimensão «arquitetural», como «fílmica» (Rohmer, 2000). O «espaço arquitetural» refere-se ao espaço concreto no local onde a filmagem tem lugar, anterior ao filme, e que é representado com maior ou menor fidelidade pelo cineasta no momento da rodagem: uma oficina, o interior de uma fábrica, uma rua, o cais do porto. O «espaço fílmico», por seu lado, nasce do trabalho do cineasta através da *mise en scène* e da montagem. Corresponde a «um espaço virtual reconstituído no seu espírito [do espectador], com a ajuda dos elementos fragmentários que o filme lhe fornece» (Rohmer, 2000, p. 7). Ainda segundo Rohmer (2000), «o espaço fílmico é o campo de exercício de duas espécies

[1] Ver capítulo 2.

[2] Sobre este ponto ver também o capitulo 7 deste livro, dedicado à análise da atividade cinematográfica da Junta de Acção Social (JAS).

distintas de movimento» – o movimento do motivo filmado, que se mexe dentro do enquadramento, e o movimento da câmara ao mudar de ponto de vista. O movimento da câmara pode ser contínuo (panorâmica, *travelling*) ou descontínuo (*découpage* e montagem).

A nossa análise procura examinar como o cinema representa os espaços do trabalho e, para além disso, como é que as representações do trabalho delimitam ou inventam formas específicas ou originais de espaços cinematográficos. Retomando as distinções clássicas entre espaço subjetivo e espaço objetivo (Di Méo, 1990), ou entre espaços vividos, percebidos e concebidos (Lefebvre, 1974), queremos analisar a maneira como os filmes ou as sequências cinematográficas adotam pontos de vista variáveis e, muitas vezes conjugados, sobre o espaço de trabalho, podendo valorizar a componente espacial das práticas sociais quotidianas ou, pelo contrário, veicular discursos simbólicos, identitários ou ideológicos em torno de simples lugares representados no ecrã. A análise da construção social do espaço de trabalho impõe atender às práticas materiais e simbólicas dos atores (individuais e institucionais) e à forma como essas práticas são representadas do ponto de vista cinematográfico, tendo em conta a dimensão simbólica (as metáforas, as metonímias), identitária ou memorial das representações do espaço.

Do ponto de vista metodológico, adotámos num primeiro tempo uma grelha de análise construída em torno da distinção entre três tipos de representação espacial: os territórios (definidos por funcionalidades e limites precisos); os espaços sociais (definidos por usos e práticas sociais); lugares (ligados a uma dimensão identitária e apresentados segundo uma lógica de inventário de sítios ou localidades). Foram tidos em conta os modos de delimitação que correspondem a cesuras, oposições ou transições entre essas representações. Esta grelha de análise foi aplicada às representações do rio e da cidade (ponto 2) e da fábrica (ponto 3). Num segundo tempo (ponto 4), as práticas espaciais representadas no ecrã foram analisadas tendo em conta o ponto de vista adotado no filme. Este ponto de vista pode ser centrado sobre a técnica – os modos de produção – ou pelo contrário sobre os indivíduos e as suas ações. Os pontos de vista dos filmes são também portadores de referências temporais, que podem ser de tipo cíclico – o ciclo do dia de trabalho, da produção, do quotidiano da cidade – ou de tipo memorial.

Quadro 4.1. – A cidade e o rio como espaço de trabalho: os filmes selecionados

Porto de Lisboa, 1934, 12', Paulo de Brito Aranha
A pesca da sardinha, 1953, 13', João Mendes
A alma de uma cidade, 1954, 17', João Mendes
Lisboa, 1961, 19' João Mendes (coordenação)
Tejo – Rota do progresso, 1967, 11', Fernando Lopes
Tráfego e estiva, 1968, 17', Manuel Guimarães
Porto de Lisboa, porta do Atlântico, 1971, 21', António Lopes Ribeiro
Amolador!, 1980, 13', autor não identificado

QUADRO 4. 2. – A fábrica: os filmes selecionados

Fábrica de Lanifícios da Breia,1934, 4', autor não identificado
Inauguração da fábrica de fibro-cimento Cruz-Quebrada 11 Abril 1934, 1934, 10', autor não identificado
Gouveia, tear da Beira, 1948, 23', Américo Couto
Forja de maravilhas, 1951, 14', Perdigão Queiroga
Fabricação de carruagens, 1956, 15', João Mendes
Mudar de vida, 1966, 94', Paulo Rocha
Oliva, data não identificada, 17', Paulo Lucena

2. O Tejo e Lisboa: o trabalho e os espaços do quotidiano

A delimitação de um território é feita antes de mais através da palavra, já que esta parece garantir uma menor ambiguidade no estabelecimento de fronteiras precisas, recorrendo nomeadamente à toponímia. A palavra pode ser narrada em *voz off*, como em *Porto de Lisboa* (1934), ou escrita num cartão no genérico, como em *Tejo - Rota do progresso* (1967), sendo que alguns filmes usam as duas modalidades. É o caso de *Porto de Lisboa, porta do Atlântico* (1973), cujo genérico anuncia desde logo tratar-se de um filme «patrocinado pela Administração Geral do Porto de Lisboa», competindo depois ao narrador delimitar o território que veremos representado: «Em toda a extensão do porto de Lisboa, com as suas numerosas docas de abrigo e 16 km de terra acostável, o trabalho é constante, desde a foz do rio até Vila Franca de Xira a 50 km do oceano.»

A delimitação é além disso feita logo no início dos filmes, de modo a contextualizar, tanto geográfica como institucionalmente, os espaços de trabalho que virão a ser representados nas sequências seguintes. Em termos de estrutura, e seguindo uma convenção cinematográfica comum a outros géneros, estes filmes obedecem a uma lógica de aproximação, começando numa escala macro - tanto na imagem, como no discurso - que serve de enquadramento à ação que se desenrolará a seguir no interior desses limites.

O processo de territorialização delimita em primeira instância as atividades da Administração Geral do Porto de Lisboa (AGPL) ou de empresas que operem dentro da sua jurisdição. Como tal, por regra, os filmes começam com planos gerais da paisagem de Lisboa e do estuário do Tejo, sendo a aproximação feita através de um *travelling* - em continuidade ou fragmentado - que sobe o rio filmando a margem da cidade até ao cais de Alcântara, ponto em que a câmara vai a terra para filmar as atividades laborais numa escala mais fechada[3].

Na abertura de *Porto de Lisboa* (1934), por exemplo, a paisagem e o território coabitam no mesmo enquadramento. Vemos a paisagem do Tejo e, em primeiro plano, a sigla da Administração Geral do Porto de Lisboa - AGPL - que surge bem destacada, impressa nas chaminés de um conjunto de navios. Esta concomitância, num mesmo quadro, do território administrativo e da paisagem (o lugar) em que ele se insere manter-se-á ao longo dos planos seguintes,

[3] Também os filmes que retratam Lisboa enquanto espaço de trabalho, como *A alma de uma cidade* (1953) ou *Lisboa* (1961), seguem a mesma estratégia de aproximação, neste caso feita através de planos gerais a partir de um miradouro com o rio em fundo, para depois a câmara ir percorrendo vielas colina abaixo até chegar à baixa da cidade ou à zona ribeirinha.

constituindo o diálogo entre essas duas dimensões toda a primeira sequência do filme. Na banda de som, a voz do narrador, em sintonia com a banda de imagem, vai alternando entre as referências que sublinham a dimensão administrativa daquele território – «balizado» pelas coordenadas geográficas de São Julião da Barra e do Bugio – e o enaltecimento de aspetos paisagísticos próprios daquele lugar, que oferece «ao viajante o maravilhoso espetáculo panorâmico de uma harmonia e variedade sem equivalente, que se inicia pela Torre de Belém, pelo enquadramento surpreendente do Mosteiro dos Jerónimos e do Palácio da Ajuda (...), o formoso Cais das Colunas e os aspetos pitorescos de Alfama, que do alto a velha Sé e São Vicente airosamente dominam». A referência do narrador à «admirável conferência» do «ilustre administrador-geral e presidente do conselho de administração da AGPL» durante a qual foi reafirmado o «elevadíssimo apetrechamento técnico» do porto de Lisboa, convive com a descrição enfática da «grandiosidade e beleza» do mesmo, enquanto vão sendo apresentados dados estatísticos referentes ao movimento comercial e turístico do porto, servindo também eles de delimitação daquele território, definindo-o com base nas suas funções.

Neste como nos outros filmes ambientados no porto de Lisboa, o *travelling* cumpre não só uma função delimitativa do território, como de inventário de uma série de lugares ao longo da margem. Apesar de incluírem por vezes elementos visíveis relativos ao trabalho, estes inventários de lugares servem sobretudo para sublinhar o caráter intemporal da paisagem ou a permanência de elementos descritos como «pitorescos» ou «históricos», sem estabelecer uma ligação clara com as práticas quotidianas da cidade, nomeadamente as atividades laborais. Paradigmático desta multiplicidade de camadas é o plano da Torre de Belém com várias chaminés desfocadas em primeiro plano, concentrando num só enquadramento os diversos usos e temporalidades associados àquele local (*figura 4.1.*).

Porto de Lisboa, porta do Atlântico (1973) é talvez o exemplo mais evidente dessa estratégia, já que a alternância de discursos se prolonga durante todo o filme, e não só na sequência de abertura, ao ponto de não ser nunca evidente ou direta a representação de um espaço social do trabalho. À menção ao «rosário de praias da Costa do Sol», segue-se uma enumeração de lugares – Cascais, Estoril, Sintra, Belém, entre outros – em que o narrador descreve lugares com vocação turística, valorizando o património arquitetural e onde a referência ao trabalho remete para o imaginário do período da Expansão Portuguesa: «honrando as nossas grandes tradições marítimas, os trabalhos do porto de Lisboa são de uma eficiência e disciplina exemplares».

De todos estes filmes, aquele que trabalha a ideia de delimitação de forma mais sistemática e complexa é *Tejo – Rota do progresso* (1967), curta-metragem de Fernando Lopes sobre a construção dos estaleiros da Lisnave. Embora um cartão inserido no genérico inicial[4] (provavelmente uma imposição da produção pelo caráter institucional do filme) cumpra a função de contextualizar social e economicamente a criação do novo território jurídico do estaleiro, a sua delimitação é feita sem recurso à narração e sobretudo através da montagem,

[4] «Este filme acompanha a construção e o início da actividade do Estaleiro Sul da Lisnave no porto de Lisboa. Projecto orientado pela LISNAVE – Estaleiros Navais de Lisboa, S.A.R.L. e executado pela PROFABRIL – Centro de Projetos Industriais, S.A.R.L., com o apoio do LABORATÓRIO NACIONAL DE ENGENHARIA CIVIL de Lisboa, teve como empreiteiro principal a ROYAL NETHERLANDS HARBOUR WORKS. Investimento de 800 mil contos, em obras, equipamento e formação de pessoal, utilizou preferentemente técnicas e produtos portugueses.»

Figura 4.1. – *Porto de Lisboa*, 1934, Paulo de Brito Aranha [col. ANIM].

denotando uma particular atenção à sonoplastia. É exemplar a abertura do filme, com um plano aproximado da água do rio – elemento natural – e o som de buzinas de barcos à distância – elemento mecânico –, que através dessa justaposição nos transmite a noção de espacialidade daquele lugar. Vemos depois a margem de Lisboa desfocada ao fundo, confirmando a vastidão do rio antes anunciada pelo som. Uma panorâmica abrupta separa-nos dessa margem, delimitando num só movimento de câmara um novo território. Não se trata já do território administrativo identificado no cartão de texto, nem da paisagem do Tejo, mas antes de um território em transformação pelo trabalho, onde se conjugam diversos sons metálicos e mecânicos, que se impõem aos sons da natureza, como as gaivotas que vemos agrupadas em bando nas terras revolvidas pelas obras. A ideia é reforçada pelo narrador que refere, no início do filme – a «conquista de terreno ao rio na senda do progresso» – e no final, a conclusão das obras – «Março de 1967: depois de esperar dois anos, o Tejo regressa aos terrenos que lhe tinham sido conquistados, dominado, apenas com a pressa de chegar». O rio que regressa já não é o mesmo do início do filme, mas sim um outro, «dominado» pelo trabalho do estaleiro e pela técnica que esteve na sua origem.

Se para a delimitação de um território a palavra, seja de um narrador, seja escrita em cartões de texto, tem um papel preponderante, para a construção de

Figura 4.2. – *Porto de Lisboa*, 1934, Paulo de Brito Aranha [col. ANIM].

um espaço social de trabalho, a imagem e o som ganham um destaque maior, já que são mais eficazes na decomposição e segmentação do espaço em planos, segundo a sua funcionalidade, uso ou modo de apropriação.

O exemplo mais interessante da preponderância das ferramentas especificamente cinematográficas, nomeadamente a imagem e a montagem, na construção de delimitações espaciais é o filme *Porto de Lisboa* (1934), cujo tom institucional da primeira parte, dedicada à delimitação do território, contrasta com a riqueza visual da segunda, onde se delimitam os espaços sociais do trabalho no interior do porto[5]. Depois de ancorar a primeira sequência sobretudo em torno da voz da narração, na segunda sequência do filme o autor abdica do narrador e, num apurado trabalho formal, desconstrói e segmenta o espaço do porto numa sucessão de cenas construídas em função dos usos, pessoas e máquinas que ali circulam. O momento de chegada ao porto com que se inicia

[5] É de realçar neste aspeto o trabalho do operador de câmara, Octávio Bobone, e do autor do filme, Paulo Brito de Aranha, engenheiro de formação e provavelmente sensível aos temas da técnica e da modernização da organização do trabalho.

Figura 4.3. – *Porto de Lisboa*, 1934, Paulo de Brito Aranha [col. ANIM].

a segunda parte marca uma rutura formal no fluxo do filme, como assinalado pelo narrador, que se despede com uma espécie de nota de intenções do autor: «aliar o interesse documentário ao interesse cinematográfico (...) para dar a justa impressão da grandiosidade do estuário, movimento e tráfico do porto».

A transição entre a primeira parte, narrada, e a segunda, musical e cinematográfica, é ilustrada por planos da ponte móvel de Alcântara, que aqui cumpre ainda a função narrativa e simbólica de passagem e transição entre espaços. Os turistas abandonam o cais e atravessam a ponte para se dirigirem para a cidade, chegando depois os trabalhadores ao porto vindos da cidade, e, como tal, atravessando a mesma ponte no sentido inverso (*figura 4.3.*). Nesta breve sucessão de planos, é clara a ideia de separação entre ambos os espaços: o espaço de trabalho e o espaço urbano da cidade. Simultaneamente, é evidenciada a multifuncionalidade do porto, praticado por dois grupos sociais antagonistas (os trabalhadores e os turistas burgueses) mostrados a caminhar em direção opostas.

O retrato do porto está estruturado em torno da representação de três tipos de movimento, montados enquanto blocos que se sucedem – o movimento das pessoas (turistas e operários), o movimento das mercadorias (do cais para os barcos e o inverso), e o movimento das máquinas (comboios, gruas e guindastes). As máquinas em movimento vão substituindo os trabalhadores à medida que o filme avança, e enquanto estes são filmados em planos fixos, as máquinas industriais são representadas não só com a câmara em movimento, como enquanto propulsoras desse mesmo movimento. A mobilidade da câmara aparece associada à descoberta e, sobretudo, à invenção de um espaço, cujos limites são criados pela capacidade da máquina de filmar para representar o trabalho e abarcar o real. E em última análise essa capacidade parece neste filme não ter limites: o último plano é uma panorâmica de 360º, feita do topo de um guindaste, em que o espaço de trabalho do porto é colocado de novo em relação com a cidade e com o rio. Ao contrário da cidade que vimos no início, no entanto, feita de elementos típicos e monumentos vistos do rio, esta Lisboa é uma cidade mais urbana, uma mancha filmada de um ponto de vista que reforça a sua extensão, elevado e de costas para o rio, e na qual se distingue, passando rente ao porto, um eixo rodoviário amplo, como a Avenida 24 de Julho.

No corpus de filmes analisado, as representações da cidade mais presentes referem-se à zona ribeirinha vista a partir do rio – com o intuito de valorizar o património aí edificado – ou à malha urbana tradicional dos bairros populares com o rio em fundo. Uma variante é uma breve cena em *A alma de uma cidade* (1953) que, a par de um retrato tipificado dos bairros populares, inclui alguns planos aéreos de zonas da cidade planeadas já no século XX, oferecendo-nos a visão de uma «cidade-conceito» (Certeau, 1990), uma malha urbana mais extensa e feita de vários espaços com um desenho próprio. Essas duas representações da cidade, no entanto, não devem ser confundidas, e, como tal, são delimitadas pelo próprio narrador, distinguindo entre um espaço social praticado e um lugar tipificado. Se por um lado, «a cidade precisa da vida e do trabalho de todos nós» – e aí vemos um espaço público que vai sendo animado por diversos *marcheurs* (Certeau, 1990) representados por planos de pés, pernas e pessoas a andar em várias direções opostas, lojas a abrir, ardinas a distribuir jornais, ritmando a sequência pela contagem do tempo do trabalho[6] – por outro, uma vez terminado o dia de trabalho, dá-se «o regresso ao bairro modesto», onde o lisboeta pacato e recatado habita longe do rebuliço urbano e da confusão.

Neste filme, como noutros de João Mendes dedicados a outras localidades, o trabalho surge em curtas sequências montadas entre segmentos muito mais longos dedicados aos aspetos turístico, pitoresco e patrimonial de determinado lugar, conjugando-se a representação das atividades laborais com um discurso sobre a história de Portugal e diversos arquétipos de figuras de trabalho. No caso de Lisboa, trata-se dos pescadores e das varinas, que uma vez apresentados nos ritmos da vida quotidiana que preenchem os espaços sociais da cidade, depressa são colocados pelo realizador num outro espaço, não praticado, lugares de memória que ilustram uma narrativa mais ampla sobre o trabalho e uma ideia de cidade pitoresca ancorada num imaginário urbano tradicional (Cordeiro, 2007).

Se em *Lisboa* (1961), por exemplo, seguimos a figura de uma varina e passamos da multidão do cais à intimidade dos bairros populares – uma relação espacial explorada por João Mendes em todos os seus filmes sobre esta cidade – esse dispositivo é apenas uma justificação para o autor representar uma sucessão de lugares urbanos típicos da Lisboa tradicional. Os lugares delimitados pelo percurso da varina não se tornam nunca um verdadeiro espaço social, tratando-se antes de um cenário diante do qual uma personagem tipificada

[6] Alguns dos planos desta sequência serão reutilizados dois anos mais tarde na sequência inicial de *Fabricação de carruagens* (1956), também de João Mendes.

se movimenta para justificar as panorâmicas com que a câmara nos descreve uma paisagem de vielas e escadinhas, enquanto um narrador estrutura uma narrativa de tipo memorial acompanhado por uma banda sonora de guitarra portuguesa.

Amolador! (1980), cujo autor não está identificado, é um filme também ele ambientado num bairro típico lisboeta, Alfama, e que segue à primeira vista a mesma estratégia de descoberta de um espaço urbano a partir do movimento de uma personagem. Seja através de panorâmicas, seja de *travellings* à mão, a representação do espaço de trabalho é feita através do encadeamento de diferentes ruas da cidade, reveladas ao ritmo da deambulação do protagonista, um amolador ambulante. Em termos de estrutura, o filme alterna entre os momentos em que o amolador está parado, focando-se sobre os seus gestos de trabalho e dando a presença da cidade sobretudo através do som, e os momentos em que ele faz o seu percurso de trabalho pelas ruas de Alfama. Ao contrário dos filmes de João Mendes, no entanto, estas ruas do bairro popular não são simples lugares, espaços não praticados, mas sim espaços sociais constituídos por ruas populosas e movimentadas, necessariamente partilhadas pelo amolador com os outros habitantes e praticantes do espaço (*figura 4.4. Extratexto*). O protagonista tem de fazer o seu caminho por entre a multidão, e quando para, tem de encontrar o lugar onde desenvolver a sua atividade, no meio de um espaço multifuncional, onde se circula, vende, compra, trabalha, etc. Sobre estas imagens, e além do som direto das ruas, ouvimos não um narrador, mas a voz do amolador contando o seu percurso de vida. Acompanhamo-lo depois até sair de Alfama para regressar ao seu bairro, composto por casas abarracadas ou de autoconstrução junto a um descampado. A montagem sublinha este contraste, ao sequenciar um plano do amolador de costas numa viela estreita de Alfama afastando-se da câmara, com um plano em que ele se aproxima do espectador num espaço mais amplo, junto a uma descida para um descampado com habitações precárias ao longo do passeio, e claramente distinto na configuração das ruas onde o vimos a trabalhar (*figura 4.5. Extratexto*). A distinção clara entre o espaço de trabalho na cidade e o espaço residencial, no entanto, nasce do movimento do protagonista, que com o seu percurso guia o olhar da câmara e delimita ambos os espaços.

3. A fábrica como território e espaço social

Se no caso da representação do rio e da cidade enquanto espaços de trabalho a sua delimitação é construída pelos próprios filmes, dada a multifuncionalidade desses lugares, no caso da fábrica pode dizer-se que os limites existem independentemente do dispositivo cinematográfico. A materialidade dos espaços representados – as paredes e portões das fábricas, a organização do espaço interno das oficinas, as linhas de montagem, a disposição das máquinas, entre outros elementos – delimita um território específico, cuja existência o filme vem antes de mais reforçar, desde logo através da oposição bastante clara entre o interior e o exterior das instalações. Por regra, a representação da fábrica inicia-se com a apresentação dos espaços exteriores, seja enquadrando o espaço fabril na paisagem, seja filmando a fachada ou detalhes que a singularizem. A forma como o filme faz o espectador entrar no território da fábrica, regido por regras específicas ao trabalho ali desenvolvido, torna-se assim uma questão central da nossa análise.

Fábrica de lanifícios da Breia (1934), por se tratar de um conjunto de imagens não montadas, não nos permite falar da existência de uma representação estruturada de um espaço de trabalho, ou, recordando a distinção introduzida por Rohmer (2000), diríamos que o espaço representado é antes de mais «arquitetural» e não «fílmico». Não é possível afirmar com certeza se o filme começaria dentro ou fora da fábrica, mas a partir do material de imagens em bruto existente é possível intuir pelo menos a intenção de identificar aquela fábrica através de detalhes da porta (uma cruz de Cristo), além de a associar a duas personagens – inidentificáveis, mas possivelmente os donos ou administradores – filmadas junto a uma casa senhorial com jardim, vestidas com fato completo, caminhando na direção da câmara. Junto à casa vemos uma chaminé industrial, que nos indica a proximidade da fábrica, situada nas traseiras.

Mas a delimitação do território da fábrica é evidenciada neste filme sobretudo pelo plano da saída das operárias pelo portão principal (*figura 4.6.*). Esse plano do portão do qual sai uma massa desordenada de pessoas – mulheres e crianças – cada uma na sua direção, algumas em passo de corrida – imagem que não pode deixar de nos remeter para a saída de fábrica filmada pelos irmãos Lumière em 1895 – opõe-se de forma bastante evidente aos planos filmados no interior. O que as imagens da desordem da saída vêm salientar são as regras particulares que regem o interior da fábrica e a organização espacial da produção dentro dos limites físicos daquelas paredes, que transmitem a ideia de um espaço fechado e estruturado – a disposição das máquinas e a sua sucessão em filas, os corredores entre elas, a grande escala dos equipamentos. As oficinas são muitas vezes filmadas de um ponto de vista elevado, num único plano geral e em perspetiva diagonal, o que produz um espaço monumental onde a figura humana, pela sua escala, se vê subjugada pela maquinaria (*figura 4.7.*). Nas zonas da fábrica em que se efetuam trabalhos manuais – as mulheres a dar nós para finalizar as colchas, por exemplo – a câmara está ao nível das pessoas e mais próxima delas, mas mais uma vez o que se realça é a organização dessas figuras no espaço, num plano de conjunto da sala em que vemos mulheres a trabalhar em volta de uma mesa. Também a imobilidade da figura humana estática no seu posto de trabalho no interior das oficinas contrasta de forma evidente com a liberdade de movimentos de que cada um goza uma vez transposto o portão.

Em *Inauguração da fábrica de fibro-cimento Cruz-Quebrada 11 Abril 1934* (1934), que, como indica o título, regista a inauguração de uma fábrica pelo Presidente da República Óscar Carmona, o espaço de trabalho é delimitado não pelos limites físicos das instalações, mas enquanto plano subjetivo da comitiva de visitantes. Estes vão passando por diversos pontos da fábrica, parando e olhando para um espaço de trabalho que nos será mostrado no plano seguinte, delimitado pelo seu olhar – uma máquina em funcionamento e junto a ela um

Figura 4.6. – *Fábrica de Lanifícios da Breia*, 1934, 4', autor não identificado [col. ANIM].

Figura 4.7. – *Fábrica de Lanifícios da Breia*, 1934, 4', autor não identificado [col. ANIM].

operário-figurante executando uma função. Toda esta sequência, que cobre a primeira metade do filme, está montada numa lógica de campo-contracampo – de um lado a autoridade, e do outro o trabalho observado pela autoridade, nunca coincidindo ambos no mesmo plano.

Também *Forja de maravilhas* (1951) está construído segundo a estrutura de uma visita de fábrica, a da Oliva, em São João da Madeira, mas desta vez por parte do espectador. Toda a primeira sequência do filme corresponde à entrada na fábrica e é dedicada à delimitação clara desse território – vemo-la enquadrada na paisagem de São João da Madeira, identificável pelos traços da arquitetura industrial dos edifícios que a compõem e que se destacam da envolvente rural. Vemos ainda elementos da fachada, filmada em contrapicado, e por vezes em ângulos diagonais, para realçar a modernidade das linhas do edifício, em conformidade com a fonte tipográfica modernista em relevo: «Oficinas Metalúrgicas Oliva / A. J. Oliveira, Filhos & Cª». Uma vez identificado o território da empresa, vemos mais uma série de detalhes arquitetónicos, filmados com o intuito de conferir prestígio aos edifícios da fábrica, e ilustrar e reforçar o discurso do narrador sobre o papel da Oliva na modernização da indústria nacional, bem como imagens da entrada dos operários nas oficinas para sustentar as suas palavras sobre uma mão de obra ordeira e pacífica: «é uma forja de maravilhas a metrópole da máquina de costura portuguesa, que centenas de operários animam com a sua colaboração entusiástica e disciplinada». Após os planos fixos que nos deram os vários elementos que compõem a fábrica (edifício, comboio, as pessoas), uma panorâmica une esses elementos num todo. A câmara filma cada edifício já não isoladamente, mas no contexto da organização geral das oficinas. Podemos assim adivinhar a relação entre os diferentes espaços apresentados até aqui e as etapas de um ciclo de produção, representado ainda a partir do exterior.

Em *Fabricação de carruagens* (1956) começamos no exterior da fábrica da Sorefame, empresa que patrocina o filme e, segundo o genérico inicial, o oferece à Campanha Nacional de Educação de Adultos (CNEA). Chegamos à fábrica através da descrição de um contexto socioprofissional apreendido tanto à escala nacional, como local – as universidades que formam engenheiros, por um lado, e os camponeses tornados operários aprendizes, por outro – e cuja hierarquia será particularizada uma vez entrados no espaço de trabalho propriamente dito. Neste sentido, é sintomático que entremos na fábrica pelos gabinetes técnicos dos desenhadores e engenheiros, que pensam e projetam, antes de descermos às oficinas, que executam.

Industrialização e produção nacional são as tónicas do discurso do filme, tal como a possibilidade de requalificação da mão de obra do país, exemplificada em frases como «a formação de um bom operário é tão valiosa e útil à sociedade como uma formatura em artes, letras ou ciências», ou ainda «a quase milagrosa transformação de um cavador de enxada num bom torneiro, de um lenhador num exímio soldador, de um jovem pastor num bom eletricista». A fábrica é assim o território onde se opera essa transformação, e o exterior da fábrica, antes de ser a fachada de um edifício em particular, começa por representar o

Figura 4.8. – *Mudar de vida*, 1966, 94', Paulo Rocha [col. ANIM].

desenvolvimento da economia portuguesa em geral, em cuja modernização a Sorefame tem um papel importante a desempenhar.

De todos os filmes com cenas ambientadas em fábrica que analisámos, apenas um não segue a lógica até aqui descrita. Trata-se da longa-metragem de ficção *Mudar de vida* (1966), de Paulo Rocha, ambientada no Furadouro, em Ovar, e em que existem duas cenas em duas fábricas diferentes.

Na primeira cena, um grupo de pescadores, entre os quais se encontra Adelino, o protagonista do filme, desloca-se a uma fábrica para a realização de testes psicotécnicos integrados num processo de seleção de mão de obra. A cena começa com quatro personagens frente a uma porta fechada, na expetativa de que esta se abra para antecipar não só o seu futuro profissional, como a mudança de todo um modo de vida. Estas personagens são colocadas no limiar de um novo espaço e demostram nervosismo nos seus gestos e atitudes, sentimento reforçado pelo relato de um colega entretanto saído da sala de testes (*figura 4.8.*). No plano seguinte, já do outro lado da porta, vemos um espaço de escritório através do vidro de uma janela, e impressa em primeiro plano, a indicação «Admissão de pessoal». Os espectadores estão do lado de cá do vidro, juntamente com o protagonista, não ouvindo o som do interior do escritório. O interior desse espaço é caracterizado por um ambiente moderno e urbano, contrastante com tudo o que vimos até aqui no filme: uma comunidade piscatória e rural que habita em barracas de madeira em vias de ser destruídas pelo avanço do mar no areal. Salta ainda à vista o contraste entre a aparência dos empregados do escritório (uma mulher bem penteada, um homem de bata)

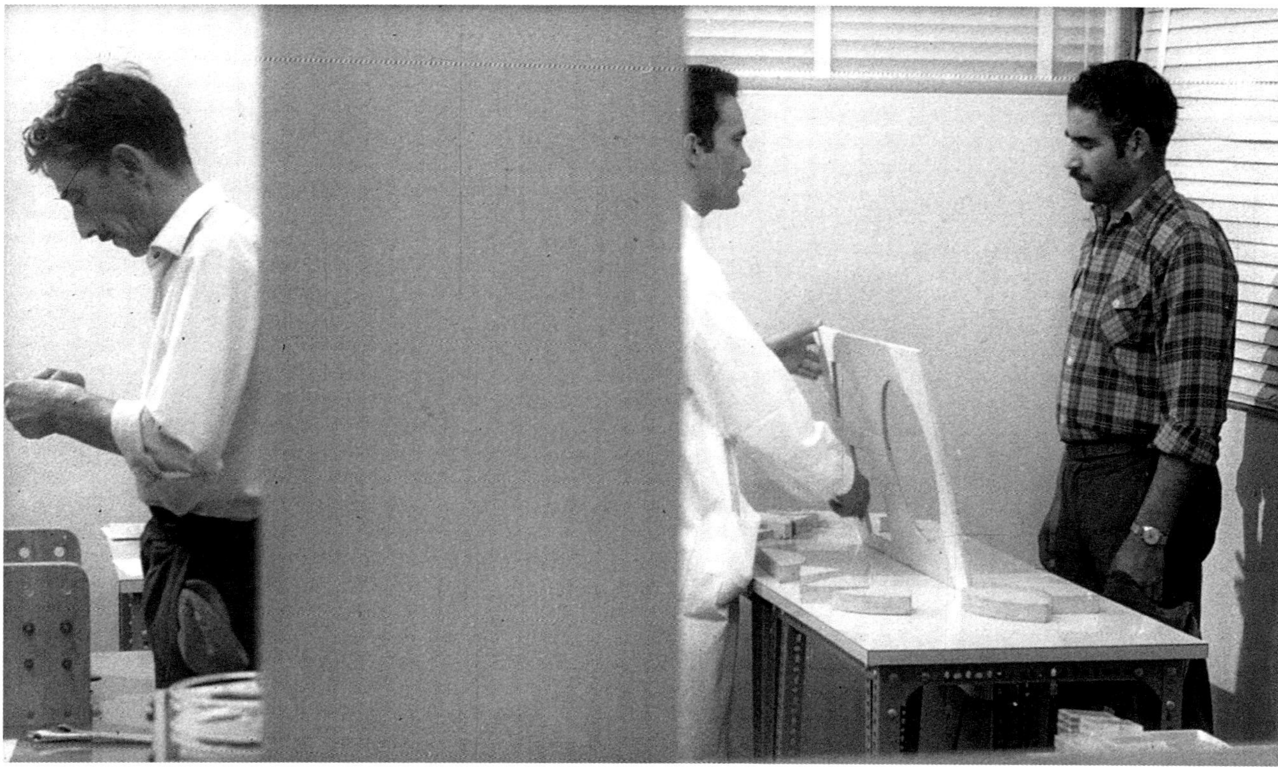

Figura 4.9. – *Mudar de vida*, 1966, 94', Paulo Rocha [col. ANIM].

e os homens (camisas aos quadrados, boinas). Ao longo desta cena, a roupa, os gestos e as aptidões técnicas são marcas da inadaptação, traduzida formalmente na fragmentação do espaço dentro do próprio enquadramento, criando quadros dentro do quadro através de diversos elementos arquitetónicos, como portas, colunas, janelas ou mesas. Essa fragmentação separa as diferentes personagens dentro do mesmo enquadramento, em função do seu estatuto socioprofissional (*figura 4.9.*).

Na segunda cena analisada, Adelino vai a uma fábrica visitar uma operária por quem está apaixonado. Repare-se desde logo como esta rapariga, Albertina, inadaptada e proscrita da comunidade local, é já uma operária funcional, ao contrário de todas as personagens que vimos até aqui. Executa os seus gestos de trabalho com destreza, consegue realizar a sua tarefa sem prestar grande atenção, parece completamente adaptada àquele espaço. O oposto sucede com Júlia, a primeira paixão do protagonista, que vive ainda num mundo anterior à fábrica. Não tendo propriamente um emprego, vemo-la apanhar galhos na mata que depois carrega à cabeça, e a precariedade das suas condições de vida degenerará em doença, acabando por morrer.

Estas duas mulheres simbolizam também os dois mundos que coexistem naquela comunidade e naquele lugar. Esses dois mundos estão aliás presentes no plano que abre esta segunda cena, em que vemos o protagonista a vir do areal da zona ribeirinha e a chegar à cancela da fábrica numa panorâmica que une os dois espaços num só movimento de câmara. A cena funciona com base num jogo entre o dentro e o fora da fábrica, ideia simbolizada nas barreiras e portas que o protagonista tem de atravessar para entrar na oficina, e na dificuldade em encontrar o seu lugar dentro daquele espaço. Este seu pouco à-vontade manifesta-se ainda, como na primeira cena analisada, no contraste entre a sua roupa escura e a brancura das batas das operárias e das paredes, na sua atitude corporal constrangida, e na fragmentação do espaço onde se desenrola o diálogo, estando as duas personagens separadas por uma máquina enquanto conversam.

Em ambas as cenas analisadas, a delimitação do espaço de trabalho explora dramaturgicamente o desfasamento entre o espaço da fábrica e as personagens, sublinhando em particular a estranheza e desconforto sentidos pelo protagonista dentro desses limites. Adelino, regressado de África, depara-se com a desagregação da sua comunidade. A atividade piscatória está em declínio, o que obriga os homens ou a emigrar ou a procurar outras ocupações, nomeadamente nas fábricas que começam a surgir na zona. O território da fábrica, confinado entre paredes, opõe-se ao território que as personagens conhecem, o mar, e representa a necessidade da conversão difícil dos pescadores em operários.

Mudar de vida (1966) é, pois, o único dos filmes analisados em que o discurso do progresso técnico e económico não é representado de forma linear, ao ser retratado não sob o ponto de vista da indústria, mas do indivíduo.

4. O ponto de vista sobre o espaço de trabalho

A noção de ponto de vista tem um papel central em qualquer representação, nomeadamente cinematográfica, refletindo-se na forma e no conteúdo de cada plano de qualquer filme. Se é na montagem que se constrói o tempo de um filme, não há dúvida que é no momento de filmar que começa por se construir o espaço, enquadrando, isto é, escolhendo um ponto de vista.

No caso da representação de um espaço de trabalho, verificamos que o ponto de vista pode centrar-se sobre a técnica, sobre o contexto e o ambiente, ou sobre os indivíduos e as suas ações. Cada um desses pontos de vista corresponde também a determinada temporalidade relacionada ou não com as atividades de trabalho representadas. O mais comum no nosso corpus, no entanto, é estas três tipologias conviverem não só num mesmo filme, como até dentro de uma mesma cena, alternando-se o ponto de vista sem grande preocupação formal, conforme o discurso adotado pelo narrador. Pelo contrário, nos filmes com um trabalho formal mais cuidado, como é o caso, por exemplo, de *Porto de Lisboa* (1934) ou *Mudar de vida* (1966), o ponto de vista é trabalhado de raiz, mantendo-se ao longo de todo o filme ou longos segmentos do mesmo.

Porto de Lisboa (1934) é de todos os filmes que analisámos aquele em que mais claramente o ponto de vista se centra sobre a técnica, nomeadamente na segunda metade do filme. O autor não se foca tanto nas ações individuais dos trabalhadores ou no contexto macro em que elas se desenrolam, mas antes na forma através da qual a técnica transforma fisicamente o espaço e molda a sua representação.

FIGURA 4.10. – *Porto de Lisboa*, 1934, Paulo de Brito Aranha [col. ANIM].

De facto, as cenas filmadas no porto estão construídas em torno da ideia de simbiose entre a técnica industrial ao serviço da estiva e a técnica ao serviço do cinema, sendo os dispositivos técnicos da primeira – o carro, a grua, o guindaste, o comboio – usados enquanto ferramentas cinematográficas para descrever o espaço através de pontos de vista em movimento[7]. Assim, por exemplo, ao mostrar as cargas e descargas de mercadorias dos navios, a câmara é colocada em cima de uma das gruas, tornando-se ela própria uma mercadoria numa trajetória que a faz ser transportada pelo ar (*figura 4.10*); na cena seguinte, surge a bordo de um comboio que transporta carvão e madeira, desbravando o espaço em *travellings* tanto frontais, como em ângulos contrapicados que realçam a riqueza gráfica das linhas diagonais das estruturas metálicas das gruas e guindastes atravessando o enquadramento. Os diversos espaços distinguem-se assim não só pelos gestos de trabalho, mas também pela forma como o cinema é capaz de se identificar com as máquinas utilizadas em cada um deles para moldar e recriar os seus limites.

Podemos dizer que nestas cenas o autor assume não só um ponto de vista centrado sobre a técnica, como o ponto de vista da própria técnica, oferecendo ao espectador uma série de perspetivas só possíveis através do olho mecânico

[7] Esta simbiose entre a câmara de filmar e as restantes máquinas industriais modernas é característica de filmes deste período, como bem o demonstra *Douro, faina fluvial* (1931), de Manoel de Oliveira, ou outras «sinfonias urbanas», expressão que cunha um género de filmes mudos de vanguarda feitos com o intuito de representar a vida moderna nas cidades no final da década de 1920 e início de 1930, explorando em particular as ideias de velocidade e multidão.

FIGURA 4.11. – *Porto de Lisboa*, 1934, Paulo de Brito Aranha [col. ANIM].

da câmara, desbravando o espaço à medida que as máquinas o atravessam. Em sintonia com o pensamento e prática do cinema de vanguarda da época, parece imperar neste filme a ideia de que só a câmara é capaz de levar a cabo um mapeamento total daquele local, desconstruindo-o em vários espaços de trabalho numa sucessão de pontos de vista (cima, baixo, esquerda, direita) e de ângulos contrastantes (contrapicados e picados, visão zenital das docas e do porto num momento de descanso), que culminam no final do filme numa panorâmica de 360º do topo de uma grua, que liga o espaço de trabalho à cidade num só movimento, como se neste filme não existisse nunca um verdadeiro fora de campo (*figura 4.11*).

Porto de Lisboa (1934) destaca-se, pois, no nosso corpus de filmes sobre o Tejo por ser aquele que de forma mais clara não se limita a descrever um espaço, arquitetural, já existente, mas constrói um novo espaço, fílmico, através do movimento, e um novo tempo através da montagem. Apesar de ancorado no quotidiano laboral do porto, não se pode dizer que o tempo representado seja fiel ao tempo da produção, nem que tenha sido essa uma preocupação do autor. O principal critério de montagem parece ter sido a duração e ritmo interno de cada plano, e não a duração e ritmo de cada gesto manual ou mecânico de trabalho, pois mais importante do que transmitir ao espectador uma noção do tempo exato associado àquela atividade laboral, parece ter sido recriar a sensação de velocidade e vertigem associada aos modernos equipamentos industriais da época, com os quais o filme formalmente se identifica.

No caso do espaço de trabalho da fábrica, pelo contrário, a um ponto de vista centrado sobre a técnica corresponde, na maior parte das vezes, uma temporalidade associada ao ciclo de produção. É o caso de *Forja de maravilhas* (1951) e *Fabricação de carruagens* (1956), em que a uma concentração no espaço, representando-se sobretudo o interior das oficinas, e dentro destas, algumas zonas específicas de um processo fragmentado, corresponde uma concentração do tempo, também ele fragmentado e vincadamente elíptico. A representação do tempo caracteriza-se no caso destes filmes pela representação de processos que se querem eficazes e fluidos, e em que as elipses temporais eliminam hesitações, erros, atrasos, ou incidentes. Também nestes filmes, o processo de montagem adquire uma importância central, já que se trata de um tempo construído na moviola para criar a ilusão de fluidez a partir de fragmentos de gestos de trabalho, sejam eles manuais ou mecânicos. A diferença face a *Porto de Lisboa* (1934), cujo critério para a construção do tempo é antes de mais cinematográfico, é que nestes filmes o tempo, ainda que elíptico e fragmentado, está fortemente ancorado no presente da produção.

Em *Forja de maravilhas* (1951), o ponto de vista centrado sobre a técnica desdobra-se em dois tipos de construção do espaço do trabalho. A primeira, mais frequente, é feita através dos gestos dos trabalhadores; a segunda é feita através da produção em si mesma e da sua materialidade (linhas de montagem, armazenamento dos produtos, etc.). Em alternância com os planos fechados sobre os gestos de trabalho, vão sendo montados planos gerais das oficinas, fixos ou em panorâmica, que nos mostram os trabalhadores em diferentes postos de trabalho, executando diferentes funções, num espaço aberto e estruturado pela organização da produção – o espaço entre as máquinas, a circulação de trabalhadores entre elas – sem detalhar em pormenor os gestos de trabalho de cada um deles.

Pelo contrário, os planos aproximados de máquinas ou gestos, centrados sobre a transformação da matéria, são muitas vezes filmados em *travellings* que nos revelam o alinhamento das máquinas e sublinham a organização do trabalho em cadeia. São as máquinas que, no seu conjunto, constroem um espaço, que por sua vez existe apenas através do movimento da câmara.

Fabricação de carruagens (1956), estruturado em torno do ciclo de produção das oficinas da Sorefame, é outro filme em que o ponto de vista para representar o espaço de trabalho da fábrica se centra sobre a técnica. Como em *Fábrica de lanifícios da Breia* (1934), a câmara é por vezes colocada num ponto elevado para oferecer uma perspetiva em plano geral do conjunto das oficinas, representando a monumentalidade das instalações. A visão zenital da fábrica é enriquecida aqui pelo movimento que é conferido à câmara, num *travelling* em que esta sobrevoa a oficina ao ser transportada junto a uma peça num gancho que atravessa todo o espaço a vários metros de altura. Este ponto de vista, que se repete várias vezes ao longo do filme, além de espetacular na perspetiva em movimento que oferece, permite uma visão bastante clara, porque distanciada, da organização do espaço da grande oficina em vários pequenos espaços de trabalho divididos conforme a especialização. Neste filme da CNEA, o espaço de trabalho é descrito a partir da hierarquia laboral, ligada ao saber técnico. Assim, vemos não só diversas profissões, como diversos graus de especialização e de estatuto profissional, desde os aprendizes aos mestres, o que cada um faz, onde e como se relacionam entre si. As referências do narrador à hierarquia e aos diferentes graus de especialização reforçam a autoridade dos mais experientes sobre os aprendizes. Esta hierarquização repete a do início do filme, ainda antes da entrada na fábrica, em que é feita a distinção entre os vários tipos de mão de obra, desde os engenheiros vindos da universidade, aos desenhadores técnicos, operários e, por fim, os aprendizes.

Quando a representação do espaço de trabalho não está estruturada em torno do ciclo de produção, os registos temporais complexificam-se. Muitos dos filmes apresentam o espaço de trabalho não apenas como espaço de produção, mas sobretudo como lugar de memória(s), a partir do qual é possível desenvolver uma narrativa sobre o trabalho de maior amplitude temporal e ideológica. O que se verifica é que no caso destes filmes, o ponto de vista não se centra já sobre a técnica, mas sobre o contexto, e mais do que um território ou um espaço social, a representação funda-se em torno da ideia de lugares, ligados a uma dimensão identitária, estabelecendo uma relação pré-construída (tipificação, estereotipização, turistificação) com as representações do trabalho. Vimos que era esse o caso em vários filmes sobre o Tejo ou Lisboa enquanto espaços de trabalho, cuja representação é marcada por duas ideias que se repetem, no nosso corpus, de filme para filme, em termos temporais: por um lado, o ciclo do dia que estrutura o ciclo do filme e, por outro, uma referência constante a um tempo passado, associado a uma representação do rio como «lugar de memória» (Nora, 1984), que se confunde com uma série de objetos, lugares e referências patrimoniais.

No caso dos filmes focados no rio, esse trabalho sobre o tempo reflete-se no dispositivo formal recorrente de filmar a margem de Lisboa num *travelling* a partir do rio, em que o ponto de vista se centra sobre o contexto, sendo Lisboa e o Tejo representados enquanto lugares em que a presença do trabalho é diminuta. Talvez o exemplo mais elucidativo desta dicotomia espácio-temporal seja *Tráfego e estiva* (1967), que separa claramente o lugar (Lisboa) do espaço social do trabalho (o Tejo e o porto). Neste filme, o *travelling* representa o espaço de forma contínua, mas apenas como paisagem, sem qualquer elemento visivo de trabalho na margem em primeiro plano. O uso de uma película 70mm reforça a dimensão panorâmica desta visão de uma paisagem arquetípica das colinas da cidade, reforçada, por sua vez, pelo uso da guitarra portuguesa na banda sonora[8].

A obra de João Mendes é particularmente elucidativa da multiplicidade de discursos veiculados a partir da representação de Lisboa e do Tejo enquanto espaços de trabalho, centrando o ponto de vista mais sobre o contexto do que

[8] O facto de no genérico do filme ser mencionado que se trata da primeira produção portuguesa a utilizar uma película de 70mm indicia que o *travelling* a partir do rio pode ter sido uma exigência do produtor para maximizar esse investimento ou um desejo do realizador de explorar as capacidades desse tipo de película para filmar uma paisagem.

sobre a técnica, como forma de ilustrar um discurso patrimonial que frisa as permanências e a intemporalidade da cidade, resumindo-se esta a *hauts-lieux* patrimoniais, como a Torre de Belém, o castelo ou o Terreiro do Paço (Bédard, 2002). Em *Pesca da sardinha* (1953), por exemplo, o ponto de vista limita-se a conciliar uma visão tradicional da cidade com um retrato estereotipado das figuras dos pescadores, também eles retratados como elementos tradicionais da paisagem lisboeta. Neste filme, os planos filmados a partir do rio, por exemplo, são usados para focar o Terreiro do Paço e a Torre de Belém, associando os pescadores à narrativa expansionista dos navegadores portugueses do século XV, interessando pouco o trabalho a que se dedicam, bastando descrevê-los como «heróis do mar».

Mas também nalguns filmes ambientados em fábricas se dá o caso do ponto de vista se centrar mais sobre o contexto do que sobre a técnica, abdicando de reproduzir o tempo da produção para se focar antes numa narrativa de tipo memorial.

Em *Gouveia, tear da Beira* (1948), por exemplo, que acompanha uma visita do Presidente da República àquela localidade, o trabalho é representado apenas numa curta sequência (menos de dois minutos) em que se apresentam várias fábricas da localidade em planos gerais do interior de oficinas, com o objetivo de ilustrar o desenvolvimento industrial da região. A ideia principal que se pretende transmitir, no entanto, é a de continuidade, em que o trabalho faz parte de um quotidiano que se repete desde sempre e para sempre. Esse quotidiano foi apenas interrompido por um evento extraordinário, a visita do Presidente da República, que «deixou um perfume de saudade» após partir. Mas eis que «Gouveia volta então ao trabalho, à sua faina fabril», «à sinfonia dos teares, no seu matraquear constante, quase monótono, metálico, na orquestração da fábrica, onde palpita o grande tear da Beira e onde se tece a teia de uma riqueza sem par», refere o narrador sobre planos do interior das fábricas, a que se seguem planos muito gerais das pequenas unidades fabris têxteis inseridas na paisagem local, como um elemento mais em harmonia com o entorno bucólico (*figura 4.12*). A mesma sensação de harmonia é transmitida pela suavidade da banda sonora de um violino lânguido e triste que pauta toda a sequência, aqui e ali adornada por umas notas agudas de piano. O interior das fábricas é mostrado através de planos gerais das oficinas, onde os operários, sobretudo mulheres, trabalham num ritmo pausado junto a diversos tipos de teares; alguns planos de pormenor mostram detalhes da produção, como, por exemplo, um novelo a ser enrolado. Os planos vão-se sucedendo na montagem ao ritmo a que o narrador elenca os nomes das fábricas locais, a cada nome correspondendo um plano. A função destas imagens não é, pela escala e duração dos planos, a de representar fielmente o tempo da produção ou os gestos de trabalho, mas antes, pelo contrário, a de transmitir a ideia da pacatez de um ambiente de trabalho composto por senhoras asseadas junto a teares ordenados em instalações espaçosas, trabalhando num ritmo lento e descontraído, por oposição ao bulício da visita presidencial. O efeito criado é sobretudo o de unidade entre os diferentes espaços de trabalho, em que uma fábrica representa todas as outras, pois se a

Figura 4.12. – *Gouveia, tear da Beira*, 1948, 23', Américo Couto [col. ANIM].

cada nome enunciado corresponde um plano, estes não se distinguem entre si, parecendo terem sido filmados todos num mesmo espaço. Nesta sequência, à temporalidade do trabalho, representada enquanto ciclo eterno e imutável, corresponde uma unidade espacial nascida da montagem de imagens neutras, indistinguíveis, com uma banda-sonora de música e narração que tudo agrega e concilia, tanto os interiores das diversas fábricas que se assemelham entre si, como esse espaço de trabalho uno e a natureza que o circunda.

Como a propósito da análise da representação do espaço de trabalho a partir da sua delimitação, *Mudar de vida* (1966) revela-se bastante distante dos outros filmes do nosso corpus no que toca ao ponto de vista adotado. Este é o único filme em que o ponto de vista é o de um indivíduo, Adelino, o protagonista, e mais interessante que isso, o único em que, numa das cenas, apesar de entrarmos na fábrica, não chegamos a entrar no espaço de trabalho. A fábrica é um destino provável para Adelino e os seus companheiros, pescadores num tempo de industrialização, mas não é ainda o destino certo, pois primeiro há que mostrar que se está adaptado àquela nova realidade laboral. Na cena em que Adelino vai à fábrica para a realização de testes psicotécnicos, estamos com ele do lado de cá da porta que o separa desse possível futuro, e de novo com ele do lado de cá do vidro pelo qual ele observa sem ouvir a sala onde se realizam os testes. Tal como os gestos de trabalho representados são, na verdade, gestos simulados que fazem parte de um exame, pequenos exercícios de destreza manual e raciocínio que representam um trabalho que nunca chegaremos a ver, também aquela sala de escritório, vista pelos olhos de Adelino, é suficiente para representar aquilo que o espaço de trabalho da fábrica significa e significará para a sua vida e dos seus companheiros.

Em consonância com o ponto de vista, também o tempo é trabalhado em *Mudar de vida* (1966) a partir de uma escala individual, ligado à vivência do protagonista. Este tempo da sua vida, no entanto, insere-se num tempo mais amplo de mudanças na comunidade do Furadouro, em Ovar, confrontada com o declínio da pesca e a necessidade de reconversão profissional dos pescadores. Vemos as mudanças na comunidade com o protagonista, homem que trabalhou em África e de lá regressou com uma lesão que o impede de fazer trabalhos em esforço, nomeadamente no mar, e que como outros companheiros seus, se vê obrigado a procurar outro tipo de ocupação. A fábrica representa no filme esse novo tempo que para alguns já chegou e que para outros está a chegar, se para isso forem considerados aptos. Para tal têm de passar testes de admissão que consistem precisamente na realização de determinados exercícios de destreza manual e raciocínio sob a pressão do cronómetro. De forma subtil, o filme assinala assim que o desajustamento destes homens dentro da fábrica não é só espacial, mas também temporal, no sentido em que o tempo do trabalho industrial nada tem que ver com o tempo da pesca ou da agricultura a que estão habituados.

5. Conclusões

O ponto de partida da nossa análise foi procurar identificar diferentes tipos de espaços representados nos filmes ou produzidos por eles. Dois filmes analisados neste capítulo destacam-se pela sua precisão e coerência formal: *Porto de Lisboa* realizado em 1934 por Paulo Brito de Arranha e fotografado por Octávio Bobone; e *Mudar de vida*, de Paulo Rocha (1966). Esses dois filmes ilustram bem como se constrói no ecrã a relação entre o espaço «arquitetural» e o espaço «fílmico». É desta relação que nasce a coerência do discurso cinematográfico: a celebração da modernidade industrial em 1934 e o discurso crítico sobre o processo de individualização na sociedade contemporânea no filme de Paulo Rocha.

Da análise dos modos de distinção entre território, espaço social e lugar – distinções raramente nítidas e que nascem muitas vezes de sequências ou recursos formais isolados nos filmes – podemos concluir que a representação do espaço de trabalho surge sempre como a tradução no ecrã da afirmação de um discurso ou de uma intencionalidade que muitas vezes ultrapassa os próprios objetos filmados e representados. As representações do espaço de trabalho situam os filmes não apenas num ambiente (a cidade ou a fábrica), mas também num processo histórico, uma temporalidade ou um contexto ideológico.

Qualquer que seja o nível de riqueza e coerência formal dos filmes, a representação do espaço de trabalho permite sempre afirmar um ponto de vista. Este pode ser relacionado com a expressão de uma ideologia ou de um discurso deliberado que enquadra o filme e se traduz em numerosas recorrências formais e temáticas. Por outras palavras, podemos afirmar que a dicotomia modernização/tradição – que se declina através dos diferentes mitos fundadores do Estado Novo (Rosas, 2001, p. 1032) – pode ser apreendida e analisada através dos modos de perceção, apreensão e representação dos espaços de trabalho nos filmes. Assim, a Lisboa filmada por João Mendes surge como um arquétipo dos discursos sobre o pitoresco urbano que nunca deve ser encoberto e substituído pela modernidade industrial.

Referências bibliográficas

BARATA, H. D. (1996). O porto de Lisboa. O Porto, a economia regional e o território. *Estudos para o planeamento regional e urbano*, 44. Lisboa: Centro de Estudos Geográficos.

BEBIANO, J. B. (1936). *O porto de Lisboa. Estudo económico.* Lisboa: Imprensa Nacional.

BÉDARD, M. (2002). Une typologie du haut-lieu, ou la quadrature d'un géosymbole, *Cahiers de Géographie du Québec*, 46(127), 49-74.

CERTEAU, M. de. (1990). *L'invention du quotidien. 1. Arts de faire (1980).* Paris: Gallimard.

CORDEIRO, G. I. (2007). Entre a rua e a paisagem. Reflexões em torno da urbanidade de Lisboa. *Ler História*, 52, 57-72.

DI MEO, G. (1990), De l'espace subjectif à l'espace objectif: l'itinéraire du labyrinthe, *Espace géographique*, 19-20(4), 359-373.

FERREIRA, V. M. (org.) (1987). *Lisboa. A metrópole e o rio.* Lisboa: Editorial Bizâncio.

LEFEBVRE, H. (1974). *La production de l'espace.* Paris: Anthropos.

NORA, P. (org.) (1984). *Les lieux de mémoire.* Paris: Gallimard.

ROHMER, E. (2000). *L'organisation de l'espace dans le Faust de Murnau.* Paris: Cahiers du cinéma.

ROSAS, F. (2001). O salazarismo e o homem novo: ensaio sobre o Estado Novo e a questão do totalitarismo. *Análise Social*, 157 (XXXV), 1031-1054.

CAPÍTULO 5

OS USOS DA PALAVRA

LUÍSA VELOSO E FRÉDÉRIC VIDAL

1. Introdução

O objetivo deste texto é analisar os modos pelos quais os distintos usos da palavra no cinema moldam as representações do trabalho no ecrã, destacando por um lado o tipo de usos da palavra presente nos filmes e, por outro lado, os sujeitos e objetos da e visados pela palavra.

O trabalho é representado no cinema, entre outros modos, pela forma como é «dito», desempenhando a palavra um papel na sua configuração. Assim, se, como refere Gérard Malglaive numa referência aos operários, «o pensamento nunca está separado da ação material. (...) [Para eles] pensar, falar, refletir é sempre mais ou menos sinónimo de nada fazer» (1990, p. 62), no cinema o espaço ocupado pela palavra (espontânea ou provocada), assume contornos distintos e, nos filmes em análise, assume uma centralidade que influencia amplamente a narrativa fílmica.

Os filmes analisados foram selecionados a partir do corpus geral do projeto WorkS, seguindo três critérios:

i) A diversidade cronológica, na medida em que permite contrastar os recursos discursivos dos filmes atendendo aos contextos socio-históricos de produção respetivos (com destaque para os períodos anteriores e posteriores ao 25 de Abril de 1974).
ii) A heterogeneidade dos usos da palavra, atendendo, quer ao seu conteúdo, quer aos recursos formais acionados.
iii) A heterogeneidade do tipo de relação entre os usos da palavra e a imagem, discutindo o papel que a palavra desempenha na narrativa imagética do filme.

Para a análise, a partir do corpus geral de filmes[1] foi efetuada uma seleção que se encontra sistematizada no Quadro 5.1.

[1] Sobre a construção do corpus ver o capítulo 2 deste livro.

Quadro 5.1. – **Os filmes selecionados**

Belarmino, 1964, 72', Fernando Lopes
A Aventura Calculada, 1970, 14', Fernando Lopes
Um homem, uma obra, 1973, 17', Alfredo Tropa, Eduardo Elyseu
Emigrantes Portugueses, 1972/1973, 33', Nuno Cintra Torres
Lúcia e Conceição, Cinequipa, 1974, 26', Cinequipa
Diga-me, o que é a ciência? – I, 1976, 20', Ana Hatherly*
Terra de Pão, Terra de Luta, 1977, 68', José Nascimento
1° Maio 1982 – Dia Internacional do Trabalho, 1982, 27', Forum

* Ana Hatherly realizou em 1976 um segundo filme - *Diga-me, o que é a ciência? - II*, 1976, 15' - em que adota o mesmo dispositivo mas num contexto urbana, com operários e trabalhadores da construção civil.

Este conjunto de 8 filmes distribuem-se cronologicamente entre os anos 1960 e 1980, sendo de salientar que o período revolucionário do pós-25 de Abril de 1974 constitui um momento de rutura tanto do ponto de vista dos conteúdos dos discursos como na forma como a palavra é utilizada nos filmes. Para o período anterior (anos 1960 e princípio dos anos 1970), optou-se por confrontar filmes que remetem para categorias cinematográficas ou sistemas de produção distintos: filmes que servem objetivos de promoção, ora do poder político, enquadrando-se numa lógica de cinema institucional[2] - *A aventura calculada* (1970) - ora do poder económico, integrando-se no cinema industrial ou cinema de empresa[3] - *Um homem, uma obra* (1973); um filme chave do período do Cinema Novo ou Novo Cinema que coloca a palavra no centro da narrativa - *Belarmino* (1964). Na análise integramos também o filme *Emigrantes Portugueses* (1972/1973), que permite evidenciar um momento histórico de transição para a democracia em Portugal a partir de um olhar sobre a realidade de trabalho dos emigrantes portugueses em França tomando como foco o uso da palavra por parte do realizador e dos atores sociais.

Os filmes realizados após o 25 de Abril de 1974 integram-se no que é apelidado cinema militante, sendo amplamente marcados pelas questões sociais que o cinema retrata e a sua função como denunciadora de determinadas realidades sociais[4]. A palavra assume, nestes filmes uma centralidade particular pela associação direta aos atores sociais – isto é, pela intenção de «dar a palavra» àqueles que, agora, no contexto do processo de democratização da vida política, a podem usar – mas também pelo papel intencionalmente ativo e presente que os realizadores ocupam nos filmes.

A análise realizada subdivide-se em dois eixos:

i) O conteúdo do discurso, evidenciando-se o lugar ocupado pela palavra na narrativa do filme e, por essa via, as representações que são construídas sobre o trabalho. Neste domínio são considerados aspetos como

[2] Ver capítulo 7.
[3] Ver capítulo 9.
[4] Ver capítulo 8.

a relação do discurso com o trabalho representado, ou a relação entre o discurso que se ouve e a imagem que se vê (testemunhos em som direto e imagem de quem testemunha, imagem com discursos em que não se vê quem discursa, imagem com música de fundo, etc.) Analisa-se também os dispositivos de uso da palavra: narrativas escritas em voz *off* que corresponde a um discurso *etic* (a palavra dada ao realizador, a uma entidade, a quem encomenda, a uma causa política, ideológica, de quem filma) versus a palavra dos testemunhos restituída diretamente (a palavra dada aos sujeitos interpelados, a palavra a quem trabalha, a palavra dos atores, de quem é filmado) que corresponde a um discurso *emic* (Harris, 1976).

ii) O contexto do discurso, procurando contemplar o lugar físico e o espaço social onde a palavra surge. Esse contexto determina a relação entre espaço (de trabalho, de lazer, público, privado, etc.) e palavra e contribui também para configurar a relação entre quem filma e quem é filmado.

Os usos da palavra no cinema e os seus efeitos do ponto de vista da estrutura narrativa dos filmes devem ser analisados em diálogo com os fatores sociais e políticos que marcam o contexto de produção, nomeadamente no âmbito das evoluções sociais e políticas nacionais. De forma genérica, podemos referir a presença da palavra como texto narrativo, frequentemente em *off*, como discurso direto, concretizado em testemunhos, quer de cariz mais individual, quer associado a um determinado grupo social e como dinâmica dialógica de interpelação das pessoas sobre as quais versa a narrativa fílmica.

2. Os usos da palavra durante o Estado Novo: o sujeito singularizado

Começamos a análise pelo filme *Um homem, uma obra* (1973). Trata-se de um filme cuja narrativa se divide em duas partes: uma primeira, com a introdução histórica e uma segunda em que é abordada a biografia de Alfredo da Silva, fundador da Companhia União Fabril (CUF)[5], traçando uma relação de rutura entre o passado agrícola retrógrado – «Era uma vida calma, mas monótona, restrita e conformada» – e o presente industrial moderno – «As fábricas começam a exigir os braços que fogem da cultura da terra».

A palavra, de cariz narrativo, assume um papel condutor da mensagem que se pretende transmitir e de orientação do filme até chegar ao seu protagonista:

> «Na Lisboa pacata do fim do século vivia um homem de fartos bigodes pretos. Cedo revelou uma clara intuição do futuro e demonstrou uma qualidade rara, uma grande ambição.»

[5] Ver capítulo 9, onde se apresenta uma análise de um conjunto de filmes sobre a CUF, no quadro do cinema de empresa ou industrial.

E logo de seguida, associando o protagonista à sua obra:

> «De toda aquela área do centro fabril do Barreiro apossou-se a fúria da construção. Quando o céu do Barreio se cobriu dos primeiros fumos (...) Alfredo da Silva estava financeiramente exausto (...), mas nunca perdeu de vista a justiça social. Construiu bairros para os seus operários, escolas, postos médicos, salões de recreio, colónias de férias e obras de previdência.»

Após termos tomado conhecimento do processo de industrialização na sociedade Ocidental e de como a CUF foi um grupo económico incontornável neste processo, agora já em Portugal, seguem-se, alternadamente à narrativa em *off*, quatro testemunhos, elementos comprovativos do que foi referido e para reforçar momentos da vida de Alfredo da Silva e da CUF, bem como o seu legado:

i) O atentado que Alfredo da Silva sofreu na estação de caminhos de ferro de Leiria, descrito por Carlos Rei, responsável pelos Serviços de Pessoal.
ii) O que Alfredo da Silva fez pela CUF, testemunhado por Luis Almeida Guerreiro, do departamento de engenharia civil, que conheceu Alfredo da Silva, pois entrou na CUF em 1908; refere: «Era uma pessoa exigente. Era uma pessoa que queria as coisas bem-feitas e rápidas.» Mas não deixa também de salientar: «A única coisa que não havia, que era o que não havia noutros tempos em parte nenhuma, era as férias. De maneira que se trabalhava 10 horas e 12 horas, mas trabalhava-se com gosto».
iii) O investimento de Alfredo da Silva no setor da construção naval, na Lisnave, com o testemunho de José Rodrigues dos Santos, engenheiro da Companhia Nacional de Navegação: «Ele perdeu muito dinheiro com a sua frota, [mas nunca vendeu os navios, porque] tinha um apego à frota extraordinário. (...) Arriscou-se numa atividade que não era promissora de lucros. (...) No setor técnico-marítimo nacional a influência do Alfredo da Silva foi decisiva, foi extraordinária».
iv) O legado de Alfredo da Silva no momento presente (no início da década de 1970), com um testemunho de Fernando Gambito, serralheiro mecânico: «Ouço falar que era um homem com um espirito fantástico, uma personalidade vincada e que graças a ele a indústria nacional tem desenvolvido. (...) O espírito dele ficou cá, temos os filhos, os netos, e a geração vai-se mantendo...».

Os quatro testemunhos de pessoas com qualificações escolares e profissionais diferenciadas e que desempenham ou desempenharam funções distintas na CUF que dão o seu testemunho sobre a figura de Alfredo da Silva e da sua obra, integram-se no filme em estreita articulação com o texto narrativo dito em voz *off*.

Os usos da palavra no filme assumem, assim, duas formas: narração, com um texto caracterizado por uma enfatização da figura de Alfredo da Silva e do que erigiu e que assume uma função de guiar o espectador pelas imagens; testemunhos em discurso direto que enfatizam os elogios a Alfredo da Silva e sublinham o que é referido em texto narrativo.

Os conteúdos das representações do trabalho são comuns a outros filmes sobre a CUF e marcam o cinema industrial ou de empresa, enaltecendo-se na narrativa os seguintes eixos:

Eixos da narrativa	Excertos ilustrativos da narrativa
O progresso técnico	«Abraça a tecnologia e dá a mão à cibernética.»
A grandiosidade do grupo económico	«A metrópole atual, na época que a envolve, precisou de saltar o Tejo e um troço de união, em estruturas de aço, estabeleceu a indispensável comunicação com a margem sul, onde outra grande cidade, feroz e fabril surgiu com força alucinante.»
A beleza dos processos de transformação produtiva, enaltecendo o fascínio pela matéria-prima,	Sem narração, estabelecendo um diálogo com as sequências onde a narração predomina.
A obra social (referida exclusivamente em texto)	«...nunca perdeu de vista a justiça social. Construiu bairros para os seus operários, escolas, postos médicos, salões de recreio, colónicas de férias e obras de previdência.»
O domínio do conhecimento e da técnica associado ao trabalho altamente qualificado	«Todos os dias surgem novas máquinas no gigantesco complexo. Desenvolvem-se velhas fábricas e montam-se outras novas, rasgam-se novos trilhos. Da industrialização dos produtos agrícolas às tintas e ao tabaco. Dezenas de milhares de homens vivem para o que Alfredo da Silva viveu todos os seus dias...»
A importância da CUF para o progresso da cidade e do país	«O Barreiro é já hoje o amanhã.»

Neste filme, em particular, sai destacada a importância do papel desempenhado por Alfredo da Silva, as suas convicções, crenças, vontades e ações. Constitui, assim, um filme que fundamenta uma figura de autoridade económica, assente numa legitimidade – que é, para além de racional, carismática (Weber, 2002 [1922]) – ancorada em depoimentos que a validam.

Com objetivos orientados para a legitimação institucional e a apresentação de uma obra de Estado – os Laboratórios do Estado[6] e, neste caso em particular, o Laboratório Nacional de Engenharia Civil (LNEC)[7] –, o filme *Uma aventura calculada* (1970), de Fernando Lopes[8], partilha com o filme acima analisado uma ótica de legitimação (desta vez do investimento do Estado) e os usos da palavra em forma de texto narrativo (constituindo um recurso que esclarece

[6] A criação dos primeiros Laboratórios do Estado remonta a finais do século XIX com a criação da Direcção Geral de Geologia e Minas (1848), do Instituto Hidrográfico (1849), da Estação Agronómica Nacional (1870), da Junta de investigação Científica Ultramarina (1883), do Instituto Nacional de Saúde (1899), da Escola de Saúde Pública e Medicina Tropical (1902), do Laboratório Nacional de Investigação Veterinária (1913), do Instituto de Biologia Marinha (1919), do Laboratório Nacional de Engenharia Civil (1946), do Serviço Nacional de Meteorologia (1946), da Junta de Energia Nuclear (1954) e do Instituto Nacional de Investigação Industrial (1957) (Fernandes, 2007, p. 135). Em 1965 a maioria dos campos de intervenção do governo eram apoiados cientificamente por Laboratórios do Estado que se mantiveram sob tutela ministerial.

[7] Para um maior desenvolvimento sobre o LNEC ver Laboratório Nacional de Engenharia Civil (2006).

[8] Fernando Lopes constitui um realizador português que marca de forma inquestionável, juntamente com Paulo Rocha, o Cinema Novo ou Novo Cinema Português, com a realização de *Belarmino* (1964) que é também objeto de análise no presente texto. Cinema Novo, ou Novo Cinema Português é a expressão utilizada para identificar a geração de cineastas portugueses que começa a filmar no início da década de 1960, introduzindo uma série de ruturas estéticas, formais e narrativas com o cinema feito até então, à imagem de outras correntes cinematográficas estrangeiras. Esta geração é marcada, por um lado, por uma forte cultura cineclubista, e por outro, pela possibilidade de estudar no estrangeiro com as bolsas concedidas pelo Fundo de Cinema Nacional a partir do final da década de 1950, e pela Fundação Calouste Gulbenkian a partir de 1961. Para um maior desenvolvimento ver, nomeadamente, AAVV (1985), Areal (2011), Costa (1991; 2007), Cunha (2005; 2014), Pina (1986).

o que se vê na imagem) e de testemunhos dos trabalhadores do LNEC, sendo estes últimos apresentados não em discurso direto, mas em *off*.

Começando com uma imagem aérea sobre o LNEC (tal como o filme anterior, que também inicia com uma perspetiva aérea sobre Lisboa), o texto narrativo enaltece a instituição:

> «É aqui que há 25 anos o Laboratório Nacional de Engenharia Civil vive diariamente uma aventura calculada, desde o simples problema de uma torneira à grande rodovia, da regularização fluvial à grande barragem que nos fornecerá a luz, o calor, a energia».

A narração enaltece o trabalho do LNEC, quer do ponto de vista do trabalho técnico e do conhecimento científico e das respetivas raízes ancestrais, quer da sua importância para a presença de Portugal a nível internacional:

> «A frequente participação no laboratório na realização de obras à escala nacional e internacional, conduziu ao desenvolvimento de técnicas de investigação e de meios práticos de aplicação, muitos deles de vanguarda. (...) Os especialistas portugueses criaram e fabricaram delicados instrumentos e maquinaria de que muitos países são já clientes. (...) As pirâmides, o arco da ponte romana, os diques da Holanda, as grandes metrópoles do nosso tempo, são a sua forma de estar no mundo, a sua vitória sobre si próprio e sobre os elementos, a sua primeira grandeza.»

Para além da narração, o filme contempla três testemunhos, com a voz dos respetivos trabalhadores do LNEC em *off*. O primeiro é de um modelador, que surge logo no minuto 1 do filme, e o testemunho pode ser decomposto em duas grandes temáticas: a apresentação de si; os mecanismos de identificação com o trabalho (Veloso, 2009).

O modelador

«O meu nome é António Leão. Há 15 anos que trabalho aqui no laboratório como modelador. Já executei dezenas de modelos de barragens, tantos que perdi-lhe a conta. (...) De Portugal aos Estados Unidos, da África à América do Sul, existem hoje barragens calculadas pelo laboratório e cujos modelos foram executados por mim. Este é um trabalho que eu gosto, porque exige perícia, muita paciência e jeito manual. De resto, quanto mais difíceis são os modelos, mais gosto de executá-los, porque tenho a sensação de estar a criar qualquer coisa que também é minha.»

O testemunho é apresentado com a imagem num plano contínuo que começa por mostrar os equipamentos técnicos e, seguidamente, o trabalhador no contexto de trabalho e junto à obra que realiza (*figura 5.1. Extratexto*).

Também o segundo testemunho usa o mesmo tipo de dispositivo e é efetuado na primeira pessoa, enfatizando o papel do LNEC na realização de «grandes obras», como é o caso das barragens. Assim, se o primeiro testemunho evidencia quem faz o trabalho de raiz – o modelador – o seguinte é de quem testa essas obras, o ensaiador. Enquanto se ouve o testemunho, a câmara está parada e vê-se o trabalhador a manobrar na cabine. A câmara faz vários movimentos de *zoom* e travellings, mostrando o trabalhador a manobrar o equipamento. Constitui uma imagem bastante escura, com a silhueta do trabalhador a surgir de forma destacada (*figura 5.2. Extratexto*).

O técnico de laboratório

«Chamo-me João Manuel Sousa Lúcio, tenho 19 anos e há 3 que estou aqui no laboratório. Tirei o curso industrial, tinha média suficiente, a engenharia aceitou-me e entrei a trabalhar para o porto de Lisboa. Atualmente estou no porto de Sines, faço ensaios e os cálculos referentes aos ensaios. Continuo a estudar à noite, no instituto industrial, aproveitando algumas facilidades que o laboratório dá aos estudantes. Estou a tirar o curso de construção civil e penso dedicar-me mais à engenharia no futuro.»

O terceiro testemunho é focado, não no trabalhador que o apresenta, mas na instituição. Inicia na Ponte 25 de Abril e termina nas instalações do LNEC, com o objetivo de enaltecer o trabalho do Laboratório, mais uma vez acompanhando a imagem. Inicia com a imagem de uma porta de uma estrutura junto à então «Ponte Salazar». A porta abre e sai de lá uma pessoa com capacete e sem fato de trabalho – é a pessoa que surge, em *off*, a dar o seu testemunho.

O engenheiro

«Um especialista do laboratório de engenharia civil em geral dedica-se ao estudo do projeto de obras com vista a fazer uma previsão do seu comportamento. Temos especialistas também que se dedicam ao apoio das outras divisões no aspeto de instrumentação. Esta atividade tem sido levada mais longe ao ponto de se projetarem e desenvolverem aparelhos que, atualmente, estão a ser comercializados e vendidos em países estrangeiros. Parte dos instrumentos que estão instalados na cabine de observação da ponte sobre o Tejo foi projetada e executada no laboratório, estão incluídos, neste caso, os óculos que acompanham os deslocamentos do tabuleiro e o sistema de registo magnético onde se podem registar até 15 informações respeitantes a deslocamentos horizontais, verticais de tabuleiro, temperaturas, velocidades de vento, etc. A utilidade de observação de uma obra como esta constitui uma ação de diagnóstico, a fim de se poder verificar o estado de estabilidade e de segurança dessa mesma obra. Uma outra razão que conduz à observação das obras é a colheita de informação destinada a orientar o projeto de futuras obras.»

São, assim, três testemunhos cuja sequência segue a lógica da hierarquia profissional no sentido ascendente: um operário altamente qualificado, um técnico e um engenheiro. Os testemunhos vão também no sentido da apresentação da obra e permitem evidenciar o ciclo de trabalho no LNEC: o primeiro faz os modelos, o segundo testa-os e o terceiro verifica-os no terreno.

É de destacar que os dois primeiros falam da sua trajetória e o terceiro, o mais qualificado, fala no trabalho de engenharia civil no LNEC. O texto da narração é um registo poético e de enaltecimento do trabalho do LNEC e da sua importância para a modernização tecnológica e científica do país, indiciando também que se trata de uma justificação do investimento público nos Laboratórios do Estado.

Recuperando a ideia de «aventura» presente no título, o filme termina com a apresentação de modelos vários de obras projetadas no LNEC enaltecendo os seus protagonistas institucionais e individuais.

A forma das imagens é marcada por uma riqueza e diversidade de ferramentas cinematográficas, tais como *zoom*, *travelling*, imagens de arquivo e usando vários pontos e níveis de registo de imagens.

Também de Fernando Lopes e realizado na década de 1960, *Belarmino* (1964), é um filme em que a palavra assume um papel central na explicitação do trabalho de um pugilista, também engraxador, habitante da cidade de Lisboa. É um filme particularmente interessante para abordar a construção das representações do trabalho no cinema português e do papel desempenhado pela palavra, já que o realizador opta por escolher uma atividade profissional menos comum e que é, frequentemente, exercida como atividade amadora, providenciando aos seus executantes um rendimento incerto e contingente com os combates que são agendados.

O filme privilegia um único testemunho, com a exceção de algumas cenas com a palavra conferida ao agente de Belarmino, mas numa perspetiva de confronto com o que refere o protagonista. A palavra é predominantemente assumida num modo de interpelação, isto é, um «entrevistador», que muito raramente se vê, interpela Belarmino acerca dos vários aspetos do seu trabalho e da sua vida. A palavra é muitas vezes «forçada» pela referida interpelação, permitindo, quer reconstituir a sua trajetória de vida, quer as várias dimensões da trajetória profissional. De entre os vários aspetos desta história de vida, surgem, na relação com o trabalho, alguns que destacamos em particular.

Em primeiro lugar, a sua «vocação» para o boxe, traduzida em mecanismos de identificação (Veloso, 2009) vários patentes no seu discurso, assim como a narrativa do boxe como uma arte (desde logo evidenciada, no início do filme com a sequência sem narração dos treinos que permite, seguidamente, relacionar com os vários testemunhos do protagonista), à semelhança do trabalho artesanal ou do trabalho operário de cariz oficinal: «é o meu sonho, é sonhar com o boxe (...) eu sempre tive esta queda para o boxe»; «a minha maior satisfação era treinar boxe»; «é a nova arte».

Em segundo lugar, destaque-se o facto de o realizador evidenciar as condições objetivas de trabalho, refletidas na precariedade e na carência de condições económicas; associada a estas, estão as condições de vida e de sobrevivência do protagonista e da sua família, bem como da respetiva contextualização no espaço urbano de Lisboa marcado, também ele, pela coexistência de membros de classes sociais economicamente desfavorecidas e abastadas:

Diálogos entre entrevistador (E) e Belarmino (B)

«E: Tu que idade tens hoje?
B: Tenho 32 anos.
E: Continuas analfabeto?
B: Não, já tenho a terceira classe.»
(...)
«E: Como é que tu sustentas a família se não trabalhas?
B: Faço colorista de fotografias e faço uns biscatezitos.
E: E pedes dinheiro emprestado?
B: Algumas vezes, muitas vezes. Muitas vezes quero jantar, não tenho; muitas vezes quero almoçar, não tenho. É uma vida com dificuldades.»

Em terceiro e último lugar, saliente-se o eixo das relações hierárquicas de trabalho, com destaque para a relação conflituosa entre Belarmino e o seu *manager* (termo usado pelo realizador e pelo protagonista), evidenciando aspetos vários, tais como as lutas entre classes sociais e a ausência de uma relação de trabalho regulada (isto é, uma relação de emprego), a existência de uma hierarquia de trabalho que se reflete (ou resulta da) na hierarquização social classista e a existência de uma relação de exploração. Neste domínio em particular, é de destacar que o realizador dá a palavra de forma alternada ao trabalhador e ao seu *manager*, realizando um trabalho de montagem que evidencia uma intencionalidade de confrontar as duas narrativas sobre a relação de contratação e o respetivo pagamento pelos serviços prestados: «Os amadores aqui não ganham nada. No meu tempo eu levei muita pancadaria e nunca ganhei cinco reis, como amador», refere o *manager*, a resposta que o realizador apresenta à interpelação que faz a Belarmino sobre ele e em que Belarmino refere «O Albano, foi a atitude dele sempre ganhar dinheiro, explorar o máximo que podia do corpo humano, que era o meu corpo e o corpo de todos. (...) Era a vida dele, costuma-se dizer sacador».

Constitui um filme que recorre principalmente à interpelação, numa relação socialmente assimétrica evidente entre quem interpela e quem é interpelado (veja-se o tratamento por «tu» da parte de quem interpela Belarmino). A palavra é dada a quem trabalha de forma direcionada, o que leva Belarmino e o seu *manager* a responder apenas às questões que lhe são colocadas.

A palavra e a imagem sustentam-se de forma autónoma, isto é, o realizador usa os dois recursos com objetivos distintos e quando Belarmino é interpelado o foco vai exclusivamente para ele, evidenciando a eficácia da narrativa e as várias representações sobre o trabalho que constrói no quadro do filme.

3. Os usos da palavra em filmes militantes

Se os três filmes acima discutidos usam a palavra na construção de representações sobre o trabalho optando por registos de cariz individual, já os que abordamos seguidamente, realizados imediatamente antes e após o 25 de Abril de 1974, comungam de uma ênfase em registos de cariz coletivo, enformado pela pertença a uma determinada classe social ou profissional, o que constitui também um traço marcante de segmentos do cinema de cariz militante.

Em *Emigrantes Portugueses*, de Nuno Cintra Torres (1972/1973), a primeira imagem é um cartão de texto que apresenta o contexto socioeconómico europeu. Uma voz *off* lê com um tom monocórdico: «O Mercado Comum não importa de Portugal somente sardinhas e concentrados de tomate, mas também trabalhadores.»

O texto começa, assim, por apresentar o contexto social global (a relação entre o Mercado Comum e emigrações), referindo: «O imperialismo europeu precisa da barata força do trabalho dos emigrantes». E, seguidamente, apresenta os objetivos do filme: «Este filme é acerca da emigração portuguesa para França, assim como podia ser acerca da turca para a Alemanha ou da grega para a Suécia. Os países são diferentes, mas o sistema capitalista é sempre o mesmo.»

Seguem-se três mapas de situação (Portugal e Espanha, França, Europa) com comentários em voz *off* que apresentam dados demográficos e políticos (regime fascista em Portugal, guerra colonial, etc.) sobre a Europa do final dos anos 1960 e sobre a emigração portuguesa para França, tanto do ponto de visto português como francês: «Eles representam um quinto da população ativa portuguesa e são hoje em dia o maior grupo de estrangeiros em França. 300 000 encontram-se na zona de Paris.»

Com esta frase, que encerra a sequência da apresentação, vemos a primeira imagem em movimento, com uma grua carregando vigas metálicas. São vistas imagens gerais de Paris – «a Nova Iorque europeia» – e a mesma voz evoca a transformação recente da capital francesa (construção de torres, transformação da paisagem urbana, etc.). Neste discurso inicial, a palavra é sobretudo utilizada para dar informações precisas sobre o contexto social e económico e situar o filme no enquadramento político e ideológico: a luta contra o regime do Estado Novo e a denúncia do sistema capitalista.

Este modo narrativo de usar a palavra contrasta com as sequências seguintes. Depois desta apresentação, são mostradas imagens de um homem jovem que brinca com uma criança e o som é direto: ouve-se risos, conversas da família, vozes de crianças, mas não percebemos as palavras. O ruído de ambiente utiliza o som da voz humana para assinalar uma atmosfera familiar e popular. O registo da palavra não é utilizado para transmitir informações ou factos (um discurso, uma opinião, um pensamento) mas sim uma atmosfera relacionada com um contexto de vida e de trabalho.

Emigrantes Portugueses (1972/1973) utiliza várias vezes um tipo de registo que estabelece uma relação original entre a palavra (a voz dos trabalhadores) e a imagem composta por fotografias de rostos de trabalhadores em situações da vida quotidiana (no trabalho, numa refeição). As fotografias passam com ritmo variável, em *fondu-enchaîné*. Estas sequências são organizadas da mesma maneira: 4 ou 5 fotografias de um trabalhador desfilam enquanto se ouve uma única frase em *off*. Procuram ultrapassar a oposição entre, por um lado, o indivíduo e a experiência individual (os rostos de pessoas e o que elas dizem) e, por outro lado, o coletivo (os emigrantes portugueses em Paris). Esses indivíduos aparecem como os representantes ou os porta-vozes de um grupo de trabalhadores imigrantes. Contam experiências próprias mas com poucas – ou nenhumas – informações pessoais: são experiências individuais que se repetem de uma maneira idêntica.

No mesmo filme, duas sequências sobre a vida nas barracas (*foyer*) de Nanterre permitem discutir a relação ambígua entre a palavra (o testemunho) e a realidade social (o que se vê, o que pode ou se quer mostrar). Num primeiro momento, vê-se um homem de meia-idade, fotografado em frente das barracas, de camisa aberta, com rosto um pouco fechado, um ar resignado. O testemunho em voz *off* oferece uma descrição detalhada do espaço interior das barracas:

> «52 barracas, 400 e tal, 400 e tal homens, 4 de cada lado... são 8 em cada barracas. No verão é quente, não se pode estar lá dentro. No inverno, temos os poêles [em francês], os poêles ou seja um chauffage a gasóleo que não é grande coisa. Tem um cheiro de gazola, mazoute [em francês] [assobio] enfim, para emigrantes está bem.»

Nesta sequência, a palavra é algo que vem trazer uma informação (testemunho), aquilo que não se vê ou não se vê ainda.

Na sequência seguinte, percebe-se que é uma realidade escondida ou que as autoridades tentam esconder. Vemos um homem a percorrer um caminho no meio das barracas. Ouvimos uma voz distante e a câmara vai ao encontro dela. Um homem fala em francês (não há legendas) com um tom bastante determinado: «...vous avez une autorisation pour photographier...». Na imagem lê-se: «o guarda do foyer». O entrevistador, num francês pouco seguro, responde: «Mais on peut tout de même parler avec ce monsieur là...». Segue-se um diálogo entre o entrevistador e o guarda sobre a presencia da câmara no foyer:

Diálogo entre o guarda (G) e o entrevistador (E)

«G: Non, non...
E: Mais si ne nous faisons pas de photo...
G: (cortando a palavra): ...non non non... ici c'est privé... il n'y a que les gens qui habitent dans le foyer qui ont le droit.
E: Mais ils peuvent recevoir ses familles.
G: N'insistez pas, c'est pas la peine.
E: Oui, mais... est-ce que...
G: Si monsieur veut vous parler... il va dehors vous parler...
E: (mais conciliante)... c'est privé ici?
G: (idem) C'est privé oui... c'est comme si vous étiez... c'est comme si j'étais chez vous, dans votre appartement, que je rentre et que je ne vous demande pas l'autorisation. Vous voyez...»

Durante este diálogo, a câmara filma o interior da barraca. Vemos pormenores vários, tais como estantes com sapatos, roupas de homem penduradas na parede, camas mais ou menos feitas. Ouvimos o som interno às barracas: algumas vozes servem de som ambiente, sem se perceber o sentido das palavras. Segue-se uma rápida entrevista aos trabalhadores.

Diálogo entre entrevistador (E) e trabalhadores (T)

«E: Vocês trabalham no *bâtiment*...
T: Temos algum [não se percebe]
E: E tem água corrente?
H: Temos alguma...»
[ouve-se também outro homem falar, mas não se percebe]

As vozes dos trabalhadores são quase impercetíveis, bastante diferentes da voz do guarda ou do entrevistador. É sobretudo a força das imagens, o ambiente sonoro que conta.

Este filme, que procura mostrar e denunciar as condições de vida e de trabalho dos emigrantes portugueses em França, utiliza testemunhos diretos dos emigrantes (trabalhadores pouco qualificados), a narrativa militante em *off* e o depoimento de um jornalista português do jornal «O Salto», cuja imagem aparece também através de uma série de fotografias. O som direto contrasta com as imagens paradas. Podemos ver no dispositivo formal deste filme uma evocação dos «romans photos» populares nos anos 1960. Mas o filme situa-se também no prolongamento dos «filmes-ensaios» que, a partir do final dos anos 1950, procuraram repensar a relação entre imagens, discursos filmados e representações sociais[9]. Esses filmes questionam principalmente a maneira de filmar a classe trabalhadora, de dar a voz aos trabalhadores e sobretudo a maneira como estes se podem apropriar da linguagem e das ferramentas cinematográficas (Stark, 2012)[10]. O filme *Emigrantes Portugueses* (1972/1973), apesar de assumir uma narrativa frontal e de natureza informativa ou documental, é ainda marcado por este tipo de questionamento.

Procurando também frisar um determinado contexto de vida e de trabalho marcadamente português, o filme *Diga-me, o que é a ciência I*? (1976) tem um dispositivo original e simples: duas perguntas, formuladas repetidamente pela realizadora, que servem de pretexto para dar a palavra a trabalhadores filmados no seu local de trabalho (*figura* 5.3.). Neste caso, a palavra é dada para falar de questões não diretamente relacionadas com o quotidiano dos trabalhadores: trata-se de conversas marcadas por diálogos de tipo «socrático». Este dispositivo enfatiza as diferenças de género, de posição social e de capacidade de usar a palavra – muitas mulheres respondem: «não sei ler» –, mas permite também aferir as diferenças de posições sociais entre os dois interlocutores (a realizadora e os entrevistados), acabando por oferecer uma representação das condições sociais consentânea com a posição de cada um na divisão do trabalho.

[9] A expressão «un essai en forme de reportage cinématographique», posteriormente resumida em «film-essai», é utilizada pelo crítico francês André Bazin para qualificar os primeiros filmes de Chris Marker. V. Bazin (1984).

[10] Ver por exemplo as experiências do grupo Medvedkine entre 1967 e 1974, na região de Besançon em França (Stark, 2012).

Figura 5.3.: *Diga-me, o que é a ciência?* – I, 1976, Ana Hatherly [col. ANIM].

No início do filme, uma voz *off* explica o propósito do filme: todos os trabalhadores possuem uma técnica, mesmo se não a conseguem verbalizar. Em plano de fundo, ouve-se o som (conversas, ruídos de ferramentas) de trabalhadores rurais com imagens de pessoas a apanhar tomates. Depois desta sequência introdutória, todo o filme é constituído por diálogos entre a realizadora e os/as trabalhadores/as. A primeira entrevista funciona, assim, como uma apresentação do dispositivo fílmico.

Entrevista n.° 1

«Pergunta (P). Olha, diga-me uma coisa, já ouvi falar da ciência?
Resposta (R). Da ciência?
P. Nunca ouvi. [a câmara sobe, filma o rosta da mulher que olha a sua interlocutora]
R. Nunca ouviu?
P. E de técnica? Já ouviu falar?
R. De técnica já tenho ouvido.
P. O que acha que é?
R. Eh.. Sei lá... (riso, com algum constrangimento, olha ao longe) técnica, acho que isso da *ingrícola*... não é?
P. Sim.
R. Pois.
P. E acha que é muito preciso, ou acha que não?
R. Como?
P. (repete)
R. Eu acho que é muito preciso.»

O segundo diálogo põe em cena um homem filmado num campo de milho. Apesar do constrangimento – assumido e realçado na sequência, através do diálogo entre a realizadora e o testemunho – o homem consegue dar uma reposta bastante mais detalhada à pergunta da realizadora, estabelecendo uma relação direta entre o objeto do filme e a sua atividade profissional (a produção de milho).

Entrevista n.° 2

«P. Mas diga, o que acha o que é a técnica, o que acha que é?
R. Mas já está a contar, já...? [riso] a técnica acho que é uma coisa como acontece com este milho, porque este milho está aqui, se não for com técnica, não se consegue isto [ele mostra o terreno agrícola com a mão], isto um milho de produção híbrida, e se não tiver essas linhas ai [chamos?] de macho, não consegue dar a fêmea que é híbrida, esses riscos que estão nos entrevais... isto é a técnica. Penso eu... não sei... também, pouco sei ler...
P. Está muito bem... e a ciência, já ouviu falar da ciência?
R. A ciência, penso eu, seja quase baseada na mesma coisa, porque... as pessoas tiveram que estudar para conseguir isto... porque sem estudar não conseguem fazer essas coisas. Como aí no tomate, estudaram a química para matar as ervas e não matar a planta (...).
P. Muito obrigada; está estupendo. Então, acha que sem ciência não há técnica?
R. Com certeza que não...
P. A ciência é que a base de tudo.
R. A ciência é que a base de tudo... com certeza. Penso eu que seja assim, não é... Também pouco sei... (riso).»

As diferenças de conteúdo do discurso e de uso da palavra em termos de género repetem-se ao longo do filme. Numa sequência seguinte, a realizadora interroga um grupo de mulheres que trabalham nas vinhas. O diálogo estabelece-se à distância: a jornalista eleva um pouco a voz e as respostas são evasivas: «o que é esta palavra... nem sei ler». Há vários silêncios. Mais tarde no filme, a realizadora interroga um grupo de mulheres na porta de uma casa. Sente-se um constrangimento, ouvem-se risos.

Entrevista n.° 3

«R. Aqui é tudo malta que não sabe ler.
(...)
P. Mas o trabalho também tem uma técnica, não é?
R. A técnica é da gente trabalhar cada vez mais, e ganhar pouco...
(...)
P. Mas quando usam máquinas isto não é técnica?
R. (homem que aparece no ecrã) Com certeza...»

Na última sequência, a entrevista de um trabalhador é ilustrada pelas imagens da apanha de cortiça, com uma elevada precisão que permite ver a técnica. Como em vários momentos do filme, a imagem oscila entre grandes planos dos rostos e das mãos, e imagem de gestos de trabalho. As imagens mostram o que a palavra do trabalhador não consegue transmitir, por vezes relativizando o valor do depoimento recolhido. Nesta última sequência, o trabalhador dá respostas bastante precisas e circunstanciadas às perguntas da realizadora, mas o seu saber limita-se à esfera da técnica que ele usa quotidianamente no seu trabalho.

Entrevista n.° 4

«P. Então quer falar da técnica de fazer deste trabalho da cortiça...
R. Sim Senhora... a cortiça é uma coisa que tem servido para muita coisa... A gente, para os trabalhadores, é um trabalho bom, num certo sentido.
(...)
P. Mas o senhor acha que é um trabalho muito especializado? Que só os bons técnicos que podem fazer, ou qualquer pessoa poderia fazer...
R. Não é qualquer pessoa que pode fazer e aprender a fazer.
P. Então quer dizer que é uma técnica muito...
R. Sim, quem não sabe fazer, não é capaz de fazer.
P. E o senhor acha que é preciso técnica para fazer todas as coisas ou...
R. Acho que sim...
(...)
P. E de ciência, já ouviu falar?
R. Não... não andei na escola.
P. Mas nunca ouviu falar da televisão, nos jornais... a lua, coisa assim.
R. Na lua, sim já ouvi falar... Mas acho isto impossível... Ninguém é capaz de ir à lua.
P. Não?
R. Não.»

Como se pode concluir, o recurso a este dispositivo simples – duas perguntas formuladas ao longo do filme – permite evidenciar uma grande variedade de perceções das funções e posições sociais nesses grupos de trabalhadores rurais.

Em contexto também rural é realizado o filme *Lúcia e Conceição* (1974), filmado nos Açores. Lúcia e Conceição são duas jovens adolescentes que trabalham nas plantações de chá da ilha de São Miguel.

O filme começa com imagens de trabalhadoras no campo. Em voz *off*, um texto denuncia a existência das crianças trabalhadoras: «O chá que tomámos em pequenos, que hoje é chá das cinco, nasce aqui, nasce nesta infância. Depois, como um rio, passa pela exploração, pela ignorância, pelo subdesenvolvimento, por mãos infantis...»

Quando a voz em *off* pronuncia o texto, a imagem passa do indivíduo (Conceição, que é filmada como se fosse ainda uma criança) para o grupo de trabalhadoras (crianças e mulheres jovens no campo). No início do diálogo, Lúcia está a apanhar chá. Faz pequenas interrupções quando responde ao realizador/entrevistador. Rapidamente, Conceição, que trabalha ao lado, entra na conversa. As perguntas versam sobre a situação da família («quantos irmãos»), o percurso de vida («tem estudos») e os projetos para o futuro («já pensou em emigrar») ou opiniões sobre o movimento revolucionário. Não se vê o rosto do entrevistador, apenas um braço ou uma parte das costas. Entrevistador e entrevistada estão às vezes no mesmo plano mas sempre face a face. O diálogo é difícil de estabelecer; às perguntas sobre o contexto político nacional ou os projetos de vida pessoal seguem respostas curtas ou silêncios:

Entrevista à Conceição

«P. O que pensas do que o que aconteceu no nosso país?
R. [silêncio]
P. Sabes, por exemplo... entre vocês... organizarem-se... neste trabalho de apanhar do chá... pedir melhor ordenados...
(....)
P. O que era preciso fazer... não tens uma opinião pessoal?
[a Conceição não responde, levanta apenas os ombros]
P. Gostarias de trabalhar em outro sítio?
R. Em Ponto Delgada, num supermercado...
P. Porquê?
R. ...é um serviço mais limpo.
P. Só por isto... ganham mais...
R. Sim ganham mais... [a Lúcia ao lado, insiste: é mais limpo].»

O filme é construído em torno de dois conjuntos de sequências, nas quais é feito um uso diferente da palavra: duas sequências sem som direto (no campo com as trabalhadoras; em frente das casas de trabalhadores); 4 sequências com voz *off*, de introdução, transição (entre o campo e as casas) e de conclusão.

Por um lado, podemos afirmar que o uso da voz/palavra estrutura o filme e marca as oposições entre os diferentes tipos de discursos: *etic* (o ponto de vista de fora, em voz *off* com texto elaborado), *emic* (diálogo bastante simples em torno de factos concretos, com o objetivo de recolher as opiniões dos trabalhadores). Por outro lado, este filme pode ser um bom exemplo da maneira como o modo de circulação e utilização da palavra acaba por marcar distinções sociais, Aqui entre o entrevistador e as trabalhadoras.

A sequência da entrevista da família de Conceição à porta da casa – no estilo de uma «conversa à soleira» – ilustra bem esse processo. Pouco a pouco outras pessoas da aldeia juntam-se ao grupo à porta da casa da família. Enquanto o pai fala e responde de uma maneira um pouco mecânica às perguntas sobre a vida quotidiana na aldeia («onde se faz o pão? (...) Tem forno?»), Conceição ri quase sempre. Não sabemos muito bem porquê, mas a presença da câmara e dos cineastas/jornalistas parece ser sobretudo considerada como um acontecimento social na vida da aldeia e não tanto como uma oportunidade de falar e de exprimir-se.

Os vários diálogos que o realizador tenta estabelecer com as famílias desta aldeia da ilha de São Miguel denunciam a dificuldade em criar relações e interações através da palavra, já que os diálogos se traduzem numa série de perguntas/respostas sucintas e dispersas. Assim é também com a irmã de Conceição, provavelmente um pouco mais velha:

Entrevista à irmã da Conceição

«P. E tu o que tu fazes? Como te chamas? Não sei o teu nome…
R. Agora estou em casa, vou para Canadá.
P. Como te chamas?
R. Maria do Carmo.
P. Vais para o Canadá, o que vais fazer no Canadá?
R. Trabalhar.
P. Em quê? Não sabes?
R. Ainda não sei… [a voz da mãe tapa o resto da resposta]
P. Um tio? Irmão de quem?
R. Irmão do meu pai.
P. Irmão aqui do pai… o que é que ele faz lá, no Canadá?
R. Ele tem um emprego num restaurante.
P. Em que zona é que é?
R. No Québec.
P. Em que terra?
R. [inaudível]
P. Tu vais trabalhar lá no restaurante também?
R. Ainda não se sabe… [inaudível)… para costura.»

Com a mãe da Lúcia, o realizador estabelece o mesmo tipo de conversa: perguntas concretas e precisas que pressupõem respostas curtas:

Entrevista à mãe da Lúcia

«P. …e o seu marido, o que fazia?
R. Camponês, sempre.
P. E o pai do seu marido?
R. Camponês.
P. E o avô do seu marido?
R. (com riso) Camponês, nem sei porque me pergunta…»

O filme acaba com um discurso em voz *off* que retoma o tom sentimental e reivindicativo da sequência inicial:

> «Ninguém deixe de beber chá, ou a bebê-lo tenha um magro segundo de hesitação e remorso (…) boas intenções de que estamos cheios… não é lamentando uma infância que se preenche na dura pobreza que se pode modificar as coisas, e por outros meios, embora ter atenção à sorte dos desprotegidos ajuda, nos ajuda a nós, e a todas as Lúcias e as Conceições do mundo».

Estas últimas frases sublinham as intenções do filme mas também as consequências necessariamente limitadas do ato de registar e divulgar testemunhos sobre o trabalho. Evidenciam também mais uma vez a distância social entre quem filma e quem é filmado.

Os filmes *Terra de Pão, Terra de Luta* (1977) e *1.º Maio 1982 – Dia Internacional do Trabalho* (1982), são também ilustrativos do uso da palavra num sentido coletivo. Fortemente marcados pelo contexto social e político após o 25 de

Abril de 1974, com destaque, respetivamente, para o movimento da Reforma Agrária e para a crise económica do início da década de 1980 e a contestação da precarização das relações de emprego, coexistem nestes filmes vários mecanismos de uso da palavra claramente orientados para uma narrativa coletiva que evidencia representações do trabalho associadas às respetivas condições objetivas: remuneração, vínculo contratual, desemprego, etc. É nestas condições que a palavra se foca, conferindo-a a quem trabalha em vários momentos e com vários suportes.

Em *Terra de Pão, Terra de Luta* (1977), o objetivo é contar a história do «proletariado alentejano», passando pela criação das cooperativas, a tomada de posse das terras, até ao 25 de Novembro, marcado também pela devolução das terras. O filme começa com uma narração sobre «o alentejano», tendo como música de fundo o cante alentejano. A narração assume um pendor claramente político-ideológico patente em expressões como: «monopolização senhorial da terra»; «a burguesia no poder»; «hegemonia feudal, em especial nos campos alentejanos»; «as revoltas campesinas alastram por todo o país»; «o operariado vê na progressiva mecanização a causa do desemprego»; «velho mundo feudal»; «monopolização senhorial da terra».

A representação do trabalho associa-se às condições objetivas de trabalho e a sua relação com a estrutura social classista, com reflexos notórios na ideologia política de contestação da situação. Por sua vez, os testemunhos não se refletem em depoimentos sobre situações individuais, mas coletivas. Quer como texto narrativo, quer sob a forma de depoimento (individuais e em diálogos), a palavra dá voz a um corpo coletivo de trabalhadores.

O filme é bastante heterogéneo do ponto de vista do uso da palavra, quer em termos do texto narrativo (ainda que o enfoque político seja o mesmo), quer dos testemunhos na primeira pessoa. Estes vão-se alternando ao longo do filme com música tradicional alentejana e música dita de «intervenção». Vejamos cada um destes usos.

O texto narrativo segue uma linha de contestação das condições de trabalho e da distribuição de riqueza. Focado sobre a concentração das terras nas mãos de um conjunto restrito de proprietários antes do 25 de Abril de 1974, explicita, também com imagens de arquivo de eventos familiares e de convivência social das classes sociais proprietárias, as condições de exploração a que estiveram sujeitos os «operários agrícolas»: «As grandes coutadas, como diz o poeta, serviam assim às pequenas orgias dos figurões do fascismo, ao mesmo tempo que definiam a natureza política das classes dominantes da altura»; «Faustosos banquetes à moda citadina. (...) Não deixarão nunca de ser cadáveres esquisitos, que o capitalismo religiosamente irá emoldurar no museu da história». Passando para o momento imediatamente após o 25 de Abril, a palavra é agora mobilizada para enaltecer o lema político «a terra a quem a trabalha» e o sucesso deste processo: «...é um facto que o aumento espetacular da produção se ficou a dever à força e à determinação dos trabalhadores alentejanos...».

Prossegue o papel desempenhado pelo texto narrativo que descreve, sempre enfatizando as condições de trabalho e a distribuição da riqueza, as dificuldades subjacentes aos movimentos de apropriação das terras e a relevância da solidariedade manifestada pelos trabalhadores não rurais: «timidamente, é certo, avançava contudo a aliança entre os trabalhadores do campo e os trabalhadores da cidade». O filme avança para o seu final com o 25 de Novembro e, novamente, o texto narrativo desempenha um papel central na condução da imagem: «criação de condições ótimas para o desenvolvimento do capitalismo agrícola nos campos alentejanos».

Os testemunhos, o segundo principal elemento de uso da palavra neste filme, visam dar a palavra aos trabalhadores. Em vários momentos é notória a importância da palavra para enaltecer o trabalho, para discutir as condições da sua execução, incluindo como se organizará e as dificuldades manifestas pelos trabalhadores na organização da atividade produtiva. São vários os testemunhos, sem uma referência clara a quem fala, sendo de destacar os depoimentos de mulheres, que, em alguns momentos, são feitos no meio de homens, procurando enfatizar e representar o trabalho feminino e o papel das mulheres na «Reforma Agrária» (*figura 5.4. Extratexto*).

Uma mulher diz: «...pois isso é verdade, até é pior; a gente somos cá exploradas; chegamos a casa e temos a mesma conta de exploramento. Não temos quem faça as coisas senão a gente...» E também: «Acho que é melhor a gente trabalhar na nossa cooperativa, por nossa conta. Por nossa conta isto é, dizem que é por nossa conta (ri-se) no que tenho visto os resultados é do Estado, segundo o que a gente houve dizer. Mas acho que é melhor assim...»

Ainda que seja a palavra dos trabalhadores que surge como central ao longo do filme, a par do texto narrativo, são os vários atores sociais que foram parte ativa no processo que é o objeto do filme que têm «direito» à palavra: os agricultores; as agricultoras; os seareiros; os dirigentes da Confederação dos Agricultores Portugueses (CAP); os políticos, como Otelo Saraiva de Carvalho; os intelectuais, como Michel Giacometti; os músicos, como Fausto, Zeca Afonso ou Vitorino.

A palavra que ganha força e que liga todas estas «vozes» é a do narrador, que profere um texto ideologicamente comprometido com os movimentos contra o papel desempenhado pelo Estado e de contestação, no quadro de enaltecimento do fim do regime ditatorial. A narração permite «contar a história» desde 1974 até ao 25 de Novembro de 1975, passando pelo «Verão quente». Representa-se o trabalho com alguns dos seus gestos (extração de cortiça, lavrar a terra), mas, principalmente, representa-se e fala-se do trabalho em termos da sua organização e complexidade e as dificuldades dos agricultores em assegurarem essa gestão e manterem a propriedade da terra («a terra a quem a trabalha»).

1.º Maio 1982 – Dia Internacional do Trabalho (1982), filme que culmina com um acontecimento que se quer sublinhar – a morte de dois operários nas manifestações do primeiro de Maio de 1982 – assenta em vários usos da palavra. Podemos referir que se divide em duas grandes partes intermediadas por um testemunho de um dirigente da Confederação Geral dos Trabalhadores Portugueses-Intersindical (CGTP-IN): uma primeira parte sobre o 1.º de Maio em Lisboa e os testemunhos das pessoas que estão presentes; uma segunda parte

Figura 5.5. – *1.º Maio 1982 – Dia Internacional do Trabalho*, 1982, Forum [col. ANIM].

com as celebrações no Porto e a narração (em palavras e imagens) do que se passou. A morte dos dois jovens constitui o motivo para a CGTP-IN transmitir a mensagem da demissão do governo da Aliança Democrática (AD)[11]. É interessante o facto de começar em tom festivo e terminar com uma tragédia. Tem uma forte repetição das mensagens que se pretende transmitir e que culminam no objetivo do filme: a reivindicação da demissão do governo.

O filme tem várias estratégias distintas de articulação entre a palavra e a imagem: narração e imagem; testemunhos em som direto e imagem de quem os faz; imagem com discursos em que não se vê quem discursa; imagem com música de fundo; imagem com silêncio.

Para além da palavra, o filme contempla vários símbolos do trabalho: o dia do trabalhador, o sindicato, as manifestações, o morto que era operário, os vários trabalhadores (de profissões distintas, da função pública, passando pela indústria e pelas atividades artísticas) que se manifestam em Lisboa (*figura 5.5.*).

[11] Coligação de partidos de Centro-Direita com responsabilidades de governação em Portugal entre 1980 e 1983.

Focando nas representações do trabalho, destacamos nesta abordagem dois dos cinco depoimentos de trabalhadores que estão nas comemorações do Primeiro de Maio em Lisboa em 1982:

Testemunho 1

«Chamo-me Fernanda Lapa, sou atriz de profissão, tenho 38 anos de idade. O Primeiro de Maio é assim uma grande festa de nós todos trabalhadores, e cada vez mais uma jornada de luta. Para nós, especificamente, gente do teatro, a luta cada vez vai ser mais difícil, cada vez a política deste país quer acabar com uma coisa que se chama teatro, quer acabar com a nossa profissão. Eu neste momento encontro-me desempregada, estou aqui para estar junto de todos os meus camaradas trabalhadores para juntos fazermos mais uma jornada de luta.

... os contratos a prazo são uma maneira de escravizar cada vez mais os trabalhadores e os pôr na dependência de uma política imperialista, capitalista [faz um aceno com a cabeça firme quando diz estas duas palavras] e é uma coisa contra a qual nós todos temos de lutar.»

Testemunho 2

«Metalúrgico, pá, 25 anos, o que eu penso sobre o Primeiro de Maio, pois, é uma grande luta do povo, tem de ser feita donde nasceu, na rua, e na unidade com toda a compreensão do povo em si, é ela que é feita, aqui na rua, com toda a nossa força, com toda a força do nosso trabalho.

Os contratos a prazo foi a pior coisa que nasceram em Portugal, principalmente derivada à política desencadeada por um governo em que vai prejudicar muitos trabalhadores, principalmente a malta nova e trabalhadores que tentam arranjar tanto o primeiro emprego sentem-se em dúvidas sobre esse emprego, têm medo de desencadear a sua verdadeira tendência, sentem-se oprimidos, pá, e são obrigados, portanto, a ter medo.»

Os depoimentos são de trabalhadores com atividades distintas, permitindo representar uma inquietação que é comum aos vários trabalhadores, enfatizando o seu caráter coletivo. O foco não radica, assim, em histórias individuais, mas em depoimentos de trabalhadores todos em contexto de celebração que representam segmentos profissionais vários dos trabalhadores em Portugal.

4. O contexto do discurso: a configuração de espaços sociais

Os usos da palavra nos filmes efetuam-se em diferentes espaços sociais que contribuem para moldar o sentido dado a esses discursos.

A partir dos filmes analisados, podemos distinguir os seguintes espaços:

i) Espaço de trabalho, quando os usos da palavra têm lugar a par do desempenho das atividades de trabalho ou quando são apresentados testemunhos no contexto mais amplo do trabalho, como, por exemplo, as instalações fabris: é o caso de *A aventura calculada* (1970) e *Um homem, uma obra* (1973), respetivamente. No primeiro, os testemunhos biográficos e institucionais acompanham imagens (talvez encenadas) dos trabalhadores em espaço de trabalho, mas nem sempre a executar gestos de trabalho; são enfatizados os trabalhadores, frequentemente em planos aproximados, mas também a materialidade do trabalho, isto é, todos os equipamentos, as instalações do LNEC e o resultado do trabalho, traduzido em modelos de grandes obras. Assim, os testemunhos acompanham as imagens, ainda que com uma independência relativa, ou seja, os dois primeiros são sobre os trabalhadores, as suas trajetórias escolares e profissionais, as suas atividades de trabalho e alguns marcadores identitários, quando a imagem se foca nas instalações e em algumas das atividades desempenhadas ou exibidas. Já em *Um homem, uma obra* (1973), os trabalhadores que fazem referência a Alfredo da Silva, fazem-no num espaço exterior, que será, muito provavelmente, em instalações da CUF.

ii) Espaços de socialização restrita, quando o uso da palavra tem lugar em espaços de socialização de grupos de trabalhadores e/ou de pessoas que partilham uma situação social específica: é o que se verifica em *Terra de pão, terra de luta* (1977), em que, em vários contextos, assistimos a intervenções de trabalhadores sobre a causa social e política que os mobiliza. Seja em espaços que são, também, de trabalho, por força de este ser executado em espaços rurais, seja em espaços das estruturas associativas locais, e ainda em espaços externos de convívio quotidiano, como é o caso de *Diga-me o que é a ciência I* (1976) e *Lúcia e Conceição* (1974). Neste último filme, à semelhança de *Emigrantes portugueses* (1972/1973), estamos perante espaços de socialização de trabalho, de contestação e familiar.

iii) Espaços públicos de socialização alargada, quando o uso da palavra tem lugar em espaços abertos e sujeitos à envolvência. É o que se evidencia em *1º Maio 1982 - Dia Internacional do Trabalho* (1982), em que os testemunhos são obtidos em contexto de comemoração, com o objetivo de destacar que se trata de trabalhadores que comungam de um mesmo discurso de contestação dos contratos a prazo.

iv) Espaços construídos para a obtenção de testemunho, como é claro no filme *Belarmino* (1964), onde a relação social entre o interpelador e o interpelado é hierárquica, já que Belarmino não se encontra no seu espaço de trabalho, nem num outro espaço de socialização que lhe seja familiar, mas no espaço «do cinema». Menos notório, mas não menos relevante numa perspetiva de construção de um espaço como construção de um cenário para obter um retrato, é o filme *Diga-me o que é a ciência I* (1976), em que a realizadora encontra o contexto mais adequado para interpelar os trabalhadores rurais.

Nestes diferentes espaços sociais, a palavra contribui para moldar a relação entre quem filma e quem é filmado. Esta relação pode ser perspetivada, quer do ponto de vista de como é que a palavra é o vetor de intermediação dessa relação, quer de como é que essa relação, por via do uso da palavra, veicula distintas posições na estrutura social.

No caso dos filmes em análise, focamo-nos aqui nos momentos em que há testemunhos convocados nos filmes. No filme *Um homem, uma obra* (1973), os trabalhadores e ex-trabalhadores da CUF dão o seu testemunho sobre Alfredo da Silva num registo que enfatiza o passado, o presente e o futuro.

Também em *Uma aventura calculada* (1970) o direcionamento do conteúdo do discurso é prévio e a voz em *off* dos percursos retratados é acompanhada pela câmara que segue o trabalhador nas instalações do LNEC. A imagem vai-se focando, ao longo de cada testemunho, nos trabalhadores, nas instalações, nos instrumentos de trabalho, no objeto de trabalho e nos resultados do trabalho. É particularmente nos dois primeiros testemunhos que fica evidenciado o papel mais diretivo de quem filma, seguindo a câmara movimentos lentos e pausados de quem está a trabalhar (ou a mostrar o trabalho) com uma muito provável indicação dos gestos, movimentos e olhares para a câmara por parte dos três trabalhadores. Esta diretividade é menos evidente em alguns momentos do terceiro testemunho, isto é, quando o engenheiro filmado está na «Ponte Salazar», a exibir a obra do LNEC. De novo nas instalações do LNEC, voltamos a ter um registo semelhante ao testemunho do primeiro trabalhador no início do filme, surgindo o engenheiro por entre a instrumentação essencial às atividades realizadas (*figura 5.6. Extratexto*).

Num registo associado à administração pública, em *Uma aventura calculada* (1970) o uso da palavra visa a promoção do progresso técnico e científico dos Laboratórios do Estado, uma imagem de um investimento público essencial associado a uma vanguarda tecnológica, plasmada na «Ponte Salazar». Assim, tal como em *Um homem, uma obra* (1973), também neste filme se destaca o enfoque nas grandes obras, ora privadas, ora públicas. De forma distinta, ainda que com algumas afinidades com os testemunhos *de Um homem, uma obra*, em *1.º Maio 1982 – Dia Internacional do Trabalho, 1982* (1982), *Lúcia e Conceição* (1974) e *Diga-me o que é a Ciência I* (1976) e *Emigrantes portugueses* (1972/1973), os participantes que são chamados a testemunhar usam a palavra em função do que lhes é previamente solicitado. Por vezes recorrendo à interpelação, assistimos a uma relação entre quem filma e quem é filmado pautada por uma imposição dos assuntos abordados, isto é, a situação laboral vivida em Portugal e em França, por exemplo, sendo sempre precedidos por uma apresentação de quem dá o testemunho ou da situação vivida pelas jovens mulheres e os seus familiares em contexto insular.

Assim, verifica-se uma diretividade que é comum a vários filmes realizados antes e após o 25 de Abril de 1974. Se, por exemplo, em *Um homem, uma obra* (1973) o uso da palavra cumpre a função de elogiar Alfredo da Silva, quer por parte de quem o conheceu, quer de quem conheceu a sua obra, nos outros filmes referidos a interpelação visa obter testemunhos com uma conotação política de contestação das condições de trabalho vividas em Portugal em geral. É ainda interessante destacar como em *1.º Maio 1982 – Dia Internacional do Trabalho* (1982) e *Uma aventura calculada* (1970) as pessoas que dão os seus testemunhos se autoapresentam, focando-se o traçar do perfil no primeiro filme, no nome, profissão e idade e no segundo de forma mais destacada, para além do nome, no nome, na profissão, na escolaridade e no conteúdo da atividade de trabalho realizada. Já em *Um homem, uma obra* (1973) a identificação de cada trabalhador surge na imagem em texto escrito. Em *Lúcia e Conceição* (1974) prevalece um registo de interpelação, não apenas das jovens mulheres, mas também das suas famílias, que resulta num direcionamento do discurso para o poder político, evidenciado na exibição das condições de vida das famílias em território insular.

Em *Terra de Pão, Terra de Luta* (1977), antevê-se a ausência de um direcionamento do discurso dos vários intervenientes. Veja-se o caso da sequência de planos em que uma mulher fala rodeada de homens sobre a propriedade das terras, acompanhando a câmara o seu discurso e, logo, contribuindo, para a evidenciação da centralidade do papel da mulher nos processos sociais retratados. A relação entre quem filma e quem é filmado é assim, quer pautada por uma imagem que evidencia um corpo coletivo de alentejanos, agricultores e os seus discursos face à propriedade da terra, à sua gestão e aos direitos conquistados no trabalho, tendo quem filma um papel de registo das ações coletivas; quer por uma imagem focada em figuras que são, de certo modo, estereotipadas, da alentejana, da lavradeira, de membros de uma família que vive do trabalho agrícola.

Terra de pão, terra de luta (1977) assume uma estrutura semelhante à de *Um homem, uma obra* (1973), mas focada no percurso diacrónico do processo de apropriação de propriedade e sua perda, em que a palavra vai indicando as virtudes e dificuldades, mas, acima de tudo, a sua complexidade. A palavra é dada a quem trabalha e permite compreender os vários momentos, os vários intervenientes e as várias perspetivas face ao processo. Assim também é *1º Maio 1982 - Dia Internacional do Trabalho* (1982), mas a palavra orienta o olhar na sequência de acontecimentos concentrados num dia. Visa assim, quer transmitir uma mensagem com uma clara conotação política de contestação do governo em exercício em 1982, quer denunciar o acontecimento ocorrido no Porto nas manifestações do 1º de Maio, tendo como desfecho a morte de um manifestante.

Em *Belarmino* (1964), é bastante notória a relação social hierárquica e assimétrica entre quem filma e quem é filmado. Tanto Belarmino como o seu *manager* são interpelados diretamente por um interlocutor que os questiona num tom diretivo, sobre os vários aspetos da sua atividade profissional: as remunerações, as condições de trabalho, as relações de trabalho, etc. O uso da palavra por parte de Belarmino está circunscrito ao estúdio, onde aquele, sentado e posicionado, muito possivelmente, no ângulo que o realizador determinou (com as respetivas definições de luz e som), é abordado pelo «entrevistador» que orienta o seu discurso. A narrativa de *Belarmino* surge, em algumas sequências, em voz *off*, ilustrando o seu trabalho (em treinos e na sua atividade de restauro de fotografias no café), as condições de vida e a sua trajetória de vida (pessoal, familiar e conjugal) e profissional, mas logo em cenas subsequentes percebemos que o que acabamos de ouvir foi registado no estúdio. Muito perto do final do filme, o realizador mostra ao espectador

FIGURA 5.7. – *Belarmino*, 1964, Fernando Lopes [col. ANIM].

o estúdio onde a entrevista está a ter lugar, evidenciando a sua centralidade para o filme (*figura 5.7.*).

Tal como em «La misère du monde» (Bourdieu, 1993), em que é dada a palavra aos desprovidos de capital nas suas várias formas (escolar, simbólico, económico, social) e toma casos singulares como configurações de traços estruturais das sociedades (Elias, 1993a; 1993b), também em *Belarmino* é exemplar como o realizador consegue, na relação que estabelece com o protagonista – comandada pela palavra – traçar um perfil, não apenas de um *boxeur* amador do início da década de 1960 a viver em Lisboa, mas também de franjas amplas de população que habitam a cidade com condições de trabalho e de vida próximas do *lumpenproletariat*, na aceção marxiana do termo.

Neste filme, a palavra é dirigida, quer para a classe artística e intelectual da época, quer para o poder político. No primeiro caso, Fernando Lopes, apresenta aos outros cineastas um filme que dá a palavra a uma personagem insólita da cidade de Lisboa. Dar a palavra a Belarmino em contexto de entrevista intercalado por imagens de Lisboa, da sua casa, do ringue de treino, permite construir uma personagem que é indissociável do que diz sobre o seu trabalho. O filme começa por nos mostrar os gestos de trabalho (com Belarmino a treinar) para depois lhe dar a palavra que fica até ao final do filme. O segundo direcionamento da palavra é para o retrato que Fernando Lopes faz de Portugal por via de Belarmino, marcado pelo regime ditatorial e os traços de forte distinção e estratificação social.

5. Conclusão: usos da palavra e representações do trabalho

Os usos e direções da palavra nas três formas analisadas – texto narrativo (a palavra construída), testemunhos (a palavra personalizada e referenciada) e interpelação (a palavra provocada) – procuram demonstrar de que forma pelas várias vias, se constroem representações do trabalho no cinema.

Num exercício de síntese dos filmes analisados, começamos por propor uma leitura dos usos da palavra esquematizados no quadro 5.2.

Quadro 5.2. – Os usos da palavra

FILME	TIPO DE USO	TEMA VERBALIZADO
Belarmino, 1964, 72', Fernando Lopes	Texto narrativo Interpelação	Trajetória pessoal e profissional
A Aventura Calculada, 1970, 14', Fernando Lopes	Texto narrativo Testemunhos individuais sem discurso direto (*off*)	Narrativa institucional Trajetória educativa e profissional
Um homem, uma obra, 1973, 17', Alfredo Tropa, Eduardo Elyseu	Texto narrativo Testemunhos em discurso direto	Trajetória de uma figura de autoridade (económica)
Emigrantes Portugueses, 1972/73, 33', Nuno Cintra Torres	Texto narrativo Testemunhos em discurso direto Interpelação	Condições de vida e de trabalho
Lúcia e Conceição, 1974, 26', Cinequipa	Texto narrativo Testemunhos em discurso direto Interpelação	Condições de vida e de trabalho Trajetória de vida
Diga-me, o que é a ciência? – I, 1976, 20', Ana Hatherly	Texto narrativo Interpelação	Conceitos em contexto de trabalho
Terra de Pão, Terra de Luta, 1977, 68', José Nascimento	Texto narrativo Testemunhos em discurso direto	Reivindicação de condições de trabalho
1.º Maio 1982 – Dia Internacional do Trabalho, 1982, 27', Forum	Texto narrativo Testemunhos em discurso direto	Reivindicação de condições de trabalho

Como se pode concluir pela leitura do quadro, os filmes realizados imediatamente antes e após a instauração do regime democrático em Portugal usam a palavra, de forma predominante, para debater as condições de vida e de trabalho da classe trabalhadora, com destaque para os segmentos da população portuguesa operária e campesina. Numa alusão clara ao trabalho como fonte central de produção de riqueza, os filmes usam a palavra para transmitir um discurso de conotação político-ideológica sobre o trabalho e sustentá-lo em testemunhos de pessoas que são a prova dessa condição. Os testemunhos coexistem, ora num registo individual, de testemunho de uma trajetória, mas que se sustenta numa pertença de classe específica (operários, assalariados agrícolas), ora num registo coletivo, isto é, de registo, não sobre a sua própria condição (na primeira pessoa), mas da condição partilhada.

Já nos filmes anteriores ao 25 de Abril de 1974, é notório o uso da palavra para destacar percursos individuais, associados a empresas, instituições e cidades e não a uma pertença de classe. Os atores sociais retratados e/ou interpelados falam no trabalho numa perspetiva do auto e hétero desempenho individual.

A palavra no cinema em que o trabalho é abordado, cumpre, assim, uma função inquestionável de transmissão de um determinado ponto de vista sobre o trabalho, seja ele o de um dirigente da indústria, do Estado, de um realizador e da sua equipa ou de organizações de defesa dos direitos dos trabalhadores e políticas.

Em qualquer um dos filmes analisados fica evidenciado o papel determinante do realizador e/ou da sua equipa de usar a palavra com vista a concretizar determinadas representações do trabalho. E é também patente o destaque conferido ao texto narrativo e ao seu papel determinante na condução do olhar do espectador sobre a realidade do trabalho dos portugueses. A palavra desempenha, assim, um papel-chave na exibição, quer da classe trabalhadora portuguesa, quer da empregadora. Analisar os usos da palavra para a construção de representações sociais no cinema constitui, assim, uma via extremamente profícua de estudo, em particular se permitir uma reflexão sobre os tipos de uso e os efeitos que gera na construção da narrativa cinematográfica.

Referências bibliográficas

AAVV (1985). *Cinema Novo Português 1960/1974*. Lisboa: Cinemateca Portuguesa.

Areal, L. (2011). *Cinema português – Um país imaginado*. Lisboa: Edições 70.

Bazin, A., (1984). *Lettre de Sibérie*, In. *Le Cinéma français de la Libération à la Nouvelle Vague 1945-1958*, Cahiers du cinéma, p. 180.

Bourdieu, P. dir. (1993). *La misère du monde*. Paris: Seuil.

Costa, J. B. da. (1991). *Histórias do cinema. Sínteses de cultura portuguesa*. Lisboa: Imprensa Nacional-Casa da Moeda.

COSTA, J. B. da. (2007). *Cinema Português: Anos Gulbenkian*. Lisboa: Fundação Calouste Gulbenkian.

CUNHA, P. (2005). *Os filhos bastardos. Afirmação e reconhecimento do Novo Cinema Português 1967-74*. Tese de mestrado. Coimbra: Universidade de Coimbra.

CUNHA, P. (2014). *O novo cinema português. Modos de produção e políticas públicas (1949-1980)*. Tese de Doutoramento em Estudos Contemporâneos, Instituto de Investigação Interdisciplinar da Universidade de Coimbra. Coimbra: Universidade de Coimbra.

ELIAS, N. (1993a). *A Sociedade dos indivíduos*. Lisboa: Publicações Dom Quixote.

ELIAS, N. (1993b). *Mozart. Sociologia de um génio*. Lisboa: Asa.

FERNANDES, J. (2007). *A responsabilidade social na comunicação da ciência dos Laboratórios de Estado portugueses*. Tese de doutoramento em Ciências da Comunicação. Lisboa: Faculdade de Ciências Sociais e Humanas – Universidade Nova de Lisboa.

HARRIS, M. (1976). History and significance of the emic/etic distinction. *Annual Review of Anthropology*, 5 (pp. 329-350).

LABORATÓRIO NACIONAL DE ENGENHARIA CIVIL (2006). *Laboratório Nacional de Engenharia Civil: 60 anos de actividade: 1946-2006*. Lisboa: LNEC.

MALGLAIVE, G. (1990). *Enseigner à des adultes*. Paris: Presses Universitaires de France.

PINA, L. de. (1985). Quando o Cinema era Novo. In AAVV. *Cinema Novo Português 1960-1974* (pp. 8-13). Lisboa: Cinemateca Portuguesa.

STARK, T. (2012). Cinema in the hands of the people: Chris Marker, the Medvedkin Group, and the potential of militant film. *October*, 139 (pp. 117-150).

VELOSO, L. (2009). *Aprendizagem e identificação: o espaço das empresas*. Porto: Afrontamento.

WEBER, M. (2002 [1922]). *Economía y sociedad. Esbozo de sociología compreensiva*. Madrid: Fondo de Cultura Económica de España, segunda reimpressão.

CAPÍTULO 6

GESTOS DE TRABALHO E DISPOSITIVOS TÉCNICOS EM FILMES SOBRE AS INDÚSTRIAS DO VIDRO E SIDERÚRGICA

LUÍSA VELOSO E EMÍLIA MARGARIDA MARQUES

1. Introdução

Este texto tem como objetivo analisar a forma como a materialidade do trabalho é representada em alguns filmes, focando a análise, em particular, nos gestos de trabalho e nos dispositivos técnicos[1]. Visa-se analisar o modo como estes abordam o conjunto de circunstâncias materiais que constituem e enquadram o trabalho, nomeadamente: o ambiente físico em que decorre, a matéria sobre a qual se trabalha (diretamente ou por intermédio de equipamento técnico), o dispositivo técnico[2] ou utensilagem (ferramentas, máquinas e outros utensílios), o gesto humano, os modelos de organização do trabalho e as relações de hierarquia ocupacional. De tudo isto, o gesto (humano) e o dispositivo técnico ou a utensilagem (que pode ter também os seus gestos próprios) são os eixos aqui destacados, já que permitem, de forma mais direta, ver o modo como o trabalho é representado. Acresce ainda que, encontrando-se o gesto diretamente inserido na trama das relações sociais de trabalho (que enquadram e definem quem faz o quê e como), o modo como é representado torna-se particularmente relevante do ponto de vista desta investigação.

Foram selecionados dois conjuntos de filmes focados em setores de atividade económica, pelo facto de os gestos de trabalho e respetivos dispositivos técnicos estarem diretamente associados às especificidades da história económica e social das matérias-primas, dos produtos e dos equipamentos, e, concomitantemente, às ocupações e profissões dos atores sociais e aos contextos organizacionais em que trabalham. Tendo em conta os filmes constitutivos do corpus da investigação[3], optou-se por focar a análise em duas «indústrias do fogo»: a indústria do vidro e a indústria siderúrgica. A primeira corresponde a um setor de média dimensão, produzindo bens de consumo e alguns bens intermédios, com uma história multissecular e diversificada em Portugal, e internamente diverso em termos de produtos e de dispositivo técnico a nível dos seus vários subsetores, diversidade que os vários filmes analisados tomam como eixo discursivo. A segunda representa um setor de indústria de base, com implantação mais recente e com um lugar central na economia e nas políticas

[1] As autoras agradecem a João Rosas o seu trabalho e a leitura do texto e as respetivas sugestões.

[2] Para um maior desenvolvimento do conceito de dispositivo técnico e dos vários tipos, equacionados na relação com a intervenção humana nas operações de trabalho, ver Malglaive (1990).

[3] Para uma apresentação do corpus fílmico e dos critérios da sua constituição, ver o capítulo 2 deste livro.

económicas nacionais à data dos filmes realizados, com destaque para as décadas de 1960 e 1970.

São atividades contrastantes, nomeadamente, atendendo à intensidade de mão de obra, à escala, qualificação e precisão do gesto versus importância do dispositivo técnico e aos níveis de visibilidade de um e de outro em cada uma das indústrias.

São também indústrias que comungam da presença do fogo e do forno, visíveis de forma quase permanente nos filmes e que marcam a configuração do espaço de trabalho (García, 2010).

Uma vez definidos os setores de atividade económica, procedeu-se à seleção dos filmes que, no âmbito do corpus constituído no quadro da investigação do projeto WorkS, permitiam de forma mais evidente responder aos objetivos da análise acima explicitados (quadro 6.1.).

Quadro 6.1. – Filmes analisados

Indústria do vidro	Indústria siderúrgica
Sinfonia de cristal, 1947, 10', Víctor Raposo*	*Aço português*, 1961, 20', Perdigão Queiroga
Vidros de Portugal, 1963, 18', Mário Pires	*Nocturno*, 1962, 12', Jacinto Ramos
A embalagem de vidro, 1966, 10', Faria de Almeida**	*A indústria do aço*, 1971, 13', Francisco de Castro
Cerâmica e vidro, 1968, 20', J. N. Pascal-Angot***	

* Cópia incompleta.
** Antestreado no Cinema Império, em Lisboa em 6 de dezembro de 1965 (*Diário de Lisboa*, 07.12.1965).
*** Apenas a parcela relativa à indústria vidreira (8'05").

Para a análise dos filmes, foram adotados os seguintes procedimentos:

i) Contextualização dos filmes no contexto industrial, económico e cinematográfico da época em que foram realizados[4].
ii) Seleção dos excertos (sequências de cenas ou de planos) que, de forma mais notória, representam gestos de trabalho, dispositivos técnicos e/ou a relação entre ambos.
iii) Análise dos excertos selecionados tendo em conta a imagem, o som/ /música, o texto/a narração e o tipo de relações entre estes vários elementos.
iv) Análise integrada dos vários excertos dos filmes previamente selecionados, no quadro do contexto da sua produção e dos contextos socio-históricos em que os filmes foram realizados e sobre os quais se detêm.

[4] Para o caso de um dos filmes relativos à indústria vidreira, foi possível entrevistar um realizador, Manuel Faria de Almeida; para o caso da indústria siderúrgica foi possível entrevistar um engenheiro químico, José Miguel Leal da Silva, antigo trabalhador da Companhia União Fabril (CUF) e da Quimigal, profundo conhecedor da indústria siderúrgica em Portugal. Endereçamos a ambos o nosso profundo agradecimento.

2. Trabalho, gesto e máquina em filmes relativos à indústria vidreira

2.1. O contexto de surgimento dos filmes: dois momentos contrastantes

Como indicado acima, retiveram-se para análise quatro filmes relativos à indústria vidreira, datando um deles de 1947 e os restantes da década de 1960. Trata-se de duas épocas bastante distintas entre si na história deste setor industrial.

No fim dos anos 1940, vivia-se na indústria vidreira portuguesa, em especial no subsetor da produção de embalagem de vidro (garrafas, garrafões, frascaria) um acentuado refluxo face à considerável expansão experimentada durante a II Guerra. Esta ocasionara um grande aumento da exportação de engarrafados em direção a mercados que habitualmente se forneciam noutros países europeus, tendo, consequentemente, crescido bastante a procura de vasilhame onde pudessem ser acondicionados. Verificara-se, então, um considerável aumento da capacidade produtiva das unidades vidreiras, inclusive com início da mecanização do subsetor de vidro de embalagem. Contudo, mal terminada a guerra e, com ela, a anormal procura externa, sobreviera uma crise de superprodução, que em 1947 se fazia agudamente sentir.

Em contraste, pelos anos 1960 encontrava-se a indústria vidreira, como de resto a indústria em geral, em franca expansão a todos os níveis: dimensão, diversificação e equipamento das unidades industriais, volumes de emprego, de produção, de produtividade. A mecanização acelerava, consolidando-se finalmente, no subsetor do vidro de embalagem, a lenta transição, apenas concluída no final da década, do fabrico semiautomático para o automático. Na designada «cristalaria» (objetos de uso doméstico ou hoteleiro, não necessariamente em cristal propriamente dito) onde prevaleciam os processos manuais, recorria-se sobretudo ao aumento considerável dos volumes de mão de obra como forma de aumentar a capacidade produtiva. Embora a procura interna (mercado colonial incluído) tivesse aumentado fortemente por comparação com o final dos anos 1940, os organismos de política económica procuravam nesta altura, com certo êxito nalguns subsetores e gamas de produto, orientar a indústria vidreira para a exportação, no âmbito da abertura ao exterior a que a economia nacional se via então forçada[5].

2.2. Percursos pelos filmes: autores e contextos, discursos e recursos, detalhes e ênfases

2.2.1. Sinfonia de cristal (1947)

Escasseia informação sobre o realizador (também produtor) e sobre o contexto próximo deste filme, rodado em várias fábricas da Marinha Grande e dando a ver diversos subsetores de produção vidreira. Víctor Raposo terá

[5] Para fontes e desenvolvimento sobre a história da indústria vidreira em Portugal, ver Marques (2009).

trabalhado como ator e realizado documentários ao longo dos anos 1940[6]. O facto de um destes se ocupar de uma localidade balnear próxima da Marinha Grande (*São Pedro de Moel*, 1940) reforça a hipótese de uma motivação de ordem turística ou recreativa também para *Sinfonia de cristal* (1947). Embora esteja incompleta a cópia desta película que pudemos visionar no Arquivo Nacional das Imagens em Movimento (ANIM) (falta, designadamente, o início) aquela hipótese emerge do conteúdo do filme – o destaque dado ao «trabalho do artista», o foco no curioso e no pitoresco – e do tom ligeiro e coloquial do texto em *off*, que busca dialogar com o espectador, informando-o mas, sobretudo, procurando fazê-lo partilhar uma atitude de surpresa e apreço perante o que vê. Nada neste filme indica ter-se tratado de uma encomenda da indústria ou do Estado; antes se diria um trabalho ditado pelo olhar do autor, à descoberta das curiosidades do fabrico vidreiro num registo que, muito mais que industrial, se mostra «etnográfico» (por referência à etnografia portuguesa da época) recreativo, turístico.

Artistas e operários

Este olhar marca claramente o modo como são tratadas as várias ocupações vidreiras visíveis no filme.

Assim, aqueles cujo trabalho mais se pode aproximar da «arte», ou do «artesanato» (lapidário, gravador à roda) são deliberada e detalhadamente focados nos seus postos e gestos de trabalho, mostrando-nos a câmara mãos hábeis e rostos concentrados. Por exemplo, a sequência sobre o gravador à roda, iniciada com um plano que o mostra de costas, vendo-se ao centro, por cima do seu ombro, a pequena roda e a peça a ser trabalhada, logo corta para um plano do rosto, busto (a bata branca aberta no colarinho engravatado) e mãos. Num primeiro momento, estas nem trabalham visivelmente, apenas seguram e rodam a jarra, que o gravador observa – dizendo-se, assim, o caráter qualificado do trabalho deste operário, que envolve avaliação e reflexão. Ao mesmo tempo, o foco no rosto marca e valoriza o valor individual do trabalhador, que o texto vai sublinhando também.

Já na sequência sobre o fabrico manual de garrafões, por exemplo, e embora também sejam dados atenção e valor, na imagem como no texto, ao gesto de trabalho e à competência do operário, estão ausentes os planos de pormenor que enfatizam a precisão e ponderação do gesto – sendo, de resto, omitida no filme a fase de fabrico em que estas se tornariam mais evidentes[7]. Dá-se sobretudo a ver, sim, mediante planos mais afastados, como todo o corpo se envolve na preparação e moldação da massa de vidro necessária ao fabrico de um garrafão – enquanto o texto em *off* celebra no vidreiro qualidades físicas de força, resistência e uma algo indefinida «habilidade»: «Agora vemos o fabrico de um garrafão. Não julguem que é apenas uma questão de força. É precisa também muita habilidade. O vidro entra no molde... e o vidreiro sopra, sopra. Qualquer de nós perdia o fôlego. Ele não. Pelos músculos retesados, vê-se que o esforço é hercúleo».

[6] De acordo com a base de dados Cinept – Cinema Português (UBI). Disponível em http://cinept.ubi.pt/pt.

[7] De facto, diz-se em *off*, enquanto se vê um garrafão acabado de moldar, «O vidro já se aconchegou ao molde e o trabalho está pronto» quando, na verdade, falta ainda o fabrico da embocadura, operação fundamental e delicada, e marca de qualificação do oficial vidreiro de garrafaria manual.

Figura 6.1. – Friso de jovens empalhadeiras sorrindo em pose para a câmara – *Sinfonia de cristal*, 1947, Victor Raposo [col. ANIM].

Homens e mulheres

A representação do gesto de trabalho, e da própria máquina, difere também caso se trate de operários ou operárias, num contraste mais uma vez relacionável com o fio condutor do filme.

É a sequência sobre empalhação de garrafões (apresentada logo após as imagens da sua «hercúlea» produção) que mais claramente traduz esta assimetria de género. Vemos primeiro uma máquina de descasque e corte de vimes e as mãos da operária que a alimenta, para logo a câmara subir mostrando o rosto desta, que repentinamente (porque visivelmente a chamam) olha a câmara com ar surpreso. Se, anteriormente, o foco observador e não intrusivo nos rostos do lapidário e do gravador à roda correspondia a marcar a sua individualidade de «artistas» qualificados, este jovem rosto feminino que a câmara interpela é acompanhado da referência em *off* à «máquina simples» e à «hábil e graciosa operária» que a opera. Entrando a seguir na oficina de empalhação propriamente dita, vê-se o afã das empalhadeiras, incluindo uma criança, há um grande plano de dedos ágeis, vislumbram-se as pilhas de garrafões e os molhos de vime, podem perceber-se as precárias condições de trabalho e remuneração. O texto, no entanto, dá como leves o ambiente e a tarefa – «Eis a secção de empalhadeiras. Estas põem-lhe o fundo, fazem-lhe o corpo, e eis o garrafão pronto» – no que é imediatamente secundado por um plano, único nestes filmes, que mostra uma pose de sorridentes jovens (incluindo a que víramos junto à máquina de vimes) e à sua frente uma mesa com produtos vários de empalhação (*figura 6.1.*). A câmara percorre os seus rostos, há nitidamente qualquer situação que as diverte, passa depois a focar os objetos, e o texto remata, a roçar a brejeirice: «E francamente, com operárias destas, quem se importava de ser garrafão?» Mais do que o trabalho das mulheres, é a presença na fábrica da «graça» e «simplicidade» femininas que aqui se representa.

Dar a ver as curiosidades do vidro

Após dedicar mais de metade da metragem (que subsiste) a explorar o potencial de curiosidade e pitoresco de alguns subsetores vidreiros habitualmente menos referidos, o filme encerra com imagens de um lustre miniatural, exemplo de «curiosos e interessantes trabalhos» em vidro. O objeto «curioso» vem agora juntar-se ao utensílio que «parece a concha da sopa», anteriormente mostrado, ao operário «artista» ou «robusto» e à operária «graciosa». O modo como este filme peculiar representa os trabalhadores, o trabalho e o dispositivo técnico é visivelmente enquadrado por um olhar ligeiro e recreativo sobre o fabrico vidreiro.

2.2.2. Vidros de Portugal (1963)

A realização e o texto desta película são de Mário Pires, que dirigiu o serviço de cinema da Câmara Municipal de Lisboa (Pina, 1977, p. 48) e assinou dezenas de fitas documentais, algumas encomendadas pelo SNI ou pelo Fundo de Fomento de Exportação (FFE)[8] – caso de *Vidros de Portugal* (1963). O filme percorre os subsetores da produção vidreira nacional, guiado por um profuso texto em *off*, em tom geralmente denotativo e factual mas não desprovido de grandiloquência. Premiado em São Francisco, EUA (Martins, 2010, p. 75), foi incluído por Fernando Duarte, em 1964, no célebre artigo «*Os Verdes Anos* e o cinema novo português» (*Celulóide*, nº 73), entre os filmes e factos que integram o surgimento do Cinema Novo (Sales, 2010, p. 152).

Destinado a apoiar o esforço exportador vidreiro, este filme proclama a excelência técnica e artística do setor, articulando dois temas: a tradição do ofício vidreiro e a qualidade técnica da vidraria nacional. Embora aborde também a produção mecanizada, começa e termina com imagens de fabrico manual e com alusões à «arte» e à «tradição» vidreiras. São estas o fulcro da narrativa,

[8] Cinept – Cinema Português (UBI). Disponível em http://cinept.ubi.pt/pt

certamente tanto por causa do objetivo promocional em causa como pela forte visualidade a que se associam.

É interessante, aliás, que a sequência notoriamente mais longa (6'47" num filme de 20 minutos) nem sequer ilustre diretamente o tema principal, pois respeita a uma operação auxiliar (substituição de cadinhos de fusão de vidro) e não ao fabrico vidreiro propriamente dito. Tem, contudo, uma dinâmica visual muito forte – por envolver grande dificuldade, rapidez e esforço físico coordenado por parte de operários expostos a elevadas temperaturas, e pelo modo como é filmada, com a câmara à mão acompanhando o movimento e o imprevisto das operações, dando pormenores de rostos tensos e suados, produzindo imagens óbvia e fortemente «verdadeiras», das quais o realizador não terá querido prescindir[9]. Nem tudo, num filme promocional de encomenda, decorre obrigatoriamente desse enquadramento.

Tradição artística e aprendizagem operária

Ao acentuar a «tradição» e a «arte» vidreiras, *Vidros de Portugal* (1963) interessa-se intrinsecamente pelo gesto de trabalho, envolvendo-o num enquadramento discursivo que singulariza o filme neste conjunto de películas: o foco na transmissão do saber operário. São, assim, incluídos planos gerais da nave fabril, dando conta da presença de equipas estruturadas de trabalho, bem como imagens deliberadas do trabalho dos aprendizes e do trabalho dos mestres, explicitamente apresentados enquanto discípulo e depositário de um saber secular.

Refletindo a hierarquia fabril, o filme dedica escassos 20" às tarefas de aprendiz – enquanto o texto ilude o trabalho infantil com uma delirante alusão ao «rapaz saído das escolas técnicas»[10] – e mais de dois minutos ao trabalho do oficial. Este é filmado de modo individualizante e detalhado, observando-se com demora como fabrica uma peça «artística»[11]. A câmara detém-se nas suas mãos e nas ferramentas que manuseia, mas também no rosto atento e no sorriso seguro de quem «domina a profissão», como se ouve em *off*. Acompanhando a transformação da matéria informe num elaborado objeto decorativo, com uso apenas de ferramentas rudimentares que destacam a mestria do oficial, e ignorando a participação dos ajudantes – cuja presença se percebe em mãos e utensílios que vão entrando e saindo de campo – o filme afirma, pelos gestos (do oficial) que foca e por aqueles (dos ajudantes) que omite, bem como pelo texto que descodifica estas opções, a importância de «uma escola de geração, que se prolonga por tradição profissional de pais para filhos [e que está] na origem da qualidade da vidraria portuguesa» (*figura 6.2. extratexto*).

A autonomia da máquina

Pese embora uma evidente preferência visual pelo fabrico manual, o filme não cumpriria o seu mandato se omitisse a presença da máquina, à época já bastante relevante no fabrico vidreiro.

[9] Esta sequência, decerto inopinadamente proporcionada durante as filmagens, pois a substituição de cadinhos não era programada, será certamente o principal fator, da relação estabelecida por Fernando Duarte entre este filme e o Cinema Novo.

[10] Saído, na verdade da escola primária, nalguns casos sem que a tivesse concluído. O tema da longa aprendizagem vidreira e sua associação com a qualidade do fabrico proporcionava também algum douramento do trabalho infantil patente no filme.

[11] Fabrico muito provavelmente empreendido para a ocasião, tendo em conta a pequena aglomeração de figuras não operárias em torno da cena.

A afirmação da qualidade dos produtos da máquina apoia-se aqui numa ideia de autonomia e repetibilidade do gesto mecânico. Em frases sintéticas que, mais do que explicar a máquina, a promovem enquanto fiável agente produtivo, o texto define-a como sujeito ativo, que «corta», «pesa», «estira», «dá forma», «produz». A imagem corrobora, com pormenores de gestos mecânicos visivelmente atuantes. Ao mesmo tempo, está omissa no filme a produção semiautomática de garrafas, tão relevante à época, e é ignorado pelo texto o semiautomático de frascaria, que a certa altura surge nas imagens: valorizando o trabalho manual, por um lado, e o automatismo, por outro, o filme parece ter dificuldade em lidar com as formas híbridas.

Consequentemente, o gesto humano inerente ao funcionamento da máquina é, de modo geral, ignorado e, nalguns pontos, ativamente evitado. Exemplo flagrante são as imagens da máquina de moldação de bolbos para lâmpadas, com a câmara a fugir visivelmente quando a mão de um operário aparece quase no limite de campo para ajustar um mecanismo em funcionamento. Pouco depois, ao ser focada a máquina de montagem de lâmpadas, uma mão enluvada surge por instantes, alimentando a máquina com minúsculos componentes num gesto muito repetitivo em que a câmara, mais uma vez, não se detém. Mais adiante, é a vez de o texto asseverar que as lâmpadas são embaladas automaticamente – em patética negação do gesto sempre igual da operária que vemos embalá-las, uma a uma, em cartuchos debitados mecanicamente a grande velocidade.

Figura operária e retórica institucional

Mais do que apenas o gesto de trabalho, é a figura operária, individual e coletiva (o grupo hierarquizado no seio do qual se forma e circula a «tradição» de conhecimento vidreiro) que aqui se mobiliza em apoio de uma mensagem clara e institucional: o potencial exportador da vidraria portuguesa. O detalhe com que são filmados os gestos lidos como de «tradição» e «excelência» contrasta com o apagamento daqueles que não servem essa narrativa, ou que poderiam turvar a leitura, que a complementa, da autonomia e precisão da máquina.

2.2.3. A embalagem de vidro (1966)

Ao contrário dos demais aqui em análise, este filme trata um único subsetor vidreiro: o vidro de embalagem, cujos industriais patrocinaram a produção. Mas o que sobretudo o distingue são algumas opções formais, entre elas a ausência de texto em *off*. Como nos mencionou o realizador,

> «Um filme fala por si … E antigamente os documentários portugueses eram falados do princípio até ao fim, era uma coisa horrível.» (Realizador).

Embora, segundo recorda, não conhecesse previamente o setor industrial em causa, o realizador havia visto filmes alusivos, nomeadamente o conhecido *Glas* (Bert Haanstra, 1958) que não resistiu a citar – com a ajuda do jazz original que marca, juntamente com algum som ambiente, a sonoplastia do filme.

> «Há uma cena no filme que é parecida com uma cena que existe nesse filme holandês, que é quando um dos homens faz o sopro no vidro, com a cana e o vidro na ponta, parece mesmo uma corneta e portanto, claro, aí a música, o Manuel Jorge Veloso pôs o som a dizer… com a imagem, e aí foi parecido com a tal imagem do tal filme.» (Realizador)

A novidade formal do filme teve, recorda o realizador, o melhor acolhimento por parte dos industriais vidreiros recém-chegados. Estaria, aliás, pressuposta na encomenda feita a um jovem cineasta, recém-chegado de formação no estrangeiro, e que havia já estreado um documentário industrial arejado (*Faça segundo a arte*, 1965). E relaciona-se também com o caráter internacionalizável atribuído ao filme, patente nos cartões trilingues e conveniente a um setor em esforço de exportação. Também a crítica acolheu favoravelmente este «ensaio audiovisual … exemplo de como, a partir de encomendas industriais, alguns cineastas dos anos 60 procuravam ultrapassar uma mera tarefa e fazer um cinema que valesse por si próprio» (Ramos, 1989, p. 136), que obteve dois prémios SNI em 1967 (Martins, 2010, p. 155).

Inovação formal e construção do conteúdo

À ausência de texto acresce aqui o protagonismo da música que, nalguns pontos, parece influenciar fortemente a montagem, num uso estetizante das imagens fabris (caso do mencionado *pastiche* de um plano de *Glas*). O filme explora também, por vezes, as peculiares condições de luminosidade do espaço fabril vidreiro onde, num ambiente de modo geral escurecido, sobressaem o lume dos queimadores e, sobretudo, as massas de vidro incandescente. São também montadas imagens em sobreposição, e introduzidos elementos gráficos (riscos e rabiscos coloridos) sobre planos muito curtos de imagens fabris montadas em sequências não realistas (do ponto de vista dos processos produtivos) e muito ritmadas. Nestes pontos do filme, o gesto de trabalho é posto ao serviço da forma, estetizado, ludicizado.

Mas embora conduza, nesses trechos, a representações a-realistas da produção e do trabalho vidreiro, esta inovação formal cria também um espaço discursivo próprio, capaz de abrigar – e sem que, por exemplo, a Censura, eventualmente atordoada pela inovação formal e tranquilizada pela ausência de discurso verbal, o impeça – aspetos da realidade fabril ausentes dos outros filmes em apreço: ruído, repetição, cansaço, gestos não produtivos. Isto permite ao filme dar conta, mais do que de processos de fabrico, do ambiente e da vivência do trabalho e da fábrica.

Do operário à pessoa...

Assim, a longa sequência sobre o fabrico manual e semiautomático inicia-se com planos de rostos, à frente dos quais vão depois passando utensílios e fragmentos de matéria-prima em trabalho. Do rosto, alarga-se o campo ao corpo e ao seu movimento, que enquadra e auxilia o gesto das mãos movimentando os utensílios, e depois à incessante circulação de pessoas, utensílios e fragmentos de massa vítrea pelo espaço fabril. Dá-se em seguida a ver e ouvir, durante quase três minutos, o fabrico semiautomático de garrafões e, depois, de garrafas. Seguimos primeiro, num picado que se debruça sobre a nave fabril, o ciclo de fabrico de um garrafão; mas se o foco é o fabrico deste garrafão em particular, vemos no entanto, em fundo e em interferência, o movimentar de outros ciclos e gestos simultâneos que povoam o mesmo espaço de trabalho. Noutro trecho, idêntico ciclo de fabrico é representado num vaivém entre planos de conjunto e grandes planos frontais de rostos (que dão a perceber o esforço, a concentração e o incómodo inerentes à tarefa em execução) ou de mãos (comunicando o pormenor do processo de fabrico e a precisão e repetição do gesto de trabalho). A repetição de gestos, manuais e mecânicos, transmite eficazmente o caráter repetitivo, cansativo e demorado do trabalho e da jornada de trabalho.

Não menos importante é a atenção aos gestos não produtivos, também única nestas películas. Além de terem sido retidos na montagem diversificados olhares para a câmara (demorados, interrogadores, fortuitos) esta detém-se na mão que muda o marcador na placa de contagem de peças produzidas, no aguadeiro que percorre a nave fabril, no moldador que continua a trabalhar enquanto bebe em grandes tragos diretamente do jarro, no gesto caracteristicamente subversivo de acender o cigarro num objeto de vidro recém-moldado e ainda incandescente. Representam-se aqui não apenas processos produtivos ou de trabalho operário mas, de forma mais abrangente, pessoas (e grupos) que trabalham, e o seu quotidiano fabril.

...numa fábrica masculina

Neste filme, apenas uma figura feminina é tratada com alguma demora: uma técnica de laboratório que testa a resistência de uma garrafa. Na sua juventude e arranjo pessoal, como no próprio conteúdo do seu trabalho, e contrastada, através da montagem, com um operário em boina rural escolhendo garrafas, esta figura (representativa de uma ínfima parte da mão de obra feminina nas fábricas de vidro) é aqui associada a uma ideia de modernidade e inovação, proporcionando talvez o momento mais institucional deste filme peculiar, exercício de modernidade formal e de modernidade formal e temática sobre a vivência masculina do trabalho vidreiro.

2.2.4. Cerâmica e vidro (1968)

Este filme foi uma encomenda do SNI (para a série Portugal Panorama) e do FFE ao realizador e produtor Pascal-Angot – belga radicado em Paris que, entre 1965 e 1973, rodou em Portugal ou nas colónias trinta e nove filmes institucionais, encomendados por um conjunto diverso de entidades[12]. A sua produtora, International Audio-Vision, impôs-se como parceira adequada num momento em que a promoção exterior do país era crucial para o Estado, tanto do ponto de vista económico como político. Como assinala Fonseca e Costa em entrevista a Maria do Carmo Piçarra, Pascal-Angot conjugava capacidade técnica e sentido de oportunidade:

> «Conheci muitíssimo bem o Pascal-Angot. Era uma pessoa simpatiquíssima... filmou o país inteiro. Devia ser pago a peso de ouro. Agora, os filmes que ele fazia eram, de facto, de uma qualidade técnica muito grande e, do ponto de vista da promoção publicitária, deviam ser muito eficazes ... Trabalhava pura e simplesmente para ganhar dinheiro e para fazer bem uma coisa em que não acreditava muito mas que fazia porque lhe trazia dinheiro.» [13]

Cerâmica e vidro (1968) trata dois setores industriais, apenas se analisando aqui o modo como representa o segundo. Rodado numa diversidade de unidades vidreiras, ocupa-se em particular da produção de embalagem e, sobretudo, do fabrico, manual e semiautomático, de vidro decorativo e doméstico, incluindo várias técnicas de decoração e acabamento.

Todo o filme se desenvolve em tom ligeiro mas assertivo, transmitindo, num registo de concisão publicitária, uma ideia bem definida: a qualidade plenamente exportável da vidraria portuguesa. O texto em *off* é sucinto, deixando falar uma imagem eficazmente trabalhada e uma combinação deliberada de som industrial e música aligeirante. Qualquer expressão de emoção ou particular interesse do realizador perante o que filma se encontra aqui ausente.

Automatismo e eficiência

O tempo do filme distribui-se desigualmente por vários processos e produções, sendo sobretudo dedicado a afirmar as capacidades exportadoras do setor de vidro doméstico e decorativo (cristalaria). O fabrico de vidro plano está omisso nas imagens, e o fabrico de embalagem merece três sequências relativamente breves (inferiores a um minuto).

Estas omitem os processos manual e semiautomático, então ainda importantes entre nós mas anacrónicos a nível internacional: aqui, apenas tem lugar o que possa fortalecer a mensagem do filme. Vemos, assim, dois tipos de máquina automática de garrafaria então em utilização na Marinha Grande, mas apenas nas fases inicial e final da moldação (corte da gota vítrea que será transformada em garrafa e saída da garrafa já moldada); trata-se, claramente, não de dar a conhecer o processo mas de sublinhar a presença e a eficácia do automatismo. A omissão

[12] Cinept – Cinema Português (UBI). Disponível em http://cinept.ubi.pt/pt Consultado em 21 de abril de 2016.
[13] Disponível em http://www.buala.org/pt/afroscreen/entrevista-a-fonseca-e-costa Consultado em 21 de abril de 2016.

do trabalho humano associado à máquina automática é agora total: os condutores de máquinas foram afastados da filmagem ou da montagem, hiperbolizando a eficiência da máquina. Também na sequência sobre inspeção e expedição é clara a missão promocional do filme, com inclusão de imagens de enfardamento e paletização (ausentes das demais películas), insistência no rosto atento dos escolhedores (garante da qualidade do produto) e inclusão de uma presença não operária que acrescenta aquela garantia: um jovem engravatado, circulando entre paletes de garrafas nas quais inscreve marcas a giz – gesto técnica e visualmente banal, que nenhum dos filmes anteriores se daria ao trabalho de registar.

Do gesto à fábrica – «renovação industrial» e eficácia discursiva

Se o filme de 1963 (também encomenda do FFE) atribuía à «arte» e à «tradição» vidreiras a qualidade da vidraria nacional, tal virtude é agora associada aos «conhecimentos técnicos dos operários e à competência técnica dos criadores». Introduz-se, portanto, uma nova figura (o «criador», que disputa a centralidade operária) e um argumento de qualidade «técnica», porventura considerado mais eficaz no exterior.

Assim, enquanto a realização de 1963 conferia lugar destacado, depois de ter enfatizado os processos de aprendizagem do conhecimento vidreiro «tradicional», à longa sequência de fabrico de uma peça «artística» muito claramente resultante daquela tradição (e não de qualquer «criação» extraoperária) esta película dá a ver apenas fragmentos do trabalho do oficial, ao mesmo tempo que inicia e finaliza a sequência sobre trabalho cristaleiro com imagens de uma produtiva prensa semiautomática.

A câmara é frequentemente apontada a dispositivos técnicos constitutivos do espaço de trabalho e à sua utilização, com foco sobretudo nas peças ou fragmentos em trabalho e menos nos gestos em que este se traduz. Mesmo o trabalho de lapidação ou gravura, tão cantado em filmes anteriores, está aqui praticamente ausente: a sequência sobre gravura à roda é filmada em contrapicado, mantendo o rosto do operário quase oculto por trás da peça em trabalho, e logo passando a progressivos *zooms* da ação do utensílio sobre o vidro, numa escala artificialmente grande, que acaba por omitir as mãos (*figura 6.3. extratexto*).

Certamente também neste filme as imagens dão conta da circulação, no espaço fabril, dos vidreiros e dos fragmentos de vidro que transportam (circulação cujo apelo visual é evidente) assim como focam o rosto concentrado do oficial em trabalho e pormenores dos seus gestos precisos. Mas o vaivém entre gesto manual fragmentado e dispositivo técnico, a referência explícita ao caráter «técnico» deste trabalho e a introdução de som ambiente em vez da música épica que em 1963 sublinhava o valor do operário acentuam o caráter industrial do que se vê. O que aqui se mostra é a fábrica, dispositivo organizado, moderno e eficiente, onde o gesto operário, embora qualificado e indispensável, é apenas um elemento entre vários. Distantes do «pitoresco», da «tradição» ou do quotidiano de trabalho elaborados pelas películas anteriores, o argumento e o olhar deste filme afastam-se do gesto vidreiro.

2.3. O gesto vidreiro no ecrã

Em 1890, *O Occidente* publicava um elaborado desenho da oficina de cristalaria da fábrica Stephens (de então para cá inúmeras vezes reproduzido) mostrando as equipas de vidreiros em trabalho manual à boca do forno e aconselhando ao leitor uma visita, «pelas muitas surpresas que vai encontrar na fabricação desses mil objectos de vidro que para aí vemos à venda e de que muitos não têm a mais ligeira noção de como aquilo se faz»[14]. E, de facto, encontra-se documentado pelo menos desde 1895 o afluxo de visitantes às fábricas de vidro da Marinha Grande, em particular durante o verão[15]. Não surpreende, assim, que também o cinema cedo se interessasse pelo assunto, com a película *Fabricação de vidro na Marinha Grande*, de Raul Lopes Freire, a estrear no Salão Central em 1926, e pelo menos outros cinco documentários sobre o vidro a surgirem ainda antes de *Sinfonia de cristal* (1947) (Matos-Cruz, 1989, pp. 2003-2007). É portanto antigo o apelo visual da fábrica de vidros, que viemos encontrar ainda nos filmes analisados. Estes são, necessariamente, devedores de um fundo preexistente de representações, mais ou menos letradas, jornalísticas, turísticas e, pelo menos a partir de 1926, cinematográficas, do trabalho do vidro e do fabrico vidreiro.

Alguns pontos de contacto que é possível estabelecer entre os filmes sob análise prender-se-ão, em parte, com essa herança. Um deles é o foco sobre os processos produtivos (embora com matizes diversas, como vimos) que abre um eficaz canal de comunicação com o espectador leigo – potencialmente interessado, como sugeria *O Occidente*, em desvendar a forma como nascem os objetos do quotidiano – e comunica também, por outro lado, com o espectador iniciado (alvo principal dos filmes de 1963 e 68) já conhecedor dos processos mas a quem se pretende asseverar a qualidade de produção da vidraria portuguesa. Os filmes acabam, assim, por se constituir em interpretações diversas, guiadas por diferentes objetivos e narrativas, do processo de fabrico e, com ele, do trabalho produtivo vidreiro.

Outro ponto comum é o modo diferenciado de representação do gesto de trabalho, consoante este se integre em processos de fabrico entendidos como manuais ou como mecânicos. No primeiro caso, o filme tende a dar conta daquele gesto, se bem que com intensidades e focos diversos. No segundo, e embora o funcionamento da máquina dependa de gestos humanos assíduos e, frequentemente, qualificados, o maquinismo absorve a atenção da câmara e tais gestos são ignorados, ou atribuídos a personagens sem rosto.

Um terceiro eixo de contacto entre os vários filmes, igualmente relacionável com representações difusas e enraizadas do trabalho vidreiro, é uma marcada assimetria de género. O trabalho das mulheres é aqui largamente ignorado enquanto tal, é superficialmente tratado – caso da empalhação e da sua suposta «delicadeza», que só o filme de 1966, não filmando as empalhadeiras, não glosa – ou, então, a presença feminina na fábrica é muito direta e claramente mobilizada para reforçar outros pontos de abordagem e argumento das películas.

[14] *O Occidente,* 1 de março de 1890.

[15] *Autonomia,* 12 de maio de 1895.

Mas é também claro que cada um dos filmes apropria e trabalha diversamente, de acordo com o seu contexto particular, aquela herança comum de imagens e ideias sobre o trabalho do vidro. O pitoresco vidreiro construído por *Sinfonia de cristal* (1947), a apropriação institucional e comercial da tradição operária em *Vidros de Portugal* (1963), a inovação formal que abre caminho à representação da vivência fabril em *A embalagem de vidro* (1966), e a afirmação de uma base não operária da qualidade da vidraria portuguesa em *Cerâmica e vidro* (1968) constituem narrativas inteiramente distintas entre si, obrigatoriamente associadas a diferentes representações e omissões do gesto de trabalho e do dispositivo técnico. O lapidário que em *Sinfonia de cristal* (1947) exibe a sua jarra, rindo silenciosamente para a câmara, contrasta diametralmente com o gravador que quase não vemos em *Cerâmica e vidro* (1968), onde se prefere dar, na imagem e no som, o detalhe da ação precisa do utensílio sobre o objeto que está a ser decorado. Enquanto *A embalagem de vidro* (1966) filma deliberadamente a fadiga e o incómodo nalguns rostos e gestos vidreiros de trabalho em processo semiautomático, *Vidros de Portugal* (1963) prefere sublinhar o sorriso sabedor do oficial que, assessorado por ajudantes dos quais o filme não dá conta, calmamente fabrica uma peça «artística».

Assim, embora o projeto destes filmes não seja filmar o trabalho, mas sim a indústria ou os processos técnicos (e fazem-no com finalidade diversa: recreativa, promocional, artística) o trabalho impõe-se à câmara a cada passo, enquanto realidade material e social iniludível no contexto fabril. Cada filme é, então, obrigado a construir representações do trabalho – e estas, necessariamente decorrentes da narrativa que se visa articular, e muito particularmente materializadas na forma como são tratados o gesto e a máquina, acabam por fornecer ao filme o seu principal utensílio narrativo.

3. Os filmes realizados na Siderurgia Nacional

3.1. Os filmes e o seu contexto

Os filmes analisados datam de duas décadas marcadas por um investimento estratégico nacional na indústria siderúrgica[16], uma atividade industrial denominada, segundo a classificação das atividades económicas mais recente em Portugal (datada de 2007), como «siderurgia e fabricação de ferro-ligas»[17].

Existem desde, pelo menos, a segunda década do século XX referências acerca de um possível investimento nesta indústria, em particular associado ao objetivo de defesa nacional, repetindo-se também durante a Segunda Grande Guerra Mundial. É, em particular, a partir de 1940 que Ferreira da Silva, na qualidade de subsecretário de Estado do Comércio e Indústria, no quadro da promoção do desenvolvimento de indústrias várias, encomenda estudos ao estrangeiro para a instalação da indústria siderúrgica em Portugal. Em 1942 é criada a Companhia Portuguesa de Siderurgia (CPS), seguindo-se um conjunto

[16] Diversos filmes, a nível internacional, retratam o processo de transformação, o que é um indicador da relevância desta atividade industrial em diversos países. Ver, nomeadamente, o filme americano «The drama of steel», de 1946 em https://www.youtube.com/watch?v=_uoUacPV0o8. Consultado em 20 de janeiro de 2016. O filme foi-nos sugerido pelo engenheiro com quem conversámos sobre as atividades siderúrgicas. Encontrámos igualmente um filme do mesmo ano sobre a siderurgia inglesa: https://www.youtube.com/watch?v=62QuEiD6R_k Consultado em 20 de janeiro de 2016.

[17] «Compreende a produção de: gusa (inclui gusa spiegel); aço bruto e de produtos semi-acabados (inclui produtos obtidos por vazamento contínuo); ferro-ligas; laminagem a quente e a frio de produtos planos; laminagem a quente de produtos longos (fio laminado, varão para betão, barras, perfis pesados, carris, etc.); produção de estacas pranchas; produção de carris e de outro material para vias férreas; granalha e pó de ferro; ferro quimicamente puro; e revestimento de produtos planos. Inclui as atividades associadas ao funcionamento de altos fornos, conversores de aço e laminadores.» Fonte: Classificação Portuguesa das Actividades Económicas (2007). Em linha em https://www.ine.pt/ine_novidades/semin/cae/CAE_REV_3.pdf. Consultado em 16 de março de 2016.

de acontecimentos e decisões pouco propiciadores do seu desenvolvimento (Pereira, 2003).

O projeto que se concretizou efetivamente foi a empresa Siderurgia Nacional, criada em 1961 no Seixal, a partir do alvará concedido ao grupo económico Champalimaud em 1954 (Pereira, 2003). Foi nesta empresa que os filmes analisados foram realizados. A sua atividade de raiz, e que é visível nos filmes, consistia na produção de aço a partir de minério de ferro e de coque. Esta empresa – inaugurada em 1961 pelo Presidente da República Almirante Américo Tomás com a presença do Ministro da Economia José Ferreira Dias –, integra-se numa política do governo de António de Oliveira Salazar de realização de grandes investimentos nacionais na indústria, no quadro da Lei de Fomento e Reorganização Industrial de 1945 e do I Plano de Fomento de 1953. Como refere Pereira, é na preparação deste plano de fomento que «à industrialização vai, enfim, ser dado um papel de relevo na política de fomento.» (2003, p. 1168).

No final do segundo conflito mundial, alguns setores económicos encontravam-se enriquecidos, fruto da conjugação da posição formal de neutralidade de Portugal e do acréscimo do comércio externo dirigido para os beligerantes, sem que, contudo, tivesse existido um importante processo de modernização do tecido produtivo. A opção por tal modelo, fortemente inspirado por Ferreira Dias, visou a criação de condições para a sustentabilidade da economia sem uma forte dependência do exterior, tirando partido da acumulação de capitais produzida pela «economia de guerra» (Rosas, 1994). Deste modo, o crescimento económico assentou na conjugação de vários vetores. O incremento da produção industrial em setores inovadores, como é o caso da química e petróleo, das metalurgias de base, do material elétrico e material de transporte, entre outros. Incremento que se escudou no duplo esquema protecionista por parte do Estado Novo: proteção face à concorrência interna por via do regime de condicionamento industrial e aos produtos estrangeiros pela imposição de barreiras aduaneiras. Em simultâneo, subsistem apoios estatais, de ordem financeira e fiscal, às empresas privadas. São igualmente mantidos baixos os preços das matérias-primas para a indústria, provenientes da agricultura, mineração e das colónias. O crescimento contou com um amplo contingente de assalariados, auferindo baixos salários e rigidamente contido, em termos políticos e sindicais, pelos aparelhos repressivos do Estado Novo (Rosas, 1994; Marques, 1988; Brito, 1989).

A década de 1970 é caracterizada por uma abertura da economia portuguesa ao exterior, mas também pela crise económica que tem como marco o choque petrolífero de 1973. No âmbito de alguns setores financeiros e políticos, acredita-se numa «evolução na continuidade», protagonizada por marcelistas e tecnocratas, e na formulação de projetos modernizadores para Portugal – «Nova Política Industrial», «Nova Política Agrícola», «Nova Política Colonial» – propostos, em particular, pelos tecnocratas. Contudo, estes projetos não passaram, globalmente, de intenções. Assiste-se, a partir de 1971, ao endurecimento político do regime e, em simultâneo, ao avolumar, a um nível insustentável, das contradições e conflitos na sociedade portuguesa, decisivos para o desabamento do regime em 1974 (Rosas, 1994; Santos, 1977; entre outros)[18].

[18] Para um conhecimento mais detalhado do contexto português neste período histórico, ver: Ribeiro, Fernandes & Ramos (1987), sobre o desenvolvimento da economia portuguesa entre 1953 e 1973; Lima, Pires & Alves (1995), focando as relações de trabalho nas que eram consideradas importantes apostas de desenvolvimento industrial em Portugal; Pereira (2003) e Rollo (2005), sobre a criação da siderurgia em Portugal; Pereira (2005), que analisa a integração da siderurgia na história da indústria portuguesa.

São estes, de forma muito sintética, os grandes traços que marcam os filmes que serão seguidamente analisados, centrados na Siderurgia Nacional, empresa nacionalizada após o 25 de Abril de 1974, privatizada na década de 1990 e encerrada em 2001[19]. Estes filmes evidenciam a importância que as empresas conferiam ao cinema (de onde também decorre a designação cinema de empresa) e aos seus diversos usos (Hatzfeld, Rot & Michel, 2006).

3.2. Os filmes e o seu conteúdo

3.2.1. Aço português (1961)

O filme *Aço português* (1961), realizado por Perdigão Queiroga[20], é um marco importante do contexto acima referido, testemunhando a inauguração das instalações da empresa Siderurgia Nacional, com a presença de um corpo coletivo político legitimador do poder económico[21], evidenciado na aposta nesta atividade industrial. A figura de autoridade está representada pelo Presidente da República e um conjunto de dirigentes políticos.

Pode referir-se, genericamente, que a narrativa do filme se subdivide em quatro grandes partes: a inauguração das instalações no dia 24 de agosto de 1961 (1'), a origem e chegada das matérias-primas e a apresentação das instalações (até 2'), a sequência do processo produtivo (até 18') e o final, com a exibição de planos exteriores das instalações.

É na sequência do processo produtivo que o filme se detém de forma mais detalhada, a qual é acompanhada quase em permanência com uma narração em *off*, com texto de Martinho Simões que enaltece, ora os dispositivos técnicos (a sua monumentalidade e modernidade), ora as instalações, ora ainda a matéria-prima e a transformação de que é objeto.

A narração tem, assim, um papel central neste filme, destacando-se o seu papel com vista a: fornecer explicações de caráter técnico; enaltecer a economia portuguesa e a estratégia política adotada para o seu desenvolvimento; e a modernização tecnológica da empresa Siderurgia Nacional. Há uma alternância entre imagem e texto narrado seguindo uma lógica repetitiva de explicar o que se está e/ou vai ver.

A economia portuguesa e a grande indústria

Um dos traços deste filme é a representação do trabalho por via da grande indústria, nomeadamente com a legitimação devida da parte do poder político. Inicia-se com planos aéreos das chaminés das instalações que estão prestes a ser inauguradas para depois os relacionar diretamente com a chegada das autoridades políticas que vêm inaugurar as instalações da Siderurgia Nacional, devidamente enunciado pelo texto em *off*. À grande indústria está associada a

[19] Para além dos filmes analisados neste texto, há um relativamente amplo conjunto de filmes realizados sobre a Siderurgia Nacional, nomeadamente: *Metalomecânica* (1968, J. N. Pascal-Angot,), *O fogo e o aço* (1966, António Ruano). A partir da base de dados Cinept – Cinema português foram identificados ainda *Começo de Uma Realização – Siderurgia Nacional* (1960, realizador não identificado,), *Siderurgia Nacional* (1961, realizador não identificado; produção de Perdigão Queiroga), *Indústria Chave – Siderurgia Nacional* (1960, João Mendes,). Ver: http://www.cinept.ubi.pt/pt. Consultado em 21 de janeiro de 2016.

[20] Perdigão Queiroga realizou vários filmes industriais anteriores a este, tais como *Forja de maravilhas* (1951) ou *As voltas que um pneu dá* (1954). Estreou-se em 1947, com *Fado, História de uma cantadeira*, mas antes foi assistente de câmara de Francisco Ribeiro, Jorge Brum do Canto e Manoel de Oliveira. Para além destas duas atividades – assistente de produção e realizador – foi também distribuidor, com a Doperfilme e produtor (Cunha, 2014).

[21] A propósito da análise do corpo coletivo e da relação com a autoridade, ver o capítulo 3 deste livro.

importação e chegada das matérias-primas visível no seu transporte por barco. Como refere o narrador: «A nova indústria recebe por via marítima, de Portugal metropolitano e ultramarino, de Trás-os-Montes e do Alentejo, de Angola e da Índia os minérios de ferro necessários à sua laboração».

Segue-se uma sequência no exterior que exibe o minério e o seu percurso de transporte. As pirâmides de minério assumem uma dimensão desproporcionadamente superior ao tamanho do homem e as imagens demonstram a grandiosidade dos volumes de matérias-primas em pirâmide e os equipamentos usados para transporte e armazenamento.

Estas sequências, que evidenciam a imagem introdutória da Siderurgia Nacional, são todas exteriores às instalações, um recurso formal recorrente nos filmes analisados para dar conta da sua grandiosidade, com planos gerais e de cima.

Ao longo do filme, a música clássica está quase sempre presente, acompanhando o processo de transformação do minério em aço.

A primazia dos dispositivos técnicos e o caráter acessório do gesto humano

Atendendo às especificidades das atividades que o processo de transformação comporta, com destaque para o trabalho sobre o ferro fundido e o aço para a produção, nomeadamente, de lingotes, é notória a primazia conferida aos dispositivos técnicos, a qual permite também salientar o investimento económico realizado. Uma das peças-chave no processo é o alto-forno, descrito pelo narrador como «gigantesco coração» e «o fulcro em volta do qual gira todo o lavor fabril». A narração sublinha «os grandes números», nas palavras do engenheiro químico antigo trabalhador da CUF e da Quimigal, evidenciando a importância das palavras usadas nos filmes, um traço que marca um segmento do cinema industrial ou de empresa (Hatzfeld, Rot & Michel, 2006). No minuto 2 vemos homens a subir para o alto-forno, movimento que a imagem acompanha com um *travelling* em direção ao topo do dispositivo.

Já dentro das instalações, vemos a ação humana de forma pouco clara, que é acompanhada por uma narração que raramente faz referência ao trabalho humano por contraposição ao enaltecimento do dispositivo técnico que é personificado: «O monstro expele das entranhas um líquido incandescente. Milhares de faúlhas, compondo uma sinfonia de cores».

A referência mais clara ao trabalho humano na narração surge a meio do filme, visível com homens em silhueta e apêndices dos dispositivos técnicos: «Finalmente é conseguido o aço, ainda líquido, (...) chispando lume, afirmando-se já como aço português, produzido por operários portugueses, com matérias-primas portuguesas» (*figura 6.4. Extratexto*).

É precisamente pela referência à indústria no contexto nacional que o filme termina, novamente no exterior, com planos gerais, ouvindo-se em *off*:

> «A Siderurgia Nacional assinala a integração do trabalho português nos rumos da civilização económica em marcha, num momento em que a economia europeia evolui aceleradamente para novos mercados. A Siderurgia Nacional, nova fonte de progresso e prosperidade a galvanizar o corpo e o trabalho da nação, vem acrescentar anualmente à economia do país o potencial de um milhão de contos com a promoção do aço português.»

A esteticização do trabalho humano masculino e do produto

As sequências de cenas são particularmente exacerbadoras da luminosidade da matéria-prima e do produto em algumas fases da sua transformação, em particular no seu estado líquido, mas também quando sofre os vários processos de laminagem, evidenciando-se as fagulhas que saltam nas várias fases do processo de transformação.

Mas também o trabalho humano - masculino - é esteticizado, sempre em diálogo com a matéria-prima e os dispositivos técnicos. Proliferam as silhuetas ou as sombras dos operários, alimentando as máquinas, os fornos, manipulando os dispositivos, sempre sem um grande detalhe.

3.2.2. Nocturno (1962)

Contrastando com o filme *Aço português* (1961), apenas um ano depois é realizado *Nocturno* (1962) por Jacinto Ramos, a sua única obra como realizador[22]. Logo no primeiro minuto, após um conjunto de planos negros e filmados à noite, exprime o seu objetivo de apresentar um conjunto de imagens sem objetivos explicativos e que constituem uma visão particular do realizador.

A ausência de narração durante o filme evidencia uma intenção de focar a atenção nas imagens e na sua magnitude, adotando um tom poético. A música de Augusto Lopes está presente ao longo de todo o filme e permite dar continuidade às imagens que se mostram, conduzindo o espectador ao ritmo da música. Assim, por contraposição ao filme de 1961, não há aqui uma imposição de uma narrativa enaltecedora da Siderurgia Nacional[23].

Outro elemento a destacar é a ausência de preocupação com a sequência do processo produtivo. O fluxo contínuo das cenas marca a ênfase conferida ao que sobressaiu ao realizador, mais do que a obediência a uma lógica da produção.

Uma atividade negra

A circularidade do filme é evidenciada pelo seu início e no final com base na ênfase conferida ao negro da imagem. Intencionalmente filmado à noite, logo no início são visíveis sequências filmadas no exterior das instalações, sobressaindo a escuridão e a iluminação externa das instalações.

[22] Jacinto Ramos teve uma carreira essencialmente como ator e encenador de teatro e ator de cinema, mas também como argumentista. Fonte: Cinept – Cinema português. http://www.cinept.ubi.pt/pt/pessoa/2143688742/Jacinto+Ramos. Consultado a 21 de janeiro de 2016.

[23] O filme foi adquirido pela Junta de Acção Social (JAS) em 1963 para integrar o seu circuito cinematográfico. Para uma análise da ação da JAS neste domínio, ver capítulo 7 deste livro.

A grandiosidade evidenciada no filme anterior traduz-se, neste filme, numa opção pela penumbra e negritude sempre presente na imagem, exacerbando o seu cariz poético em detrimento da adoção de um teor informativo.

A relação entre o homem e o dispositivo técnico

Quando transita para o interior das instalações, várias sequências exibem a relação do homem com os dispositivos técnicos e com a matéria, evidenciando essa relação de forma esteticizada. Vemos, entre os minutos 2 e 3, imagens várias de homens a trabalhar, alimentando os fornos, com vestuário de proteção (fato, máscara etc.), alternando entre grandes planos, planos aproximados e *travellings*. É notório o esforço físico que o trabalho exige e a riqueza de recursos formais parece visar mostrá-lo de forma bastante evidente.

Após ter mostrado a relação dos homens com a matéria e os dispositivos, inicia-se um *travelling* que culmina com um coletivo de trabalhadores parados e a conversar a olhar para a matéria a arder[24]. Como anteriormente, alterna entre planos com homens e planos sem homens.

Seguem-se planos vários, agora com os homens a trabalhar em conjunto. Face à não exibição de gestos de trabalho, é possível ver a intensidade da relação material e espacial que os operários têm com a matéria, sendo esta marcada pela sua grandiosidade.

No minuto 10, imediatamente antes do final, o filme retoma e repete, em alguns casos, várias cenas já vistas anteriormente, sublinhando a relação entre o homem e o aço, num espaço com uma luminosidade própria e fortemente marcada pela matéria-prima que é transformada.

3.2.3. A indústria do aço (1971)

Dez anos após a inauguração da Siderurgia Nacional, registada em *Aço português* (1961), este filme de Francisco de Castro[25] vem reforçar a aposta no investimento no aço e sublinhar a sua centralidade na indústria portuguesa.

Adotando um mecanismo que rima com o utilizado no filme analisado de Perdigão Queiroga, o filme tem o seu início com uma visita às instalações da Siderurgia Nacional, já não por parte dos representantes do poder político, mas por um conjunto de alunas a quem é mostrada a maquete das instalações da empresa. Assume, assim (ainda que de forma fugaz, mas que parece querer referir que se fará uma visita à empresa e às suas atividades) um caráter pedagógico, que valoriza a empresa por intermédio dos seus visitantes (Hatzfeld, Rot & Michel, 2006). Este plano é antecedido por uma apresentação do filme com o céu e o sol que é visível por entre o fumo que sai da Siderurgia Nacional e vemos surgir o título do filme tendo como base a imagem de uma chaminé.

Após a exibição do conjunto de alunas que vão visitar a empresa (e que nunca mais aparecem no filme) e das instalações, a narrativa fílmica prossegue

[24] O enfoque coletivo do trabalho pode, ainda, ser associado ao seu caráter pesado, exigindo mecanismos vários de colaboração entre operários.

[25] Francisco de Castro iniciou a sua carreira no cinema como figurante em vários filmes na década de 1940, realizou um amplo conjunto de filmes e criou, na década de 1960, a sua produtora (Cunha, 2014).

para o interior das instalações com os trabalhadores com pás a lidar com a matéria-prima no meio do fogo, ouvindo-se em *off*:

> «Uma nação que deixe esmorecer o desenvolvimento das suas indústrias, condena-se à pobreza, à subalternidade, ao risco de graves crises que podem pôr em causa a sua própria existência. Pelo contrário, uma nação que se industrializa aceleradamente, abre caminho para todos os êxitos e a indústria do aço é instrumento vital, uma das primeiras forças dinamizadoras no processo multiforme do desenvolvimento de uma economia.»

Reforça-se, assim, a importância da indústria siderúrgica em Portugal, com uma mensagem que indicia a existência de uma ameaça ao seu crescimento.

Após a introdução à Siderurgia Nacional, quer com a mediação da visita à fábrica, um recurso que é recorrente no cinema industrial ou de empresa[26], quer com a legitimação da sua existência e centralidade para a economia portuguesa, o filme prossegue com uma breve referência ao passado, a qual também indicia uma chamada de atenção para a necessidade de manter esta indústria e de o Estado apostar nela. No texto em *off*, que acompanha uma sequência de planos no porto com as várias operações de seleção e transporte das matérias-primas, com os trabalhadores a carregá-las e acondicioná-las, nomeadamente o operador de guindaste, ouve-se: «E assim, no início de julho de 1961, a torrente rubra do ferro e do aço líquido, sangue vivo de uma nação em marcha, começou a fluir do alto-forno e dos convertidores da grande fábrica do Seixal.».

O filme prossegue com sequências várias das atividades de trabalho, que são mostradas na sua diversidade, a qual é mais visível do que no filme de 1961 (*figura 6.5. extratexto*).

Rimando com o filme *Nocturno* (1962), também este filme termina com uma colagem de imagens várias que fomos vendo ao longo do filme e que são acompanhadas pela narração: «Partindo praticamente do zero, fez-se nascer em Portugal uma indústria que é chave do progresso global da nação.»

E termina referindo: «É neste rumo que se constrói o Portugal do futuro.»

Trata-se, assim, de um filme que usa recursos formais mais diversos e ricos, quando comparado com o de Perdigão Queiroga, e que exibe um conjunto de atividades mais amplo.

A invisibilidade do gesto de trabalho humano na sequência do processo produtivo

Ainda que com menor detalhe do que no filme de 1961, o filme dedica cerca de 2 minutos à sequência do processo produtivo composta por vários planos em que é notório: a preocupação em mostrar a grandiosidade com perspetivas aéreas e de cima; a pouca visibilidade conferida ao gesto de trabalho humano;

[26] Ver a análise dos subgéneros no capítulo 2 deste livro.

e a narração em *off* com detalhes técnicos e evidenciando aspetos como a temperatura e as quantidades. Alternam-se planos do exterior e do interior em função do que se quer mostrar: exterior, com a secção que se mostra a seguir e o transporte das matérias-primas; e interior, com os processos de transformação das matérias-primas. A sequência exibida é: alto-forno, lingotes e seus usos para fazer produtos distintos (laminados, banda para tubos, cantoneiras, peças em T e em U, carris, etc.).

Os usos do produto

Mantendo uma certa invisibilidade do trabalho na indústria siderúrgica, é assinável o destaque também conferido aos usos do resultado final da Siderurgia Nacional em outras atividades económicas. É o caso de um estaleiro de construção civil, com o aço a ser usado nas fundações de edifícios e os carris usados nas linhas férreas. Tratando-se também de um investimento de grande dimensão em curso em Portugal na altura, a evocação dos carris para os caminhos de ferro é acompanhada pela narração em *off*: «O fabrico de carris e a sua aplicação no trabalho renovador que está a operar-se na rede nacional dos caminhos de ferro, são testemunho da importância básica da indústria do aço na nossa economia e nos progressos do país.»

Mais tarde no filme é também exibido o uso da folha-de-flandres em embalagens de alimentos, frigideiras, guarda-chuvas, carros, etc.

O trabalho não operário

Se o trabalho operário não é exibido com detalhe, o mesmo não pode referir-se para o trabalho laboratorial. Durante cerca de 1'30", no «laboratório siderúrgico», como é designado, são exibidos homens devidamente vestidos com batas (contrastando com o negro do trabalho operário iluminado pelas fagulhas, visível em *Nocturno*, 1962) que procedem à realização de ensaios vários, havendo vários momentos de aproximação da câmara para exibir detalhes técnicos dos testes laboratoriais realizados. Estes planos aproximados parecem querer mostrar o rigor das análises dos materiais e o grau de sofisticação destas atividades, ausentes nos filmes anteriores.

O trabalho não operário surge também na conceção e planificação de novas instalações da empresa, com homens de camisa branca ou de bata sentados em estiradores a projetar o edifício[27].

Assim se evidencia uma modernidade que se associa à inovação, quer por via da exibição do trabalho operário, quer do trabalho técnico altamente qualificado, um traço também importante de algum cinema de empresa (Hatzfeld, Rot & Michel, 2006) e que confere um destaque particular à unidade fabril.

[27] Não é claro se estão nas instalações da Siderurgia Nacional ou se em instalações de outra empresa.

O espaço de trabalho

Um pouco depois do início do filme, surge uma sequência e planos de edificação de uma nova atividade da Siderurgia Nacional – a laminagem a frio – acompanhada pela narração que refere, por exemplo, «a siderurgia é uma das indústrias que maiores investimentos exige» e que estas instalações foram realizadas com base em «estudos técnicos, económicos e financeiros intensivos e profundos». Para além da laminagem a frio, introduz-se também o fabrico de chapa de folha-de-flandres. O trabalho agora mostrado é o das salas de conceção das instalações fabris, onde se pode ler, nos desenhos, Lusotecna, uma empresa criada em 1965 por Alfredo Nobre da Costa[28]. A exibição do espaço de trabalho termina com um plano da grande nave e um plano de cima de laminagem de chapa fina, «Testemunho espectacular da capacidade realizadora do país».

O filme retrata, assim, uma atividade industrial assumida como central pelo poder político, mas cujo espaço na economia portuguesa é, 10 anos após a inauguração da Siderurgia Nacional, reforçado no sentido de adensar, pouco antes da crise de 1973, o seu crescimento. As várias atividades de trabalho, seus gestos e dispositivos técnicos são, assim, exibidos de forma pouco nítida e sistemática, visando evidenciar a monumentalidade, a diversidade dos usos dos produtos e as ligações várias a atividades industriais a jusante da indústria siderúrgica.

3.3. *Indústria siderúrgica: o espaço de trabalho, o trabalho árduo e o peso na economia*

Os filmes analisados, contrastantes entre si do ponto de vista formal e do foco da narrativa, permitem evidenciar como o trabalho é mostrado para falar na Siderurgia Nacional, um complexo industrial que se integra num plano político de desenvolvimento da economia portuguesa, plano esse que, como foi referido, foi objeto de mudanças da década de 1960 para a década de 1970. É notória a intenção de mostrar o desenvolvimento da indústria siderúrgica em Portugal e, num dos filmes, a importância dos seus resultados finais para outros setores da atividade económica a jusante, atendendo também ao facto de esta se integrar, como foi referido, num contexto de várias décadas de discussão do investimento nacional nesta atividade.

Dois elementos assumem o estatuto de protagonista nestes três filmes: o dispositivo técnico ou a máquina, com destaque para o alto-forno; e o espaço de trabalho, com os percursos permanentes entre interior e exterior das instalações. Destaque-se a importância das representações do espaço de trabalho[29] monumental e, por razões associadas, nomeadamente, à luz, a dificuldade em o exibir de forma clara, dificuldade essa que se converte numa propriedade que enaltece o caráter poético e dificilmente apreensível do trabalho que está a ser realizado. O gesto humano dos operários surge como um apêndice das máquinas e elucida a relação de dependência entre máquinas e homens. O trabalho é exclusivamente masculino, mesmo o não operário, o que associa a

[28] Fonte: Rollo (2012).

[29] Sobre o espaço de trabalho, ver capítulo 4 deste livro.

rudeza e as árduas condições de trabalho (visível nas fagulhas que saltam, no ruído, nas elevadas temperaturas, na precariedade do vestuário de trabalho) ao trabalho assegurado por homens. Não deixa de ser curioso evidenciar como dois dos filmes se servem da figuração da visita à fábrica para marcar a narrativa cinematográfica. Contraste também importante é o facto de em dois dos filmes o recurso à narrativa em *off* ser central para a condução do filme, quando em *Nocturno* (1962) é a sua ausência que é referida como um pressuposto, enaltecendo a imagem e o «figural» (Lyotard, 1971) para criar a estrutura do filme.

4. Conclusão

Os sete filmes analisados neste texto exemplificam a diversidade de abordagens do mundo industrial que se encontra no corpus WorkS.

Entre os sete realizadores destes filmes encontramos figuras muito ativas neste domínio, com destaque para o trabalho com organismos do Estado, como são os casos de Perdigão Queiroga, Mário Pires e Francisco de Castro, cujas carreiras nesse âmbito se encontravam já consolidadas à data de realização das películas em análise. *Aço português* (1961), *Vidros de Portugal* (1963) e *A indústria do aço* (1971) são, neste grupo, os filmes que mais se assemelham entre si e os que mais se aproximam do registo simultaneamente denotativo e grandiloquente tão comum no que pode ser designado como cinema de registo documental durante o Estado Novo.

Mas encontramos também realizadores e obras mais exteriores àquele círculo. Assim acontece com Vítor Raposo e Jacinto Ramos, que aqui assinam obras que se distinguem do padrão mais habitual. *Sinfonia de cristal* (1947) e *Nocturno* (1962) são, de facto, cada um a seu modo, filmes também conduzidos pela empatia pessoal do realizador perante o objeto filmado (a «arte» vidreira em *Sinfonia de cristal*, 1947; a grandiosidade da fábrica em *Nocturno*, 1962).

E encontramos, finalmente, dois realizadores que, então acabados de chegar ao campo do cinema institucional e/ou industrial português, onde viriam ambos a trabalhar extensivamente, são, no momento de rodagem destes filmes, portadores de dois diferentes registos de novidade formal, bem expressos nas películas em causa: Faria de Almeida traz um registo experimental, Pascal-Angot aproxima-se de um formato de cariz mais publicitário.

Cada uma destas abordagens heterogéneas e, logo, também distintas na forma como representam o trabalho em filmes que se enquadram no cinema industrial, está associada aos diferentes contextos de que emergem estas obras.

Assim, em *Aço português* (1961) e *A indústria do aço* (1971), a Siderurgia Nacional é retratada como grande realização económica e política, nacional e empresarial. Também em *Vidros de Portugal* (1963) é notória a promoção do esforço exportador da indústria vidreira portuguesa – ainda que, cinco anos depois, com *Cerâmica e vidro* (1968), a mesma entidade (o FFE) opte por fazer apelo à modernidade formal em apoio daquele objetivo.

Perante este último desenvolvimento, é interessante notar que, pelo contrário, *A indústria do aço* (1971), cronologicamente o mais recente dos filmes analisados, mantém um registo formal e narrativo com alguns paralelismos face ao filme *Aço português* (1961), rodado uma década antes.

As narrativas mais heterodoxas neste conjunto (*Sinfonia de cristal,* 1947 e *Nocturno,* 1962) surgem em filmes em que os realizadores poderão ter disposto de uma margem de autonomia adicional, enfatizando elementos visuais e simbólicos das indústrias em causa e das respetivas atividades de trabalho. No entanto, é também importante notar que mesmo em alguns dos filmes encomendados esse interesse se pode fazer claramente sentir, ora de forma algo esperada, como em *A embalagem de vidro* (1966) (caso em que a novidade formal estava de algum modo pressuposta na própria encomenda, como vimos) ou, mesmo, de surpresa, como em *Vidros de Portugal* (1963), filme de figurino ortodoxo mas com inclusão, muito provavelmente não planificada, de uma sequência de grande dinamismo e força visual que, como se viu também, acaba por aproximá-lo das fileiras do Cinema Novo.

Para lá do contexto próximo que rodeia o surgimento de cada filme, também a especificidade de cada um dos dois setores industriais em causa – e, em particular, dos seus operários e processos de trabalho – parece deixar marca nestas películas.

As representações do trabalho na siderurgia são marcadas pela ênfase conferida aos dispositivos técnicos, a par da aparente aleatoriedade e relativa secundarização da apresentação de gestos humanos. Sobressai o trabalho masculino, fortemente esteticizado, quer no caso do trabalho operário, quer nas atividades laboratoriais e de conceção das novas instalações da empresa. O trabalho humano é exibido sempre numa relação de proximidade com as matérias-primas, enfatizando o seu caráter pesado, quer devido ao esforço físico que exige, quer às condições de trabalho.

Já no caso do vidro os filmes tendem a ecoar velhas representações dos vidreiros «artistas» e do seu trabalho duro e qualificado, deles fazendo, embora com matizes, intensidades e intenções diferentes de filme para filme, protagonistas ou, pelo menos, figuras muito visíveis.

Na análise destes filmes, encontramos, simultaneamente, ligações fortes entre filme e contexto e, por outro lado, incoerências e surpresas nessa ligação. Esta espessura sugere certamente a complexidade da realidade social, económica, política e artística de que emergiram estas películas.

Estudar as representações do trabalho que aí se constroem e veiculam, tomando por lente a imagem que os filmes dão do gesto humano e do dispositivo técnico revelou-se uma abordagem particularmente adequada para desvelar aquela complexidade.

A análise realizada é apenas uma vertente de entre outras das várias possibilidades abertas sobre a riqueza e heuristicidade da análise das formas, pontos de vista e mecanismos de representação dos gestos e dispositivos técnicos de trabalho no cinema.

Referências bibliográficas

Brito, J. M. B. (1989). *A industrialização portuguesa no pós-guerra (1948-1965): o condicionamento industrial*. Lisboa: D. Quixote.

Cunha, P. (2014). *O Novo Cinema Português. Políticas públicas e modos de produção (1949-1980)*. Tese de Doutoramento em Estudos Contemporâneos, Instituto de Investigação Interdisciplinar da Universidade de Coimbra. Coimbra: Universidade de Coimbra.

García, R. (2010). Arquitectura e industria: también los primeiros pasos. In G. Darley, *La* fábrica como *arquitectura. Facetas de la construcción industrial* (pp. 197-253). Barcelona: Editorial Reverté.

Hatzfeld N., Rot G. & Michel A. (2006). Filmer le travail au nom de l'entreprise? Les films Renault sur les chaînes de production (1950-2005). *Entreprises et histoire*, 44, 25-42.

Lima, P. P., Pires, M. L. & Alves, P. (1995). Transformações das relações laborais em três sectores: os casos das indústrias automóvel, siderúrgica e naval. *Análise Social*, 134, 857-879.

Lyotard, J. F. (1971). *Discours, figure*. Paris: Klincksieck.

Malglaive, G. (1990). *Enseigner à des adultes*. Paris: Presses Universitaires de France.

Marques, A. (1988). *Política económica e desenvolvimento em Portugal (1926-1959): as duas estratégias do Estado Novo*. Lisboa: Livros Horizonte.

Marques, E. M. (2009). *Os Operários e as Suas Máquinas: Usos Sociais da Técnica no Trabalho Vidreiro*. Lisboa: Fundação Calouste Gulbenkian/Fundação para a Ciência e a Tecnologia.

Martins, P. (2010). *O cinema em Portugal: os documentários industriais de 1933 a 1985*. Dissertação de Doutoramento em História, ISCTE-Instituto Universitário de Lisboa. Lisboa: ISCTE-Instituto Universitário de Lisboa.

Matos-Cruz, J. (1989). *Prontuário do Cinema Português*. Lisboa: Cinemateca Portuguesa.

Matos-Cruz, J. (2003-2007). *Cronologia do Cinema Português*. Lisboa: Instituto Camões. Base de dados disponível em http://cvc.instituto-camoes.pt/conhecer/bases-tematicas/cinema-portugues.html Consultado em 21 de abril de 2016.

Pereira, J. M. (2003). Como entrou a siderurgia em Portugal. *Análise Social*, 165, 1159-1190.

Pereira, J. M. (2005). *Para uma história da indústria em Portugal, 1941-1965. Adubos, azotados e siderurgia*. Lisboa: ICS.

Pina, L. de (1977). *Documentarismo Português*. Lisboa: Instituto Português do Cinema.

Ramos, J. L. (1989). *Dicionário do cinema português 1962-1988*. Lisboa: Caminho.

Ribeiro, J. F., Fernandes, L. G. & Ramos, M. M. C. (1987). Grande indústria, banca e grupos financeiros – 1953-73. *Análise Social*, 99, 945-1018.

Rollo, M. F. (2005). *Memórias* da *Siderurgia: contribuições* para a *história* da *indústria siderúrgica* em *Portugal*, Lisboa: História.

Rollo, M. F. (2012). *Biografias de personalidades portuguesas (Nomes de A a L)*. Lisboa: CVCE. Em linha: http://www.cvce.eu/content/publication/2007/8/23/

d7ef7c24-0423-403d-9e47-792b27cf5ec3/publishable_pt.pdf.- Consultado em 21 de março de 2016.

Rosas, F. (1994). O Estado Novo (1926-1974). In J. Mattoso, (Dir). *História de Portugal.* Lisboa: Estampa, 7.

Sales, M. (2010). *Em busca de um novo cinema português.* Covilhã: Livros LabCom.

Santos, A. M. (1977). Desenvolvimento monopolista de Portugal (fase 1968-73): estruturas fundamentais. *Análise Social*, 49, 69-95.

CAPÍTULO 7

A ATIVIDADE DA SECÇÃO CINEMA E TELEVISÃO DA JUNTA DA ACÇÃO SOCIAL (1957-1974)

FRÉDÉRIC VIDAL

1. Introdução: o cinema institucional como objeto de estudo

Este estudo tem por objetivo de analisar o papel da Junta de Acção Social (JAS) no domínio da produção e difusão de filmes sobre o trabalho, no período final do regime do Estado Novo. A JAS foi um organismo público criado em 1956 para executar o Plano de Formação Social e Corporativa lançado nesse mesmo ano pelo Ministério das Corporações e Previdência Social. No âmbito da JAS, funcionou a partir de 1957 um serviço especializado – a Secção Cinema e Televisão – que tinha por missão utilizar o cinema para responder aos objetivos do referido Plano, nomeadamente: a educação e a formação dos trabalhadores; e a difusão e fortalecimento do «espírito corporativo» e da «consciência dos deveres de cooperação social»[1]. Este recurso ao cinema concretizou-se em dois tipos de ações: a constituição de um catálogo de filmes, sendo uma parte produções originais da JAS; e a organização de um circuito de distribuição próprio através das redes dos organismos corporativos de base, tais como casas do povo, casas dos pescadores, grémios e sindicatos nacionais.

No corpus de filmes analisado no âmbito do projeto WorkS, a JAS é uma das instituições mais citadas nas fichas técnicas, com modos de referenciação variáveis e níveis de envolvimento por vezes difíceis de estabelecer. De facto, a JAS foi um organismo que, simultaneamente, produziu, encomendou, financiou, distribuiu e exibiu filmes sobre o trabalho. No âmbito do projeto WorkS, selecionámos 18 filmes produzidos, encomendados ou adquiridos pela JAS, entre 1960 e 1970. São documentários que abordam aspetos como a organização do trabalho nas empresas, a prevenção dos acidentes de trabalho, a defesa da previdência social, ou que retratam setores de atividade específicos na indústria ou no artesanato. Estes 18 filmes correspondem a uma fração bastante reduzida da coleção de filmes da JAS: a base de dados do Arquivo Nacional das Imagens em Movimento (ANIM), da Cinemateca Portuguesa, contém cerca de 360 referências de filmes produzidos pela JAS entre 1958 e 1970, incluindo revistas de atualidades, um corpus de filmes que não faz parte desta investigação[2].

Nas décadas de 1950 e 1960, os filmes institucionais ocupam um lugar de destaque na produção cinematográfica portuguesa. Constituem um corpus

[1] Lei n.º 2085 – Plano de Formação Social e Corporativa, Base I, In: Ministério das Corporações e Previdências Social, *Plano de Formação Social e Corporativa*, Lisboa, 1956.

[2] Muitos destes filmes não se encontram disponíveis para visionamento devido ao mau estado dos materiais conservados, ou à existência de uma única cópia, o que impossibilita o acesso público aos mesmos.

original que permite equacionar o papel específico do cinema na elaboração e difusão de discursos, linguagens e representações sobre as transformações económicas e sociais então em curso no país e, de uma maneira mais ou menos explícita, a evolução das formas de organização do trabalho em Portugal. São filmes que surgiram no âmbito de campanhas públicas diversas, de formação e educação, ou que tinham por objetivo mais geral promover novos eixos ou rumos da ação pública, no setor económico e social, num sentido bastante alargado. O caso da Campanha Nacional de Educação de Adultos (CNEA) lançada em 1952, no âmbito do Plano de Educação Popular (1952-1956), é talvez o exemplo mais conhecido, por ter estado na origem de um trabalho pioneiro sobre o cinema institucional em Portugal (Barcoso, 2002). Mas importa integrar neste conjunto os filmes produzidos no âmbito das atividades do Fundo de Fomento de Exportação na década de 1960 e dos diferentes Planos de Fomento, sobretudo o segundo (1959-1964) e o terceiro (1968-1973), que utilizaram o cinema como meio de comunicação interna e externa sobre os projetos e objetivos da implementação das novas políticas de desenvolvimento (Martins, 2011).

A importância dos filmes institucionais nos anos 1950 e 1960 não é específica de Portugal. Na Europa do pós-guerra, essa categoria de filmes domina a produção de documentários, contando com o envolvimento importante das instituições estatais ou para-estatais de numerosos países europeus (Lagny, 2000). Estes filmes, que a literatura anglo-saxónica qualifica, genericamente, de «utilitários», foram concebidos para preencher uma função económica e social (Acland & Wasson, 2011). O seu estatuto e o seu valor estético ou documental foram objeto de vários debates. Como lembra Michèle Lagny (2000), a aceção segundo a qual os filmes utilitários só excecionalmente poderiam ter um interesse estético é um lugar-comum antigo dos estudos fílmicos. Mas é a natureza dos próprios objetos retratados nesses filmes que tem também levantado dúvidas. Na literatura sobre o cinema institucional, alguns autores defendem que este tipo de filmes diz muito mais sobre o funcionamento das próprias instituições do que sobre os objetos representados (Hedigue & Vonderau, 2009). Analisar o cinema institucional português seria então sobretudo útil para perceber as condições de desenvolvimento de um tipo de ação pública no Portugal nas décadas de 1950 e 1960, e para refletir sobre as transformações dos dispositivos do poder: os discursos, os conhecimentos, as tecnologias e as organizações sociais que definem a ação do Estado.

O argumento principal deste texto é que, para além dos conteúdos mais ou menos estandardizados dos filmes, o estudo do funcionamento da Secção Cinema e Televisão da JAS, entre 1957 e 1974, permite observar momentos concretos da produção e receção das imagens, nomeadamente: a organização e enquadramento das produções, a constituição de um catálogo de filmes e a organização das sessões de cinema. A partir do estudo da atividade da Secção Cinema e Televisão da JAS, é possível identificar diferentes processos de produção e receção das imagens que contribuem, com níveis variados e segundo lógicas por vezes contraditórias, para a formação de representações cinematográficas do trabalho. A profusão do cinema institucional, a sua diversidade, as suas relações económicas ou estéticas com outras formas de produção cinematográfica ou cultural contemporâneas e o contexto específico de receção deste tipo de cinema são elementos fulcrais cuja análise cruzada pode contribuir para equacionar o papel do cinema institucional na construção e difusão de representações sobre o trabalho.

Este estudo está essencialmente baseado na análise de uma parte do arquivo da Secção Cinema e Televisão da JAS, nomeadamente a série das *Informações*, redigidas entre 1957 e 1969. Essa documentação foi completada por um levantamento de artigos sobre cinema, publicados no *Mensário das Casas do Povo*, um periódico publicado pela Junta Central das Casas do Povo, entre 1946 e 1971.

A documentação da Secção Cinema e Televisão da JAS encontra-se no Arquivo do Gabinete de Estratégia e Planeamento do Ministério do Trabalho[3]. As referidas *Informações* são relatórios internos redigidos, de uma maneira geral, semanalmente, com algumas variações ao longo dos anos. Trata-se de uma documentação bastante rica, que contém informação sobre a atividade quotidiana da Secção da JAS: orçamentos anuais, planos de atividades, negociações entre diferentes entidades, incidentes ou dificuldades na implementação do serviço, etc. Com base nesta documentação foi possível reconstituir a evolução da organização deste serviço, mas também examinar de perto a ação dos funcionários da JAS ou seja observar práticas do trabalho administrativo (Buton, 2008).

Segundo Pierre Guibentif (1985), o estudo da história das políticas sociais é geralmente baseado em três tipos de fontes:

> «[Em primeiro lugar,] textos legais e "quase legais" (os preâmbulos dos diplomas governamentais); em segundo lugar, o discurso técnico, isto é, o discurso produzido por especialistas da segurança social prioritariamente para uso dos técnicos da segurança social; em terceiro lugar, o discurso político, em que vários actores sociais (partidos, sindicatos, outras associações de representação de interesses colectivos e também o próprio Governo) se exprimem em termos avaliativos e normativos sobre o sistema existente ou a constituir, dirigindo-se à "opinião pública", quer pela via dos meios de comunicação social, quer pelas vias institucionalizadas dos procedimentos constitucionais.» (Guibentif, 1985, p. 951).

Neste estudo sobre a JAS, procurando ultrapassar a oposição entre as normas (legais ou regulamentares) e as práticas (a aplicação dessas normas), adotamos uma abordagem de tipo processual para evidenciar a existência de um jogo quotidiano de negociações, tensões e mediações entre diferentes atores socais e interesses: jogos internos à administração da JAS – que estava longe de ser uma instituição monolítica – mas também ligados à intervenção dos atores sociais do mundo do cinema (nacional e internacional).

A análise dessa documentação volumosa – cerca de uma centena de relatórios conservados – permite equacionar a ação da Secção Cinema e Televisão

[3] Agradecemos aos funcionários deste arquivo pela ajuda prestada na recolha da documentação.

da JAS, do ponto de vista da elaboração de formas concretas de enquadramentos ideológicos, políticos e culturais da sociedade portuguesa, e dos seus limites. Procuramos reconstituir um contexto histórico de produção dos filmes sobre o trabalho, analisando nomeadamente as relações entre a atividade de produção dos filmes e o controlo da massificação da sua difusão. O interesse e a importância desta investigação para o estudo do modo de construção das representações do trabalho nos filmes produzidos pela JAS residem no confronto entre práticas administrativas e práticas cinematográficas. No fundo, o que revelam essas práticas administrativas do ponto de vista das representações cinematográficas que, em parte, contribuíram para gerar e difundir? O que significa para a JAS filmar o trabalho e sobretudo divulgar imagens sobre o trabalho?

O presente texto está organizado em três partes. Na primeira parte situamos as atividades da JAS no âmbito da evolução da ação pública em Portugal e do processo de emergência de um cinema institucional português. Na segunda, analisamos os contextos de produção dos filmes como forma de chegar às intencionalidades dos atores sociais envolvidos neste processo, mas também a influência de uma «cultural visual» (Gerveau, 2000; Brunet, 2013) mais global (fotografias, desenhos, cartazes) onde podem ser encontradas parte das referências dos filmes. Trata-se nomeadamente de medir a influência de um discurso institucional, em parte moldado pela ideologia corporativista do Estado Novo. Finalmente, examinamos de que modo esses mesmos atores sociais encaram os contextos de difusão e receção das imagens.

2. Ação social e cinema: o novo contexto dos anos 1950

A JAS surge num contexto de transformação das formas de enquadramento social pelo Estado, o que se reflete na evolução da ordem corporativa. Desde os anos 1930 e a instauração do Estado Novo, o corporativismo assentava na ideia da existência de uma «hierarquização social espontânea e harmoniosamente estabelecida» (Rosas, 2001) que devia assegurar a permanência de uma ordem social rígida. O aparelho corporativo constituído gradualmente a partir de 1933 era então entendido como um instrumento essencial que permitia garantir a coesão ideológica e política do regime do Estado Novo. A rede complexa de instituições hierarquizadas estendia-se a todo o país e «ambicionava enquadrar todos os grupos sociais e todas as atividades económicas, sociais e culturais», à escala nacional, regional ou local (Freire, Ferreira & Rodrigues, 2014, p. 5). Calcula-se que durante o Estado Novo foram criadas cerca de 2.700 organismos corporativos no Continente e nas Ilhas (idem). Reencontrava-se o mesmo «espirito de missão» (Rosas, 2001) nos diferentes organismos – desde o Instituto Nacional do Trabalho e Previdência, aos grémios, sindicatos nacionais, casas do povo e casas dos pescadores – missão essa que consistia em dinamizar e enquadrar tanto o mundo do trabalho como as atividades de lazer. A partir da década de 1940, dois organismos vão ocupar um lugar de destaque neste aparelho: a Fundação Nacional para a Alegria no Trabalho (FNAT), criada em 1935, e a sua rede de Centros de Alegria no Trabalho (CATs) nas empresas; e a Junta Central das Casas do Povo (JCCP), criada em 1945 para enquadrar e coordenar as atividades das casas do povo e das casas dos pescadores no mundo rural e piscatório.

A partir dos anos 1950, sem romper com as referências ideológicas ao corporativismo, o Estado Novo privilegia ações concretas de proteção e assistência. Como explica Fernando Rosas (2001):

> «(...) o rigor do policiamento e da unicidade ideológica, sem nunca desaparecer, dava lugar "invisivelmente", no coração mesmo da organização corporativa ou da máquina da "educação nacional", à formulação de políticas educativas, de formação profissional, de estudos sociais ou até de ocupação dos tempos livres crescentemente marcadas por preocupações de adaptação às necessidades do desenvolvimento industrial e da modernização económica e social.» (Rosas, 2001, p. 1051)

Esta evolução tem uma dimensão institucional com a criação, em 1950, do Ministério das Corporações e Previdência Social no seio do qual passou a funcionar a JAS, a partir de 1956. A JAS era um órgão com função executiva, encarregue de dinamizar as diferentes campanhas de educação e prevenção lançadas pelo Ministério no âmbito do Plano de Formação Social e Corporativa. O organigrama da JAS (*figura 7.1.*) deixa entrever a importância dada à modernização dos meios de comunicação. Deste ponto de vista, as principais missões deste organismo refletem a evolução das formas de atuação do Estado neste período. Os serviços centrais da JAS estavam encarregues de missões no setor da difusão de impressos (Secção de Bibliotecas, Secção de Publicações, revista *Acção*) e filmes (Secção Cinema e Televisão).

Mas a evolução da ordem corporativa traduz-se também numa mudança na maneira de pensar a «questão social» e, mais especificamente, os modos de intervenção sobre a economia, a organização da produção e o trabalho. Como explica Nuno Domingos, numa análise da ação da FNAT, o «corporativismo» tende então a apresentar-se como uma forma de «regulação da sociedade da empresa». Esta visão concreta e pragmática da ação pública conduz à defesa de uma intervenção sobre o espaço da empresa «como lugar concreto onde se resolvia a "questão social"» (Domingos, 2010, p. 177).

Neste contexto, o cinema vai ser pensado como um dos novos instrumentos utilizados para educar as massas. No início da década de 1950, o *Mensário das Casas do Povo*, jornal oficial da JCCP, aborda a questão da ação pública no domínio do cinema, essencialmente do ponto de vista do esforço de moralização de uma indústria cultural que tem ganho um papel central na formação e divulgação de uma cultura de massas. Num artigo de 1954, que trata da «Moralização do Cinema», J. Botelho Moniz, deputado e futuro administrador da RTP, inscreve o seu pensamento na linha da encíclica papal «Vigilanti Cura» de 1936, dedicada aos novos meios de comunicação e, em particular, ao

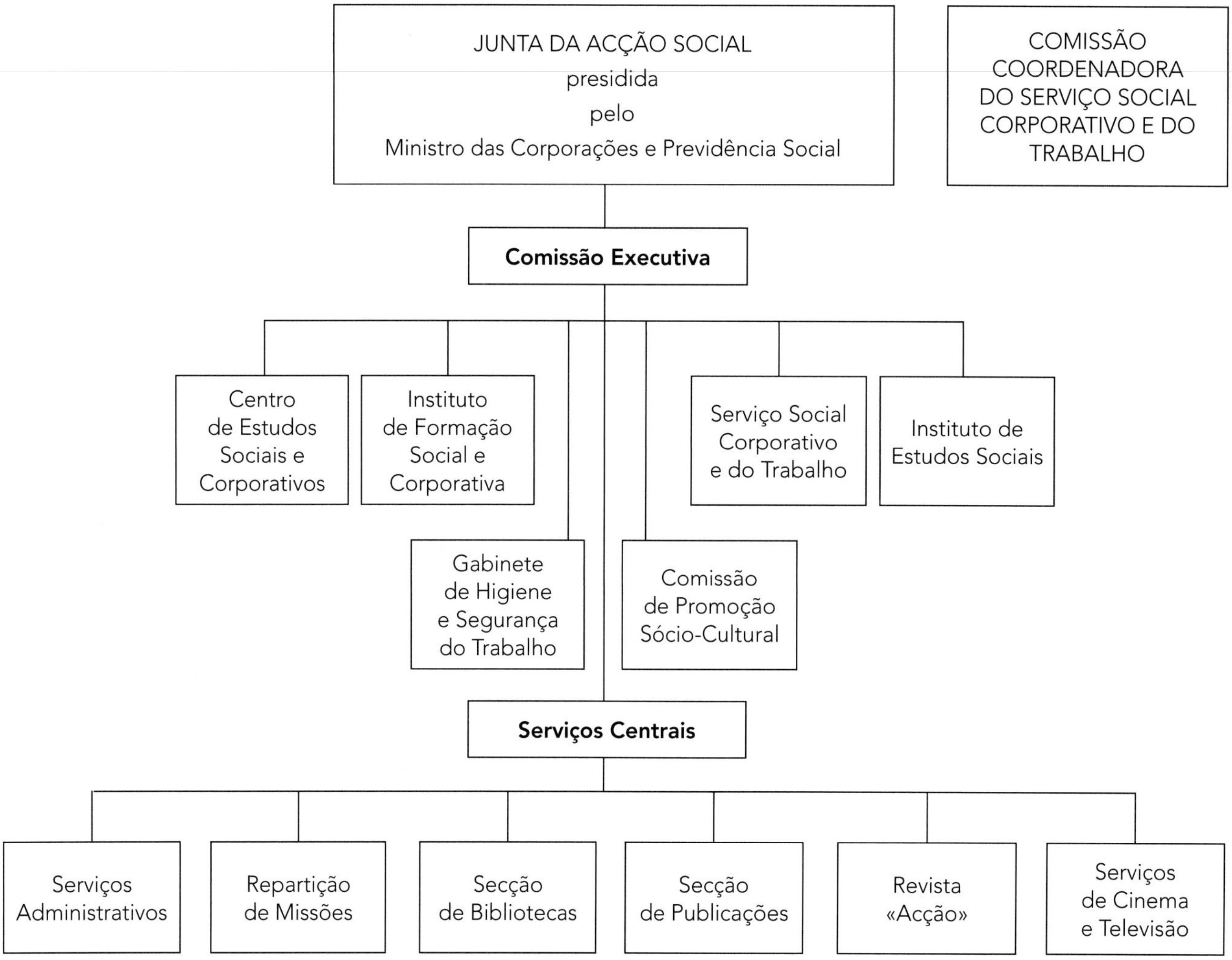

Fonte: Gabinete de Estratégias e Planeamento, JAS, Circuito – Caixa n.º 1 – Informações (1957-1969).

FIGURA 7.1. – Organigrama da Junta de Acção Social

cinema[4]. Trata-se de combater a influência, supostamente negativa, da indústria cinematográfica sobre as massas:

> «Não se quer significar, naturalmente, que todas as fitas de cinema sejam sob o ponto de vista moral, nocivas; mas é incontestável que as preocupações de ordem moral têm estado ausentes da maioria das obras que os estúdios cinematográficos têm produzido, e que os progressos técnicos do cinema poucas vezes se têm traduzido em benefícios positivos para a formação espiritual do homem.»[5]

Segundo J. Botelho Moniz, a moralização do cinema implica antes de mais «um esforço para o saneamento do espectáculo cinematográfico»,

[4] J. Botelho Moniz, A Moralização do Cinema, *Mensário das Casas do Povo*, n.º 102, dezembro de 1954, p. 15.
[5] Idem.

nomeadamente em relação aos filmes que mais ou menos «sub-repticiamente» veiculam uma «concepção de vida em que os valores são a futilidade e o desprendimento das chamadas convenções sociais». O autor deplora a «liberdade de costumes» e «as leviandades com que se encaram certas normas e intuições», instando nomeadamente sobre o exemplo do casamento. Esta ação de «saneamento» é tanto mais importante em Portugal, onde as autoridades estão reduzidas à «possibilidade de actuar sobre a seleção e classificação dos filmes já "fabricados"» que chegam do estrangeiro. Neste contexto, a ação do Estado limita-se a «preparar melhor a consciência do público para a compreensão das restrições que se lhe impõem»[6].

Deste ponto de vista, as campanhas educativas dos anos 1950, tal como a CNEA, abrem uma nova fase na relação entre o cinema e as formas de ação pública em Portugal. Já não se trata de controlar ou enquadrar a difusão de imagens mas de utilizar o cinema com fins educativos ou de prevenção de acidentes de trabalho. Em 1953, um artigo do *Mensário das Casas do Povo* anuncia por exemplo que a Repartição de Estudos, Informação e Propaganda da Direcção Geral dos Serviços Agrícolas vai promover a realização de filmes sobre as técnicas de produção agrícola. Esses filmes serão realizados em formato 16mm, «tornando-os, assim, acessíveis a um muito maior número de casos», visto que os projetores 16mm estão disponíveis num bom número de estabelecimentos, como «quartéis, escolas, empresas industriais, simples particulares»[7].

É este mesmo objetivo de acessibilidade e de difusão para um maior número de pessoas possível o que orienta a Campanha Nacional de Prevenção dos Acidentes de Trabalho e Doenças Profissionais, lançada em 1959 pelo Ministério das Corporações e Previdência Social, e cuja direção é confiada à JAS. Esta campanha, dirigida às entidades patronais, aos técnicos e à opinião pública em geral, visava delinear estratégias modernas de prevenção e de educação no trabalho. Num discurso proferido em abril de 1959, que anuncia o lançamento da campanha, Henrique Veiga de Macedo, Ministro das Corporações e Previdência Social, refere-se explicitamente às políticas seguidas nos «países do Ocidente com mais acentuado desenvolvimento industrial» para criar uma «consciência geral do risco no trabalho»[8]. A campanha é pensada em particular para os setores mais modernos da economia, nomeadamente a indústria. A escolha da via da prevenção e educação nasce da constatação que a existência de leis, regulamentos e outros dispositivos de proteção no trabalho não é suficiente para minimizar os riscos que são inerentes a qualquer atividade profissional. Por isso, a campanha deve dirigir-se diretamente aos próprios trabalhadores, cuja atitude ou moralidade são designadas como as principais responsáveis dos acidentes:

> «É incontestável que, não obstante o aperfeiçoamento dos meios mecânicos de protecção, a maior percentagem de acidentes tem origem em causas psicológicas, fisiológicas e morais que interferem no trabalho, o que exige a actualização dos métodos educativos, bem como permanente assistência ao trabalhador.»[9]

[6] Idem.

[7] Manuel Eugénio Galvão de Melo e Mota (engenheiro agrónomo), Sessões de cinema para lavadores, *Mensário das Casas do Povo*, n° 80, 1953, p. 11.

[8] Campanha Nacional de Prevenção de Acidentes de Trabalho e Doenças Profissionais, *Mensário das Casas do Povo*, n.º 154, abril 1959, pp. 4-9.

[9] Idem.

A campanha foi planeada para durar um ano, devendo abranger todos os distritos da metrópole. A orientação superior da campanha é da responsabilidade da JAS, mas várias entidades públicas e particulares são envolvidas, nomeadamente o Grémio dos Seguradores, as instituições de previdência social e abono de família e a FNAT. As normas da campanha publicadas no *Mensário das Casas do Povo* preveem a utilização de uma grande variedade de meios de comunicação: ciclos de conferências e palestras; cinema, rádios e televisão; publicações de artigos, reportagens, entrevistas; edição de livros, exposições fixas e itinerantes; atribuições de prémios; concessão de bolsas de estudo; etc[10]. As iniciativas de comunicação através da imprensa e dos meios audiovisuais ocupam, no entanto, um lugar de destaque. Em cooperação com a Comissão Executiva da Campanha, funciona uma Comissão de Imprensa, Rádio e Televisão, composta por representantes do Secretariado Nacional de Informação (SNI), da direção do Grémio Nacional da Imprensa Diária, da imprensa nacional e regional, da Emissora Nacional e da Radiotelevisão Portuguesa.

No discurso do ministro de abril 1959, e nos diferentes artigos publicados sobre a campanha, o cinema não é objeto de uma atenção particular. Os meios de comunicação já estão pensados numa perspetiva mais alargada, em termos de meios audiovisuais, radio e televisão incluídos. Do ponto de vista da evolução da organização da indústria audiovisual em Portugal, os anos 1950 são, com efeito, marcados pela emergência da televisão. Em março de 1957, a Radiotelevisão Portuguesa inicia as suas emissões regulares. No final de 1961, a JAS reorganiza os seus serviços e cria um serviço especificamente dedicado à televisão que vai ganhar importância na segunda metade da década de 1960. As atividades cinematográficas e televisivas são, contudo, vistas como complementares. Desde logo, a Secção de Cinema e Televisão da JAS concebe o cinema como um veículo de comunicação de massas e um meio para chegar a um público alargado, isto é, o público nacional, incluindo as regiões rurais mais remotas.

No momento do lançamento oficial do circuito de difusão cinematográfico, em fevereiro de 1961, a ação da JAS prolonga e amplia a campanha do Ministério das Corporações e Previdência Social de 1959. A programação de base do circuito da JAS define-se como devendo ser composta por «filmes especificamente formativos, tanto no que diz respeito à acção social e corporativa como à prevenção de acidentes de trabalho e outros problemas relacionados com a defesa e dignificação do trabalhador»[11].

Um texto publicado no início do ano de 1966, na *Informação Social*, revista do Ministério da Saúde e Assistência, sintetiza bem que tipo de uso do cinema é então encarado pelos organismos públicos no âmbito das ações de desenvolvimento das comunidades qualificadas de «retardadas»[12]. Num contexto onde, segundo a autora, as pessoas que devem beneficiar dos programas de desenvolvimento, «se retraem na apatia e passiva resistência ou mesmo numa oposição ativa», o papel dos meios audiovisuais na transmissão de mensagens deve obedecer a certos requisitos:

[10] Ibidem.

[11] Cinema nas Casas do Povo, *Mensário das Casas do Povo,* n.º 177, março de 1961.

[12] Isabel Caetanito Miguens, O Cinema como meio de informação e comunicação em comunidades retardadas, *Informação Social*, n.º 1, janeiro-março 1966, pp. 61-67.

> «[a transmissão da mensagem] deve ser simples e facilmente atingível, deve provocar um interesse crescente e conduzir à acção; deve proporcionar um equilíbrio entre o processo desencadeado a nível intelectual e a segurança da acção desejada; deve ser feita em lugar e altura oportunos (...).»[13]

O cinema constitui, simultaneamente, um «meio de informação», um «meio de motivação», e um «meio de educação»[14]. Os conteúdos dos filmes têm interesse quando integram um dispositivo preciso, construído e controlado pelos organismos públicos, que permite assegurar a transmissão da mensagem (a «informação» e a «educação») e, sobretudo, atingir o objetivo principal: a transformação dos comportamentos individuais (a «motivação»). A ação de organismos como a JAS não pode, então, limitar-se à produção de conteúdos cinematográficos, devendo também garantir uma boa receção por parte de audiências que podem ter características e dimensões variadas, sobretudo no âmbito de um circuito de difusão nacional, como o que vai ser dinamizado pela JAS a partir de 1961.

3. A constituição de um catálogo de filmes sobre o trabalho

O programa da JAS em matéria de cinema inscreve-se nitidamente na linha de atuação do Ministério das Corporações e Previdência Social, em particular, e do aparelho corporativo do Estado Novo, em geral. No entanto, a análise das práticas administrativas quotidianas da Secção Cinema e Televisão, na viragem da década de 1950 para 1960, revela que a ação concreta desenvolvida pela JAS não era assim tão coerente. Um primeiro projeto de organização da Secção de Cinema e Televisão da JAS é elaborado em março de 1957 pelo cineasta e crítico de cinema Fernando Garcia, que se torna o primeiro responsável deste serviço. A partir de 1957, a JAS começa a constituir um catálogo cinematográfico para alimentar um circuito de difusão de filmes em 16mm que está ainda numa fase embrionária. Na realidade, trata-se de um conjunto de filmes bastante díspares, que remetem para modos de produção e enquadramentos económicos, culturais ou ideológicos bastante variáveis. Nada garante *a priori* uma homogeneidade ou um grau razoável de coerência nas mensagens, nos valores, ou nas representações veiculados pelos filmes.

O catálogo cinematográfico da JAS contém basicamente dois tipos de filmes. Primeiro, os filmes produzidos diretamente pela JAS ou por ela encomendados a produtores externos com um caderno de encargos bastante preciso. Neste caso a JAS exerce um controlo direto sobre a produção e realização dos filmes. Os filmes que integram o corpus WorkS são deste tipo. Estes filmes são claramente pensados para uma «audiência». Segundo Fernando Garcia, devem ser adaptados «ao nosso meio, à nossa gente, aos nossos hábitos, tradições, instrumentos de trabalho...»[15]. A lista dos temas propostos enquadra-se perfeitamente nos objetivos do Plano de Formação Social e Corporativa lançado em

[13] Idem, p. 64.
[14] Ibidem, p. 66.
[15] Fernando Garcia, *Informação* n.º 17-A, 22 de março de 1957, Gabinete de Estratégias e Planeamento, JAS, Circuito – Caixa n.º 1.

1956 pelo Ministério das Corporações e Previdência Social: «(...) segurança no trabalho em geral; segurança no trabalho rural; segurança no trabalho fabril; iniciação sobre novas técnicas de organização e produtividade; educação sanitária; melhoria do trabalho artesanal; educação corporativa (deveres e direitos); organização»[16]. Segundo, paralelamente a essa atividade de produção exclusiva, a JAS prevê alugar ou comprar filmes já existentes no mercado internacional. Podem ser filmes «puramente recreativos» ou de «produção especializada de filmes sobre problemas de trabalho, higiene, produtividade e ensino de técnicas»[17]. Fernando Garcia faz referência à possibilidade de recorrer ao catálogo do *Bureau International du Travail* ou do *Educational Film Guide*. Os filmes recreativos e de «carácter artístico», segundo a expressão do artigo do *Mensário das Casas do Povo* já citado, são, num primeiro momento, ainda apresentados como complementos aos programas da JAS e deverão ser «rigorosamente seleccionados»[18].

Poderemos então afirmar que os filmes produzidos ou encomendados pela JAS veiculam representações originais sobre o trabalho? Ou seja, até que ponto tenta a JAS moldar representações específicas do trabalho nos filmes que programa? Podemos avançar dois tipos de resposta a essas perguntas. O primeiro tem a ver com os conteúdos dos filmes produzidos ou encomendados pela JAS. O segundo relaciona-se com o próprio sistema de produção, ou seja, os atores sociais envolvidos e as formas de enquadramento administrativo deste processo.

O quadro 7.1. reúne a lista dos 18 filmes da JAS incluídos no corpus do projeto WorkS. São documentários que apresentam um leque temático relativamente alargado. Podemos identificar duas fases nas produções da JAS (ou para a JAS, quando há a intervenção de produtores externos). No início dos anos 1960, nota-se uma forte coerência temática dos filmes em torno da questão da segurança e da saúde no trabalho, o que acaba por gerar um mesmo tipo de discurso e representação sobre o trabalho e os trabalhadores. A partir de 1966, uma segunda vaga de filmes da JAS adota um ponto de vista mais generalista, limitando-se a fazer o retrato de alguns setores profissionais – *O fogo e o aço* (1966); *Cerâmica de ontem e de hoje* (1967); *Tapeçaria – Tradição que revive* (1967) –, empresas de sucesso – *Scooter sinfonia* (1969) – ou a evolução da sociedade moderna –*As doenças de Megalópolis* (1969).

Os filmes produzidos entre 1960 e 1962 estão todos relacionados com os temas do Plano de Formação Social e Corporativa. Se alguns filmes desta fase têm meramente um papel de divulgação dos objetivos da campanha de prevenção dos acidentes do trabalho – é o caso de *O perigo não dorme*, de 1960, realizado em 35 mm, que alerta para o perigo específico do trabalho noturno nos setores dos transportes e serviços – outros filmes adotam um tom mais didático para ensinar gestos e comportamentos básicos de prevenção de acidentes. É o caso, por exemplo, do filme *O homem e a máquina* (1961), que se dirige aos operadores de máquinas industriais. Considerados enquanto conjunto, os filmes da JAS deste período – e temos aqui apenas uma pequena amostra – podem ter contribuído para a construção de uma cultura profissional própria de cada setor

16 Idem.

17 Ibidem.

18 Cinema nas Casas do Povo, *Mensário das Casas do Povo*, n.º 177, março de 1961.

QUADRO 7.1. – **Filmes da Junta de Acção Social integrados no corpus do projeto WorkS**

O perigo não dorme (1960, 11', documentário, p/b, Fernando Garcia) Filme realizado no âmbito do Plano de Formação Social e Corporativa do Ministério da Previdência. Produção de Domingos Mascarenhas / Produções Cinematográficas Perdigão Queiroga.
Realidade do trabalho português (1960, 17', documentário, cor, João Mendes) Filme realizado no âmbito do Plano de Formação Social e Corporativa do Ministério da Previdência. Produção de Felipe de Solms e da JAS.
Enquanto é tempo (1960, 9', documentário, p/b, Manuel Moutinho) Filme realizado no âmbito do Plano de Formação Social e Corporativa do Ministério da Previdência. Produção de Domingos Mascarenhas e Perdigão Queiroga.
Perigo invisível (1961, 11', documentário, p/b, Afonso Botelho e Manuel Moutinho Múrias) Filme realizado no âmbito da Campanha Nacional de Acidentes no Trabalho, do Plano de Formação Social e Corporativa do Ministério da Previdência. Produção da JAS.
O homem e a máquina (1961, 10', documentário ficcionado, p/b, Francisco de Castro e Manuel Moutinho Múrias) Filme realizado no âmbito da Campanha Nacional de Acidentes no Trabalho, do Plano de Formação Social e Corporativa do Ministério da Previdência. Produção da JAS.
As mulheres e o trabalho (1962, 15', documentário, p/b, Fernando Garcia) Produção da JAS.
Nocturno (1962, 12', documentário, p/b, Jacinto Ramos) Filme comprado pela JAS e integrado ao seu catálogo em 1963.
Oleiros do Redondo (1964, 12', documentário, p/b, Maria Luísa Bívar) Produção da JAS.
O fogo e o aço (1966, 13', documentário, cor, António Ruano) Produção da JAS.
Cerâmica de ontem e de hoje (1967, 9', documentário, p/b, Alfredo Tropa) Produção Ricardo Malheiro/ Cultura Filmes para a JAS.
Tapeçaria – Tradição que revive (1967, 16', documentário, cor, António-Pedro Vasconcelos) Produção Ricardo Malheiro/Cultura Filmes para a JAS, com financiamento do Fundo do Cinema Nacional e do Fundo de Fomento de Exportação.
Agualuz (1968, 10', documentário, p/b, António Ruano) Produção de António Ruano e JAS.
A arte e ofício de ourives (1968, 10', Alberto Seixas Santos) Produção Ricardo Malheiro/Cultura Filmes para a JAS.
Crónica de um jornal (1968, 10', documentário, p/b, António Ruano) Produção da JAS.
As doenças de Megalópolis (1969, 10', documentário, p/b, António Ruano) Filme da série «Urbanismo e Habitação». Produção da JAS, produtor Francisco de Castro.
Scooter sinfonia (1969, 11', documentário, cor, António Ruano) Filme da série «Indústrias de Portugal». Produção da JAS.
Árvore – Papel (1970, 12', Afonso Botelho) Produção da JAS.
Oliva (data não identificada, 17', documentário, p/b, Paulo Lucena) Produção da JAS.

de atividade: trabalhadores em oficina industrial, transportes, serviços, etc. Os temas e as estruturas narrativas desses filmes colocam os trabalhadores no centro de um discurso de prevenção, mas também de responsabilização individual. Os apelos à vigilância e à adoção de gestos simples na rotina quotidiana do trabalhador acabam por ocultar o papel das hierarquias profissionais e das relações de poder no seio das empresas (as chefias e os patrões) ou fora delas (o Estado). Deste ponto de vista, para além do enquadramento ideológico próprio do Estado Novo que orienta o Plano de Formação Social e Corporativa, as narrativas desses filmes retomam o discurso clássico sobre a relação entre saúde e trabalho nas sociedades industriais dos anos 1960, privilegiando os interesses dos industriais e negando aos trabalhadores qualquer meio de ação ou de reivindicação coletiva para minimizar os riscos da atividade profissional e reparar os eventuais danos (Bruno *et al.*, 2011).

O papel do Estado como principal força reguladora das condições de trabalho é, no entanto, salientado no filme *As mulheres e o trabalho* (1962), que trata da inserção das mulheres no mercado de trabalho português. O filme, pedagógico e meramente informativo, tem como principal objetivo oferecer uma apresentação bastante geral das condições e enquadramento do trabalho feminino em Portugal. Ao longo do filme, a voz *off* e os textos inseridos apresentam números, estatísticas, regulamentos e leis em vigor no quadro do Estatuto do Trabalho Nacional. A imagem serve, então, para ilustrar um discurso já elaborado por outros meios. A sequência de abertura ilustra bem a natureza do discurso e do dispositivo fílmico: o filme começa com a apresentação de números estatísticos impressos na imagem sobre planos de saídas de fábrica, em que uma grande maioria dos trabalhadores é do sexo feminino. Ficamos a saber que 39% dos trabalhadores da indústria em Portugal são do sexo feminino, correspondente a 163.000 mulheres.

Nestes filmes, podemos identificar a circulação de imagens e estereótipos, ou seja, a constituição de uma «iconografia» (Ginzburg, 2013) do trabalho, visível nomeadamente nas representações das relações de género e das hierarquias sociais. O tom paternalista de alguns desses filmes e a própria escolha temática tendem a produzir uma visão crítica das transformações sociais então em curso, que apesar de serem inevitáveis, são consideradas como sendo fontes de perigo e de mal-estar. O documentário de João Mendes, *Realidade do trabalho português* (1960), celebra, por exemplo, a herança de uma cultura portuguesa do trabalho onde cada um deve ter o seu lugar e a sua função. A máxima do filme, várias vezes repetida pelo narrador – «a cabeça que pensa, as mãos que executam» – remete claramente para a visão orgânica e corporativista da sociedade defendida pela Estado Novo. A imutabilidade dos valores sociais e culturais atribuídos ao trabalho é celebrada desde a primeira sequência do filme onde vemos, em grande plano, o retrato do Infante D. Henrique, tal como figura nos painéis de São Vicente, seguido por um plano aproximado de umas mãos que moldam o barro, e dois planos de construção naval – um fechado sobre um operário, outro geral que nos mostra o barco a ser construído, um grande casco em madeira à volta do qual trabalham vários homens. Esta curta sequência de

FIGURA 7.2. – Fonte: *Mensário das Casas do Povo*, n.º 149, novembro 1958 [col. BNP].

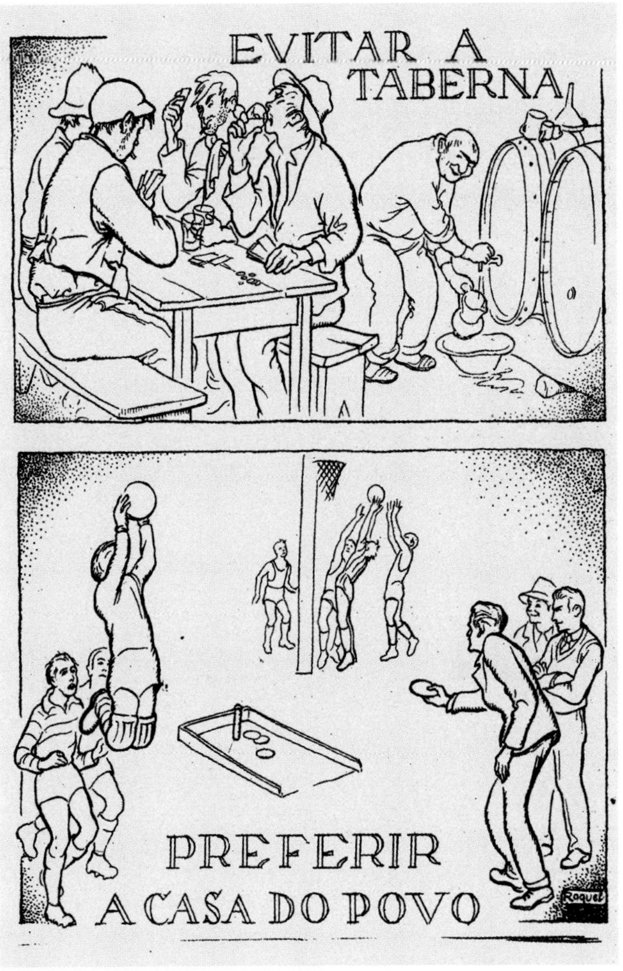

FIGURA 7.3. – Fonte: *Mensário das Casas do Povo*, n.º 165, março 1960 [col. BNP].

abertura estabelece uma continuidade histórica direta entre a figura do Infante e o aparelho corporativista do Estado Novo, assegurando a perenidade de uma ordenação, apresentada como natural, entre os diferentes órgãos da sociedade: «a cabeça que pensa», isto é, que dá ordens às «mãos que executam» (sem rosto).

Os filmes institucionais retomam também, com algumas variações, as marcas de uma «cultural visual» (Gerveau, 2000; Brunet, 2013) do trabalho que circula através de outros suportes, nomeadamente a imprensa. Nos anos 1950 e 1960, o *Mensário das Casas do Povo* publica regularmente desenhos ou pequenas histórias aos quadradinhos que abordam temas similares aos dos filmes produzidos no âmbito das campanhas dinamizadas pelos organismos corporativos (JAS, FNAT) ou pelo Ministério da Educação (CNEA). Por exemplo, as representações do papel social das mulheres (*figura 7.2.*) ou dos perigos da taberna para os homens (*figura 7.3.*) já eram construídas a partir de situações bastante similares num filme da CNEA, *Um futuro melhor* (1953), onde um operário analfabeto vê a sua vida transformada depois de começar a frequentar as aulas da CNEA. O tema da ginástica feminina, que o *Mensário das Casas do*

Figura 7.4. – Fonte: *Mensário das Casas do Povo*, n.º 171, setembro 1960 [col. BNP].

Povo relacionava com os trabalhos domésticos (*figura 7.4.*), é retomado no filme *Crónica do esforço perdido* (1967, António de Macedo), produzido pela FNAT. Todavia, nota-se aqui uma diferença entre os dois suportes visuais. A história aos quadradinhos do *Mensário das Casas do Povo* representa mulheres rurais isoladas que efetuam trabalhos domésticos, preconizando apenas melhorar posições e hábitos corporais sem romper com os ritmos da vida quotidiana. O filme da FNAT situa-se no universo de uma oficina industrial. Os mesmos gestos formam desta vez um movimento coletivo ordenado, numa situação de «pausa racional», dependente da organização e das cadências da produção empresarial[19].

[19] Sobre a figuração da «pausa» nas representações do trabalho ver o capítulo 3 deste livro.

As formas de enquadramento administrativo dessas produções são difíceis de determinar a partir da série *Informações* da Secção Cinema e Televisão. Nesta documentação encontramos comentários muito gerais sobre uma série de filmes produzidos pela JAS em 1960, geralmente para louvar as suas qualidades: *Enquanto é tempo,* de Manuel Moutinho; *Realidade do trabalho português*, de João Mendes; e *O perigo não dorme*, de Fernando Garcia. Os filmes são considerados «bons tanto temática como formalmente» e «cumprem com rigor os objetivos» da JAS. Salienta-se também que foram «os primeiros trabalhos cinematográficos deste género em Portugal»[20].

Em agosto de 1960, as etapas da produção de um filme sobre a «pesca do percebe» são detalhadas em dois relatórios: o argumento é validado, mas para «cinematizar» este assunto diz-se que convém, antes de mais nada, escolher locais de filmagem, fotografá-los pormenorizadamente, etc[21]. O serviço da JAS tende, assim, a desconsiderar a importância da própria atividade de produção:

> «Não parece necessário utilizar quaisquer elementos técnicos estranhos à Junta. Desde que se possa contar com a colaboração do operador Sr. Lopes Fernandes, o Chefe da Secção pode encarregar-se de escrever o texto cinematográfico e ainda de dirigir e montar o filme. O material já existente na Secção é, tecnicamente, suficiente para a perfeita execução de tais trabalhos e, podendo o Sr. Lança dos Santos ser assistente de montagem, só para a sonorização do filme será preciso sair das instalações da Junta da Acção Social. Convirá, inclusive, aproveitar o melhor possível os elementos de que já dispomos a fim de se poder iniciar a produção directa em 16mm, prevista desde sempre no programa da Junta (...).»[22]

A insistência na racionalização dos esforços e dos meios técnicos ou financeiros contrasta com a ausência de discussão sobre o conteúdo e a mensagem do filme. Esses relatórios dão uma visão bastante imprecisa, ou um pouco rotineira do momento da realização dos filmes. Não dizem muito sobre os conteúdos dos filmes que estão a ser realizados. É difícil afirmar, com base nestes documentos, se a ação da JAS era ou não orientada por uma ideia de cinema, um pensamento sobre os filmes.

O número de pessoas envolvidas nas produções da JAS é relativamente limitado e teve provavelmente tendência a diminuir ao longo dos anos 1960. Encontramos aqui um fragmento da «rede de solidariedade técnica» (Barcoso, 2002) que se constitui desde o início dos anos 1950, nomeadamente no âmbito da CNEA, com, por exemplo, os realizadores João Mendes e Fernando Garcia, respetivamente ligados aos produtores Felipe de Solms e Domingos Mascarenhas. Advinha-se que o envolvimento pessoal desses realizadores era provavelmente muito variável. Numa entrevista à revista *Almanaque Plateia* em 1956, João Mendes não esconde o caráter de sustento económico dessa atividade, declarando «(...) [vou] ficando pelos documentários, com os quais asseguro

[20] *Informação*, n.º 55/60, 1960, Gabinete de Estratégias e Planeamento, JAS, Circuito - Caixa n.º 1.

[21] *Informação* n.º 364/60, 16 de agosto de 1960, Gabinete de Estratégias e Planeamento, JAS, Circuito - Caixa n.º 1.

[22] Idem.

a manutenção e afugento a ideia de ter que mudar de vida, em que nunca tive outra»[23].

No entanto, a JAS introduz um outro tipo de relação entre os serviços administrativos do Estado e o meio cinematográfico. Vários funcionários da JAS estão ligados a este meio. Em primeiro lugar, Fernando Garcia, que organiza a Secção Cinema e Televisão em 1957, e o seu adjunto Manuel Maria Múrias, que se torna chefe da Secção em 1960 e, a partir de 1961, Chefe da Secção de Cinema. Quando inicia as suas funções na JAS, Fernando Garcia já é um ator importante do meio cinematográfico português. Fez parte da «geração dos assistentes» que «constituíram o núcleo duro do projeto cinematográfico de António Ferro» nos anos 1940 (Cunha, 2014, p. 118). Desde 1948 é Presidente do Sindicato Nacional dos Profissionais de Cinema e dirige o programa «Rádio-Cinema» da Emissora Nacional, em colaboração com Félix Ribeiro. Ao lado de Domingos Mascarenhas foi também membro da comissão organizadora da Federação Portuguesa de Cineclubes, criada em 1956 pelo Ministério da Educação Nacional e o SNI numa tentativa de controlar as atividades dos Cineclubes (Cunha, 2014, p. 271). Antes de trabalhar na JAS, Manuel Maria Múrias foi crítico de cinema no jornal *Animatógrafo* e depois no *Diário da Manhã*. Foi também assistente dos realizadores António Lopes Ribeiro, Leitão de Barros e do próprio Fernando Garcia. Ele assina os seus filmes com o nome de Manuel Moutinho Múrias. Em 1961, a jornalista Maria Luísa Bivar torna-se também funcionária da JAS. A partir de 1962, ela realiza varias dezenas de documentários para a JAS e para a RTP. Os seus filmes para a JAS estão essencialmente ligados a questões de segurança no trabalho, os realizados para a RTP ao artesanato português[24].

Assim, o controlo apertado do conteúdo das imagens e dos sistemas de produção cinematográficos deixou rapidamente de ser a prioridade da JAS. A constituição de um grupo restrito de colaboradores internos, oriundos do meio cinematográfico, mas que incorporavam totalmente os discursos e as práticas institucionais, permitia assegurar a continuidade dos objetivos da JAS. A funcionarização do cinema institucional foi uma das primeiras respostas encontradas pela JAS à questão da homogeneização dos discursos e representações sobre o trabalho. Revelou-se, no entanto, insuficiente face ao crescimento de uma outra atividade: a organização de um circuito de difusão dos filmes.

4. O «trabalhador espectador»: o circuito cinematográfico da Junta de Acção Social

A aquisição de filmes sobre o trabalho estava prevista no primeiro projeto de organização do Serviço Cinema e Televisão da JAS, apresentado em março de 1957[25], sendo a seleção realizada pelos seus serviços internos. O exemplo do filme *Nocturno* (1962) permite perceber os procedimentos seguidos pela JAS no início da década de 1960. Este filme, realizado e produzido por Jacinto Ramos, é uma evocação poética, bastante sensorial, e em alguns momentos quase

[23] Lumiar 56. Um inquérito aos nossos realizadores, em *Almanaque Plateia*, n.º 3, 1956, pp. 80-81 + p. 93.
[24] Ver: António Cunha (dir.), *Cineastas Portuguesas (1874-1956)*, Cinemateca Portuguesa, 2000, p. 26.
[25] Fernando Garcia, *Informação* n.º 17-A, op. cit.

abstrata, do trabalho nas instalações da Siderurgia Nacional, no Seixal. Vale a pena citar o cartão de texto que abre o filme:

> «Estas imagens não contam uma história, não mostram uma fábrica, não ensinam onde e de que maneira, mãos portuguesas fazem, com esforço e alegria, o aço português. Resultam apenas de uma visão particular das coisas e dos acontecimentos posta ao serviço de uma realidade nova. Sem preocupações narrativas ou didácticas, fica a câmara livre para exprimir artisticamente o mistério que é a própria essência do quotidiano verdadeiro, livre para mostrar o homem e o aço, dois termos de um diálogo que só agora começa. Livre para trazer aos olhos do espectador desprevenido a mágica beleza do nocturno fabril, porque é de noite, na solidão terrível e fantasmagórica da noite, que a fábrica siderúrgica revela a sua face mais íntima e secreta. À Siderurgia Nacional, agradece o produtor as facilidades concedidas e sem as quais não teria sido possível tentar fixar em imagens o perfil inesperado da unidade siderúrgica da margem esquerda do Tejo.»[26]

Esta nota de intenções, que rejeita qualquer caráter pedagógico ao filme, insistindo pelo contrário na dimensão pessoal e artística da proposta, parece contrariar grande parte dos objetivos da JAS. Segundo uma *Informação* de maio de 1963, foi o realizador e produtor do filme que propôs à JAS vender a sua obra[27]. O chefe da Secção de Cinema apresenta então o projeto à Comissão Executiva da Secção, considerando que se trata

> «(...) de um documentário, filmado à noite, mostrando aspectos da Siderurgia Nacional, que mereceu das Imprensas portuguesa e estrangeira as melhores referências. A sua aceitação viria enriquecer os arquivos do circuito, proporcionando aos espectadores das Casas do Povo uma visão daquele complexo industrial.»[28]

Na margem do documento, lêem-se as anotações dos diferentes funcionários da JAS envolvidos no processo. José Manuel Serra Formigal, Vogal da Comissão Executiva, indica apenas: «Vi o documentário que me parece de interesse, pelo que concordo com esta aquisição». Outros serviços contentam-se em declarar que esta compra tem cabimento orçamental[29]. Sobre a adequação do filme para o público rural das Casas do Povo ou a ausência de caráter pedagógico da obra, nada é referido.

A aquisição de filmes estrangeiros parece ter seguido o mesmo processo. Em julho de 1959, a JAS adquire cinco filmes franceses sobre a prevenção de acidentes de trabalho e docências profissionais: *Les roches maléfiques; Cris sans écho; La peau de banane; Un jour comme les autres;* e *La belle cheminée.* As produções Perdigão Queiroga – um dos atores chaves da produção de filmes institucionais em Portugal, nos anos 1950 e 1960 – efetuaram o trabalho de dobragem e supervisionaram a tiragem das cópias síncronas em Paris. Segundo

[26] O cartão de texto foi copiado diretamente da cópia visionada.
[27] *Informação* n.º 226/63, 18 de maio de 1963, Gabinete de Estratégias e Planeamento, JAS, Circuito – Caixa n.º 1.
[28] Idem.
[29] Ibidem.

a direção da Secção Cinema e Televisão da JAS, a colaboração com França correu bem: «Em Paris encontrou o Sr. Perdigão Queiroga as maiores facilidades não só da parte das autoridades francesas como de todos os técnicos e funcionários»[30]. Nessa data, prevê-se a aquisição de mais 16 filmes. A entrada em circulação dos filmes estrangeiros, a aquisição do material e a sua adaptação ao público português com a dobragem, são operações com um caráter essencialmente administrativo e técnico.

A heterogeneidade da programação cinematográfica da JAS vai ser reforçada com a afirmação de uma estratégia ambiciosa de difusão dos filmes em todo o país. Deste ponto de vista, houve uma mudança completa nas prioridades da JAS entre março e dezembro de 1957, que se nota nos orçamentos elaborados pela Secção Cinema e Televisão: a proporção das despesas para a exibição e a aquisição de filmes cresce consideravelmente em alguns meses, em detrimento das despesas de produção (*figura 7.5.*). A prioridade da JAS deixa de ser a produção dos seus próprios filmes, para dar lugar à instauração de um circuito de exibição exclusivo, utilizando a rede das organizações corporativas de base. A prioridade dada à atividade de distribuição dos filmes é aliás claramente assumida e reivindicada pela Secção de Cinema e Televisão. Em setembro de 1959, Manuel Maria Múrias afirma que:

> «O quantitativo de filmes necessário à alimentação contínua do circuito de exibição cinematográfica em 16 mm já foi suficientemente justificado... o problema depois de ter sido cuidadosamente equacionado pelos serviços, tem apenas que ser resolvido».[31]

Os projetos iniciais de organização do circuito da JAS foram bastante ambiciosos. Em 1957, prevê-se a possibilidade de criar até 300 centros de exibição no país[32]. Finalmente, em fevereiro de 1961, 75 projetores de filmes em 16 mm são comprados e entregues aos organismos locais que aderiram à iniciativa, em troca de uma comparticipação financeira[33]. Em 1965, o circuito envolvia 127 centros de exibição e, nesse ano, previa-se ainda a compra de 30 projetores para equipar novos organismos locais[34].

O circuito do cinema da JAS funciona efetivamente a partir de março de 1962. Este circuito de grande escala deixou poucos rastos na história dos modos de produção e difusão do cinema em Portugal[35]. O relatório de atividade da Secção de Cinema da JAS do ano de 1963 indica que em todo o país foram organizadas 2.277 sessões, a um ritmo bimensal em cada organismo, correspondendo a um número total de 716.336 espectadores[36]. O quadro 7.2, que reúne dados sobre os primeiros anos de funcionamento do circuito, mostra a grande flutuação dos números em função das fontes. Se no ano de 1963 o número de sessões realizadas correspondeu globalmente às previsões, o número de espectadores foi o dobro do esperado. Temos dados mais fiáveis provenientes dos relatórios mensais dos centros de exibição (quadro 7.3.). Entre 1962 e 1968, o número de sessões mensais progrediu, chegando a uma média de 300 por mês. Podemos estimar que, a meio da década de 1960, cerca de 500.000 espectadores

[30] *Informação* n.º 55/60, 9 de fevereiro de 1960, Gabinete de Estratégias e Planeamento, JAS, Circuito – Caixa n.º 1.

[31] *Informação* n.º 483, 28 de setembro de 1959, Gabinete de Estratégias e Planeamento, JAS, Circuito – Caixa n.º 1.

[32] *Informação* n.º 20, 14 de dezembro de 1957, Gabinete de Estratégias e Planeamento, JAS, Circuito – Caixa n.º 1.

[33] Cinema nas Casas do Povo, *Mensário das Casas do Povo,* n.º 177, março de 1961.

[34] *Informação* n.º 10/65, 13 de janeiro de 1965, Gabinete de Estratégias e Planeamento, JAS, Circuito – Caixa n.º 1.

[35] Para a síntese mais completa ver a recente tese de doutoramento de Paulo Cunha (2014).

[36] *Informação* n.º 428/64, 28 de outubro de 1964, Gabinete de Estratégias e Planeamento, JAS, Circuito – Caixa n.º 1.

FIGURA 7.5. – Orçamentos da Secção Cinema e Televisão da JAS (1957-1959)[37].

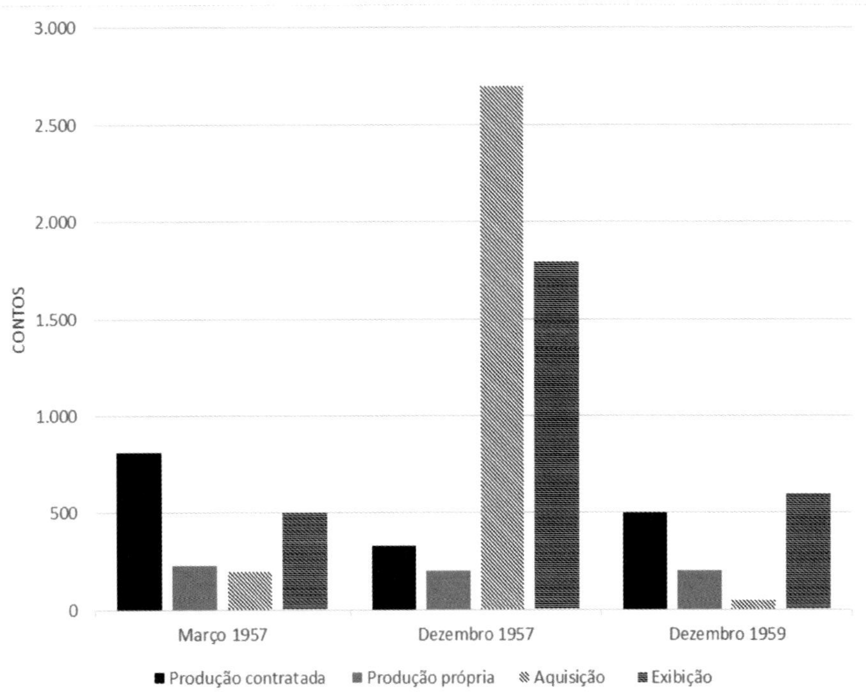

Fonte: Gabinete de Estratégia e Planeamento, Junta da Acção Social, Circuito – Caixa n.º 1.

QUADRO 7.2. – Variação das estimativas sobre os espectadores do circuito da JAS

Ano	Sessões	Espectadores	Fontes
1961*	1.800	720.000	*Mensário das Casas do Povo*, n.º 177, março 1961
1963*	2.200	350.000	Informação n.º 558/1962, Arq. JAS
1963	2.277	716.336	Informação n.º 428/1964 «Relatório das actividades do ano de 1963», Arq. JAS

* Previsão

frequentavam mensalmente as sessões do circuito de cinema da JAS a nível nacional. O circuito da JAS atingiu o seu maior nível de desenvolvimento nos anos de 1967 e 1968[38].

A análise do papel da JAS na construção e difusão de representações sobre o trabalho deve, então, tomar em conta este contexto de difusão bastante específico. A diversidade da atividade da JAS convida a pensar de uma maneira mais abrangente a história da produção das representações cinematográficas sobre o trabalho, enquanto fenómeno relacional, que põe em contacto, através da mediação dos filmes, diferentes categorias de atores sociais: o poder económico ou político, os atores do campo cinematográfico e os espectadores (Leveratto & Montebello, 2007).

[37] Previsão das despesas (estimativa) em março de 1957; orçamentos baseados em programas concretos de atividades em dezembro de 1957 e dezembro de 1959. O arquivo da JAS não contém informações sobre as despesas reais.

[38] Se compararmos os dados estatísticos sobre a frequentação das salas de cinema na década de 1960, compilados por Paulo Cunha (2014, p. 107), as sessões do circuito da JAS representavam cerca de 3% das sessões de cinema no país e reuniam sensivelmente a mesma proporção do total de espectadores. Nesta década, o número de sessões de cinema em Portugal cresceu cerca de 25% (ibid.).

Quadro 7.3. – O circuito da JAS (1963-1969)

Ano	Mês	Sessões	Espectadores
1963	Abril	152	32.519
1964	Abril	223	40.942
1965	Maio	278	53.479
1965	Junho	252	54.085
1966	Julho	355	68.573
1966	Agosto	302	56.422
1966	Setembro	288	54.776
1967	Abril	344	63.508
1967	Junho	307	51.032
1968	Abril	323	63.850
1968	Julho	218	50.730
1969	Fevereiro	285	42.267
1969	Setembro	264	35.920

Fonte: Arquivo da Secretaria Geral do Ministério da Solidariedade, Emprego e Segurança Social – Circuito interno da Junta da Acção Social (circuito cinematográfico) (Pasta de documentação avulsa – Fichas de inquérito).

É interessante notar que, pouco a pouco, a JAS vai aprendendo o funcionamento e as regras formais e informais do mercado cinematográfico. O arquivo da JAS contém diferentes contratos com a Paramount ou a Metro Goldwyn Mayer, que dão uma ideia das prioridades na sua atuação entre 1958 e 1960 – ter um catálogo de filmes rapidamente disponível sem desnaturar os objetivos da JAS:

> «O problema é vasto e complexo. Por isso foi necessário, ao mesmo tempo, prever soluções simultaneamente, as melhores económica, política, social e culturalmente. Calculou-se então que seriam necessários 180 filmes de fundo e, pelo menos, 350 complementos, supondo que, geralmente, cada filme de fundo seria acompanhado por duas ou três curtas-metragens.»[39]

A diversificação do catálogo dos filmes exige então estabelecer diferentes níveis de controlo da rede de difusão. Seguindo o modelo da CNEA, a JAS cria uma Comissão Visionadora de filmes, constituída por representantes do Episcopado, do Ministério da Educação Nacional, da Junta Central das Casas do Povo, da FNAT e da JAS. Segundo as Informações da Secção Cinema e Televisão da JAS, essa Comissão reuniu-se 109 vezes entre dezembro de 1959 e outubro de 1961, na presença irregular do crítico de cinema Luís de Pina (21 presenças)[40]. A Comissão Visionadora estava encarregue de escolher «definitivamente» um conjunto de filmes – a maior parte longas-metragens

[39] *Informação* n.º 55/60, 9 de fevereiro de 1960, Gabinete de Estratégias e Planeamento, JAS, Circuito – Caixa n.º 1.

[40] *Informações*, fevereiro de 1960 – outubro de 1961, Gabinete de Estratégias e Planeamento, JAS, Circuito – Caixa n.º 1.

de ficção, já exibidas no circuito comercial – que iriam constituir a cinemateca da JAS[41].

Se os comentários sobre os conteúdos e o modo de seleção dos filmes são relativamente vagos e comuns, a questão da organização das sessões quinzenais nos organismos corporativos através do país é abordada de uma maneira muito precisa e detalhada. O regulamento dos espetáculos cinematográficos aprovado em março de 1961 assenta em dois grandes princípios[42]: i) a gratuitidade dos «espectáculos», que de facto faz com que a JAS tente distanciar-se da economia do cinema e das artes em geral[43]; e ii) um controlo total da difusão dos filmes da rede de distribuição por parte dos seus serviços, não podendo os organismos locais utilizar os projetores adquiridos com ajuda da JAS para programar outros filmes que não fazem parte do circuito.

O título deste ponto do capítulo – o «trabalhador-espectador» – é uma expressão que surge num relatório datado de dezembro de 1962, onde se faz um ponto da situação relativo ao desenvolvimento do circuito. Esta expressão sugere que existe uma ideia clara de um público-alvo e um pensamento relativamente preciso sobre as condições de receção dos filmes:

> «No final de 1963, o circuito cinematográfico da Junta de Acção Social deve ter realizado 2.200 sessões com uma frequência total que rondará os 350.000 trabalhadores-espectadores.»[44]

Um episódio da vida local do circuito comentado nos relatórios da Secção de Cinema da JAS ilustra alguns aspetos deste pensamento. Face ao risco de massificação da atividade de difusão dos filmes, a JAS apresenta uma resposta mais organizacional, com um esforço de controlo do momento da exibição dos filmes. Em novembro de 1962, um incidente nos Açores é a ocasião para lembrar a especificidade da sua ação. Uma sessão do Sindicato Nacional dos Empregados de Escritório e Caixeiros do distrito de Angra do Heroísmo foi impedida pela Inspecção dos Espectáculos que considerou que a atividade devia ser abrangida pela lei dos espetáculos e ter um licenciamento. A posição da Secção da JAS foi a de que as entidades que promovem as sessões têm «fins eminentemente sociais, de representação profissional, de previdência, de assistência e de cultura, e de formação social».[45]

A audiência idealizada pela JAS não nasce de um mesmo gosto ou de um olhar partilhado sobre o cinema. Esta é talvez a grande diferença com o movimento cineclubista que arrancou em Portugal no início da década de 1950 (Granja, 2006). Cada sessão de cinema deve antes de mais fortalecer e celebrar uma comunidade definida por relações de «vizinhança» e «solidariedade horizontal». O circuito da JAS vem reativar os laços considerados como orgânicos – a família e o trabalho – e, deste ponto de vista, responde plenamente às exigências da ordem corporativa:

> «Ora, não há dúvida de que as Casas do Povo têm base na freguesia rural que não é mais do que o conjunto de famílias ligadas por relações de vizinhança; os Sindicatos abrangem os trabalhadores duma mesma

[41] *Informação* n.º 55/60, op. cit. A documentação da JAS não conservou rastos do funcionamento interno dessa Comissão, para além dos pagamentos dos seus membros.

[42] *Informação* n.º 110/61, 13 de março de 1961, Gabinete de Estratégias e Planeamento, JAS, Circuito – Caixa n.º 1.

[43] O pagamento das sessões é por exemplo uma questão importante para o movimento cineclubista.

[44] *Informação* n.º 558/62, 18 de dezembro de 1962, Gabinete de Estratégias e Planeamento, JAS, Circuito – Caixa n.º 1.

[45] *Informação* n.º 546/62, 10 de dezembro de 1962, Gabinete de Estratégias e Planeamento, JAS, Circuito – Caixa n.º 1. A expressão «formação social» foi acrescentada à mão no relatório).

profissão e portanto ligados e relacionados por fortes nexos da solidariedade horizontal que tal qualidade pressupõe; os CATs não são mais do que a empresa funcionando para fins de educação e recreio pelo que a assistência às manifestações culturais que realiza é constituída pelos trabalhadores duma mesma empresa e suas famílias.»[46]

Concretamente, esta ideia de comunidade de espectadores traduz-se numa grande atenção dada à organização das sessões. Lembrando que o objetivo da JAS é «educar através do cinema», o Serviço Cinema e Televisão tem uma confiança limitada no poder dos filmes para criar por si representações e discursos:

> «No entanto, não podemos esquecer que o público a quem nos vamos dirigir é constituído por pessoas com baixo índice de instrução e educação e portanto com uma recepção mais passiva do que crítica. Partindo desta premissa, devemos considerar que um filme essencialmente bom sob o ponto de vista ético-social poderá não obter a compreensão devida e até mesmo ser mal interpretado.»[47]

A receção dos filmes pode, de facto, ser imprevisível e pode até contrariar os objetivos estabelecidos no momento da realização ou da encomenda dos filmes. Esta ideia de «passividade» de um público pouco instruído, presente neste excerto, é obviamente ambígua. Ela remete para a imagem do «povo criança», associada à emergência da difusão de uma cultura de massas (Leveratto & Montebello, 2007). Ela é também a marca da própria visão «infantilizadora» (Rosas, 2001) do povo português transmitida pelo discurso propagandista do Estado Novo. Mas no excerto do relatório da JAS citado, a ideia de «passividade» é logo contradita pelo receio suscitado por uma eventual «mal interpretação».

Por outro lado, a JAS procura uniformizar a receção dos filmes em todo o país. Em 1961, houve até o projeto de apresentar os filmes através de pequenos comentários feitos por críticos reconhecidos. E para assegurar uma continuidade da receção, rejeita-se, neste caso, a colaboração dos dirigentes dos organismos corporativos locais. O certo é que, para a JAS as representações presentes nos filmes ganham valores e sentidos no momento da sessão cinematográfica. Em particular, as representações sobre o trabalho nascem deste encontro e até são pensadas para este momento, onde os trabalhadores estão dos dois lados do ecrã.

5. Conclusões

O estudo do funcionamento da Secção Cinema e Televisão, depois Secção Cinema, da JAS, no início dos anos 1960, permite chegar a conclusões originais sobre o papel dos filmes institucionais na construção e difusão de discursos e representações sobre o trabalho. A partir de 1957, a JAS definiu objetivos relativamente precisos que se enquadram perfeitamente nas ações sociais e políticas

[46] Idem.

[47] *Informação* n.º 229/61, 8 de junho de 1961, Gabinete de Estratégias e Planeamento, JAS, Circuito – Caixa n.º 1.

então conduzidas pelo Estado Novo. Trata-se de valorizar o papel educativo e formativo do cinema para responder aos objetivos do Plano de Formação Social e Corporativa lançado em 1956 pelo Ministério das Corporações e Previdência Social. No entanto, as atividades de produção e de difusão de filmes seguiram lógicas bastante diferentes.

A partir de 1957, a Secção Cinema e Televisão inscreve a sua atividade num contexto político e cultural nacional – a transformação dos objetivos e modo de ação do aparelho corporativo do Estado Novo –, onde a difusão de imagens sobre o trabalho segue vários canais – campanhas nacionais e internacionais diversas, produções independentes – que acabam todos por alimentar o catálogo da JAS. Neste contexto, é difícil concluir haver um contributo específico da JAS no que toca às representações do trabalho no cinema. Pelo contrário, o caso da JAS permite relativizar o peso das categorias fílmicas que costumam ser convocadas quando se estuda o cinema documental dos anos 1950 e 1960. O cinema institucional – entendido aqui como catálogos de filmes produzidos e/ou difundidos por instituições estatais com fins políticos e/ou ideológicos específicos – poderia ser bastante permeável a outros tipos de produções cinematográficas, num contexto nacional ou transnacional[48]. Um documento conservado no Arquivo do Gabinete de Estratégia e Planeamento do Ministério do Trabalho permite ilustrar este aspeto. Trata-se de uma «relação geral da filmoteca do serviço cinema da ex-JCCP» realizado em 1985[49]. O inventário contém cerca de 600 filmes, incluídas as produções da JAS mencionadas neste texto. Mas encontramos também nesta lista longas-metragens de ficção ou catálogos de filmes de empresa (ex. «Filmes cedidos pela SHELL»).

O estudo do circuito cinematográfico da JAS permite sublinhar os limites de uma análise focada apenas na influência do enquadramento institucional a partir da produção de discursos e representações cinematográficas. No caso da JAS, a produção das imagens é essencialmente considerada do ponto de vista da técnica e dos limites orçamentais. Foi a criação de um circuito de distribuição à escala nacional, que abrangia um público bastante heterogéneo, que conduziu o Serviço da JAS a pensar as condições de uniformização das mensagens veiculadas pelos filmes. Foi do lado da receção que os serviços foram mais operantes, produzindo discursos e práticas institucionais bastante precisas e até agora pouco estudadas no caso português.

Referências bibliográficas

ACLAND, C. R., & WASSON, H. (orgs.) (2011). *Useful cinema.* Durham & London: Duke University Press.

BARCOSO, A. C. (2002). *O Zé Analfabeto no Cinema – O cinema na Campanha Nacional de Educação de Adultos de 1952 a 1956.* Lisboa: Educa.

BRUNET, F. (org.) (2013). *L'Amérique des images – Histoire et culture visuelle des États-Unis.* Paris: Hazan.

[48] Essa afirmação não se aplica ao cinema industrial que veicula uma mensagem muito mais coerente, como o mostra o estudo sobre os filmes da CUF, também conduzido no âmbito do projeto WorkS. Ver capítulo 9 deste livro.

[49] Gabinete de Estratégias e Planeamento, JAS, Circuito – Caixa n.º 1.

Bruno, A-S., Geerkens, É., Hatzfeld, N., & Omnès, C. (orgs.) (2011). *La santé au travail, entre savoirs et pouvoirs (19e-20e siècles)*. Rennes: Presses Universitaires de Rennes.

Buton, F. (2008). L'observation historique du travail administratif. *Genèses*, 72, 2-3.

Cunha, P. (2014). *O Novo Cinema Português. Políticas públicas e modos de produção (1949-1980)*. Tese de doutoramento em Estudos Contemporâneos, Coimbra: Instituto de Investigação Interdisciplinar da Universidade de Coimbra.

Domingos, N. (2010). Desproletarizar: A FNAT como instrumento de mediação ideológica no Estado Novo. In N. Domingos, & V. Pereira (orgs.). *O Estado Novo em questão* (pp. 165-196). Lisboa: Edições 70.

Freire, D., Ferreira, N. E., & Rodrigues, A. M. (2014). *Corporativismo e Estado Novo – Contributo para um roteiro de arquivos das instituições corporativas (1933-1974)*. Lisboa: Instituto de Ciências Sociais da Universidade de Lisboa.

Gerveau, L. (2000). *Histoire du visuel au XXe siècle*. Paris: Seuil.

Ginzburg, C. (2013). *Peur révérence terreur – Quatre essais d'iconographie politique*. Dijon: Les Presses du réel.

Granja, P. J. (2006). *As origens do Movimento dos Cine-clubes em Portugal: 1924--1955*. Tese de Mestrado, Coimbra: Universidade de Coimbra.

Guibentif, P. (1985). Discursos e aparelhos nas transformações políticas — O caso da segurança social. *Análise Social*, XXI (87-88-89), 945-959.

Hedigue, V., & Vonderau, P. (org.). (2009). *Films that work. Industrial film and the productivity of media*. Amsterdam: Amsterdam University Press.

Lagny, M. (2000). Documentaire et commandite: conséquences pour le cinéma ouvrier. *Les cahiers de la Cinémathèque*, 71, 35-40.

Leveratto, J-M., & Montebello, F. (2007). Sociologie du cinéma et sociologie des «pratiques culturelles». In P. Le Quéau (dir.). *20 ans de sociologie de l'art: Bilan et perspectives* (pp. 115-128). Paris: L'Harmattan.

Martins, P. M. (2011). *O cinema em Portugal – Os documentários industriais de 1933 a 1985*. Lisboa: Imprensa Nacional Casa da Moeda.

Rosas, F. (2001), O salazarismo e o homem novo: ensaio sobre o Estado Novo e a questão do totalitarismo. *Análise Social*, XXXV (157), 1031-1054.

CAPÍTULO 8

CINEMA MILITANTE E PRODUÇÃO DE DISCURSOS MEMORIAIS: A LUTA DAS TRABALHADORAS DA APPLIED MAGNETICS (1973-1975)

FRÉDÉRIC VIDAL, LUÍSA VELOSO E JOÃO ROSAS

1. Introdução

Na investigação conduzida no âmbito do projeto WorkS, o período histórico que se inicia com o movimento revolucionário do 25 de Abril de 1974 é associado a um corpus de filmes agrupado num conjunto denominado «O movimento revolucionário e o período de democratização (1974 – anos 1980)»[1]. Este corpus de filmes é representativo do cinema militante produzido na Europa a partir do final dos anos 1960 e durante a década de 1970. Em comparação com os períodos históricos anteriores ou com os outros conjuntos do corpus WorkS, estes filmes veiculam representações do trabalho originais, geralmente centradas na figura do «trabalhador» (isto é, nas experiências individuais do trabalho) ou do «povo trabalhador» (isto é, nas configurações coletivas do sistema de organização do trabalho), as quais, muitas vezes, procuram realçar a importância de situações ou de eventos ausentes nos filmes produzidos durante o período do Estado Novo: greves, movimentos sociais, ocupações de fábricas ou de propriedades agrícolas e manifestações de trabalhadores. A delimitação cronológica deste conjunto de filmes é definida a partir de um contexto político – uma mudança de regime e uma transformação radical das formas de mobilização política – que corresponde também a um momento de mudança profunda da sociedade portuguesa, nomeadamente do ponto de vista da organização do trabalho e das suas representações.

O golpe militar de 25 de abril de 1974 que derrubou o regime do Estado Novo desencadeou uma vaga de mobilização popular que, num contexto de crise generalizada do Estado, conduziu à elaboração de novas formas de ação coletiva e de participação política – comissões de trabalhadores, assembleias locais, comissões de moradores, etc. – e a emergência de uma «constelação de poderes alternativos» (Cerezales, 2003, p. 137 e p. 175)[2]. Foi um movimento revolucionário que conheceu rapidamente uma forte radicalização, com o surgimento de repertórios e formas de ação transgressoras (ocupação, sequestros, expulsões) e mesmo violentas (idem, p. 31). Durante vários meses, enquanto a nova arquitetura institucional tarda a emergir, as manifestações, mais ou menos controladas pelos diversos grupos políticos organizados, constituem o modo

[1] Ver capítulo 2 deste livro.
[2] Para uma história geral deste período ver Rosas (1999).

de ação fundamental. Nas empresas, as Comissões de Trabalhadores, eleitas ou designadas, afirmam-se como «a estrutura essencial de organização dos trabalhadores», gerando, por vezes, relações tensas com a Intersindical influenciada pela linha do Partido Comunista Português (PCP) e que tenta intervir de forma externa aos conflitos (Suárez, 2008, p. 47-48).

O movimento revolucionário português dos anos 1974 e 1975 pode ser considerado como o movimento social «mais amplo e profundo da história europeia do pós-guerra» (Santos, 1990, p. 27). Os contextos políticos e sociais que permitiram esta mobilização geral da sociedade portuguesa foram objeto de um grande número de estudos, os quais procuram analisar as transformações ideológicas e culturais, documentadas por um grande número de relatos, panfletos, filmes e fotografias[3]. Uma das orientações mais fecundas dos estudos sobre esta conjuntura revolucionária tem sido a análise dos modos de construção das várias memórias individuais e do «processo de formação, instável e em permanente conflito, de uma memória colectiva» (Sampaio, 2013, pp. 423-424). Todavia, e como refere Diego Palacios Cerezales, que retoma a distinção elaborada por James Scott entre *public transript* e *hidden transcript,* importa não reificar a «concordância entre os valores expressos e as atitudes efectivas» (Cerezales, 2003, p. 48). A análise deste movimento revolucionário proteiforme, com referências e repertórios ideológicos variados, torna de facto necessário «insistir na centralidade da arquitectura complexa da trama social, na coexistência de lógicas e "culturas" heterogéneas nos diferentes setores e na necessidade de pensar os padrões de desestruturação dessa trama para a configuração de *situações mórbidas* e a súbita aparição de comportamentos que, do ponto de vista das hipóteses de integração ou de conformidade ideológicas aparecem como anómalos.» (Cerezales, 2003, p. 49).

Neste texto, a partir da análise de dois filmes que retratam as lutas de um grupo de trabalhadores de uma empresa multinacional da periferia de Lisboa – a Applied Magnetics –, procuramos analisar representações do trabalho presentes em filmes de cinema militante realizado em Portugal na segunda metade da década de 1970, bem como o modo de configuração de memórias coletivas diversas dos atores sociais envolvidos nessas lutas e na produção dos filmes. Temos em particular por objetivo examinar diferentes narrativas geradas por e a propósito deste conflito social, confrontando vários tipos de discurso, que correspondem a distintos processos de perceção dos acontecimentos e da construção da sua memória.

Nestes processos memoriais exploramos as dimensões «coletiva» (Halbwachs, 1997) – quando o discurso memorial é estruturado por um sentimento de pertença a um grupo social – e «social» (Fentress & Wickham, 1992) – quando esse mesmo discurso é um ponto de convergência ou de confronto entre experiências coletivas e individuais. Tanto as representações cinematográficas como os processos memoriais que elas suscitam são aqui considerados a partir das configurações sociais de onde sugiram mas que também contribuíram para moldar. Esta dimensão reflexiva da investigação vai ao encontro da tese de Halbwachs que é resumida por Paul Ricœur (2000) da seguinte maneira: «Para

[3] Ver entre outros: Oliveira & Branco (1993 e 1994), Oliveira (2004), Almeida (2009; 2014).

nos lembrarmos, precisamos dos outros»[4] (1997, p. 147). No processo de rememoração, coloca-se fundamentalmente a questão da pertença a um grupo social que pode ser aqui, alternativamente ou concomitantemente, a classe operária, as mulheres operárias, os membros da Comissão de Trabalhadores, os militantes e os cineastas. As representações, sejam elas construídas e difundidas pelos dispositivos cinematográficos e/ou pelos discursos memoriais, não podem estar desvinculadas da formação dos laços sociais e das relações de interação que estão na sua base (Ricœur, 2000).

2. Um estudo de caso: a luta dos trabalhadores da Applied Magnetics

A Applied Magnetics foi uma empresa multinacional do setor eletrónico que operou em Portugal no início da década de 1970. A atividade desta empresa, propriedade de uma entidade norte-americana, ilustra bem os efeitos locais da transformação do sistema económico e social português que ocorreu desde o final da década de 1950. O dinamismo da economia portuguesa durante este período resultou, entre outros fatores, de um crescimento dos investimentos diretos externos, encorajados pelos salários baixos, nomeadamente no setor da confeção ou da eletrónica (Santos *et al.*, 1976). A presença das multinacionais em Portugal enquadra-se no processo global de divisão internacional do trabalho. Associada a esta vertente, destacam-se as atividades económicas de mão de obra intensiva, baseada numa divisão sexual do trabalho, destinando às mulheres as tarefas desqualificadas e exigentes em minúcia e atenção, num contexto de uma economia assente em vantagens comparativas e não competitivas (Rodrigues, 1988).

Nos últimos anos da ditadura do Estado Novo e no período de transição democrática (1974-1976), os trabalhadores dessas empresas multinacionais presentes em Portugal, nomeadamente na periferia de Lisboa (tais como, Olivetti, IBM, Signetics, Timex, Sogantal, AEG — Telefunken, Bosch, Siemens, Grundig, Philips, Triumph), vão ter um papel bastante ativo no movimento social de contestação das condições de trabalho e da organização interna das empresas. Após o golpe militar de 25 de abril de 1974, essas lutas procuraram estender o movimento revolucionário político (que tinha por principal objetivo a instauração da democracia) ao campo social, defendendo uma transformação mais radical da sociedade portuguesa (Suárez, 2008).

A empresa Applied Magnetics estava localizada em Sacavém, na periferia industrial de Lisboa, que conheceu uma forte expansão desde os anos 1960. Em abril de 1974, a Applied Magnetics empregava cerca de 700 trabalhadores, com cerca de 90% de mão de obra feminina (idem). Em outubro de 1973, esta empresa conheceu uma primeira greve, num contexto de crise geral de um setor eletrónico marcado por condições de trabalho penosas, com salários baixos, uma mão de obra feminina e muito jovem (ibidem). Uma greve parcial foi iniciada no dia 23 de outubro de 1973, envolvendo cerca de 70 trabalhadoras

[4] Tradução dos autores.

da secção de matrizes, que empregava exclusivamente mulheres. A principal reivindicação das grevistas era o aumento dos salários. Após dois dias de paralisação, e com a intervenção do sindicato e dos Serviços de Acção Social, a greve acabou sem se verificar um melhoramento substancial das condições de trabalho na empresa (Santos *et al.*, 1976, p. 72).

Imediatamente após o 25 de Abril de 1974, foi formada uma Comissão de Trabalhadores que negociou com a direção da empresa um aumento salarial, fixando-se em maio um salário mínimo de 4.800 escudos (Suárez, 2008, p. 82). Em julho de 1974, a direção da Applied Magnetics anunciou os primeiros despedimentos, o que conduziu à intervenção do Ministério do Trabalho e gerou uma certa mediatização da luta dos trabalhadores da Applied Magnetics. A partir dos relatos da imprensa da época, Miguel Suárez (2008) reconstitui os eventos do verão de 1974 da maneira seguinte:

> «Os trabalhadores vão lutar em defesa do seu emprego organizando piquetes nas instalações da empresa e no Hotel Sheraton para impedir a fuga do administrador. No dia 24 de Julho tem lugar uma reunião no Ministério do Trabalho (MT) entre administradores, Ministério e trabalhadores. A Administração recusa-se a negociar com a [Comissão de Trabalhadores (CT)] e, já de noite, quando o administrador abandona o edifício do MT, os trabalhadores ali concentrados durante todo o dia tentam retê-lo. Só a intervenção de elementos da CT faz com que o administrador da empresa possa abandonar o local em liberdade e sem danos. Finalmente o Sr. Cecil Fraser, administrador da Applied Magnetics em Portugal, acabará por abandonar o país. A dívida aos trabalhadores, somando salários em atraso e indemnização, alcança os 3.600 contos. O Ministério do Trabalho assume o compromisso de pagar um subsídio a cada trabalhador no valor de metade do salário mínimo, 1.650 Escudos, durante seis meses.» (Suaréz, 2008, p. 83)

Em janeiro de 1975, após ter terminado o pagamento do subsídio de desemprego por parte do Ministério do Trabalho, a empresa foi ocupada por um grupo de trabalhadores que reivindicavam o pagamento das dívidas por parte da empresa-mãe e a nacionalização do estabelecimento português (Varela, 2014). A luta de um grupo de trabalhadores da Applied Magnetics, cada vez mais reduzido, continuou até ao final de 1975.

Os dois momentos mais agudos do conflito – julho de 1974 e janeiro de 1975 – surgem nas fases menos intensas do movimento revolucionário que percorre o país entre abril de 1974 e o final do ano de 1975[5]. Esta situação contracíclica pode ter favorecido o interesse dos meios de comunicação social (jornais e televisão), e dos cineastas militantes então bastante presentes nas fábricas.

A história da luta das trabalhadoras da Applied Magnetics foi, com efeito, retratada em dois filmes:

[5] Ver as cronologias elaboradas por Cerezales (2003, p. 119) e Varela (2014).

i) *Applied Magnetics – o início de uma luta*, um filme de 1975, a preto e branco, com 47 minutos de duração. Trata-se de um episódio da série *Nome Mulher*, da autoria de Maria Antónia Palla e Antónia de Sousa, produzida pela cooperativa cinematográfica Cinequipa para a RTP. A realização, apesar de não estar creditada no genérico, é de Fernando Matos Silva, que é também o narrador do filme;
ii) *Contra as multinacionais*, um filme de 1977, a cores, com a duração de 64 minutos, produzido e realizado pela Cinequipa, com o apoio financeiro do Instituto Português do Cinema. O texto da narração foi escrito e coligido por Júlia Barata e Fernando Matos Silva, autor do filme, apesar de este ser assinado coletivamente pela cooperativa, uma característica do cinema militante.

A análise explicitada e discutida neste capítulo é baseada em três tipos de fontes:

i) Os dois filmes referidos;
ii) O arquivo pessoal de um dos principais membros da cooperativa Cinequipa e realizador dos filmes, Fernando Matos Silva (arquivo Fernando Matos Silva – AFMS)[6]. Neste arquivo encontra-se documentação de natureza diversa referente à atividade profissional do realizador, entre o final da década de 1960 e os anos 1990: material relacionado com a produção dos filmes, revistas, atas de reuniões da Cinequipa, correspondência, compilações de recortes de jornal, fotografias, cassetes áudio e VHS, documentação sindical, entre outros. Esta documentação permitiu reconstituir alguns aspetos da trajetória pessoal de um cineasta (a de Fernando Matos Silva), a trajetória coletiva de um conjunto de cineastas e trabalhadores do cinema (a cooperativa Cinequipa), e algumas das transformações das formas de organização da produção cinematográfica em Portugal nos anos 1970. O arquivo permite conhecer os contextos culturais e/ou ideológicos, e as redes de influência da atividade da Cinequipa e de Fernando Matos Silva. Permite ainda reconstituir diferentes fases da produção dos dois filmes sobre a Applied Magnetics, com uma documentação mais ou menos técnica (planeamento dos filmes, argumentos, fichas técnicas, folhas de misturas de som, orçamentos, entre outros) e, no caso do filme de 1977, as respetivas fases de divulgação e receção (programação em festivais, dossiê de imprensa, etc.). A documentação presente neste arquivo pessoal foi por fim complementada por um conjunto de documentos relacionados com os acontecimentos representados no filme e conservados no Centro de Documentação 25 de Abril (recortes de imprensa e documentação da Comissão de Trabalhadores da Applied Magnetics);
iii) Um conjunto de entrevistas relacionadas com: o contexto de produção dos filmes (entrevistas ao realizador e à jornalista do programa de televisão); o conflito social (entrevistas a dois antigos membros da

[6] Grande parte deste material não se encontra datado, nem identificado, principalmente no caso das fotografias. O inventário deste arquivo foi realizado por Esmeralda N. Pereira, aluna da licenciatura em antropologia da Faculdade de Ciências Sociais e Humanas da Universidade Nova de Lisboa, no âmbito de um estágio curricular realizado no Centro em Rede de Investigação em Antropologia (CRIA) em 2014. Os autores agradecem a Esmeralda N. Pereira o trabalho realizado.

Comissão de Trabalhadores); o quotidiano de trabalho; os acontecimentos ocorridos durante o período da luta das trabalhadoras; as trajetórias socioprofissionais dos trabalhadores (entrevistas a duas antigas trabalhadoras da Applied Magnetics); e o quotidiano de trabalho na empresa e a experiência do conflito social referido (visionamento dos filmes por um conjunto de antigas trabalhadoras da Applied Magnetics e visita ao exterior das antigas instalações da empresa com três antigas trabalhadoras)[7].

Os dois filmes sobre a Applied Magnetics contribuíram para configurar memórias dos acontecimentos relacionados com a luta das trabalhadoras e o encerramento da empresa. Os processos de construção dessas memórias são distintos para os três grupos de atores sociais envolvidos nesses acontecimentos: as trabalhadoras da empresa, os membros da Comissão de Trabalhadores, e os autores dos filmes. Os seus discursos refletem as suas pertenças sociais e os seus perfis socioprofissionais, a par do papel que desempenharam no período retratado nos filmes.

3. Um cinema militante

Os filmes sobre a Applied Magnetics assinados pela cooperativa Cinequipa podem ser considerados como paradigmáticos do cinema militante produzido em Portugal durante a segunda metade da década de 1970. Esta noção de «filme militante» remete para um contexto nacional – o movimento revolucionário pós-25 de abril de 1974 e o período de transição democrática – mas também transnacional, associado aos movimentos sociais europeus pós-maio de 1968 (Reed, 2005; Balasinski & Mathieu, 2006; Lecler, 2015; Stark, 2012). Produzidos principalmente entre o final dos anos 1960 e na década de 1970, estes filmes têm constituído um corpus que testemunha um momento específico da história do cinema durante o qual foram repensados tanto os modos de representação dos trabalhadores nos filmes, como as formas de intervenção política dos cineastas, bem como o papel do cinema enquanto instrumento de emancipação (Stark, 2012; Lecler, 2015). Como referiu Chris Marker – uma das figuras mais importantes do cinema militante desses anos (Lecler, 2015) – numa entrevista à revista *Film Comment* em 2003, citada por Stark (2012, p. 119), o projeto deste cinema militante era «dar o poder da palavra a pessoas que não o têm, e, quando possível, ajudá-las a encontrar os seus próprios meios de expressão.»[8]

É neste contexto que, em Portugal, emergem em 1973 as atividades de um grupo de cineastas e técnicos de cinema em torno dos irmãos Matos Silva (Fernando e João) e de José Nascimento, que vão constituir em 1974 a cooperativa «Cinequipa – Grupo de cinema experimental». Entre 1974 e 1981, a Cinequipa participou na produção ou realização de 21 obras cinematográficas e produziu para a RTP cerca de 160 títulos integrados nas séries *Nome Mulher*, *Ver e Pensar I e II*, *Espaço Visual*, *Entre Marido e Mulher* e *Imaginações da*

[7] As atividades de recolha e análise da informação foram realizadas entre julho de 2014 e janeiro de 2015. Agradecemos a todos os entrevistados a sua disponibilidade e ao realizador Fernando Matos Silva a possibilidade de trabalhar sobre o seu arquivo pessoal.

[8] Tradução dos autores.

Matéria. No final da década de 1970, 32 pessoas trabalhavam, de uma maneira mais ou menos contínua, na cooperativa, representando os diferentes ramos dos ofícios do cinema: realizadores, assistentes, técnicos, produtores, atores, administrativos, etc. (AFMS, *Quem é a Cinequipa*, 1980)

A noção de «cinema militante» remete para uma prática cinematográfica, ou seja, uma forma específica de organização social e económica da atividade cinematográfica. A partir do AFMS, podemos salientar várias dimensões dessa prática. De facto, este arquivo testemunha a transformação do trabalho do cineasta e da sua posição no campo cinematográfico português entre o final da década de 1960 – ainda durante o período do Estado Novo – e o período revolucionário pós-25 de abril de 1974. Oferece também vários indícios da existência de contatos diretos ou indiretos com personalidades envolvidas no cinema militante a nível internacional. Nota-se, por exemplo, a presença da «ficha técnica e artística» do filme *La Spirale* (1976), realizado pelo chileno Armand Mattelart em colaboração com Chris Marker.

Fernando Matos Silva faz parte dessa geração que, no início dos anos 1960, contribuiu para transformar determinados segmentos do cinema português, tanto do ponto de vista da estética e dos recursos formais como do «modo de produção» (Cunha, 2014). Esta geração caracteriza-se por deter uma cultura cinéfila aberta às influências internacionais, desenvolvida através de uma leitura atenta das principais revistas cinematográficas europeias (*Les Cahiers du Cinéma, Positif, Bianco & Nero, Cinema Nuovo*), e de práticas de sociabilidade (os cineclubes, as tertúlias, os cafés das avenidas Novas em Lisboa) Nalguns casos, caracteriza-se ainda por estadias de formação nas mais prestigiadas escolas de cinema europeias (o IDHEC em Paris, a London School of Film Technique – LSFT)[9]. Em 1964, Fernando Matos Silva frequentou a LSFT, contando com uma bolsa atribuída pelo Fundo do Cinema Nacional. Ao longo dos anos 1960, foi membro da equipa de várias obras chave do movimento do Cinema Novo, ou Novo Cinema Português. Foi, entre outros, assistente de realização em *Os verdes anos* (1963) e *Belarmino* (1964), e diretor de produção de *Mudar de vida* (1966) e *Uma abelha na chuva* (1971). Em 1973, realizou uma longa-metragem de ficção *O mal-amado*, que foi integralmente proibida pela censura marcelista. O filme estreou depois do 25 de Abril de 1974, tendo conquistado o Prémio Imprensa/Cinema no mesmo ano.

Fernando Matos Silva esteve também diretamente envolvido no processo de reconfiguração do modo de produção do cinema português, antes e depois do 25 de abril de 1974. Em 1969, foi um dos membros fundadores do Centro Português de Cinema (CPC), financiado pela Fundação Calouste Gulbenkian (Cunha, 2014, p. 403 e seg.). Após o 25 de Abril, o movimento das cooperativas – a Cinequanon, a Cinequipa e o Grupo Zero – nasce da desagregação do CPC (Costa, 2002). Nos meses que se seguem ao 25 de Abril, dois modelos de produção confrontam-se: o das cooperativas de realizadores (sobretudo vindos do movimento do Cinema Novo) e o das Unidades de Produção formadas no seio do Instituto Português de Cinema (IPC), alegadamente controlado pelo PCP (Costa, 2002; Cunha, 2014).

[9] Sobre as práticas cinéfilas e a formação desta geração ligada ao Novo Cinema ou Cinema Novo, ver Cunha (2014), em particular pp. 128-133.

A Cinequipa começou informalmente a sua atividade em 1973, numa altura em que qualquer inovação em matéria política e cultural era vista como uma forma de oposição ao regime:

> «... em 73 nunca conseguíamos fazer, porque a PIDE tinha de opinar sobre as pessoas e nós éramos todos comunistas, bastava termos feito coisas ao contrário. Não éramos, mas bastava termos assinado papéis, aqueles papéis de abaixo-assinado ou não-sei-quê, era toda a gente, pronto, "Ah isso são comunistas!"» (Realizador).

Nas primeiras horas do 25 de Abril de 1974, a atividade da Cinequipa mudou radicalmente de natureza. Os irmãos Matos Silva foram dos primeiros a recolher imagens dos acontecimentos:

> «Nós fomos a única equipa que [começou] a filmar às 6h30 da manhã em frente ao Rádio Clube, não havia mais ninguém a filmar. Havia gente a fotografar, há fotógrafos a chegar ao Terreiro do Paço, depois viemos para o Carmo. As imagens do Carmo a preto e branco, com o Salgueiro Maia, com os chaimites, com o povo na rua... Depois começaram a aparecer outras pessoas a filmar. Entretanto, a televisão libertou-se também do medo, que havia ali algum medo, não é, e vieram. Portanto, a Cinequipa no fundo começa aí. E nós fizemos um documentário que se chama *Os caminhos da liberdade* que é a súmula dessa semana até ao 1° de Maio, de tudo o que aconteceu, a libertação dos presos políticos e nós íamos seguindo tudo completamente. A partir daí, nós decidimos ir para a televisão, portanto, a televisão aceitou pagar este documentário, portanto, o apoio direto não-sei-quê, aquelas coisas todas... Isto sem contrato. (...) A Cinequipa entra por aí, ...» (Realizador).

Umas horas depois do arranque do movimento revolucionário já não fazia sentido filmar ou retratar a realidade social do país como no tempo do Estado Novo. Em maio de 1974, Fernando Lopes, então diretor da revista *Cinéfilo*, dá conta dessa oposição radical e quase imediatamente reivindicada à linguagem cinematográfica e visual dominante no tempo do Estado Novo:

> «As imagens da nossa televisão, antes do 25 de abril, precisavam de respiração boca-a-boca e mesmo quando as ajudavam nessa tentativa inútil de dar-lhes vida, morriam. E a grande morgue era o telejornal (...). Era um álbum de retratos, com fotografias amareladas pelo tempo (48 anos), com daguerreótipos tirados ontem e com as pessoas muito hirtas, olhando para o passarinho: imagens de discursos, de receções "apoteóticas" por esse país fora, de inocentes crianças de colo impiedosamente beijadas, de batalhas de flores, de bustos inaugurados, de meninas com os bibes de escola, de sorrisos, bajulices e o ar feliz das forças vivas.» (citado por Costa 2001, p. 2).

Por oposição a essas imagens que parecem como que mortas, o cinema militante devia estabelecer uma relação específica com a realidade social do momento, construída no tempo presente e no momento da filmagem. Esta preocupação passa pela reivindicação de novas formas cinematográficas. Assim, *Contra as multinacionais* é alternadamente qualificado de «reportagem filmada», «filme-reportagem», ou «filme de combate-análise» (AFMS, sinopse CM, s.d.) A proximidade com as situações e os indivíduos filmados rapidamente se transforma em participação direta e envolvimento nas lutas. A criação da «relação filme-operários» (AFMS, sinopse CM, s.d.) era de facto apresentada como o próprio objetivo da filmagem, mais do que a realização do filme em si.

A propósito da série *Nome Mulher*, diz Fernando Matos Silva:

> «Aquilo para mim também é uma surpresa, é um submundo terrível de trabalho, pelas condições de trabalho. Nós tínhamos que lá estar ao lado deles, não era uma questão, nem era ajuda, tínhamos que lá estar, tínhamos que ajudar naquela luta, estávamos ali ao lado, quer dizer, e sermos um suporte, porque eles tinham que falar. (...) A comunicação era importante que existisse. Eles sabiam perfeitamente que a gente estava todas as semanas no ar.» (Realizador).

A Cinequipa reivindicava o papel central do cinema, mas também da televisão, no movimento revolucionário em curso: «A acção desenvolvida pela Cinequipa e por outras cooperativas no setor audiovisual desde Abril de 1974, teve como fim ajudar à construção de um novo país» (AFMS, *Quem é a Cinequipa*, 1980).

Entrevistámos uma das jornalistas responsáveis pela série *Nome Mulher* no quadro da qual foi exibido *Applied Magnetics – o início de uma luta* (1975)[10]. Esta jornalista não participou na realização da reportagem nas instalações da Applied Magnetics, nem fez parte da Cinequipa. Como refere, o objetivo da série *Nome Mulher* era «registar todas as movimentações das mulheres durante o período». À medida que foram realizando os vários programas, tomaram consciência da importância dos contextos de trabalho e do papel desempenhado pelas mulheres. A jornalista refere a preocupação em testemunhar a luta das mulheres em contextos de trabalho marcados por atitudes «machistas» e o facto de se estar a presenciar uma alteração das «relações de trabalho» (Jornalista).

O processo criativo ou a mensagem são apresentados como sendo mais importantes do que a forma final da obra. Esta ideia é manifesta na combinação, comum nesse tipo de cinema, entre diferentes categorias de imagens em movimento (televisão, reportagem e cinema). Nesta conjuntura revolucionária, o cinema nem sempre era considerado o meio mais adequado para dar conta da celeridade do movimento de transformação do país. A televisão parecia muitas vezes mais adaptada ao programa da revolução que «requeria imediaticidade, proximidade e interpelação directa» (Costa 2001, p. 7)[11].

No prolongamento dessa ideia de «filme de combate», o cinema militante era apresentado como uma obra coletiva, em dois sentidos: do ponto de vista

[10] No âmbito desta série, foram realizados 46 programas com uma duração de 50 minutos cada um, tendo sido o primeiro episódio dedicado a Maria Lamas, jornalista, ativista política e escritora, também na perspetiva de homenagear as mulheres (Jornalista).

[11] Sobre o impacto da revolução na organização da televisão portuguesa ver Rezola & Gomes (2014).

da organização da prática cinematográfica, e do ponto de vista da relação estabelecida com a realidade social filmada. Assim, os dois filmes sobre a Applied Magnetics são assinados pela Cinequipa, sem indicação da presença de um realizador ou de funções diferenciadas dos vários membros da equipa. Na ficha do Instituto Português do Cinema do filme *Contra as multinacionais* (1977), a realização e produção do filme é atribuída à Cinequipa «com a colaboração dos seguintes elementos técnicos», seguindo-se a lista por ordem alfabética dos membros da Cinequipa (AFMS, *Ficha IPC*, 1977). Mas este coletivo integra também os trabalhadores da Applied Magnetics:

> «Como trabalho, é de lembrar que este é um filme colectivo desta Cooperativa feito em colaboração com os/as operários/as da Applied Magnetics e, portanto, de características fundamentalmente polémicas e inovadoras neste tipo de filme-combate.» (AFMS, *Ficha IPC*, 1977).

Outra característica do cinema militante é a escolha do objeto do filme: um acontecimento, isto é, uma greve que se transforma em movimento social e que rompe a ordem estabelecida. O que é exibido no filme não é o trabalho quotidiano, até porque a realidade desse trabalho é geralmente considerada neste tipo de filmes do ponto de vista da sua dimensão macrossociológica (evidenciada por exemplo na citação de estatísticas) ou através da mediação das palavras dos trabalhadores:

> «Como suporte ideológico, o filme terá as próprias opiniões-entrevistas dos/das operários/as, e todo o suporte estatístico e socioeconómico necessário para analisar correctamente este tipo de empresas (livros, revistas especializadas, artigos publicados, etc.).» (AFMS, *Ficha IPC*, 1977).

Finalmente, este cinema militante caracteriza-se por um uso específico da técnica que deve responder a uma exigência moral e ideológica, seguindo em parte o modelo do «cinema direto» teorizado no início da década de 1960 (Graff, 2011). É este vetor analítico que será desenvolvido na secção seguinte, comparando os filmes *Applied Magnetics – o início de uma luta* (1975) e *Contra as multinacionais* (1977).

4. Dois filmes, dois olhares sobre uma mesma realidade

No contexto da nossa investigação, os filmes *Applied Magnetics – o início de uma luta* (1975) e *Contra as multinacionais* (1977) foram associados a diferentes subgéneros: filme-depoimento, por terem uma estrutura que se baseia na intenção de dar a palavra ao sujeito filmado sobre a sua experiência pessoal de vida ou trabalho; filme deliberativo, devido à existência de um narrador que convive com os depoimentos para deliberar ou comentar decisões políticas; e, por fim, retrato individual, por descreverem um conjunto de itinerários profissionais individuais[12]. No entanto, uma análise mais atenta revelou que, apesar de muitas das imagens do filme *Applied Magnetics - o início de uma luta* (1975) reaparecerem em *Contra as multinacionais* (1977), existem diferenças substanciais entre os dois filmes.

Nesta análise propomo-nos reconstituir o percurso que liga o programa de televisão de 1975 ao filme de 1977 a partir da comparação formal e de conteúdo entre os dois objetos fílmicos, examinando nomeadamente o modo de articulação entre um «filme-depoimento» (*Applied Magnetics - o início de uma luta*, 1975*)* e um «filme deliberativo» (*Contra as multinacionais*, 1977). A análise assenta em três eixos fundamentais: a estrutura narrativa dos filmes, as estratégias de uso de texto narrativo e de depoimentos, e as representações do trabalho mais incidentes, concretizadas na mensagem que os filmes pretendem transmitir, no quadro mais amplo do cinema militante.

O início de cada um dos filmes é, desde logo, elucidativo das principais diferenças que os separam. *Applied Magnetics - o início de uma luta* (1975) começa com uma série de grandes planos de operárias, filmados no interior da fábrica, que nos indicam aquilo que atrai a atenção dos realizadores - os rostos jovens de uma mão de obra feminina de uma fábrica nos arredores de Lisboa. São estas jovens mulheres que veremos mais adiante no filme responder às perguntas da jornalista partilhando com o espectador as suas experiências de trabalho naquela empresa. *Contra as multinacionais* (1977), por seu lado, começa com vários planos de letreiros e logótipos de empresas multinacionais no topo ou nas fachadas de edifícios, filmados a partir da rua, e montados em alternância com fotografias de manifestações.

Assim, se em *Applied Magnetics - o início de uma luta* (1975) estamos perante um retrato de pessoas, em *Contra as multinacionais* (1977) estamos perante o retrato de um sistema económico, em que a imagem das pessoas é usada como ilustração concreta para uma ideia: o combate ao sistema económico capitalista e, no seu âmbito, à presença das multinacionais em Portugal e às consequências múltiplas que tem aos níveis económico e social. Uma narração deliberativa contextualiza o espectador no funcionamento do capitalismo internacional e no papel (negativo) das multinacionais na economia global, assumindo um ponto de vista militante (como o próprio título do filme indica), sendo a conotação político-ideológica do discurso sublinhada pela utilização de uma música de intervenção de cariz revolucionário. No texto que se pode ouvir em *off* são usadas expressões como: «opressão», «capitalismo internacional», «quando um país cai nas mãos do imperialismo», «modelo de desenvolvimento recalcado das multinacionais». O contexto mais geral é o da presença de capitais estrangeiros em Portugal - representação do grande império económico que remonta às «indústrias extrativas e da cortiça», refere-se no filme. É transmitida a ideia de que os «conglomerados» vieram pôr em causa a ideia de Estado e de nação, aproveitando os «baixos impostos» e os «baixos salários».

No caso de *Applied Magnetics - o início de uma luta* (1975), o tom do narrador é menos impositivo, desde logo pelo volume da voz, misturada com o

[12] Ver o capitulo 2 deste livro.

som ambiente da fábrica, em que se ouvem outras vozes, nomeadamente das operárias. Apesar de ambos os filmes serem de teor deliberativo, no caso de *Applied Magnetics – o início de uma luta* (1975) são os depoimentos que constituem o seu núcleo central, surgindo a voz do narrador (o próprio realizador do filme, Fernando Matos Silva) sobretudo para contextualizar a situação da empresa e colocar em diálogo as várias cenas através da denúncia das condições concretas de trabalho. A ênfase é colocada nos testemunhos diretos da classe operária. Pode ouvir-se: «a luta das operárias da Applied Magnetics começou há quatro meses, primeiro por melhores condições de trabalho e depois pelo direito ao trabalho.» A narração faz referência ao facto de serem admitidas «quase exclusivamente mulheres (...) a partir dos 14 anos, a quem exigem, como habilitações, a quarta classe, visão perfeita, destreza manual.»

O filme *Applied Magnetics – o início de uma luta* (1975) contém dois tipos de depoimentos: uma série de depoimentos individuais de quatro operárias que formam um bloco com a duração total de 16 minutos; o depoimento coletivo da Comissão de Trabalhadores (três homens e uma mulher), com a duração total de 19 minutos, dividido em duas sequências a iniciar e a encerrar o filme. A esses depoimentos podemos ainda acrescentar, enquanto sequência construída em torno de uma tomada de palavra, a última cena do filme, que nos mostra os ensaios para uma peça de teatro representada pelos próprios trabalhadores sobre as suas condições de trabalho e as razões para a sua luta.

Neste filme, enquadrado numa série dedicada, entre outros assuntos, às condições de trabalho das mulheres, a palavra sobre o trabalho é quase exclusivamente feminina, o que está, obviamente, associado ao facto de se integrar no conjunto de retratos sob o título *Nome Mulher*. A centralidade atribuída à questão da condição feminina, além de anunciada com os grandes planos iniciais das jovens operárias, é reforçada posteriormente por um conjunto de planos do espaço de trabalho construídos em torno da representação do papel social das mulheres: planos de crianças e bebés (ora a dormirem no espaço de trabalho ocupado pelas suas mães, ora a serem amamentados), ou planos das operárias tricotando ou vendo álbuns de casamento enquanto ocupam as instalações (*figura 8.1*).

Destaque-se a insistência da imagem nos rostos e mãos das jovens operárias. Também no som está bastante presente o ruído de fundo de crianças a chorar ou a brincar enquanto se realizam as entrevistas.

Apesar de em *Contra as multinacionais* (1977) muitos destes planos estarem também presentes – ou outros de conteúdo semelhante, filmados noutras fábricas para outros episódios da mesma série[13] – as imagens não se relacionam tanto com as trajetórias individuais das operárias e a sua luta específica no quadro da Applied Magnetics. Aqui as imagens, sem som ambiente, relacionam-se mais com o papel das multinacionais na economia portuguesa e mundial, sobre o qual incide o discurso do narrador. Assim, afigura-se menos relevante para o filme se parte dos planos são a preto e branco e outros a cores, se são filmados em Sacavém ou noutras localidades periféricas de Lisboa onde estejam implantadas empresas multinacionais, já que o foco não é sobre aquelas pessoas ou

[13] Um dos episódios da série foi dedicado à Sogantal, uma empresa de confeções situada numa outra cidade periférica de Lisboa, o Montijo, e cujas instalações também foram ocupadas pelas operárias.

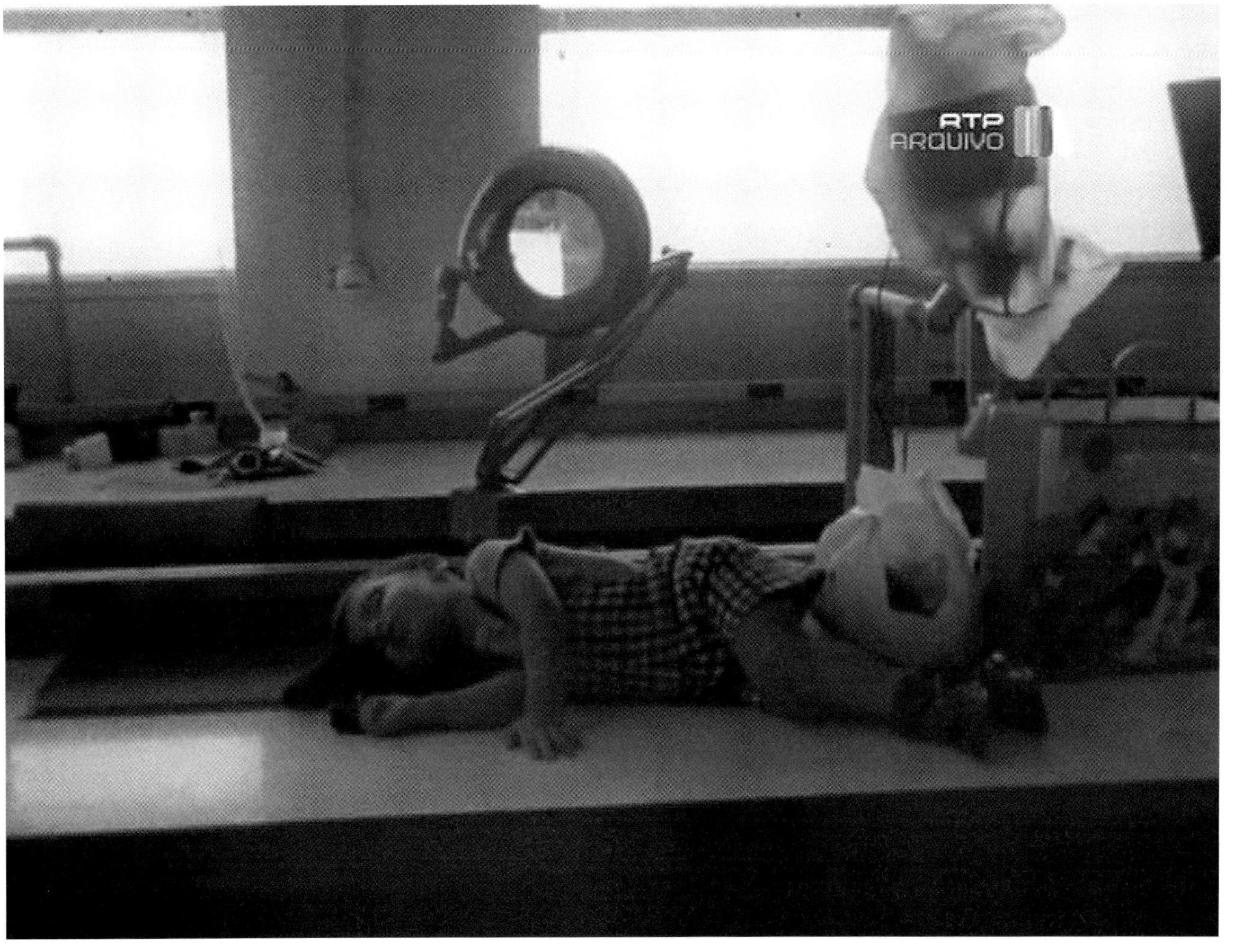

Figura 8.1. – *Contra as multinacionais,* 1977, Cinequipa [col. RTP].

locais de trabalho em particular, mas sobre um processo económico e político que é objeto de contestação e que essas imagens ilustram.

Assim, os planos de pessoas (como, por exemplo, trabalhadores) cumprem uma função semelhante aos planos dos letreiros das empresas multinacionais filmados com zoom a várias centenas de metros de distância: assumem um poder simbólico e ilustrativo do discurso. Uns simbolizam o sistema económico, os outros simbolizam a luta contra esse mesmo sistema, bem como as suas consequências nas vidas pessoais e profissionais dos trabalhadores. A mensagem do narrador assume neste filme o papel central e é na complexidade do discurso verbal que se procura focar a atenção do espectador. Alguns cartões de texto com palavras de ordem (ex. «Consciência de classe. Luta de classes»; «Não ao despejo»; «Trabalhadores não roubam trabalhadores») vão sendo introduzidos ao longo do filme reforçando, assim, a mensagem do narrador.

No filme *Contra as multinacionais* (1977), além das canções de cariz revolucionário típicas da época, o trabalho de sonoplastia procura enriquecer sobretudo a sequência inicial, associando certos sons a certas multinacionais (Firestone – carros a acelerar e despistes; Timex – tic-tac de um relógio;

Nestlé – um bebé a chorar; além de barulhos metálicos, ruídos, gritos distorcidos). Na imagem, refira-se a inclusão, no final de *Contra as multinacionais* (1977), de quatro retratos frontais de um pequeno grupo de trabalhadores sentados a olhar para a câmara, rodeados de mobiliário empilhado e as instalações praticamente vazias. Estes retratos frontais remetem, de alguma forma, para a tradição fotográfica de retratar os trabalhadores, no seu local de trabalho com os respetivos trajes, já presente em filmes das décadas de 1920 e 1930[14]. Neste caso, não se trata de um trabalhador rural, mas de um operário urbano, que representa, de alguma forma, os seus companheiros de luta num espaço de trabalho vazio, evidenciando o investimento «perdido» das multinacionais em Portugal mas, também, a ausência de emprego e de atividade laboral (*figura 8.2. Extratexto*).

Para finalizar, importa reter que os filmes também se distinguem em termos do ponto de vista adotado sobre o movimento revolucionário. O subtítulo do primeiro filme – *o início de uma luta* – indica que o acontecimento ainda não teve desfecho. Apesar de o filme começar com as palavras do narrador dizendo, no passado, «durou quatro meses a luta da Applied Magnetics», é o acontecimento dessa luta que guia o filme. Já *Contra as multinacionais* (1977), produzido dois anos mais tarde, lança um olhar retrospetivo sobre o contexto revolucionário vivido após o 25 de Abril de 1974, propondo-se, com alguma distância temporal, contextualizar algumas daquelas lutas, fazendo um retrato macrossociológico de um sistema económico a partir do exemplo da Applied Magnetics.

Duas cenas de *Contra as multinacionais (*1977*)*, que não estão presentes em *Applied Magnetics – o início de uma luta* (1975), mostram acontecimentos importantes da luta das operárias pela manutenção do emprego: a concentração de pessoas diante das instalações da empresa aquando do seu despejo; e a manifestação das operárias diante do Ministério do Trabalho cercando o carro onde segue o administrador da empresa. Estas duas cenas destacam-se em *Contra as multinacionais* (1977) por se basearem no registo dos acontecimentos em curso e já não nas opções de montagem de imagens ilustrativas da realidade sobre a qual versa o filme. Naqueles dois momentos, é o acontecimento que conduz o filme, e não a voz do narrador. Quando esta surge, é para se referir pela primeira e única vez à situação concreta da empresa Applied Magnetics.

Desta análise fílmica podemos concluir que, a par das diferenças formais, de conteúdo, ou de estrutura destes dois filmes – que em parte remetem para diferenças nos dispositivos fílmicos e contextos de produção (televisão, no caso do primeiro, e cinema, no caso do segundo) – se verifica também a existência de diferenças nos objetos representados: um contexto laboral e um movimento social; um sistema económico. Estas diferenças podem ser analisadas como indício de flutuações ou divergências na definição do «acontecimento» que é objeto de cada um dos filmes, refletindo-se no discurso memorial construído pelos atores sociais envolvidos.

Os filmes partilham alguns traços que importam salientar. Ambos os filmes evidenciam representações de uma classe operária marcada por uma forte

[14] Ver capítulo 3 deste livro.

presença das mulheres com baixos níveis de escolaridade que desempenham funções desqualificadas e repetitivas, com condições de vida marcadas pela escassez de recursos económicos. No espaço da fábrica, destaca-se claramente a divisão técnica do trabalho marcada por uma hierarquia de género, em que cabem às mulheres as tarefas de execução e aos homens as de chefia ou de supervisão direta. Esta estrutura hierárquica é evidenciada ainda na Comissão de Trabalhadores, maioritariamente constituída por homens, bem como na peça de teatro que os operários encenam, na qual cabe aos homens a personificação das estruturas económicas e políticas: «capitalismo», «imperialismo» e «colonialismo».

Os filmes caracterizam-se também por um uso intenso e diversificado da palavra, ainda que com configurações distintas. Esta é assumida como motor de mobilização, nomeadamente através de suportes físicos: cartazes, anúncios pendurados nas paredes da fábrica, cartões de texto com intertítulos, etc. Também é dada a voz à classe trabalhadora de forma individual (depoimentos das operárias) e coletiva (depoimentos da Comissão de Trabalhadores), bem como aos intelectuais que escrevem sobre a situação das multinacionais e da classe operária em Portugal. Deste ponto de vista, esses filmes dialogam com o amplo conjunto de investigações no campo das ciências sociais que se debruçaram sobre o contexto da presença das multinacionais em Portugal e documentaram a vida dos seus trabalhadores, no final da década de 1970[15].

5. Narrativas e memórias: entre prática cinematográfica e acontecimentos sociais

No decorrer da nossa investigação, confrontámo-nos com três tipos de discurso memorial, produzido por três grupos de atores sociais envolvidos, com maior ou menor grau, nos acontecimentos relatados nos filmes: pessoas envolvidas na realização ou produção dos filmes (Fernando Matos Silva e uma das jornalistas responsáveis pela série de televisão *Nome Mulher*); dois militantes políticos e trabalhadores ligados à Comissão de Trabalhadores da Applied Magnetics; e finalmente, trabalhadoras da Applied Magnetics sem envolvimento militante reivindicado. A partir das entrevistas realizadas e da documentação recolhida debruçamo-nos sobre o discurso de cada um destes grupos, procurando, também, atender às respetivas trajetórias sociais e profissionais.

5.1. Os membros da Cinequipa: narrativas revolucionárias e transformação do campo cinematográfico

Para os membros da Cinequipa, o acontecimento é a própria realização dos filmes e a forma como viveram o contexto político e social português. Esse acontecimento desenrola-se em duas fases: o episódio de um programa de televisão de 1975, que se insere no contexto global dos movimentos sociais

[15] Ver, nomeadamente, Santos (1977), Rolo (1975; 1976), Simões (1978), Martins (1976), Santos (1975), Tugendhat (1974), Mattelart (1976), Palloix (1974).

do pós-25 de Abril de 1974; e o filme de 1977, que se integra no contexto de produção cinematográfica da Cinequipa. Em 1975, a luta das trabalhadoras da Applied Magnetics é um «exemplo» ou um «caso» entre outros de luta social também filmados pela Cinequipa no mesmo período:

> «[*Applied Magnietics* é] um filme-inquérito, (...), porque não tínhamos tempo para fazer muito mais. A gente filmava todas as semanas. Tínhamos equipas, portanto, estávamos sempre no acontecimento, como se dizia na altura. Era o que diziam os jornalistas: o acontecimento. Mas nós tínhamos (...) uma diretiva, digamos, uma fórmula, que era seguirmos as lutas todas que aconteciam.» (Realizador).

E o realizador faz referência ao contexto geral das lutas sociais:

> «As mulheres eram muito ativas, muito mais organizadas do que os homens (...) e punham em causa coisas que na altura eram tabus, a família, os filhos, não-sei-quê, os pais, aquela coisa toda. Ficavam fora de casa a defender as fábricas, o que era uma coisa (...). Era extremamente importante perceber (...) o que é que estava a acontecer neste tecido social e fabril e humano também. (...) Os tipos, os patrões estrangeiros fechavam as fábricas de um dia para o outro num instante, estavam-se perfeitamente nas tintas, era ocupação. Estes milhares de trabalhadores foram confrontados com coisas que não sabiam bem o que eram, não sabiam o que era o conceito das multinacionais como verdadeiros aparelhos ideológicos do capitalismo, que se vê mais hoje em dia.» (Realizador).

A jornalista entrevistada, responsável pela série *Nome Mulher*, refere que a proposta da série apresentada à RTP visava retratar as mulheres portuguesas e, à medida que foram criando e produzindo os episódios, o trabalho e a luta das mulheres surgiu como um tema central[16]. Essa luta foi também marcada por atitudes de reprovação dos maridos e dos pais («tensões familiares», como refere), pois viviam numa «sociedade patriarcal», na qual as mulheres ainda entregavam o salário aos maridos.

As representações do trabalho frisadas pela jornalista e pelo cineasta comungam de três vetores: i) a presença das multinacionais em Portugal, perspetivada numa ótica negativa de exploração dos trabalhadores e de prejuízo do sistema económico nacional; ii) o trabalho feminino e as relações de poder hierárquicas assimétricas dentro das empresas entre homens e mulheres; e iii) o poder transformador das mulheres, ao lutarem pelo seu emprego e procurarem defender os seus direitos. As narrativas retratam também o efeito da aproximação (por vezes apenas no discurso), dos cineastas e dos jornalistas com os trabalhadores pouco escolarizados e, frequentemente, desqualificados da indústria. Como refere o cineasta, «a luta não era só nossa».

[16] A série televisiva terminou com um último episódio sobre a interrupção voluntária da gravidez, pelo qual foram objeto de um processo judicial.

Mas para a Cinequipa, o «acontecimento» não se limita a um contexto social na periferia industrial de Lisboa. Ele engloba as transformações sociais da prática cinematográfica. Nos meses que se seguem às filmagens de *Applied Magnetics – o início de uma luta* (1975), a Cinequipa ocupa uma posição cada vez mais importante no quadro do cinema português, tentando influenciar a reorganização económica e social deste setor, e entrando em oposição com as políticas seguidas pelos sucessivos governos provisórios e constitucionais acusados de se terem mostrado «surdos e impermeáveis aos mais variados planos e projectos, elaborados e propostos pelos profissionais de cinema» (AFMS, *Cinema Português e Cultura: o direito à existência*, 20 de novembro de 1980). Ao lado de outras cooperativas cinematográficas, milita por uma reorganização das estruturas de produção e do sistema de difusão/distribuição dos filmes (AFMS, Eduardo Geada e Seixas Santos, *Para uma nova orgânica do cinema em Portugal*, 1977). No final da década de 1980, a Cinequipa tem por objetivo investir no campo da difusão de filmes com dois projetos – Cinequipa-Distribuição e Cinequipa-Difusão – que procuram assegurar «o enraizamento cultural e económico da Cinequipa no setor cooperativo português» [AFMS, *Quem é a Cinequipa*, 1980].

Cineasta e jornalista, ambos com percursos sociais e profissionais marcados por uma forte ligação a movimentos de contestação ao regime político anterior, desenvolvem narrativas centradas fundamentalmente na função político-ideológica desempenhada pelos filmes. A partir de 1977, a Cinequipa tenta também investir nos circuitos cinematográficos internacionais. O filme *Contra as multinacionais* (1977), para além da sua dimensão militante e de filme deliberativo, é também pensado como um objeto cinematográfico que deverá obedecer a algumas regras, em termos de difusão, hierarquização da equipa e reconhecimento individual do papel do realizador Fernando Matos Silva[16].

5.2. Os trabalhadores com uma missão política: narrativas revolucionárias e de conflito social

Após um trabalho exploratório de terreno na procura de contatos com as pessoas da Comissão de Trabalhadores, cujos depoimentos estão nos filmes, foi-nos possível falar com dois antigos trabalhadores da Applied Magnetics e membros da Comissão de Trabalhadores de então. Um aceitou fazer um visionamento dos filmes com a equipa de investigação e o outro foi entrevistado. O primeiro trabalhou na empresa alguns meses, desde um pouco antes de abril de 1974 até ao final desse mesmo ano, e esteve implicado no processo de contestação no período retratado nos filmes. Depois da sua passagem pela Applied Magnetics não continuou a desenvolver este tipo de atividades e a sua trajetória profissional prosseguiu na área do ensino. Já o segundo, também trabalhador da empresa entre 1973 e 1975, prosseguiu a sua trajetória como líder sindical e político.

[16] Ver, por exemplo, as correspondências com os festivais internacionais: «Rencontres: L'homme regarde l'homme» (1978); ou Festival de Oberhautsen («Westdeutsche Kurzfilmtage», 1978). [AFMS]

Para os membros da Comissão de Trabalhadores, o acontecimento é singular e claramente identificado com a luta das trabalhadoras da empresa Applied Magnetics. O acontecimento é neste caso considerado como específico e a sua rememoração passa pela elaboração de uma narrativa apresentada como hegemónica. A representação desse acontecimento num filme tem subjacente uma memória «coletiva» (Halbwachs, 1997) da luta que ocorreu, no sentido em que esta memória deve ser partilhada para assegurar o reconhecimento da existência do grupo social em questão: a classe operária.

Encontramos na documentação sobre a Applied Magnetics do Centro de Documentação 25 de Abril uma única referência ao programa televisivo para lamentar a ausência de alusão aos confrontos à porta do Ministério do Trabalho:

> «A imprensa também não nos apoiou. Enquanto se "choraram as desgraças dos desempregados" e "malandro que foi o administrador" ainda se publicava, mas quando se chegou à hora da verdade e se entrava na posição do Ministro toda a imprensa, sobre esses pontos fez silêncio total. Por exemplo, quando a fábrica encerrou, a televisão fez um programa sobre a nossa luta. Vários camaradas foram entrevistados e todos eles sem excepção referiram-se à maneira como o Ministério nos tinha tratado; mais tarde, quando o programa foi apresentado, vimos como essas partes foram todas cortadas; só mostraram o que da nossa luta lhes pareceu "inofensivo".» (Centro de Documentação 25 de Abril, «Transformemos a derrota da Applied numa vitória para a classe operária» – comunicado de um «Grupo de Trabalhadores da Applied», s. d.).

O visionamento dos filmes e a entrevista parecem confirmar que, neste caso, a memória do passado da empresa Applied Magnetics passa pela reconstituição de «momentos marcantes».

Ambos os antigos membros da Comissão de Trabalhadores da Applied Magnetics têm narrativas acerca do período retratado no filme marcadas pela necessidade de defender os direitos dos trabalhadores, pelas relações de exploração que marcavam a presença das multinacionais em Portugal, bem como pelas atividades clandestinas que desenvolviam na empresa antes do 25 de Abril de 1974, através da distribuição de materiais de contestação ao regime político. Não têm uma recordação muito clara da equipa de filmagem, nem mesmo dos restantes membros da Comissão de Trabalhadores. É uma memória baseada na reprodução de uma narrativa que foi também mediatizada através de jornais, panfletos, programas de televisão ou filmes e que reflete os movimentos político-ideológicos mais amplos que marcam a sociedade portuguesa do final da década de 1970.

O entrevistado que é hoje um líder com funções político-partidárias, aborda os acontecimentos retratados em ambos os filmes no quadro de uma causa social que se prolonga até aos nossos dias. Sem qualquer referência aos filmes ou aos realizadores, desenvolve um discurso próprio que reflete um processo de memorialização associado às convicções políticas que manifesta. Assume um discurso político-ideológico institucional e evita abordar a sua trajetória individual. Foca a sua narrativa numa ótica de denúncia da atuação das empresas multinacionais, sendo notória uma grande proximidade com os discursos presentes nos filmes, em particular os textos que se ouvem em voz *off*.

Sobre o passado refere-se à:

> «(...) constituição da Comissão de Trabalhadores e à elaboração do caderno reivindicativo. Portanto, aí fomos todos da empresa para a sede em Sacavém em plenário da Applied Magnetics onde foi aprovado o caderno reivindicativo. (...) Eram muitas que tinham filhos, portanto, todo um problema de enquadramento familiar que não era também suficiente e isto foi uma reivindicação que se traduziu ali. Bom, e depois foi todo um processo também atípico daquela época, a sabotagem das multinacionais face ao regime democrático que estava a nascer, não se conformando com uma afirmação de facto dos direitos mínimos dos trabalhadores e do progresso das suas condições de vida. E portanto foi um processo muito exigente de ação e de repressão da empresa, da administração de várias formas junto dos trabalhadores, de ameaças sucessivas. (Antigo trabalhador e membro da Comissão de Trabalhadores da Applied Magnetics).

À semelhança do que se pode ler neste excerto, o entrevistado refere-se repetidamente ao confronto entre os trabalhadores e administração da empresa, chegando, numa segunda fase, ao governo: «Houve um processo de negociações no Ministério do Trabalho (...) com os trabalhadores concentrados à porta do Ministério e em que foi colocada uma base de acordo.» Descreve detalhadamente o momento, visível no filme *Contra as multinacionais* (1977), em que os trabalhadores tentaram impedir a saída do administrador da empresa do referido ministério:

> «E, nessas circunstâncias, ele sai, os trabalhadores agarram-no e colocou-se à Comissão de Trabalhadores um dilema. No quadro de pressão enorme, de chantagem e de campanhas sobre o processo de revolução portuguesa, haver um aprisionamento dos trabalhadores.» (Antigo trabalhador e membro da Comissão de Trabalhadores da Applied Magnetics).

Esta descrição termina com um enquadramento nos processos generalizados em curso em Portugal:

> «Outros processos houve também, não tão concentrados no tempo, de ações de multinacionais, de encerramentos, de chantagem sobre os trabalhadores, sobre o Estado português.» (Antigo trabalhador e membro da Comissão de Trabalhadores da Applied Magnetics).

Este discurso, que, em parte, reproduz o que se pode ver nos filmes, contém um elevado pendor ideológico sobre as empresas multinacionais e as condições de trabalho. O entrevistado utiliza expressões e vocábulos que dialogam com a narração que encontramos nos filmes, em particular em *Contra as multinacionais* (1977). Veja-se, nomeadamente, quando refere aspetos como:

> «É a lógica da máxima exploração do trabalho e do máximo condicionamento da própria soberania dos países, é evidente, articulada com uma posição do poder político em cada um dos países.» (Antigo trabalhador e membro da Comissão de Trabalhadores da Applied Magnetics).

E faz uma articulação com as condições de trabalho vividas na Applied Magnetics:

> «Veja-se, do ponto de vista desse aspeto das condições de trabalho, que aquela empresa produzia vários componentes eletrónicos. (...) E então isto significava um trabalho ao microscópio da parte do conjunto das operárias e operários. (...) Com o uso de produtos de limpeza que degradavam claramente a pele de quem os manuseava. Portanto, são condições de trabalho complexas, exigentes, muito brutais para quem tinha que trabalhar naquelas condições. Com uma outra componente também, que é a ausência de apoios sociais." Para voltar à questão das empresas multinacionais, que foram, também, o foco central do filme, como foi já explicitado: "uma das características que eu apontava para o trabalho das multinacionais: baixos salários, condições de trabalho desumanas, repressão, auxiliando, articulando aqui a repressão interna e a repressão externa.» (Antigo trabalhador e membro da Comissão de Trabalhadores da Applied Magnetics).

Também o entrevistado refere, a propósito da realidade retratada em *Contra as multinacionais* (1977), no momento presente:

> «Depois, outra característica daquela empresa e também das multinacionais é o trabalho integrado, conceção integrada da produção, em que vários países, várias regiões do mundo e a produção de uma componente de um lado e outra componente noutro lado para que em nenhum país houvesse um domínio do conjunto do processo produtivo.» (Antigo trabalhador e membro da Comissão de Trabalhadores da Applied Magnetics).

Interessante é o discurso do entrevistado sobre a ação coletiva dos trabalhadores, a qual estava presente noutras empresas e foi também retratada em vários filmes, nomeadamente na série *Nome Mulher*:

> «E tivemos folhetos que eram distribuídos à porta, eram deixados à porta, e outros eram colocados nas casas-de-banho, exatamente denunciando este problema de trabalho, os baixos salários, estimulando a que houvesse ação reivindicativa. Os processos reivindicativos, aliás eram acompanhando por grande movimentação no país. (...) Portanto, há essa movimentação.» (Antigo trabalhador e membro da Comissão de Trabalhadores da Applied Magnetics).

Nos filmes é notória esta questão da ação coletiva, visível, por exemplo, na preocupação em dar a palavra aos trabalhadores, quer individual, quer coletivamente. No entanto, os filmes não são destacados no discurso deste entrevistado, que chega a referir que «o filme aparece hoje como o que sobra, naquela altura foi uma componente que não teve a projeção que tinham, por exemplo, os jornais e a rádio, porque era uma questão que se estava a viver no dia-a-dia». (Antigo trabalhador e membro da Comissão de Trabalhadores da Applied Magnetics). As questões sociais e políticas retratadas nesses filmes são as que orientaram e ainda orientam a sua ação política. Neste sentido, esse discurso memorial aproxima-se do dos cineastas na defesa de determinadas causas políticas e sociais.

Assim, coexistem dois registos de memória neste entrevistado: um mais descritivo e testemunhal; e outro com claras ligações ao presente, ancorado num conjunto de pressupostos político-ideológicos.

5.3. *As trabalhadoras da empresa: narrativas quotidianas e afetivas*

Finalmente, abordamos o ponto de vista das trabalhadoras da empresa Applied Magnetics, a partir de um visionamento que realizámos dos dois filmes, de duas entrevistas e de uma visita com três antigas trabalhadoras da empresa ao exterior das antigas instalações da empresa (*figuras 8.3. e 8.4.*) [17].

Trata-se de um grupo de trabalhadoras que representa um segmento da população ativa portuguesa, o qual pode ser sinteticamente retratado como composto por mão de obra feminina pouco escolarizada (4 a 6 anos de escolaridade), com origem social no operariado rural ou industrial e a trabalhar, em 1975, em atividades industriais pouco qualificadas e taylorizadas. Os percursos destas mulheres são marcados por vários empregos, entre fábricas e serviços desqualificados (na sua maioria), que vão ocupando e conquistando com base numa rede local e informal de angariação de emprego. No momento da nossa investigação, já eram reformadas ou estavam prestes a atingir a idade de reforma. São casadas e com filhos, e apenas uma voltou a estudar, completando o 11.º ano de escolaridade.

Vejamos um breve retrato das duas mulheres entrevistadas, com base nas entrevistas realizadas, salientando o seu perfil sociodemográfico e profissional

[17] A reunião destas mulheres teve lugar no dia 11 de fevereiro de 2015 num espaço cedido pela Junta de Freguesia de Sacavém, a cujos responsáveis agradecemos a disponibilidade demonstrada. As cinco antigas trabalhadoras da Applied Magnetics foram chegando aos poucos, começando facilmente a falar e a contar as suas histórias. Tiveram uma experiência inesquecível e guardam memórias associadas ao ambiente de trabalho e ao que consideram ser as boas condições de trabalho proporcionadas pela empresa, comparativamente com outras empresas onde estiveram antes e depois. Foi também um encontro entre elas, marcado por uma reconstituição coletiva de memórias. Uma das entrevistadas referiu que pensava que o encontro era uma partida de Carnaval da antiga trabalhadora que efetuou os contactos, visto há tanto tempo terem deixado a Applied Magnetics.

Figura 8.3. – *Visionamento dos filmes*, Sacavém, fevereiro de 2015 [col. WorkS].

Figura 8.4. – *Visita às antigas instalações da empresa Applied Magnetics*, Sacavém, março de 2015 [col. WorkS].

característico do sistema de emprego português nas décadas de 1960 e 1970 (quadros 8.1. e 8.2.)[18].

Como se pode concluir dos perfis apresentados, trata-se de mulheres com uma memória da empresa centrada sobre uma experiência pessoal e afetiva associada às condições de trabalho e sem qualquer avaliação crítica do trabalho que executavam: um trabalho parcelar, com um conteúdo de operações de montagem de componentes rotineiro e repetitivo. A par dos aspetos já salientados nas entrevistas, é importante percecionar as memórias e os discursos memoriais a partir dos principais aspetos que foram destacados durante o visionamento e a visita ao espaço exterior da empresa.

A primeira nota a reter na análise das memórias é o facto de, no decorrer do visionamento e, posteriormente, nas entrevistas, nos termos confrontado com reações de distanciamento (ou até de rejeição) em relação ao conteúdo dos filmes: «aqui [no filme] há muita mentira»; o filme não retrata as verdadeiras condições físicas de trabalho da empresa; as pessoas entrevistadas não se lembram das pessoas que fizeram o filme nem de lá terem ido.

Vemos como a relação complexa entre o que os filmes retratam e a designada «verdade» sobre o trabalho, pode estar na origem da produção de diferentes memórias «sociais» (Fentress & Wickham, 1992) em torno do acontecimento. Do ponto de vista das trabalhadoras em questão, se os filmes «dão» a palavra a algumas das suas colegas, essa palavra é percebida como desviada ou transformada por influências exteriores (os cineastas, os jornalistas e até os membros mais ativos da Comissão de Trabalhadores). Tudo indica que a «tomada de palavra» (Certeau, 1994), que poderia ter estado na origem da criação de uma «memória coletiva», e que a Cinequipa assinalava como um dos seus objetivos centrais no momento da realização do filme, não teve lugar.

O que o visionamento e as entrevistas deixam antever é o facto de as antigas trabalhadoras da empresa Applied Magnetics, à semelhança dos membros da Comissão de Trabalhadores, desenvolverem um discurso memorial independente dos conteúdos dos filmes. Veja-se, no quadro-síntese seguinte (quadro 8.3.), os aspetos referidos, quer no visionamento, quer na visita, ilustrados com expressões e frases dos discursos das trabalhadoras recolhidos em ambas as ocasiões.

O modo de receção dos filmes por parte das trabalhadoras permite salientar que estamos em presença de um discurso memorial emotivo e fortemente ancorado nas condições sociais objetivas da altura e das expectativas que tinham face ao mercado de trabalho e às suas trajetórias pessoais, escolares e profissionais, no quadro de um determinado *habitus* (Bourdieu, 1980) e «campo de possíveis» (Bourdieu, 1979, p. 122). Não se pode, deste modo, dissociar os discursos destas antigas operárias da sua situação pessoal e profissional a qual, como foi referido, foi comum a segmentos do mercado de trabalho da população portuguesa, marcados por uma inclusão particular das mulheres na população ativa.

[18] De modo a garantir o anonimato das entrevistadas, os nomes são fictícios.

Quadro 8.1. – Aida

A trajetória pessoal e profissional

Aida, casada, com seis anos de escolaridade, nasceu em 1954 em Almodôvar, no Alentejo. Mora na Póvoa de Santa Iria (concelho de Vila Franca de Xira). Veio para a freguesia da Apelação (concelho de Loures) com os pais com 3 anos. Tem 3 irmãos. Recorda-se que os pais trabalhavam na agricultura como tarefeiros. Quando vieram para a Apelação, o pai foi trabalhar para a Câmara Municipal de Loures como eletricista e a mãe para uma empresa de cerâmica, onde se fabricavam mosaicos, e depois para uma empresa têxtil. Aida começou a trabalhar com cerca de 13 anos – «éramos todas miúdas» – numa empresa têxtil como aprendiz. A partir daí esteve empregada em várias empresas da indústria de confeções como costureira. Casou com 19 anos com um contabilista originário de Beja, cujos pais trabalhavam nas Minas de São Domingos. O marido teve vários empregos sempre como contabilista e hoje, com 65 anos, está reformado. Após vários trabalhos em empresas de confeção, Aida foi para a Applied Magnetics em 1972. Quando saiu da Applied Magnetics ficou desempregada e seguidamente foi trabalhar cerca de dois anos para uma empresa de confeções. Por volta de 1978 foi trabalhar para uma empresa multinacional de confeção de *lingerie* de senhora. Nessa altura (com cerca de 23 anos) tinha dois filhos. Esta última empresa foi o seu último emprego, o qual marcou de forma notória a entrevistada, associada a uma forte pressão exercida pelas chefias diretas sobre as operárias, ainda que os salários fossem mais elevados do que noutras empresas. Durante 30 anos, Aida teve uma trajetória interna nesta última empresa como costureira, marcada por uma intermitência entre períodos de trabalho e de interrupção com baixas médicas devidas a uma depressão que se tornou crónica, como refere, que lhe foi diagnosticada como estando associada à pressão excessiva no trabalho conducente ao aumento da produtividade. Reformou-se em 2008. A sua filha, com 38 anos, é licenciada em jornalismo e trabalha em marketing e o seu filho, com 40 anos, é licenciado em direito e trabalha num escritório de advocacia.

A empresa Applied Magnetics

Aida tem um discurso muito saudoso da altura em que trabalhava na Applied Magnetics e da vida que a cidade de Sacavém tinha. Refere: «Nem hoje há assim um emprego como aquele; abriu antes do 25 de Abril, nós tínhamos aquelas regalias todas…». Foi para a Applied Magnetics trabalhar quando estava noutra empresa: «Estava a trabalhar, estava na costura e entretanto disseram-me que havia ali uma casa muito boa e antigamente nós corríamos tudo à procura de emprego». A Applied Magnetics «era muito boa, porque tinha outras condições, não era costura, pagava melhor, era um trabalho diferente… nós também queríamos coisas diferentes. Então pois, diferente, era microscópio, era muito bom, davam comida, já não tínhamos que levar a lancheira de casa...». Aida foi para a Applied Magnetics fazer montagem de componentes. Tratava-se de operações exigentes em perícia manual e atenção visual. A empresa garantia o transporte dos trabalhadores, o que era também, para Aida, uma condição que outras empresas não garantiam. As condições de trabalho associadas ao tipo de componentes montados, exigentes em limpeza, são para Aida um fator de distinção de outras empresas: «Era um trabalho diferente, minucioso, a gente gostava, estava ali ao microscópio, aquela higiene toda, aquilo tudo (…) pronto, era diferente.» Trata-se de atividades de trabalho executadas, exclusivamente, por mulheres. Logo após o 25 de Abril de 1974 foi informada, juntamente com as outras trabalhadoras, que a empresa iria encerrar. Descreve o 25 de Abril da seguinte forma: «Em Sacavém estava tudo assim às cegas, não havia transportes, deixaram de haver transportes, vínhamos a pé, ninguém sabia o que é que se passava depois começou tudo a mandar o pessoal embora… (…) já estava todo o dia à espera que a televisão desse alguma coisa para saber o que é que se passava, e então, já não sei a que horas foi, às tantas da noite.» É com alguma tristeza que refere o facto de se terem iniciado os processos de luta dentro da empresa, pois «eu acho que nós estávamos tão bem, que tínhamos o nosso emprego, gostávamos do que fazíamos e eles acabaram com aquilo, eles fizeram tanta coisa, tanta coisa, fizeram tantas maldades, chamaram tanto nome ao americano [proprietário da empresa], disseram tanta coisa, tanta coisa que agora nem me lembro, não tinha jeito de ser, tratar as pessoas mal, e eles não eram donos da fábrica, e nós achávamos que estávamos bem.»

O filme

Aida aparece no filme *Applied Magnetics* (1975) a tricotar – «estava a fazer a colcha, era a colcha do casamento» – mas, como refere, «eu não alinhei muito naquilo porque eu não gostava daquilo». E é com alguma indignação que vê os depoimentos das suas colegas de trabalho no filme: «chamavam aqueles plenários; lá lavavam a cabeça às pessoas, que era assim, que era assado, eram uns malandros, eram uns predadores, eles que fossem para o país deles, que nos estavam cá a explorar e que não pagavam como deve ser os impostos…» Até que, como se vê no filme, a empresa encerrou: «a gente trabalhou sempre à espera que acontecesse alguma coisa até que o dinheiro não veio, e depois, a partir daí, foi o descambar daquilo.» Não tem qualquer memória do realizador, nem da equipa de filmagem, nem mesmo de algumas das pessoas que surgem no filme a apresentar o seu depoimento.

Quadro 8.2. – Manuela

A trajetória pessoal e profissional

Manuela, 63 anos, é casada com um eletricista bobinador. Nasceu em Lisboa e os pais em Sacavém. Tem dois irmãos. O marido não foi para a guerra colonial, «safou-se». O pai era comunista e, como refere, participou em reuniões clandestinas em Sacavém. Mora em Sacavém. Tem quatro anos de escolaridade. Tem um filho, nascido em 1975 e que hoje é professor de educação física em ginásios e em escolas como trabalhador independente. Manuela começou a sua trajetória profissional com 10 ou 11 anos como aprendiz de costura e prosseguiu o seu percurso entre várias fábricas em Sacavém e áreas limítrofes desempenhando tarefas de costura, passando pela montagem das peças na Applied Magnetics, onde entrou, em 1970, com 17 ou 18 anos. Na Applied Magnetics fazia a verificação de qualidade das peças ao microscópio. Esteve na empresa durante 4 anos e foi para lá pelas boas condições de trabalho e pelo salário. Saiu da empresa em 1974 por convite da empresa e foi indemnizada. Prosseguiu a sua trajetória entre períodos de desemprego e emprego em empresas de confeção e teve empregos desqualificados nos serviços (limpeza). No momento presente está desempregada e tem a expectativa de passar a uma situação de reformada. Vive no centro da cidade de Sacavém. Conhece as pessoas, frequenta os cafés e refere que Sacavém mudou muito, porque no passado as pessoas eram mais unidas: «Sacavém não era nada disto, esta avenida não era nada disto, nem nada, nem as pessoas, nem nada, está tudo mudado. (...) éramos muito mais unidos, antigamente quando morávamos nestas casinhas baixinhas e não sei quê, do que agora nestes prédios, nós nestes prédios, quase que nem vimos as pessoas, há pessoas que até têm vergonha de dizer bom dia ou boa tarde, é horrível.»

A empresa Applied Magnetics

Tem uma memória positiva da empresa e das condições de trabalho: «Era o salário e era as condições, eram muito boas. Em tudo, na limpeza, no bem-estar de nós estarmos sentadas, o trabalho, tudo muito disciplinado, era uma coisa muito... tratávamo-nos bem.» A sua memória é pautada também pelo convívio entre as trabalhadoras: «já nos conhecíamos daqui de Sacavém, dos nossos bailaricos, de nós andarmos aqui... não havia televisão, não havia nada, a gente entretinha-se.» Tem uma memória difusa do 25 de Abril de 1974 e do encerramento da empresa associado aos conflitos sociais: «... houve uma rebelião qualquer, de vez em quando aumentavam-nos um tostão, dois tostões, e depois houve uma greve, mas eu dessa altura, não me lembro muito bem. (...) Lembro-me de uma vez irem lá, a polícia e mais não sei quê, e dizerem: "ah, esteve aí a polícia com cães e não sei quê, não sei que mais", mas eu não ligava... mas houve qualquer coisa... (...) Era política, havia aqui muita gente da política aqui em Sacavém. (...) Reuniam-se... havia um café onde eu parava muito, que agora está fechado, haviam aqui pessoas, doutores e assim... que se reuniam às vezes nesse café. O meu pai tinha um jornal, o meu pai era também comunista. Era terrível, era demais, eu não podia dizer as minhas opiniões... eu sou diferente. Disto da Applied, fiquei muito... era jornalinhos que ele tinha do Avante, e eu lembro-me... Era o Avante, uma coisinha assim muito estreitinha, com letras muito fininhas, pequeninas. (...) O meu pai depois é que me contou, contou-me o que era, depois do 25 de Abril. (...) Também era novita, não percebia nada, não percebia nada dessas coisas».

O filme

Manuela não tem qualquer memória do filme, nem de algumas das pessoas que dão o seu testemunho. Como refere: «havia muita gente que eu não conhecia, e estavam sempre a entrar pessoas, estavam sempre a entrar.» É interessante, contudo, o facto de se referir à Applied Magnetics como é retratada no filme, isto é, uma multinacional que instalou em Portugal uma unidade de montagem de componentes, «se eles fossem portugueses, agora estrangeiros... eles não têm nada a perder. Então foram para outro país, explorar outros, que eu não me sentia explorada, o que se ganhava aqui, eu não me sentia explorada, não sei como é que eles diziam que se sentiam explorados, nós tínhamos tudo para nós trabalharmos, nós tínhamos tudo, era só pedir, nós tínhamos tudo, e vinha tudo lá de fora, não era nada de cá, vinha tudo, tudo lá de fora, até o simples algodão, vinha tudo lá de fora, vinha tudo, tudo lá de fora, nós tínhamos condições de trabalho, nunca nos ficaram a dever nada, de vez em quando aumentavam-nos, para nós aquilo era uma alegria, ao fim do mês via-se dinheiro, mesmo pouco que fosse. Nenhuma fábrica, nós falávamos com as outras pessoas que estavam nas outras fábricas, a gente não ouvia dizer nada que iam ser aumentadas, [a nossa] era a fábrica que pagava melhor.»

Quadro 8.3. – Os discursos das trabalhadoras da Applied Magnetics

Categorias temáticas	Excertos ilustrativos
A empresa	«Aquilo foi uma grande casa» «Aqui [em Sacavém] era das [empresas] mais importantes» «Os americanos nunca nos faltaram ao respeito a nada»
As condições de trabalho	«Se trabalhávamos fora de horas íamos a Moscavide jantar aos melhores restaurantes. Éramos muito bem tratadas» «Tínhamos o lanche grátis; a sopa e o pão também era de graça» «Ainda me lembro que foi lá que comi os meus primeiros donuts. Sabiam tão bem de manhã» «Aquelas bancadas todas branquinhas, tudo ali; tínhamos o álcool, o algodão e o papel branco, muito asseio; e as casas de banho; naquela altura a maioria de nós não tínhamos casas de banho em casa como tínhamos lá»
O ambiente de trabalho	«As colegas eram muito boas, não havia cinismo, não havia nada; antes do 25 de Abril era um ambiente de trabalho muito bom» «Havia ali uma educação que não se ouvia dizer um palavrão»
As remunerações	«Naquela altura era uma das empresas que pagava melhor e tinha boas condições»
O conteúdo do trabalho	«O microscópio dava cabo da vista, mas isso não há nenhum trabalho que seja bom a 100%»; «[O trabalho] era fácil. Nós éramos espertas. (...) A gente aprendia tudo» «Era um trabalho muito minucioso» «Ia a muitas mãos». «Cada linha fazia a mesma operação. E, por isso, tinha uma encarregada por cada linha e um chefe»
A intensidade do trabalho	«A gente esticava-se» «A gente tínhamos intervalos» «Aquilo fazia-se bem, sem pressão» «Eu nunca me senti pressionada nem nada»
A ação da Comissão de Trabalhadores e sindical	«Nunca fui a nenhuma manifestação, nem fiz greve. (...) Só fui uma vez a uma manifestação e não gostei daquilo que ouvi. (...) A pessoa tem de andar no meio; não pode andar nem cá em baixo, nem querer lá em cima. (...) A gente até nem estava mal, porque é que haviam de querer tanta coisa de repente. (...) E depois aconteceu o que aconteceu. (...) Eles começaram com as reuniões todas e nós não sabíamos o que era a política. Eu quando comecei a perceber que ia ficar sem trabalho e que andava tudo zangado umas com as outras e depois, bateram-se e tudo lá. (...) depois vieram aqueles do sindicato. Os revolucionários e deram cabo disto» «A Comissão de Trabalhadores eram uns gaiatos que estavam cá há um mês» «Eram uns putos que não sabiam nada da vida» «Eles ficaram com bons empregos no sindicato ou no partido»
A divisão sexual do trabalho	«Os chefes era tudo homens» «Os homens era da oficina e do armazém»

6. Conclusão

Como ficou evidenciado ao longo do capítulo, os filmes *Applied Magnetics – o início de uma luta* (1975) e *Contra as multinacionais* (1977) contribuem para a construção de diferentes memórias sobre o trabalho. Os filmes foram realizados num contexto socio-histórico e cultural marcado pelo contexto revolucionário, o processo de implementação do regime democrático e a possibilidade de, no campo cinematográfico, registar processos de transformação social e usar o cinema para desenvolver práticas de reivindicação política. Ao longo desta análise, estamos perante três categorias de atores sociais com discursos memoriais distintos face às mesmas dimensões da realidade social, sejam elas: o sistema económico português e, neste, os impactos da presença das empresas multinacionais; o trabalho feminino; as relações de trabalho; as condições de trabalho; os movimentos revolucionários; e os processos socio-históricos antes, durante e após a transição democrática em Portugal.

Os discursos produzidos distinguem-se em função das condições sociais objetivas dos grupos sociais em questão, o que é percetível na análise das suas trajetórias pessoais e profissionais. Se no caso dos realizadores e da jornalista se destaca um discurso sobre os objetivos políticos associados à realização dos filmes e sobre vivências associadas à prática cinematográfica no contexto do pós-25 de Abril, para os membros da Comissão de Trabalhadores o registo memorial está fortemente ancorado nas causas políticas e é (re)construído independentemente dos filmes. Já para as trabalhadoras – desconhecedoras não apenas dos filmes, mas também dos processos da sua realização – os filmes da Cinequipa não retratam a realidade que viveram. Para estas, o seu visionamento acaba por produzir um discurso memorial assente num registo fortemente afetivo e saudosista do que foram os anos em que trabalharam na empresa Applied Magnetics.

Os filmes militantes analisados geraram, assim, um processo de (re)memorialização das vivências do trabalho, sem necessariamente imporem uma relação direta e unívoca por parte de todos os atores sociais com a matéria e as representações por eles veiculadas.

Referências bibliográficas

Almeida, S. V. (2009). *Camponeses, Cultura e Revolução: Campanhas de Dinamização Cultural e Acção* Cívica do M. *F. A. (1974-1975)*. Lisboa: Edições Colibri/IELT – Instituto de Estudos de Literatura Tradicional.

Almeida, S. V. (2014). O 25 de Abril na Antropologia portuguesa 40 anos depois: trajeto das invisibilidades e visibilidades. *Ler História*, 67, 178-184.

Azevedo, C. (1999). *A censura de Salazar e Marcelo Caetano – Imprensa, teatro, cinema, televisão, radiodifusão, livro*. Lisboa: Editorial Caminho.

Balasinski, J. & Mathieu, L. (2006). *Art et contestation*. Paris: Presses universitaires de Rennes.

Bourdieu, P. (1979). *La distinction: critique social du jugement*. Paris: Les Éditions de Minuit.

Bourdieu, P. (1980). *Le Sens pratique*. Paris: Les Éditions de Minuit.

Cerezales, D. P. (2003). *O poder caiu na rua. Crise de Estado e acções colectivas na revolução portuguesa 1974-1975*. Lisboa: Imprensa de Ciências Sociais.

Certeau, M. de (1994). *La prise de parole et autres écrits politiques*. Paris: Le Seuil.

Costa, J. F. (2001). A revolução de 74 pela imagem: entre o cinema e a televisão. *Obercom, revista do Observatório da Comunicação*. Acedido a 15 de setembro de 2015, em www.bocc.ubi.pt/pag/costa-jose-filipe-revolucao-74-pela-imagem.pdf

Costa, J. F. (2002). *O cinema ao poder! A revolução do 25 de Abril e as políticas de cinema entre 1974-76: os grupos, instituições, experiências e projectos*. Lisboa: Hugin Editores.

Cunha, P. (2014). *O Novo Cinema Português. Políticas públicas e modos de produção (1949-1980)*. Tese de doutoramento em Estudos Contemporâneos, Coimbra: Instituto de Investigação Interdisciplinar da Universidade de Coimbra.

Fentress, J. & Wickham, C. (1992). *Social Memory*. Oxford: Blackwell.

Graff, S. (2011), «Cinéma-vérité» ou «cinéma direct»: hasard terminologique ou paradigme théorique?», Décadrages, 18, 32-46.

Halbwachs, M. (1997 [1950].). *La mémoire collective*. Paris: Albin Michel.

Lecler, R. (2015). Chris Marker, le sceau du secret. *Genèses*, 98, 131-147

Martins, M. B. (1976). *As multinacionais em Portugal*. Lisboa: Editorial Estampa.

Mattelart, A. (1976). *A teia das multinacionais*. Lisboa: Iniciativas Editoriais.

Oliveira, L. T. & Branco, J. F. (1993). *Ao Encontro do Povo. I – A Missão*. Oeiras: Celta Editora.

Oliveira, L. T. & Branco, J. F. (1994). *Ao Encontro do Povo. II – A Colecção*. Oeiras: Celta Editora.

Oliveira, L. T. (2004). *Estudantes e Povo na Revolução. O Serviço Cívico Estudantil (1974-1977)*. Oeiras: Celta Editora.

Palloix, C. (1974). *As firmas multinacionais e o processo de internacionalização*. Lisboa: Editorial Estampa.

Reed, T. V. (2005). *The art of protest: Culture and activism from the civil rights movement to the streets of Seattle*. Minneapolis: University of Minnesota Press.

Rezola, M. I & Gomes, P. M. (coord.). (2014). *A revolução nos media*. Lisboa: Tinta da China.

Ricoeur, P. (2000). *La mémoire, l'histoire, l'oubli*. Paris: Le Seuil.

Rodrigues, M. J. (1988). *O sistema de emprego em Portugal: Crise e mutações*. Lisboa: Dom Quixote.

Rolo, J. M. (1975). Transferências de tecnologia e dependência estrutural da economia portuguesa — análise de um inquérito. Lisboa.

Rolo, J. M. (1976). Realidades e experiências do controlo multinacional: o caso português. *Análise Social*, XII (145), 7-40.

Rosas, F. (coord.) (1999). *Portugal e a Transição para a Democracia (1974-1976)*. Lisboa: Colibri.

Sampaio, S. (2013). Sónia Vespeira de Almeida. Camponeses, Cultura e Revolução: Campanhas de Dinamização Cultural e Acção Cívica do M. F. A. (1974-1975). *Etnográfica* , 17 (2), 423-427.

Santos, A. R. (1977). Desenvolvimento monopolista em Portugal (fase 1968-73): estruturas fundamentais. *Análise Social*, XIII (49), 69-95.

SANTOS, B. S. (1990). *O Estado e a sociedade em Portugal (1974-1988)*. Porto: Afrontamento.

SANTOS, M. L. L., MARINÚS P. L. & FERREIRA, V. M. (1976). *O 25 de Abril e as lutas sociais nas empresas*. Porto: Afrontamento.

SANTOS, T. (1975). *Imperialismo e empresas multinacionais*. Coimbra: Centelho.

SIMÕES, V. C. (1978). A política de «preços de cessão» das multinacionais: suas determinantes. *Análise Social*, XIV (56), 873-883.

STARK, T. (2012). Cinema in the hands of the people: Chris Marker, the Medvedkin Group, and the potential of militant film. October, 139, 117-150.

SUÁREZ, M. A. P. (2008). *Contra a exploração capitalista comissões de trabalhadores e luta operária na revolução portuguesa (1974-1975)*. Dissertação de mestrado em História dos séculos XIX e XX. Lisboa: Faculdade de Ciências Sociais e Humanas--Universidade Nova de Lisboa, Lisboa.

TUGENDHAT, C. (1974). *Estas multinacionais que nos governam*. Lisboa: Parceria A. M. Ferreira.

VARELA, R. (2014). *História do povo na revolução portuguesa 1974-75*. Lisboa: Bertrand.

CAPÍTULO 9

CINEMA DE EMPRESA NO QUADRO DA POLÍTICA DE COMUNICAÇÃO DA COMPANHIA UNIÃO FABRIL

LUÍSA VELOSO E EMÍLIA MARGARIDA MARQUES*

* Luísa Veloso é responsável pela redação do texto e pela análise dos filmes; Emília Margarida Marques realizou (maioritariamente a partir de fontes secundárias) a compilação historiográfica sobre a CUF aqui apresentada. As autoras agradecem o trabalho de recolha, seleção e análise de fontes de Frédéric Vidal, assim como os seus preciosos contributos e comentários. Agradecem ainda o trabalho de João Rosas de revisão da análise dos filmes.

1. O cinema de empresa da Companhia União Fabril como estudo de caso: objeto, objetivos e metodologia

1.1. Objeto e objetivos do estudo de caso

Com este estudo de caso visa-se analisar os processos sociais de produção e uso do cinema de empresa a partir de um conjunto de filmes realizados por iniciativa e/ou relacionados com a trajetória e as atividades de um relevante grupo económico português, a Companhia União Fabril (CUF), cujas atividades se desenvolveram desde meados do século XIX até ao terceiro quartel do século XX, tendo tido o Barreiro como principal espaço produtivo a partir de 1907[1].

Os filmes enquadram-se temporalmente entre os anos 1930 e os anos 1970, durante o regime do Estado Novo, verificando-se uma particular concentração da atividade fílmica da CUF nos anos 1960.

A delimitação deste estudo de caso teve na sua base dois aspetos relacionados entre si: o facto de ser um grupo económico com uma utilização importante e inovadora, à época, do cinema, enquadrada numa prática ampla de promoção empresarial cujos ecos se estendem, inclusive, até processos recentes de patrimonialização daqueles filmes por parte do atual grupo económico CUF[2]; por o Barreiro se caracterizar pela presença de um vasto operariado industrial, trabalhando na CUF e também nas oficinas ferroviárias e noutras indústrias, o qual passou, nas últimas três décadas por um intenso processo de desindustrialização, também associado (ainda que não exclusivamente), ao grupo económico CUF.

A abordagem do cinema de empresa produzido por iniciativa da CUF ou relacionado com as suas atividades tem na sua base o objetivo de analisar os conteúdos dos filmes, contextualizando-os no percurso histórico e nas particularidades do grupo económico, com destaque para o seu uso no âmbito das práticas de comunicação empresarial.

[1] No capítulo 10 deste livro é abordada a temática da receção dos filmes.

[2] Sumariamente, pode referir-se que as duas principais atividades do atual grupo económico CUF no momento presente (substancialmente distinto da empresa original) são no setor da química industrial (http://www.cuf.pt/) e no setor da saúde (http://www.josedemellosaude.pt/). Consultados a 3 de dezembro de 2015.

1.2. *Cinema de empresa e processos de patrimonialização*

A concretização do objeto e dos objetivos do estudo traduz-se numa problematização de dois eixos com múltiplas conexões entre si: as especificidades e objetivos do apelidado cinema de empresa, constituindo, quer um meio de promoção e marketing das atividades das empresas, quer um veículo de produção e disseminação de representações do trabalho; os processos sociais de patrimonialização – produção e uso – do cinema de empresa, processos estes que incluem a política de comunicação empresarial.

O cinema de empresa (também designado cinema industrial) constitui um domínio de extensão internacional que, pela sua amplitude e diversidade, ilustra a importância que as empresas conferem ao cinema (Hatzfeld, Michel & Rot, 2006). Para além destas características, prima por uma grande heterogeneidade de objetivos e de usos e não pode ser dissociado da história do cinema (Hatzfeld, Michel & Rot, 2006). Assim, a análise destes filmes permite, quer contribuir para um conhecimento deste género específico e, deste modo, enriquecer a história do cinema, quer conhecer o modo como estes filmes representam o trabalho. O estudo de caso centrado na CUF visa, precisamente, responder a este objetivo.

O enquadramento do cinema na política de comunicação do grupo económico CUF exige também pensar na função que cumpriu e cumpre na sociedade (e não apenas na empresa), remetendo para a utilidade dos filmes industriais (Acland & Wasson, 2011). Ainda que nem sempre a informação detida permita estabelecer inquestionavelmente as razões e contextos da produção dos filmes, a análise realizada permite chegar a evidências importantes sobre este aspeto essencial, já que, como refere Michel (2009), «Estes filmes integram um dispositivo visual que foi encomendado com objetivos específicos (promoção, notícias, educação, etc.) e produzidos utilizando técnicas cinematográficas em mudança (som, imagem, tipo de suporte, etc.).»[3] (Michel, 2009, p. 169)[4].

Os filmes de empresa ou industriais, bem como todo o conjunto de fotografias, registos, publicações, etc., são parte integrante da «memória institucional» (Hediger & Vonderau, 2009, p. 41) e, logo, participam ativamente nos processos de patrimonialização e de construção de memórias, nomeadamente por via das comemorações. Mas a referida memória institucional tem camadas oficiais e não oficiais, contribuindo ambas para construir a história social de uma empresa.

A atenção dada aos processos de construção de memórias sobre o trabalho e o passado industrial no Barreiro decorre do pressuposto de que estes se relacionam de perto com os vários momentos e modos de uso e receção dos filmes, quer aqueles que se foram sucedendo ao longo do tempo por força, em particular, de vários momentos comemorativos em que o cinema esteve presente, quer aqueles que foram por nós acionados, na interpelação que fizemos a antigos trabalhadores da CUF, em particular, mas também outros habitantes do Barreiro. Assim, neste capítulo detemo-nos sobre o cinema de empresa no

[3] Tradução dos autores.

[4] As encomendas de filmes por parte das empresas constituem um domínio importante e integrante da história do cinema, até porque, como refere, por exemplo, Elsaesser (2009), foi por esta via que realizadores como Joris Ivens ou Walter Ruttmann tiveram acesso a meios técnicos e puderam desenvolver novas formas cinematográficas.

quadro das políticas de comunicação da CUF e no capítulo 10 sobre os processos de receção do cinema no momento presente.

O cinema constitui, precisamente, um veículo e um objeto de patrimonialização, aqui concebido quer do ponto de vista da sua produção, quer dos seus usos. Para o estudo de caso realizado, foi construído um corpus de filmes heterogéneo que, tendo sido iniciado na primeira abordagem aos filmes no Arquivo Nacional das Imagens em Movimento (ANIM), se foi constituindo ao longo da investigação com o trabalho de terreno e a pesquisa documental, vindo a estruturar-se como um conjunto possível, aberto e em permanente construção, quer da parte dos atores sociais com relações diretas e indiretas com o grupo económico CUF e o Barreiro, quer da parte da equipa de investigação.

Assim, em várias escalas e com efeitos diversos, os filmes analisados constituem o nosso elemento de análise dos processos de patrimonialização e de produção de discursos memoriais. Como refere Smith, trata-se de «Um conjunto de atividades que inclui lembrar, comemorar, comunicar e transmitir o conhecimento e as memórias, assumir e exprimir identidades, valores sociais e culturais e significados»[5] (2006, p. 83).

A metodologia adotada teve como procedimento central a recolha e seleção dos filmes que se apresentam no quadro 9.1.

Quadro 9.1. – Filmes – Barreiro e CUF

Barreiro (1928, 45', Artur Costa de Macedo)
A visita oficial ao Barreiro (1933, 8', autor não identificado)
Neve azul (1960, 15', Fernando de Almeida)
Criando fontes de trabalho (1961, 24', João Mendes)
A empresa e o homem (1962, 19', João Mendes)
Quero ir a Almoçageme! (1964, 12', Jean Leduc)
A oliveira e a pirite (1965, 19', Jean Leduc)
Um homem, uma obra (1972/1973, 17', Alfredo Tropa, Eduardo Elyseu)*

* Na base de dados do ANIM, o filme data de 1973, mas sabe-se que foi projetado em 1972 a um grupo em visita ao complexo da CUF no Barreiro, não indicando a fonte que se tenha tratado da estreia (*Informação Interna*, março de 1972).

Paralelamente, foi também realizada recolha e análise de documentação e realizadas 9 entrevistas a informantes privilegiados, contemplando, essencialmente, ex-trabalhadores do grupo económico, pessoas com ligações várias às dinâmicas locais de patrimonialização do trabalho e da atividade industrial: autores locais, líderes de associações, incluindo o Cineclube, e pessoas com ligação à política de comunicação da CUF/Quimigal[6].

[5] Tradução dos autores.
[6] Estes procedimentos técnico-metodológicos foram também adotados, entre outros, na análise desenvolvida no capítulo 10 deste livro.

2. Cinema de empresa: A CUF e o Barreiro

A análise do cinema de empresa produzido pela e/ou sobre a CUF e, em particular, a sua implantação no Barreiro, enquadra-se na política de comunicação, promoção e divulgação com fins comerciais deste grupo económico.

A CUF, cuja origem remonta a 1865, foi o maior grupo empresarial português do século XX e constituiu um caso de pioneirismo e inovação em Portugal ao nível, nomeadamente, dos produtos, dos processos produtivos, da tecnologia e das práticas de gestão do emprego[7].

A CUF começou por se dedicar ao fabrico de sabões, velas e afins (Mónica, 1987) e em 1898, considerando que esta atividade económica havia perdido rentabilidade, decidiu entrar no negócio dos adubos[8]. Instala-se no Barreiro em 1907 e prossegue num trajeto contínuo de expansão e modernização ao longo das décadas seguintes. Começa a estudar a aplicação da «organização científica do trabalho» nas suas fábricas em 1948 (Lima, 1982). Destacando-se como o maior empregador privado de engenheiros do país (Rollo, 2002, p. 16) – a par da contratação de desenhadores, técnicos de laboratório e outros técnicos intermédios – a CUF desenvolve ainda esquemas de recrutamento e formação de uma mão de obra operária altamente qualificada (Morais, 2008, pp. 102-103).

O início dos anos 1960 constitui uma época de viragem nas políticas económicas oficiais, marcadas por uma crescente abertura ao exterior e algum reforço do fomento económico e industrial, sempre passível de alterar equilíbrios preexistentes. Alguns setores do regime expressam inquietação pelo crescente poderio dos grandes grupos económicos – de tal modo que, em 1958, o representante da CUF à Câmara Corporativa, Botelho Moniz, enuncia a posição da CUF a esse propósito, defendendo que a CUF e o seu poder fazem falta aos objetivos de política económica na época enunciados: «para conseguir-se progresso industrial rápido e efetivo não pode sufocar-se o espírito de iniciativa das empresas, mormente quando se baseia em longa experiência, organização técnica constantemente atualizada, estudos permanentes dos problemas ou dinamismo e possibilidades de realizações sobejamente demonstradas»; mais ainda, a requerida «economia de escala» – e cita, neste ponto, os exemplos de vários países industrializados – não apenas aconselha como conduz «à necessidade absoluta de poderio económico das empresas... o mal existirá unicamente quando esse poderio for dirigido contra o interesse geral da nação» (cit. Ribeiro, Fernandes & Ramos, 1987, p. 965). Neste contexto, e de modo a financiar parte dos seus vultosos investimentos, a CUF expande e intensifica, em Portugal e nas colónias, a sua atividade financeira (banca e seguros), na década seguinte participa no arranque das redes de supermercados em Portugal (Ribeiro, Fernandes & Ramos, 1987) e cria filiais ou participadas na Europa e no Brasil (Ribeiro, Fernandes & Ramos, 1987), bem como, em Portugal, significativas unidades produtivas destinadas ao mercado externo, como a Lisnave, a Setenave ou a Fisipe[9].

Após o 25 de Abril de 1974, as fábricas da CUF no Barreiro continuaram a laborar, modernizando-se e ampliando-se instalações. Esta dinâmica

[7] Apresenta-se aqui uma muito breve caracterização das CUF. Para um conhecimento sobre eixos vários de análise da CUF e do território do Barreiro, ver, nomeadamente, Almeida (2004), Crespo & Salgueiro (1993), Cruz (1973), Guerra (2012), Lima (1982), Mónica (1987), Morais (2008), Pais (1963). Pais (1965), Pais (1971), Pimenta (1886), Pinheiro (2013), Ribeiro, Fernandes & Ramos (1987), Rollo (2002), Sobral & Leite (2008).

[8] Fonte: José Manuel Leal da Silva, *Cronologia CUF*, Versão de 22 de fevereiro 1993, reeditada em 15 de julho 2002.

[9] Como Jorge de Mello, presidente da CUF entre 1966 e 1974, recordou em 1989, «a fase final do regime é uma corrida contra o tempo, procurando internacionalizar o grupo, explorando todas as possibilidades de abertura da economia portuguesa, sobretudo em direção à Europa» (citado por Sobral & Leite, 2008, p. 132).

prossegue após a nacionalização[10], em 1975, e também nos primeiros anos de administração da Quimigal[11] que lançou um vasto programa de investimentos. Embora se tratasse de uma empresa pública, estes investimentos não foram acompanhados da injeção de capitais estatais, levando ao endividamento da empresa no exterior, agravado por uma desvalorização crescente do escudo[12].

A partir de 1983 assiste-se ao início do processo de privatização, traduzido na divisão do grupo em empresas diversas e na diminuição do seu efetivo, no encerramento de várias unidades industriais, na venda de ativos (empresas, negócios, património) e na criação de uma empresa pública (a Quimiparque) destinada a transformar em «parque empresarial» o antigo espaço fabril.

No final da década de 1980 o complexo industrial desaparece no Barreiro (Sobral & Leite, 2008; Crespo & Salgueiro, 1993). Em 1997 o grupo económico José de Mello volta a adotar a designação CUF para as suas atividades na indústria química, hoje já não localizadas no Barreiro.

2.1. *A política de comunicação da CUF e os usos do cinema*

A CUF constitui um caso pioneiro e destacado em Portugal ao nível da política de comunicação, acompanhando a sua estratégia de desenvolvimento económico, de inovação tecnológica e de gestão do emprego.

O desenvolvimento de uma política de comunicação constitui um traço precoce e continuado deste grupo económico, tendo-se traduzido numa diversidade de iniciativas (para além da publicidade propriamente dita), na qual se integra o cinema, publicações e monumentos.

Considerando algumas publicações, a série inicia-se em 1945 com o *Álbum comemorativo da Companhia União Fabril*, prefaciado por Jorge Botelho Moniz[13]. Em maio de 1952 é criado o *Boletim Informativo – Serviço Agro-Químicos* («CUF ao serviço da Lavoura»), uma publicação técnica sobre os produtos da CUF (adubos, etc.), que desempenhava também um papel de aconselhamento no domínio de agronomia mas também tinha um objetivo publicitário de divulgação dos produtos da CUF[14].

Em 1958 sai o volume comemorativo *50 anos da CUF no Barreiro*, e dois anos depois começa a publicar-se a revista *Indústria*[15], uma «Publicação da CUF».

Em 1961 são convidados jornalistas, a quem é distribuída informação expressamente preparada, para uma visita ao complexo, seguida da antestreia de um dos filmes encomendados pela empresa (Pais, 1971, p. 44-48). Além das personalidades políticas que, como iremos ver, surgem nos filmes, parece ter havido três tipos de visitantes às instalações da CUF: clientes e outros parceiros de negócio, nomeadamente agricultores a quem a CUF mostrava o fabrico dos produtos que compravam; grupos em formação, académica ou profissional, que visitavam a CUF como uma organização modelar; e público interessado em geral. Este último tipo de visitantes terá começado a ter acesso ao complexo a

[10] Que não incluiu o grupo CUF tal como existira antes do 25 de Abril de 1974 pois, por exemplo, todo o setor financeiro fora já nacionalizado anteriormente.

[11] Fonte: José Manuel Leal da Silva, *Cronologia CUF*, Versão de 22 de fevereiro 1993, reeditada em 15 de julho 2002. A Quimigal EP resulta, em 1977, da fusão entre a CUF e as empresas químicas portuguesas, Nitratos de Portugal e Amoníaco Português.

[12] Fonte: José Manuel Leal da Silva, *Cronologia CUF*, Versão de 22 de fevereiro 1993, reeditada em 15 de julho 2002.

[13] Oficial do exército, ativo legionário e entusiasta do franquismo, ocupou lugares de responsabilidade junto da direção da CUF. Ver (http://app.parlamento.pt/PublicacoesOnLine/DeputadosAN_1935-1974/html/pdf/m/moniz_jorge_botelho.pdf. Consultado a 11 de dezembro de 2015.

[14] Inicialmente eram folhas («ronéotypées») mas a partir do n.º 14, de março de 1954, torna-se uma publicação mais profissional: novo formato, capa com fotografia, impressão e paginação. A CUF profissionaliza, assim, a sua comunicação: o boletim tem um diretor – Engenheiro Agrónomo Rafael de Medina Monjardino – e um chefe de redação – Engenheiro Agrónomo António Castelo Branco – e é impresso nos Serviços Gráficos (em Lisboa), quando até ao n.º 14, o boletim era apenas assinado pelo «União Fabril Farmacêutica – UNIFA – Serviço Agro-Químicos, Rua da Prata em Lisboa».

[15] Segundo um antigo quadro superior da CUF/Quimigal teve entre 15 e 17 números.

partir de agosto de 1964. Admitia-se um máximo de 50 pessoas, que seriam divididas em dois grupos para efeitos da visita propriamente dita, mas que assistiriam em conjunto, no cinema Ginásio, uma sala de cinema criada pelo grupo económico no bairro, também por si construído, para albergar os operários, a uma «projeção de filmes sobre a CUF», aberta também a «todo o pessoal que desejasse assistir» (*Informação Interna*, setembro de 1964)[16].

A partir de 1963, associado à Comissão Interna de Empresa que então inicia funções, publica-se também o periódico *Informação Interna*.

Um antigo quadro de relações públicas da CUF/Quimigal faz referência às atividades várias que a CUF desenvolvia, como os calendários, os jornais ou os boletins internos, tendo até vários fotógrafos que trabalhavam para a empresa, como é caso do boletim informativo, que, nas palavras do antigo quadro de relações públicas da CUF/Quimigal:

> «Foi sempre entendido como elo de coesão; quanto mais informamos o nosso pessoal, quanto mais eles souberem sobre as atividades da empresa, melhor será o clima.» (Antigo quadro de relações públicas da CUF/Quimigal).

Para além das práticas associadas a publicações, há outro tipo de práticas heterogéneas, das quais apresentamos alguns exemplos.

Em 1937 assinala-se a criação do Grupo Desportivo da CUF[17], que é conhecido em todo o país pelo seu palmarés no futebol, no hóquei em patins e no remo. Objeto de cobertura jornalística, era também a frequente presença de figuras do governo, inclusivamente do presidente da república, em eventos da CUF, como os filmes retratam.

A partir de 1942, ano em que é inaugurado um busto de Alfredo da Silva (Pais, 1965, pp. 260-261), a CUF passa a ter, também, uma presença comemorativa no espaço público. Dois anos depois, é construído, no Barreiro, o monumental mausoléu onde se encontram até hoje os seus restos mortais.

Em 1959, descerra-se um busto de Manuel de Mello junto a um hospital local que havia patrocinado financeiramente (Guerra, 2012, pp. 49-50). Em 1965, ano do centenário da CUF, é inaugurada na principal praça da vila uma monumental estátua de Alfredo da Silva, sobre um plinto onde se inscreviam dizeres do próprio, de Manuel de Mello e de Jorge de Mello – neste último caso, a célebre frase sobre criação de fontes de trabalho, recordada também no título de um filme de 1961[18].

Em 1965 é erguido nas instalações fabris um padrão comemorativo do centenário da empresa, e inaugurada, na Feira Internacional de Lisboa (FIL), onde decorreu parte importante dos festejos, uma imponente maquete eletrificada do complexo fabril. Mais tarde transportada para o Barreiro, esta maquete, encomendada a um artista de referência na área[19], tornar-se-á parte central do programa das numerosas visitas ao complexo que, a partir dos anos 1960, a CUF promove também, e que se tornam características da empresa as quais estão parcialmente contempladas numa lista de um memorialista do

[16] A propósito da visita ver capítulo 2 deste livro.

[17] Tendo a CUF financiado equipamentos, materiais, formação, transportes, e dispensando para treinos os trabalhadores escolhidos para as várias equipas de representação (Morais, 2008).

[18] O filme tem como título, precisamente *Criando fontes de trabalho* (1961).

[19] Ticiano Violante, que havia já realizado a maquete da Lisboa pré-terramoto, atualmente no museu da cidade. Os elementos apresentados sobre a construção da maquete foram-nos transmitidos por um antigo técnico de relações públicas da CUF.

Barreiro entre os vários dados que regista sobre o complexo fabril (Pais, 1971, pp. 76-78).

Em 1965, é de destacar a centralidade do cinema nas comemorações referidas. A projeção de dois filmes no «cinema do SNI» (Palácio Foz) encomendados pela CUF, seguida de cocktail, abriu as comemorações do centenário. Entre os convidados incluíam-se os ministros da Economia e da Educação, para além de vários secretários de Estado *(Indústria Portugu*esa 46, abril de 195, p. 188). O lugar de vanguarda deste grupo económico em Portugal e, mais precisamente, no domínio cinematográfico, é referido pelos entrevistados. Um entrevistado, engenheiro e antigo quadro da CUF refere que os filmes tinham objetivos promocionais e «não era para o pessoal da fábrica» que eram produzidos. Entretanto, o SNI pediria à CUF uma cópia em francês do filme *A oliveira e a pirite* (1965) para representar o país n*o VI Festival internacional de cinema industri*al, em Rouen; de acordo com *a Informação Interna* de junho de 1965, «a nossa Administração, honrada pela distinção conferida, concordou que o SNI pudesse dispor do referido filme»[20]. A oitava edição deste festival viria a decorrer em Lisboa, em 1967, organizada pela Associação Industrial de Portugal, mas a que a CUF deu a atenção suficiente para o noticiar na sua *Informação Intern*a (março de 1968).

Em 1970/1971, desenvolve-se novo ciclo comemorativo, desta vez do centenário de Alfredo da Silva, com descerramento de uma lápide na casa onde nasceu, em Lisboa, e inauguração, na Lisnave, de uma doca seca com o seu nome. Em 1970, é editada a publica*ção Companhia União Fabril, fábricas do Barr*eiro, relacionada já com as comemorações do centenário de Alfredo da Silva, que tiveram lugar no ano seguinte.

A estratégia desenvolvida desde os anos 2000 para a valorização do património da CUF por parte do grupo económico, mas também de outras entidades públicas e privadas, manifesta-se através de várias iniciativas e eventos, como é o caso da criação do Museu Industrial em 2004, o restauro dos filmes em 2007/2008, as comemorações do centenário da CUF no Barreiro em 2007 ou a homenagem realizada a Alfredo da Silva em 2014, bem como a proliferação de blogues/páginas na internet com documentos da empresa[21].

As comemorações do centenário da CUF no Barreiro em 2007/2008 merecem aqui uma referência particular, pela importância que o cinema aí apresentou[22]. De acordo com o responsável de comunicação do atual grupo CUF, o centenário constituiu pretexto para voltar aos filmes, numa fase inicial com o objetivo de encontrar imagens de época para o documentário *Saudades da Fábrica* (2008) e, depois, uma vez estabelecido contacto com o ANIM, numa perspetiva de restauro e reedição de algumas das películas.

Paralelamente, ocorre a «descoberta» do *Via áurea* (1931, duração e autor desconhecidos), por parte de técnicos do ANIM entre material recolhido na cabine de projeção do Cinema Ginásio. Trata-se de um filme de promoção de um produto da CUF – os adubos – que tem a particularidade de ter Vasco Santana como ator, que representa um camponês que enriquece de forma espetacular

[20] O facto de existir tal cópia em francês significa que a CUF previa, possivelmente, a sua apresentação em contexto internacional.

[21] Ver, por exemplo, http://industriacuf.blogspot.pt/ ou http://restosdecoleccao.blogspot.pt/2012/06/cuf-companhia-uniao-fabril.html Consultados a 11 de dezembro de 2015.

[22] No capítulo 10 deste livro pode ler-se uma abordagem mais abrangente destas comemorações.

quando começa a usar adubos da marca CUF[23]. Esta película foi também restaurada pelo ANIM, com mecenato do grupo CUF, e editados em DVD. Este inclui, assim, os filmes *Via áurea* (1931), *Lançamento dos barcos bacalhoeiros* (1938)[24], *Criando fontes de trabalho* (1961), *A empresa e o homem* (1962), e *Um homem, uma obra* (1972/1973), para além do documentário *Saudades da Fábrica* (2008). Notando que um filme sobre adubos e agricultura, também descoberto na altura, não foi restaurado por não ser tal memória oportuna numa época em que a empresa se preparava para vender o seu negócio adubeiro, o responsável de comunicação que entrevistámos situa o restauro e edição dos filmes como iniciativa exclusivamente da atual CUF.

O recurso pioneiro à forma fílmica por parte da CUF dos anos 1930 vem, assim, apoiar a afirmação de inovação e vanguardismo atuais de uma empresa de elevado índice tecnológico. O filme *Via áurea* (1931) publicita também a britânica Imperial Chemical Industries (ICI), a que a CUF então se associava na produção e comercialização de alguns tipos de adubo. Como refere um antigo engenheiro químico da CUF:

> «Quando foi agora o centenário das fábricas no Barreiro, descobriu-se um filme que se desconhecia, que era um filme publicitário com o Vasco Santana e o problema dos adubos. Esse filme está inspirado numa série de gravuras, que são umas gravuras dos calendários que a CUF distribuía. (...) Esses quadros fazem a história da indústria química inglesa de certa forma, o que é muito interessante.» (Engenheiro, antigo quadro superior da CUF/Quimigal).

Como refere o responsável pela área da comunicação da atual CUF, a descoberta da existência do filme é recente:

> «... quando de repente se descobre que aquela campanha publicitária era não só um conjunto de seis a oito cartazes, mas também um filme e ainda por cima protagonizado pelo Vasco Santana, toda a gente ficou ali muito curiosa. E depois nós fizemos logo um trabalho de comunicação e, portanto, no Expresso, no DN saíram muitas notícias. O Expresso pôs pequeninos excertos, o Expresso foi a quem nós demos o exclusivo inicial, pôs na net pequenos excertos do filme e isso suscitou muita curiosidade.» (Responsável pela comunicação do atual grupo económico CUF).

Como se detalhará seguidamente, parte relevante dos filmes encomendados pela CUF surge precisamente no âmbito de alguns destes momentos comemorativos, que pontuaram uma política de relações públicas de um grupo económico única no país.

[23] https://www.youtube.com/watch?v=uS2DMV6jj4o&app=desktop. Consultado a 5 de agosto de 2015.

[24] Filme restaurado por razões associadas ao seu fundador, como é referido numa entrevista: «... e depois escolhemos o do lançamento à água dos barcos bacalhoeiros porque aparecia o Alfredo da Silva, era das poucas imagens onde aparecia o Alfredo da Silva e porque era um momento histórico, aquele eram os três, eram as três jóias. Era o Crioula, o Santa Maria Madalena e o... não me recordo o outro. (...) E portanto era um momento importante da história da empresa e decidimos restaurá-lo.» (Responsável pela comunicação do atual grupo económico CUF). O filme *Lançamento dos barcos bacalhoeiros* (1938) promove a atividade de construção naval do grupo económico com a apresentação, no Porto de Lisboa, de dois barcos construídos pela CUF, na presença das autoridades políticas, bem como de Alfredo da Silva. A CUF obtivera a concessão dos estaleiros da Rocha no ano anterior, beneficiando da obrigatoriedade legal de serem encomendados a estaleiros portugueses as embarcações bacalhoeiras. Mais tarde, em 1952, antecedendo os filmes da década de 1960, surge o filme *Inauguração das fábricas da União Fabril do Azoto* (1952, 12', autor não identificado) refere-se às unidades de Alferrarede e Barreiro, nesse ano inauguradas em simultâneo e trabalhando em tandem.

2.2. Cinema de empresa: promoção comercial, legitimação económica e construção de um património

É no âmbito da história da CUF e, em particular, procurando entender as circunstâncias mais salientes da sua política de comunicação, que se torna possível estudar os filmes que encomendou, e outros que se lhe relacionam, atendendo ao papel inquestionável e inovador que o cinema teve nas práticas deste grupo económico e, por sua vez, o facto de este último constituir um caso particularmente importante no quadro do cinema de empresa produzido em Portugal.

Os filmes (quadro 9.1.) organizam-se em três grandes períodos: final da década de 1920 e década de 1930 (focados no Barreiro), década de 1960 (centrados na CUF) e de 1970 (centrado no fundador da CUF, Alfredo da Silva[25]), sendo cada uma delas marcada por um contexto socio-histórico diferenciado.

Antecedendo a análise de cada um destes três grandes conjuntos, importa ter presente alguns elementos que estão na base desta delimitação, já que esta tem contornos fluidos e, em alguns casos, difíceis de estabelecer: i) nem sempre os filmes têm uma indicação clara se foram encomendados ou produzidos pela CUF; ii) à medida que a investigação foi avançando, foram sendo identificados outros filmes que se enquadram no domínio em análise, os quais referiremos em nota, já que não se afigura possível afirmar com toda a certeza quantos filmes existem na totalidade e quem os produziu e realizou; a CUF surge em várias das designadas «Actualidades Cinematográficas», como é o caso de «Jornal Português» (1938-1951) e «Imagens de Portugal» (1953-1970), mas a sua análise sistemática e exaustiva não foi realizada, atendendo a que não é o objetivo desta investigação[26]. Assim, para a análise detemo-nos sobre os filmes identificados no quadro 9.1.

Trata-se de uma análise de conteúdo dos filmes em diálogo com documentação sobre os filmes e as entrevistas realizadas. A análise segue uma linha diacrónica, no sentido de procurar evidenciar elementos do percurso do grupo económico e da sua atividade neste domínio.

2.2.1. O Barreiro (anos 1930)

Os filmes *Barreiro* (1928) e *A visita oficial ao Barreiro* (1933) focam o desenvolvimento do território, procurando apresentar uma imagem da constituição do tecido urbano associado ao processo de industrialização, com marcas e símbolos, como sejam planos de instalações fabris e chaminés em silhueta, recortadas contra um céu que se cobre de fumo. Em *Barreiro* (1928), é apresentada uma saída das fábricas da CUF, além de imagens da secção de cordoaria, da estação dos caminhos de ferro e dos bombeiros.

Também no filme *A visita oficial ao Barreiro* (1933) se destaca a paisagem urbana e a sua relação com o rio, associada às atividades da CUF e da CP. Num separador pode ler-se: «Vila de grande actividade industrial, o Barreiro é quasi

[25] É de referir que data de 1972 um filme que não pudemos visionar, *Inauguração da doca Alfredo da Silva*, mas que pelo título parece ser coerente com a organização que propomos dos filmes em três períodos, em que o último, da década de 1970, se centra no fundador da CUF.

[26] Para uma análise destas Actualidades Cinematográficas, ver Piçarra (2015).

Figura 9.1. – *A visita oficial ao Barreiro*, autor não identificado, 1933 [col. ANIM].

exclusivamente habitado por operarios da C.U.F. e da C.P.», ideia ilustrada por planos das instalações da CP – edifícios, linhas férreas internas e comboios – e da CUF, seguindo ambos a mesma lógica de monumentalização e esteticização dos equipamentos industriais filmados em planos gerais, por vezes com contrapicados e em silhueta. A escala de planos permite ainda dar conta e reforçar a densidade de pessoas em circulação nesses espaços de trabalho, com destaque para homens e crianças, muitos olhando para a câmara ao atravessarem o enquadramento.

Além de dois planos gerais dos bairros onde habitam os operários, retrata-se ainda uma saída da fábrica, neste caso da CP, marcada pela presença masculina (*figura 9.1.*).

Após esta primeira panorâmica, é destacada a autoridade política com a visita de uma comitiva de *membros do governo*, onde se inclui, para além do Presidente da República, o Presidente do Conselho, António de Oliveira Salazar e o ministro das Obras Públicas (do então designado «Ministério do Comércio e das Telecomunicações»), Duarte Pacheco.

Chegam num cortejo de automóveis ao Barreiro, onde são recebidos, e seguidos, por uma massa indistinta de cidadãos, por oposição às autoridades políticas bem destacadas de modo a serem claramente identificadas. Num evento característico dos regimes políticos ditatoriais, o filme retrata, como está referido num separador, a «inauguração de vários melhoramentos públicos», nomeadamente a cobertura do mercado e o muralhão do rio, além da colocação da primeira pedra para as «novas oficinas gerais da C.P.»[27].

O filme apresenta uma imagem do desenvolvimento de uma vila portuguesa marcada pela paisagem e pela industrialização (que era na altura já um espaço de trabalho dominado pela CUF e pela CP), enfatizando a saída da fábrica, o rio, o espaço público urbano, a imponência do poder político e da sua autoridade e a criação de obras públicas. A propósito deste último vetor referido, refira-se como estamos num período de queda da Primeira República e o arranque e consolidação do Estado Novo, com a cartelização corporativa de alguns setores da atividade económica e medidas de proteção do mercado nacional, incluindo as colónias. Marca também este período a «Política do Espírito» criada em 1932 empreendida por António Ferro, que integra várias iniciativas de produção e disseminação cinematográfica – a cargo do SPN e, a partir de 1944, do Secretariado Nacional de Informação (SNI) –, assente no objetivo de promoção e propaganda de uma imagem da nação (Piçarra, 2015).

2.2.2. A CUF (anos 1960)

Da paisagem do Barreiro, os filmes transitam para o interior das instalações fabris, retratando-se o trabalho realizado. Tal transição é acompanhada pela aquisição de uma centralidade notória da palavra. Nos filmes da década de 1960, a palavra assume um espaço fundamental na transmissão de uma representação de grandiosidade do grupo económico e das suas propriedades em diversos níveis, tais como o da inovação nos produtos e processos, do volume de pessoas que emprega, da extensão das suas instalações, da sua capacidade produtiva ou da relevância do seu papel na economia portuguesa. Não estamos face a uma, mas a várias narrativas focadas, ora em textos que enaltecem o grupo económico e o seu fundador, ora em testemunhos de trabalhadores, ora ainda em textos de elevado cariz técnico sobre as propriedades das matérias-primas, dos processos produtivos e dos produtos.

O arranque dá-se com *Neve azul* (1960), o que está associado, segundo um dos entrevistados, a razões diretamente comerciais de promoção de um novo processo de um produto perante o qual o mercado se mostrava recalcitrante: o sulfato de cobre, destinado ao tratamento das videiras. O filme começa com

[27] Um antigo engenheiro da CUF entrevistado referiu várias vezes, quando viu este filme, que a inauguração já havia tido lugar e que o que se vê no filme é uma inauguração só montada para o filme, até porque as oficinas já estavam em atividade.

imagens do trabalho do campo (vindimas), e da operação de sulfatagem, para depois retratar as diferentes etapas da produção do sulfato na CUF. O mesmo entrevistado, ex-engenheiro químico da CUF/Quimigal, atribui esta nova aposta à iniciativa de Alfredo da Silva:

> «O Alfredo da Silva que era um sabedor, um velhaco, arranjou uma volta para recuperar o cobre sem necessidade de ter toda a quantidade de cobre que era necessário para fazer uma instalação de metalurgia. Como é que ele fez sulfato de cobre? O sulfato de cobre é o cobre químico, realmente ele sabia muito de química, era um homem que tirou praticamente um curso de química. Ele tirou o cobre químico e fez o sulfato de cobre e o sulfato de cobre foi sempre, sempre, na estrutura industrial do Barreiro um ponto muito importante. (...) ... portanto o sulfato de cobre foi uma solução que ele arranjou engenhosa, muito à moda dele.» (Engenheiro, antigo quadro superior da CUF/Quimigal).

Os «intuitos promocionais do filme», como refere o entrevistado, podem explicar o facto de ser utilizada uma «linguagem um bocado hermética» que é acompanhada por «um certo colorismo», já que, neste filme, como noutros que o seguiram, o azul associado à matéria confere às imagens um colorido que é usado de forma eficaz. O sulfato de cobre é, como refere o entrevistado «um denominador comum em todos os filmes da CUF.» (Engenheiro, antigo quadro superior da CUF/Quimigal) (*figura 9.2. Extratexto*).

A este filme sucedem-se dois outros, realizados por João Mendes e produzidos por Felipe de Solms, um dos produtores de cinema com maior atividade na altura, e que tinha relações privilegiadas com o SNI (Cunha, 2014)[28]. São eles *Criando fontes de trabalho* (1961) e *A empresa e o homem* (1962), explicitamente dedicados, respetivamente, à promoção do papel da CUF como entidade empregadora no Barreiro e, pela sua dimensão, em Portugal, e ao enaltecimento do seu fundador, Alfredo da Silva em associação com a sua obra social. João Mendes é «um dos mais experientes realizadores de documentários portugueses dos anos sessenta e setenta», como refere Tiago Baptista numa folha de sala da Cinemateca Portuguesa datada de 21 de outubro de 2011. Numa entrevista ao realizador, pode ler-se que se trata de um realizador, nessa altura, «dedicado exclusivamente ao documentário»[29].

João Mendes realiza dois filmes sobre o grupo económico CUF e a liderança de Alfredo da Silva, em particular o segundo filme referido. O trabalho é aqui retratado por referência às várias atividades económicas e ao seu mentor, que era, para um ex-engenheiro químico da CUF já referido, «uma força da natureza» (Engenheiro, antigo quadro superior da CUF/Quimigal), de onde vem a importância económica da CUF para o Barreiro e para Portugal, e, associada a ela, a sua relevância na criação de emprego, pois «a preocupação era exatamente o emprego, até se chegou a pensar fazer o museu do emprego aqui no Barreiro. (...) Isto é um filme que de certa forma faz propaganda da ideia.

[28] Felipe de Solms era um produtor privado que, em conjunto com Francisco de Castro, Manuel Queiroz e Perdigão Queiroga, conseguia viver da produção cinematográfica, quase exclusivamente de filmes institucionais encomendados. Para um maior desenvolvimento, v. Cunha (2014).

[29] In «Filme», setembro de 1960, pp. 13-14.

As pessoas que vinham para o Barreiro, o aspeto social da CUF, a assistência que era dada, etc., etc.» (Engenheiro, antigo quadro superior da CUF/Quimigal).

Ambos os filmes retratam as várias áreas de atividade da CUF, bem como a sua obra social numa perspetiva de apoio aos trabalhadores ao nível da saúde, da educação, do lazer, da habitação, etc. Esta será uma narrativa que se repete ao longo dos filmes seguintes, destacando-se a importância da palavra na condução da narrativa e do olhar do espectador.

Criando fontes de trabalho (1961), retrata de forma exemplar, do nosso ponto de vista, a realização de um filme de empresa com objetivos claramente «promocionais», como nos refere um dos entrevistados que desempenhou funções como engenheiro químico na empresa, seguindo a estrutura de um dia de trabalho, isto é, do seu ciclo quotidiano. Após o genérico que nos indica tratar-se de «Uma reportagem de Felipe de Solms», o filme começa com um plano de um cais da CUF, filmado desde o rio, e onde se distinguem os contornos nítidos das gruas em silhueta contra um céu ligeiramente sub-exposto para criar o efeito de nascer do dia. O narrador anuncia que «A vida e o trabalho começam...»[30], ao que se seguem vários planos picados de pés de homens a andar «nas ruas e nas estradas do progresso», um tipo de plano repetido à exaustão por João Mendes noutros filmes seus anteriores em que quer representar o início de um dia de trabalho na cidade ou a caminho de outras empresas, como a Sorefame[31]. Na banda sonora, a par da voz do narrador, uma secção de sopros em crescendo culminará na sirene da fábrica para o começo do trabalho.

A narração é um texto em tom metafórico e épico que acompanha o que vamos vendo nas imagens, tornando-as uma ilustração do que é dito, sendo o texto que conduz o olhar. A narração é o elemento-chave do filme, tendo como objetivo transmitir uma mensagem de enaltecimento da CUF. Há também várias alusões ao título, isto é, a criação de fontes de trabalho: «O seu [dos homens] campo de batalha é a fábrica imensa, onde, pelo esforço e tenacidade, dedicação e ardor, se asseguram fontes de trabalho e de prosperidade.» (*figuras 9.3. e 9.4. Extatexto*).

No Quadro 9.2. pode ver-se, de forma esquemática, uma análise dos temas e eixos que a narração transmite e a respetiva tradução em imagem.

O texto, narrado em voz *off* ao longo de todo o filme, constitui o fio condutor que as imagens vão ilustrando. São inúmeras as referências à contribuição da CUF, não apenas para os setores industriais em que opera, mas para a economia nacional no seu conjunto. Mencionando a «escala invulgar» e a modernidade e o aperfeiçoamento técnico do empreendimento fabril com planos gerais das instalações e do equipamento em laboração, refere a utilização de matérias-primas nacionais – originárias da «metrópole» e das «colónias», sendo estas últimas mencionadas na narrativa do filme, numa altura em que os grandes grupos económicos aumentam a sua presença colonial (Ribeiro, Fernandes & Ramos, 1987, p. 968) e em que, ao mesmo tempo, na narrativa do filme, rebenta a Segunda Guerra Mundial –, para a produção adubeira e, logo, para a «defesa das culturas» agrícolas, na substituição de importações e respetiva poupança de divisas proporcionadas ao país pela atividade da CUF.

[30] A partir deste filme é possível elencar as áreas de produção da CUF: fabrico de adubos/superfostafos/sulfato de cobre, metalurgia do cobre, fio elétrico (cobre), óleos vegetais, fios, tecidos e sacos para embalagem de juta, cordéis, cordas e cabos; tapeçaria; indústria química, fabrico de máquinas (metalomecânica).

[31] Ver *A alma duma cidade* (1954, João Mendes) e *Fabricação de carruagens* (1954, João Mendes).

Quadro 9.2. – Análise do filme *Criando Fontes de trabalho*, 1961, João Mendes

EIXOS ORIENTADORES DA NARRATIVA CINEMATOGRÁFICA – TEMAS E DISCURSO	IMAGEM
O trabalho	O rio I A paisagem do Barreiro I As ruas do Barreiro
O progresso económico – industrialização («a fábrica imensa», a «prosperidade»)	As instalações da empresa e as várias áreas de atividade do grupo económico As matérias-primas Os dispositivos técnicos
A criação de fontes de trabalho – emprego «Mas a sua maior obra foi e continuará a ser a criação constante de novas fontes de trabalho» «Os países de maior prosperidade económica são os que possuem diversas e grandes empresas industriais»	As pessoas a trabalhar: homens (indústria pesada) e uma mulher (indústria têxtil) Trajetória de câmara aérea que começa nas instalações fabris, que se prolonga até ao rio, fechando o filme
Alfredo da Silva, o industrial: «tenacidade»; «ardor»; «capacidade de ação» «luta»; «marcas da vida de um homem excepcional»	O complexo industrial I A estátua de Alfredo da Silva
A história da CUF e a sua centralidade em Portugal «Ao longo destes anos, a companhia tomou proporções surpreendentes e o seu parque industrial atingiu escala invulgar neste país»	A maquete do complexo industrial I As instalações da empresa
Os «grandes números» – a área total das instalações	 As instalações da empresa
– os volumes de matérias-primas e produtos fabricados («toneladas») e que «permite ajuizar a sua importância na economia do país»	O porto: carregamento e descarregamento de matérias-primas e de produtos
– as diversas áreas de produção económica	As instalações da empresa e os processos de transformação
– os «mais de 30 quilómetros de linhas e que serve para transporte interno e também para o escoamento dos produtos fabricados»	As linhas «privativas» de caminhos de ferro
– os «milhares de portugueses que trabalham nesta organização»	Saída da fábrica para o almoço
– «as habitações para os trabalhadores construídos pela «companhia»	Os bairros da CUF I As habitações com as famílias a almoçar
- «o encargo anual com os infantários é de 1000 contos»	As crianças em idade pré-escolar
– a colónia de férias «pela qual passam anualmente 1600 crianças»	As crianças a jogar basquetebol
As matérias-primas e a sua proveniência das «Minas de São Domingos, Lousal e Aljustrel»	A empresa e a transformação da pirite
Os processos produtivos – linguagem técnica precisa (voltes, fases, etc.)	A empresa e a transformação da pirite Dispositivos técnicos Operários e técnicos em operações de acionamento e vigilância dos dispositivos técnicos com todas as condições de segurança (vestuário, capacete, luvas, máscaras de proteção)
O enaltecimento do rigor e da modernidade do que é produzido pela CUF «Para que a reação química se processe nas melhores condições técnicas, é indispensável uma moagem extremamente perfeita e cuidada da fosforite, com uma instalação automática que se observa neste momento»	As instalações da empresa Dispositivos técnicos Trabalhadores que operam e vigiam os dispositivos técnicos

EIXOS ORIENTADORES DA NARRATIVA CINEMATOGRÁFICA – TEMAS E DISCURSO	IMAGEM
O desenvolvimento tecnológico – modernidade («progresso técnico»)	Dispositivos técnicos automáticos | Transportadores
O contributo da CUF para a economia nacional: agricultura («lavoura nacional»), criação de emprego, «além de evitar em escala considerável e desde há muitos anos a saída de divisas»	As instalações da empresa | Produtos acabados | «Linha privativa de caminho de ferro» | Matérias-primas
A pausa do trabalho – O início da divulgação da obra social da CUF	Saída da fábrica com o som da sirene que coexiste com a música clássica e a narração (3 sons): homens de bicicletas
– as instalações da empresa – «onde são servidos almoços em condições de perfeita higiene»	O almoço na messe, de trabalhadores que não são operários – homens e mulheres – e que são servidos por empregadas de mesa
– despensa onde se vendem os produtos	A despensa com pessoas a comprar
– os bairros habitacionais «construídos pela companhia»	Imagem de um trabalhador a chegar a casa num dos bairros habitacionais O trabalhador e a família a almoçar em casa
– o clube desportivo «permite a todos horas de distração, de cultura e de entretenimento»	As vitrinas com os galardões das atividades desportivas | Mesa de snooker Biblioteca com várias pessoas a ler (seis homens e uma mulher)
– a «sala de espetáculo»	Plano geral da sala vazia, com o símbolo da CUF por cima do ecrã
– serviços médicos	Imagem de consultas médicas
– os serviços de apoio aos filhos dos operários – creche e infantário com «pessoal especializado»; escolas primárias	As crianças a brincar no recreio | As crianças a comer | As crianças a subirem para as suas camas No ensino primário uma professora com duas crianças (casal) vestidos com um traje tradicional de folclore e as restantes crianças todas de bata Salas de desenho | Bibliotecas
– o «Centro educativo» – operárias – «cursos de formação» – costura, culinária – operários – oficinas de serralharia, metalomecânica, etc. para os «filhos dos operários», «jovens aprendizes», para trabalharem na empresa ou outros lugares «na sua vida futura»	 As operárias a aprender Os operários a aprender Os filhos dos operários a aprender com um operário – oficina
– Educação física	Ginásio com aula a decorrer. Um monitor dá instruções (exclusivamente homens)
– Colónia de férias em Almoçageme	As várias atividades na colónia de férias: crianças a chegar a correr; campos de jogos; atividades manuais; praia
Conceção, fabrico e manutenção de máquinas (metalomecânica)	Oficinas de fabrico, mostrando os vários dispositivos técnicos necessários Gabinetes de desenho
Serviços altamente qualificados de suporte às atividades fabris: oficinas de metalomecânica; desenho técnico; laboratórios; equipamento para controlo de qualidade	Oficinas Gabinetes de desenho Trabalhadores altamente qualificados – possivelmente desenhadores (homens), engenheiros (homens), técnicos de laboratório (homens e mulheres), controladores de qualidade (homens)

Intercaladas com descrições herméticas de processos técnicos e com baterias de dados quantitativos sobre esses mesmos processos ou outros aspetos do complexo fabril, afirma-se a iniciativa privada, e em particular as grandes empresas e grupos económicos, como fonte de desenvolvimento económico e social, e a CUF, com a sua dimensão única, a sua organização e eficiência exemplares e a sua modelar «obra social».

Em conjunto, *Criando fontes de trabalho* (1961) e *A empresa e o homem* (1962) descrevem a CUF como Botelho Moniz a caracterizara: pioneira, moderna e em constante modernização, racional e organizada, indispensável ao «progresso industrial rápido e efectivo» (Ribeiro, Fernandes & Ramos, 1987, p. 965) do país, transmitindo ambos os filmes a mensagem de que toda essa eficiência está «ao serviço da nação». As frases finais do primeiro filme, que se ouvem sobre uma vista aérea do complexo fabril do Barreiro, decalcam as declarações do referido procurador à Câmara Corporativa:

> «É assim esta companhia portuguesa, resultado de uma firme e corajosa iniciativa privada, e também do esforço admirável dos operários portugueses. Mas a sua maior obra foi e continuará a ser a criação constante de novas fontes de trabalho. Os países de maior prosperidade económica são os que possuem diversas e grandes empresas industriais. Esperemos que o exemplo da Companhia União Fabril, factor decisivo e fundamental na elevação do nível de vida do povo português, seja seguido por muitos entre nós, para bem da nossa pátria».

O caráter fechado e circular do filme, que abre com o amanhecer e fecha com o pôr-do-sol – o «ciclo do dia», como refere um engenheiro químico ex-trabalhador da CUF entrevistado – num movimento narrativo contínuo que começa e termina no Tejo e nas imagens aéreas da CUF e do Barreiro, encerra também a lógica de exibir a grandiosidade do complexo industrial e do seu contributo para a nação.

O desenvolvimento tecnológico, as instalações, os trabalhadores, a obra social, as atividades industriais, o investimento, a figura do investidor (autoridade económica), tudo contribui para divulgar uma imagem de um império económico com uma elevada capacidade empregadora e de enquadramento dos seus trabalhadores. Como refere Tiago Baptista, «não parece haver nenhum aspecto da vida particular dos operários fora da alçada da CUF – ou pelo menos, não há nenhum aspecto da vida pessoal dos seus funcionários em que a empresa pareça querer deixar de intervir» (Cinemateca Portuguesa, folha de sala, 21 de outubro 2011). Assim, está presente um trabalho de exibição não só dos momentos de trabalho, mas também de lazer e de aprendizagem, com as imagens das refeições das famílias, da biblioteca, das aulas das crianças, etc.

O recurso à cor, aos planos aéreos, ao acompanhamento das atividades produtivas, parecem bastante eficazes no objetivo que se pretende atingir.

Neste enquadramento, o trabalho surge representado sob várias formas, sendo de destacar: os vários tipos de atividades de trabalho (conceção, execução, manutenção, controlo de qualidade); o investimento económico; os dispositivos técnicos e a sofisticação tecnológica; a aprendizagem do trabalho; a pausa no trabalho; o lazer e os cuidados (médicos, por exemplo) retemperadores. O trabalho está, assim, sempre no centro do filme.

Após estas duas obras de João Mendes/Felipe de Solms, sucedem-se, em meados da década de 1960, numa linha promocional idêntica, os filmes *Quero ir a Almoçageme!* (1964) e *A oliveira e a pirite* (1965), ambos do realizador francês Jean Leduc, que na segunda metade da década de 1960 realizou vários filmes em Portugal (nem todos filmes de empresa) produzidos por Felipe de Solms.

O primeiro é uma ficção que conta uma história de uma criança e em torno da qual se promove a colónia de férias da CUF, em Almoçageme (Sintra) onde «ia toda a gente, toda a gente». refere um engenheiro que trabalhou no grupo económico, incluindo os seus filhos. É também um filme que realça a atividade educadora do grupo económico, nomeadamente o impacto da experiência dos monitores da colónia de férias sobre a sua futura atividade profissional[32]. Datado de 1964, o filme ostenta o selo comemorativo criado para o centenário, e a *Informação Interna* de maio de 1965 confirma que os dois filmes foram «expressamente feitos para o Centenário».

O segundo, *A oliveira e a pirite* (1965), marca também o centenário da CUF, com alusão à «lição destes 100 anos». É um filme *sui generis* e menos convencional, já que utiliza um artifício narrativo auto-referencial, assente numa sessão de fotografias de preparação das comemorações dos 100 anos da CUF, que o próprio filme está a celebrar. Distingue-se de forma clara dos filmes do início da década tanto em termos do argumento, estruturado em torno de cenas e personagens especificamente criadas para o filme, como pela presença de imagens assumidamente encenadas para efeitos de reconstituição da trajetória da CUF. Uma mulher jovem, bem apresentada – o estereótipo da mulher atraente, mas igualmente a representação do trabalho feminino qualificado – chega às instalações da empresa em Lisboa, na Avenida 24 de Julho, onde começa a ser montado o cenário para a sessão de fotografias, isto é, para a história que se pretende contar da CUF. Uma voz masculina dá ordens relativas ao lugar dos adereços – objetos pessoais de Alfredo da Silva – no cenário: um telefone, um retrato de Alfredo da Silva, documentos manuscritos, fotografias da empresa, ilustrações. Surge a jovem mulher que havíamos visto chegar e diz «telefone não. Em 1865 [data de criação da CUF] não havia telefone». Tem um argumento na mão para dar as indicações cénicas para as fotografias que serão tiradas. A partir daqui inicia-se uma narração por uma voz masculina que começa a contar a história da CUF, com uma sequência de imagens de processos produtivos do grupo económico, com uma alusão permanente ao grau de sofisticação tecnológica. Após esta narrativa, o filme remonta ao nascimento da CUF («Há 100 anos esta história começou com azeitonas»), com uma imagem encenada de uma mulher com traje típico apanhando azeitonas. A narração chega então a 1907 (período em que já há telefone) e aborda-se o início da aposta na pirite, dizendo-se: «As minas estão ainda na idade das cavernas e as fábricas lembram um laboratório de um alquimista.» Na descrição do processo de fabricação do

[32] De acordo com os filmes que vimos analisando, estes monitores eram também aprendizes ou jovens operários da CUF.

ácido sulfúrico as imagens focam-se na matéria-prima e na esteticização dos processos de transformação. Refere um dos nossos entrevistados a respeito da importância da pirite:

> «Está na linha da fundação da CUF que foi nos óleos, a oliveira, e a pirite, a tal, o tal minério que é essencial para a produção de ácido sulfúrico para a produção dos adubos. (...) ... essa *A oliveira e a pirite* (1965) fala no problema da pirite e tudo isso. (...) Isso enriquece o Barreiro, coloca o Barreiro no mapa, porque centros de transformação de pirite não há muitos no mundo, há quatro na Europa, quatro ou cinco e portanto essa ideia existe na altura, portanto estes filmes são um bocadinho na linha dessa preocupação.» (Engenheiro, antigo quadro superior da CUF e da Quimigal).

Segue-se a indústria têxtil e o serviço próprio de caldeiraria e de mecânica, bem como as razões por que faz as suas próprias fábricas, levando a que comece mesmo a contribuir para a produção de outras empresas (e.g. um forno de cimento, a montagem de uma fábrica de automóveis ou uma fábrica da indústria farmacêutica).

Diz o narrador do filme: «Em suma, se quisermos sintetizar estes 100 anos de atividade da CUF, eles são caracterizados pela passagem do comercial ao económico, do lucro puro e simples ao desenvolvimento económico.» Uma frase que permite perceber como o grupo económico procura, em meados dos anos 1960, afirmar a sua posição em Portugal e sublinhar uma narrativa, já antes iniciada, de enaltecimento das suas atividades, da sua importância do ponto de vista social, do emprego, económica e da inovação, bem como do seu processo de crescimento. A inovação surge ainda no filme associada à criação, em 1960, de um centro de investigação que se aplica à indústria e à agricultura. No Alentejo, refere-se, fazem-se reuniões demonstrativas e a montagem de herdades-piloto, surgindo a CUF como propulsora de um país atrasado e como colocando ao seu serviço os seus recursos humanos altamente qualificados, em particular em vários domínios da engenharia.

No final, à semelhança de outros filmes, apresenta-se ao espectador uma imagem aérea das instalações fabris e do rio e o símbolo da celebração dos 100 anos.

O filme enfatiza assim uma representação de modernidade de um grupo económico, incluindo cenas assumidamente ficcionadas e uma metanarrativa construída em torno dos esforços de um fotógrafo e da sua assistente a quem compete criar imagens alusivas aos 100 anos da empresa.

Ao mesmo tempo, o texto do filme inclui entre as «lições destes 100 anos» a ideia de cooperação entre indústria e agricultura, que o setor adubeiro, núcleo da atividade da CUF, exemplificaria cabalmente. Podendo, a um primeiro olhar, parecer anacrónico num tempo em que o crescimento industrial era palavra de ordem, e incoerente com a relativa originalidade formal do filme, este foco na agricultura surge, contudo, numa altura em que a CUF acabava de entrar também na transformação industrial de produtos agrícolas (tomate, milho) e, sobretudo, em que o setor adubeiro, animado por expetativas de grande aumento de procura, tanto nacional como internacional, passava por uma fase de grande expansão de capacidade instalada, com aceso conflito pela partilha de mercado entre os grandes produtores (Ribeiro, Fernandes & Ramos, 1987, pp. 991 e seguintes)[33].

2.2.3. A CUF de Alfredo da Silva (Anos 1970)

Na transição da década de 1960 para a de 1970, surge o filme *Um homem, uma obra* (1972/1973), realizado por Alfredo Tropa e Eduardo Elyseu e tendo Baptista Rosa como produtor. Como relata um dos entrevistados, responsável pelas relações públicas da CUF (atual) e que liderou a organização das celebrações da presença da CUF no Barreiro em 2007/2008:

> «Acho que pela importância das coisas escolhemos [para financiar o restauro] o do Alfredo Tropa, porque era o Alfredo Tropa e era dos anos 1970 e era dos filmes mais recentes que existia. No centenário havia três e nós escolhemos [para restauro] aqueles que nos pareciam mais ricos de imagens da fábrica e da obra social. E depois também eram um bocadinho repetitivos os três, e portanto achávamos que estar a recuperar os três que repetiam algumas imagens e depois recuperámos dois deles. E depois (...) havia já um desinvestimento muito grande da empresa na área dos adubos, que aliás mais tarde, um ano ou dois mais tarde é vendida e portanto a administração não ficou particularmente...» (Atual quadro de relações públicas da CUF/Quimigal).

Com uma narrativa diacrónica, *Um homem, uma obra* (1972/1973) divide-se em duas partes: uma primeira com a introdução histórica e uma segunda em que se aborda a biografia de Alfredo da Silva e dos seus feitos. Nesta segunda parte há uma separação entre o passado e o presente.

A narrativa do filme é fortemente ancorada na palavra, a qual surge por duas vias: i) a narração, com um texto caracterizado por uma enfatização da figura de Alfredo da Silva e do que erigiu; ii) os testemunhos, que são, quer de pessoas que o conheceram e com quem trabalhou, quer de pessoas que trabalham, no momento de realização do filme, na CUF. Os testemunhos enfatizam os elogios a Alfredo da Silva – evidenciando traços da sua personalidade e do seu percurso pessoal – mas também atestam o que está a ser dito no registo em *off*, veiculando mensagens sobre o grupo: num caso sobre a antiguidade que este tem no ramo das indústrias navais e noutro sobre a continuidade direta que o grupo e os seus administradores (filhos e netos do fundador) representam, de enorme relevância para a «indústria nacional».

À semelhança dos outros filmes sobre a CUF, também este começa e acaba com uma perspetiva aérea que se inicia em Lisboa, e não no Barreiro ou no Tejo.

As várias atividades produtivas são mostradas ao longo do filme de forma detalhada. Para além da atração pelas imagens da matéria incandescente, há a preocupação em mostrar tudo: as pessoas, as máquinas, a matéria-prima, os

[33] Em 1967 a Lisnave figura no filme *Tejo na rota do progresso*, realizado por Fernando Lopes e produzido pela CUF, no quadro das atividades da Lisnave e dedicado inteiramente ao respetivo estaleiro.

meios de transporte. É importante realçar como neste filme se procura «naturalizar» as imagens apresentadas, já que, ao invés de mostrarem apenas uma impecável arrumação e aprumo, os enquadramentos deixam agora entrever a desordem inerente aos espaços de trabalho industrial, onde se vêem peças, componentes, produtos em processamento ou ainda não armazenados, detritos, ferramentas em utilização. Também a apresentação das pessoas é menos cuidada, no vestuário e na atitude corporal. Estas observações permitem, por contraste, melhor avaliar o cuidado posto no enquadramento e no arranjo prévio dos ambientes durante a rodagem das películas dos anos 1960. Um antigo quadro de relações públicas da CUF que acompanhou de perto as filmagens referiu-nos a existência de guiões superiormente aprovados e de um plano detalhado de filmagens, bem como o trabalho prévio de agendamento das filmagens, organização dos espaços e até ensaio de algumas sequências. Este entrevistado tem algumas memórias dos contextos de produção e realização dos filmes. Recorda a presença de Felipe de Solms, produtor, que era espanhol e refere a necessidade de acompanhar a equipa de filmagem e de coordenar com a atividade da empresa:

> «...porque isso era muito complicado, o Barreiro, a fábrica tinha muitas indústrias, muita fábrica. "Eh pá, é preciso um tipo que os acompanhe e que ajude, quer dizer, prepare para as filmagens no dia seguinte, que fale com as pessoas, veja se aquilo está arrumado, se está desarrumado, se está limpo. Essas coisas", e portanto incumbiram-me dessa ação». (Antigo quadro de relações públicas da CUF/Quimigal).

Recorda o realizador Jean Leduc e como o facto de falar francês ter sido relevante para o acompanhamento que fez das filmagens, pois o realizador não falava português. Acompanhou também a realização do filme *A oliveira e a pirite* (1965), recordando-se que «havia assim de certo modo atores, figurantes, digamos, havia figurantes». No contexto de recolha das imagens, o mesmo entrevistado recorda que era necessário assegurar a produção:

> «De maneira que eles depois contratavam assim uns homens para carregar as coisas, para carregar os tripés, mesmo locais e mesmo dentro da própria CUF. Havia os marítimos, havia o pessoal marítimo, havia sempre umas pessoas que não tinham nada que fazer eventualmente e naquele primeiro filme, à base de notas de 20 escudos iam contratando: "Eh pá, você leva a máquina", tudo aquilo.» (Antigo quadro de relações públicas da CUF/Quimigal).

E refere que também estava presente para dar indicações aos trabalhadores: «Faziam uma espécie de interpretação, o Jean Leduc: "Maintenant nous avons à filmer le plan...". E eu: "Agora você tenha paciência, você não olhe agora para a máquina."» Era «assim uma espécie de assistente de realização, muitas aspas, muitas aspas. Uma espécie de assistente de *plateau*.» Para as filmagens, era necessário, também, como refere, ensaiar: «Eh pá, você agora, o coiso é: sai aqui agora do tear com uma bobine de fio de juta para ir levar ali, meter ali naquele carrinho. Havia ensaios.» E estes processos de preparação eram, refere, aceites pelos trabalhadores: «não me lembro de nenhuma atitude assim de repulsa ou de revolta ou de má disposição.»

A ausência deste tipo de preparação na rodagem de *Um homem, uma obra* (1972/1973) prender-se-á também, possivelmente, com o tipo de setores agora predominantemente representados: para além da construção naval, privilegiam-se a fundição, a metalurgia, a caldeiraria pesada – setores com um processo de produção menos fluido em termos de sequência produtiva. Enfatizam-se os planos gerais, muitos deles aéreos, mais do que os pormenores. Mas a falta dos cuidados anteriores resultará também, certamente, de serem já outros os argumentos a sublinhar. Mais do que a «organização CUF», trata-se agora de enfatizar a dimensão e, sobretudo, a internacionalização da empresa criada por Alfredo da Silva.

Um homem, uma obra (1972/1973) retrata, assim, a CUF dos anos 1970, na fase final do regime ditatorial. Embora sejam apresentadas muitas imagens do Barreiro, há uma presença da Lisnave, empreendimento emblemático do grupo e da política económica nacional deste período. Assim, a própria evocação de Alfredo da Silva insiste na sua atividade de construção naval e navegação marítima. O filme utiliza abundantemente imagens aéreas, que transmitem a dimensão grandiosa tanto do complexo fabril do Barreiro como da Lisnave – onde se acolhem «os maiores navios que sulcam os mares» – e que dão, por si próprias, uma imagem de modernidade técnica da CUF e do filme.

Além disso, e tal como acontecera com as películas de 1965 em particular, também esta introduz a novidade formal acima referida: o narrador em *off* permanece, mas deixa de ter o exclusivo da palavra, partilhada agora com curtos depoimentos de trabalhadores sobre Alfredo da Silva.

No momento em que a CUF se posiciona como ator económico decididamente internacional, em estreito concerto com os objetivos da política económica do governo num contexto de abertura da economia ao exterior, a evocação de Alfredo da Silva tal como é feita neste filme insiste, assim, na precoce internacionalização do seu empreendimento, tanto adubeiro como marítimo, e no pioneirismo constitutivo da CUF, sintetizado nas imagens finais de uma sofisticada sala de computadores, com o narrador a afirmar que, nestes tempos em que «o hoje prepara e convive com o amanhã», o «espírito» de Alfredo da Silva «abraça a tecnologia e dá a mão à cibernética»[34].

3. Conclusão

O cinema de empresa ou cinema industrial produzido pelo e/ou sobre o grupo económico CUF e o Barreiro, constitui um caso complexo e *exemplar* para analisar os múltiplos eixos substantivos e formais de análise das representações do trabalho no cinema.

[34] É contemporâneo deste filme *Inauguração da doca Alfredo da Silva*, de 1972, 14', Victor Barbosa.

No quadro de uma política de comunicação empresarial orientada para os contextos nacional e internacional, constitui um grupo económico que em décadas distintas, assume um lugar de vanguarda em Portugal do ponto de vista tecnológico, produtivo e de política de contratação de mão de obra qualificada que se traduz no conteúdo dos filmes, na sua receção e nos usos que deles são feitos. Assim, as várias esferas da estratégia empresarial e o contexto em que foi sendo estruturada, não podem estar desligadas, nem podem ser vistas de forma estanque.

Evidencia-se a importância destes filmes para a história do cinema, até porque, como refere um antigo trabalhador da CUF entrevistado, «o cinema adora as fábricas» (Engenheiro, antigo quadro superior da CUF/Quimigal).

Se os primeiros filmes analisados, possivelmente por não serem filmes da iniciativa da CUF, focam de forma mais difusa as atividades de trabalho, centrando as imagens no processo de industrialização do Barreiro, nas visitas às instalações e nos processos de celebração pela inauguração de «obras», os filmes seguintes vão-se paulatinamente deslocando para objetivos mais utilitários de ênfase: i) nas atividades da CUF; ii) na figura do seu criador e dirigente, na altura já falecido; iii) na importância das atividades da CUF para o desenvolvimento da economia portuguesa, mantendo ligações várias entre os domínios económico e político; iv) na ação da CUF na criação de condições de emprego e de serviços de apoio a toda a vida dos seus trabalhadores.

O uso do cinema, para além do seu objetivo utilitário, cumpre ainda um objetivo patrimonial. Usado também no quadro das comemorações do centenário da criação da CUF, em 1965, a sua função de divulgação das atividades deste grupo económico aos níveis nacional e internacional, acabam, direta e indiretamente, quer por construir representações sobre o trabalho, quer por influir na produção dos discursos de memória dos atores sociais, aquando da sua receção dos filmes.

Sistematizando a análise que foi realizada dos filmes, enunciamos as principais recorrências que, por sua vez, dialogam (sendo também parte integrante), quer com vários dos processos de patrimonialização que tiveram lugar ao longo do século XX, quer com os discursos memoriais que sobre eles, sobre a CUF, sobre o trabalho e sobre o Barreiro são construídos.

> *Alfredo da Silva, o industrial:* símbolo do industrial de sucesso e criador de um império económico, o seu trabalho surge retratado em associação com o poder político e o poder económico, uma autoridade incontornável e evidenciada nos filmes como um homem de grandes causas, ator chave na promoção do desenvolvimento económico do país, da projeção de Portugal a nível internacional e na configuração da cidade do Barreiro. Imortalizado também em bustos e dispositivos museológicos, é retratado nos filmes como a razão principal da existência da CUF. O trabalho é o trabalho de um dirigente e da sua obra.
>
> *A CUF e a sua história:* a CUF, o seu trajeto e a sua ação constituem um outro eixo presente nos filmes. Adquirindo uma vida própria, o enaltecimento

da sua atividade assume figurinos vários, os quais vão mudando ao longo do tempo em função dos seus propósitos empresariais e os potenciais recetores dos filmes.

Inovação, vanguarda tecnológica e pioneirismo industrial: as práticas de vanguarda do grupo económico ao nível técnico, acompanhadas pela contratação e formação de mão de obra altamente qualificada, são um terceiro domínio profusamente representado. O trabalho inovador, rigoroso, desenvolvido com as mais sofisticadas tecnologias, constitui um certificado de garantia do resultado esperado. Assim, também os filmes permitem representar o trabalho de configuração da estratégia empresarial, associada à relação com o poder político, ao acesso às matérias-primas e às opções de desenvolvimento do complexo industrial.

«Obra social» e emprego: a «obra social» da CUF e a sua missão de criação de emprego e formação dos seus trabalhadores surge como um domínio também amplamente presente nos filmes. As várias condições propiciadas nos domínios da saúde, da educação, da alimentação, do alojamento e do lazer (incluindo este último uma emblemática colónia de férias - Almoçageme - e uma sala de cinema - Cinema Ginásio) estão amplamente presentes nos filmes, evidenciando, na linha de atuação paternalista de vários grupos económicos, um papel da empresa que se traduz na criação de condições «fora do trabalho» para garantir a eficácia do trabalho.

Assim, os filmes cumprem a função de promoção da CUF aos níveis nacional e internacional, à semelhança de outras empresas, como foi o caso da Renault (Hatzfeld, Michel & Rot, 2006), bem como de explicitação dos interesses do grupo económico junto do poder político, mesmo que em círculos restritos, até pelo caráter demasiado técnico e especializado de alguns dos filmes. Como refere Michel (2009), a propósito dos filmes encomendados pela Renault, «Espera-se eficiência» (2009, p. 169).

Como é que estes eixos são mostrados? Destacamos os seguintes recursos formais de forma sintética.

A palavra: presente em textos ditos em *off* e sob a forma de depoimentos, é um eixo central para evidenciar os elementos referidos, como, por exemplo, a sofisticação tecnológica e dos processos produtivos, a história da CUF ou do seu criador.

A imagem monumental: com o recurso a planos gerais, planos em movimento (*travellings* e gruas), ângulos picados e contra-picados, e imagens aéreas, também elas em movimento, da paisagem que Lisboa, o Tejo e o Barreiro e, neste último, o complexo industrial da CUF, constitui uma recorrência em vários filmes, permitindo salientar a grandiosidade do grupo económico. Mostra-se o trabalho por fora e não os gestos do trabalho.

As instalações fabris: para mostrar a sofisticação tecnológica e os produtos fabricados, exibe-se uma representação dos espaços de trabalho pautada pela sequência do ciclo produtivo.

A saída da fábrica, a visita e as inaugurações: um recurso também ele recorrente no cinema, está também em mostrar o trabalho através da saída das instalações, das visitas oficiais das autoridades políticas (acompanhadas pelo industrial Alfredo da Silva) e das inaugurações, tomadas como comemorações da CUF ou de outras atividades.

A «história» remota: com gravuras, desenhos ou fotografias exibindo o trabalho que remonta aos primórdios da revolução industrial e referências ao trabalho agrícola, para abordar importantes segmentos de mercado da CUF.

O trabalho é mostrado de forma multidimensional e os filmes integram-se num processo social e cultural de patrimonialização, mais ou menos institucional, que acompanha as comemorações dos vários eventos e prossegue, como vimos, em práticas públicas e privadas.

O cinema de empresa ou industrial constitui um domínio profícuo tanto na história do cinema como nos processos de patrimonialização em que se insere. Os recursos fílmicos referidos marcam formas de fazer cinema e, de por essa via, mostrar o trabalho. No caso dos processos de patrimonialização, o destaque vai para a sua complexidade e caráter fortemente imbrincado, chegando, incluindo pessoas e instituições, análises e práticas de construção de memórias, como será aprofundado no capítulo 10 deste livro.

Referências bibliográficas

Acland, C. R. & Wasson, H., (org.) (2011). *Useful cinema.* Durham & London: Duke University Press.

Almeida, J. M. F. de. (2004). *História da informática em Portugal:* O subsistema de informação da *CUF*/QUIMIGAL. In E. Beira, M. Heitor (orgs.). *Memórias das tecnologias e dos sistemas de informação em Portugal* (pp. 253-272). Braga: s.n.

Crespo, F. & Salgueiro, M. (1993). *Livro branco das reestruturações empresariais: o caso Quimigal.* Lisboa: Direcção Geral da Indústria.

Cruz, M. A. (1973). *A margem sul do estuário do Tejo: factores e formas de organização do espaço.* Montijo: Oficinas Gráficas da Gazeta do Sul.

Cunha, P. (2014). *O Novo Cinema Português. Políticas públicas e modos de produção (1949-1980).* Tese de doutoramento em Estudos Contemporâneos, Coimbra: Instituto de Investigação Interdisciplinar da Universidade de Coimbra.

Elsaesser, T. (2009). Archives and archaeologies. The place of non-fiction film in contemporary media. In V. Hediger & P. Vondereau (orgs.). *Films that work. Industrial film and the productive of media* (pp. 19-34). Amesterdam: Amesterdam University Press.

GUERRA, R. A. B. (2012). *Inventário da Escultura Pública do Barreiro: 1939-2011*. Dissertação de Mestrado em Escultura. Lisboa: Faculdade de Belas Artes, Universidade de Lisboa, Manuscrito.

HATZFELD, N., MICHEL, A. & ROT, G. (2006). Filmer le travail au nom de l'entreprise? Les films Renault sur les chaînes de production. *Entreprises et histoire*, 44, 1-18.

HEDIGER, V. e VONDEREAU, P. (2009). Record, rhetoric, rationalization. In V. Hediger & P. Vondereau (orgs.). *Films that work. Industrial film and the productive of media* (pp. 35-49). Amesterdam: Amesterdam University Press.

LIMA, M. P. (1982). Notas para uma história da organização racional do trabalho em Portugal (1900-80) – alguns resultados preliminares de uma investigação em curso. *Análise social*, 18 (72-73-74), 1299-1366.

MELLO, J. (1990). Depoimento escrito. In M. F. Mónica. *Os grandes patrões da indústria portuguesa*. Lisboa: Dom Quixote.

MICHEL, A. (2009). Corporate films of industrial work. Renault (1916-1939). In V. Hediger & P. Vondereau (orgs.). *Films that work. Industrial film and the productive of media* (pp. 167-185). Amesterdam: Amesterdam University Press.

MÓNICA, M. F. (1987). Capitalistas e industriais, 1870-1914. *Análise social*, 23(99), 819-863.

MORAIS, J. (2008). *Rua do Ácido Sulfúrico: Patrões e operários, um olhar sobre a CUF do Barreiro*. Lisboa: Editorial Bizâncio.

PAIS, A. S. (1963). *O Barreiro antigo e moderno. As outras terras do concelho*. Barreiro: Câmara Municipal do Barreiro.

PAIS, A. S. (1965). *O Barreiro contemporâneo. A grande e progressiva vila industrial: Volume 1*. Barreiro: Câmara Municipal do Barreiro.

PAIS, A. S. (1971). *O Barreiro contemporâneo. A grande e progressiva vila industrial: Volume 3*. Barreiro: Câmara Municipal do Barreiro.

PIÇARRA, M. do C. (2015). *Azuis ultramarinos: propaganda colonial e censura no cinema do Estado Novo*. Lisboa: Edições 70.

PIMENTA, J. A. (1886). *Memória historica e descriptiva da villa do Barreiro*. Lisboa: Typographia do Diccionario Universal Portuguez.

PINHEIRO, M. (2013). Palavras e problemas de uma história dos subúrbios. In B. Monteiro, & J. D. Pereira (org.). *De pé sobre a terra*. http://hdl.handle.net/10362/11192. Consultado em 1 de dezembro de 2015.

RIBEIRO, J. F., FERNANDES, L. G., & RAMOS, M. M. C. (1987). Grande indústria, banca e grupos financeiros – 1953/1973. *Análise social*, 23(99), 945-1018.

ROLLO, M. F. (2002). Engenharia e história: Percursos cruzados. In J. M. Brandão de Brito, M. Heitor & M. F. Rollo (Coord.) (2002). *Engenho e obra. Uma abordagem à história da engenharia em Portugal no século XX* (pp. 31-55). Lisboa: Edições Dom Quixote.

SMITH, L. (2006). *Uses of heritage*. Oxford: Routledge.

SOBRAL, F., Sá, E., & Leite, A. (2008). *Alfredo da Silva, a CUF e o Barreiro – Um século de revolução industrial em Portugal*. Lisboa: Bnomics.

CAPÍTULO 10

A SEGUNDA VIDA DOS FILMES CUF NO BARREIRO, OU A RECEÇÃO FÍLMICA ENQUANTO PROCESSO DE MEMÓRIA SOCIAL

EMÍLIA MARGARIDA MARQUES*

* Como se detalha adiante, participaram na realização do trabalho de terreno em que se apoia este capítulo também os membros da equipa Luísa Veloso, Frédéric Vidal e João Rosas. Agradeço em particular a Luísa Veloso e a Frédéric Vidal os comentários a versões anteriores deste texto.

1. Entre filmes empresariais e memórias operárias

Que olhar podem hoje suscitar os velhos filmes industriais aos antigos trabalhadores das empresas ou setores a que dizem respeito? Indiferença e distanciamento, ou adesão? Contestação, ou apropriação e uso? Que respostas são observáveis, e como podem ser interpretadas? Também este leque de perguntas integrou a investigação multidisciplinar de que resulta o presente livro, interessada nos filmes e no seu contexto de surgimento mas, também, nos usos, leituras e impactos que a partir deles podem ser construídos.

Escolhemos para terreno deste estudo de receção um caso e um contexto que, sendo obviamente tão plural e complexo como qualquer outro, apresenta contudo alguns traços particularmente marcados, que ajudam a balizar a observação. O nosso objeto é a receção, por parte de antigos trabalhadores da Companhia União Fabril (CUF) e no contexto desindustrializado e de retração demográfica e económica que é o Barreiro atual, de filmes institucionais encomendados por aquela empresa e rodados no Barreiro nos anos 1960 e 1970.

A centralidade da CUF no Barreiro (e no país) ao longo do século XX, bem como a sua importância nos processos de memória locais, não oferecem dúvidas. É clara, também, a inserção central do cinema na robusta política de comunicação e relações públicas daquele grupo empresarial[1]. Encontram-se igualmente bem estabelecidos alguns traços relevantes que enquadraram o operariado barreirense, especialmente aquele empregado na CUF, ao longo do século XX: presença de um considerável núcleo qualificado a par de muita mão de obra indiferenciada; apoio social paternalista associado à repressão do movimento laboral. O Barreiro é conhecido pelo vigor associativo, pela forte atividade oposicionista durante a ditadura e pelas maiorias autárquicas comunistas após o 25 de Abril[2]. E não menos claro é, finalmente, o forte impacto económico, demográfico, social ou cultural da desindustrialização aí verificada a partir dos anos 1990[3].

Neste contexto, qualquer relação dos antigos trabalhadores da CUF com os velhos filmes empresariais é inevitavelmente enquadrada pelas relações múltiplas, fulcrais e contraditórias que aqueles mantiveram e mantêm com a empresa

[1] Cf. capítulo 9 deste livro.

[2] Sobre o Barreiro e a CUF no Barreiro ver, entre muitos, Almeida, A. (1993); Almeida, V. (2013); Carmona (2005); Pais (1971); Ribeiro et al (1987); Silva (2002); Teixeira et al (2014).

[3] No âmbito da privatização da Quimigal (empresa pública onde se haviam integrado as fábricas químicas da CUF no Barreiro, após a nacionalização na sequência do 25 de Abril) a localidade viu desaparecer, na viragem para a década de 1990, o complexo industrial tal como existira durante décadas e milhares de postos de trabalho. Apesar do pagamento, a muitos antigos trabalhadores, de indemnizações por rescisão de contrato sem termo ou de resgates de complementos de pensão, foi muito forte o impacto local da desindustrialização. O concelho perdeu quase 7.000 habitantes entre 1991 e 2001, e o nível de desemprego então gerado persistiu: 15,36% no Censo de 2011, que encontrou também um efetivo populacional muito envelhecido e, mau-grado a presença no Barreiro de algumas unidades industriais significativas, uma percentagem de ativos no setor secundário – outrora largamente maioritários no concelho: 54,2% em 1981 (DGDR, s.d.: 24) – inferior à nacional: 19 contra 26 (Censo, 2011).

Figuras 10.1., 10.2. e 10.3. – *Antigos operários barreirenses visionam filmes CUF no âmbito do projeto WorkS.* Barreiro, novembro de 2015 [col. WorkS].

hoje desaparecida. O tempo e a mudança medeiam fortemente a sua receção destas películas. Assim, toma-se aqui a receção dos filmes CUF por parte de antigos trabalhadores da empresa enquanto processo de memória social.

É, então, sobre as memórias barreirenses do passado industrial que em primeiro lugar se detém este texto.

A análise aqui apresentada dessas dinâmicas apoia-se em pesquisa bibliográfica e documental sobre a localidade (incluindo estatística e outras fontes da administração pública, imprensa local, presença eletrónica e outros materiais de instituições, entidades e indivíduos relevantes) e em entrevistas com intervenientes nos processos de memória local, nomeadamente: o presidente do município; dinamizadores de associações com intervenção explícita naqueles processos (especificamente: Memória Colorida Associação; Associação Barreiro, Património, Memória e Futuro; Cooperativa Cultural Popular Barreirense); um dos fundadores do Museu Industrial; um antigo dirigente do Cineclube do Barreiro; o atual presidente desta associação; dois autores locais dedicados à história do Barreiro e da CUF, ambos antigos quadros desta empresa e/ou da Quimigal; e ainda, fora da localidade, o responsável de Comunicação da atual CUF/Grupo José de Mello (CUF/GJM)[4,5]. Numa fase posterior, as sessões de visionamento que promovemos, como se detalhará adiante, para observar a receção dos filmes, assim como a realização de algumas entrevistas

[4] Após as nacionalizações, a família Mello, que detivera o grupo CUF, volta a estabelecer negócios em Portugal no fim dos anos 1970. Entre outras entidades, cria-se então o grupo José de Mello, que recuperou a designação CUF para a sua *holding* no setor químico. Esta nova CUF concorreu, em consórcio com outras empresas, à privatização da Quimigal Adubos, que rebatizou como CUF – Adubos de Portugal e que vendeu em 2008 (Sobral & Leite, 2008). Neste texto, emprega-se a designação CUF/GJM (Grupo José de Mello) para designar esta nova empresa, distinguindo-a da CUF inicial.

[5] Respetivamente: Carlos Humberto de Carvalho (acompanhado, na entrevista que nos concedeu, por Ricardo Medeiros), Orlando Santos, Susana Pinto, Manuel Fernandes, Armindo Fernandes, António Sardinha Pereira, Daniel Cabrita, Armando Cunha Santos, Armando Sousa Teixeira, José Miguel Leal da Silva e Paulo Caetano. A todos expressamos o nosso agradecimento pela valiosa colaboração.

pós-visionamento a antigos operários ou empregados da CUF e/ou Quimigal[6], proporcionaram também acesso a outros discursos sobre o passado local, menos institucionais e mais próximos da experiência vivida do trabalho fabril. Pontuado pelas entrevistas e sessões de projeção, o nosso trabalho no Barreiro decorreu entre junho e dezembro de 2014, incluindo também observação direta do contexto local, visitas a espaços memoriais e conversas com os seus responsáveis[7]. Ao longo deste período, a equipa redigiu coletivamente um diário de terreno.

Observando as dinâmicas de memória locais, a investigação realizada inevitavelmente interveio também sobre elas. Por exemplo, ao demonstrarmos interesse pela *memorabilia* ocupacional que vários entrevistados trouxeram para nos mostrar, observando, fotografando ou filmando esses objetos, estávamos evidentemente também nós a participar, enquanto especialistas exteriores ao contexto mas investidos da autoridade geralmente atribuída à instituição universitária e ao saber letrado, na valorização e legitimação daqueles objetos e práticas. Particularmente ilustrativo a este propósito, e diretamente ligado ao tema em estudo, foi o nosso encontro com o registo fílmico localmente elaborado, designadamente imagens de visitas à fábrica por filhos de trabalhadores, organizadas em 1989 por dois técnicos da Quimigal e por estes filmadas. De facto, o nosso interesse nessas imagens, que nos foram referidas durante uma entrevista, a disponibilidade dos respetivos detentores e o acesso aos necessários meios técnicos permitiram a montagem de um filme, intitulado *Visita à fábrica – a Quimigal/DPEQ em 1989* (2014), que viríamos a incluir no programa de visionamentos levado a cabo no Barreiro e, mais tarde, no ciclo que programámos na Cinemateca – assim transferindo radicalmente aquelas imagens de um estatuto aparentado à *memorabilia* privada para uma situação pública e patrimonializante[8]. O impacto da situação de pesquisa sobre os processos de memória, frequentemente associado ao peso da relação intersubjetiva entre entrevistador e entrevistado (Hughes, 2013) foi aqui intensificado, pelo contrário, pelo caráter eminentemente público destas dinâmicas e da própria situação de investigação.

2. Construções e usos do passado industrial no Barreiro

Algumas aquisições consolidadas dos estudos de memória – entendida como construção, reprodução, transformação, apropriação e uso de narrativas partilhadas sobre o passado – revelaram especial utilidade nesta análise: o caráter coletivo (partilhado) não apenas de parte significativa dos conteúdos recordados por cada sujeito mas, também, dos utensílios cognitivos inerentes ao processo subjetivo de recordação e esquecimento (Halbwachs, 1925); a diversidade de memórias associada à diversidade de grupos e contextos sociais (Halbwachs, 1950); a importância dos processos de incorporação, externalização e materialização de memórias (Connerton, 1989); e o particular relevo do primeiro destes processos na memória e identidade operárias (Debouzy, 1986).

[6] Ana Azambujo, António Alpalhão, António Fernandes, António Gamas Luís, Ermelindo Barata, João António, Joaquim Palma Cadeireiro, José Eduardo Vieira, Orlando Ferreira. A todos expressamos o nosso agradecimento pela valiosa colaboração.

[7] Agradecemos à Baía do Tejo / Museu Industrial, em particular na pessoa do Engenheiro Condinho de Araújo, assim como ao Espaço Memória da CMB e ao Arquivo Municipal do Barreiro, e respetivos técnicos, o acolhimento dispensado a este projeto.

[8] O filme foi montado em trabalho conjunto da equipa de investigação e dos autores das imagens, no laboratório visual do CRIA/ISCTE-IUL. Agradecemos aos autores a disponibilidade com que colaboraram neste projeto.

Também a plasticidade e a operacionalidade da memória social são aqui claramente visíveis, observando-se processos de seleção, eliminação, composição ou transformação através dos quais se criam narrativas contrastantes sobre o passado, as quais são objeto de usos sociais múltiplos, e frequentemente conflituantes (Halbwachs, 1950; Buyandelgeriyn, 2008; Berdahl, 2010; Knight, 2012; French, 2012; de Cesari & Rigney, 2014). Igualmente se tornou evidente a desigual distribuição, entre grupos sociais, instituições e indivíduos, da capacidade de proferição, legitimação, imposição ou contestação daquelas narrativas (Assman, 2008; French, 2012).

A mesma desigualdade marca a capacidade de controlo sobre os processos e objetos de patrimonialização. Patrimonializar (instituir como património, como propriedade coletiva) um vestígio material do passado, por exemplo, significa construí-lo enquanto sinal legítimo e legitimador capaz de veicular, apoiar ou contrariar uma determinada narrativa – desenhada em função do presente (Lowenthal, 1985). Neste campo, se todos podem, por exemplo, deter a sua pequena *memorabilia* ocupacional (Wall, 2010) poucos podem decidir sobre a colocação de uma estátua, ou sobre a linha expositiva de um museu industrial. Isto não exclui, evidentemente, que possam verificar-se conflito, negociação e subversão em torno das modalidades institucionalizadas de patrimonialização (Herzfeld, 2009), assim como construção, mais ou menos ativa, de indiferença ou distanciamento face a estas, como pudemos também observar.

2.1. Construção, contraste e interação de narrativas institucionais

No Barreiro, dois atores institucionais detêm uma palavra especialmente visível nestas dinâmicas: a Baía do Tejo, empresa de capitais públicos que sucedeu à Quimiparque na gestão do antigo território fabril, e a Câmara Municipal, de maioria comunista[9]. Enformadas por visões distintas das relações económicas e de trabalho, e prosseguindo diferentes objetivos e atividades, estas instituições constroem e difundem, consequentemente, histórias também contrastantes do Barreiro e da sua indústria.

A narrativa veiculada pela Baía do Tejo, sobretudo através dos importantes espaços patrimonializados que detém, acentua a grandeza quantitativa e qualitativa que caracterizou a presença da CUF no Barreiro e exalta a figura «empreendedora» de Alfredo da Silva. A Casa-Museu com este nome, organizada em dois espaços distintos, faz uma articulação clara entre o vulto do industrial e a centralidade da CUF no Barreiro. Ao mesmo tempo, o Museu Industrial (surgido, aliás, de um processo cuja história é também ela localmente disputada) sublinha de forma visível a grandiosidade e o pioneirismo da CUF, bem como a respetiva «obra social», à qual dedica um desenvolvido núcleo. Em contrapartida, gestos ou relações de trabalho são aqui muito esporádica e superficialmente tratados, e temas como a resistência operária à ditadura, ou o movimento laboral local, encontram-se inteiramente omissos. Sendo evidente

[9] À data da observação.

o caráter institucional destas opções (com a retórica de empreendedorismo aplicada a Alfredo da Silva, por exemplo, a mostrar-se particularmente adequada a uma empresa de gestão de parques empresariais, como é a Baía do Tejo[10]) nelas pesa também, contudo, a subjetividade das vivências e memórias dos antigos quadros superiores da CUF e da Quimigal (alguns deles barreirenses) que, sem o concurso de historiadores ou museólogos, dinamizaram estes projetos. O facto de ao auditório do museu ter sido atribuído o nome de um destes técnicos ilustra o caráter também autorreferencial destas narrativas.

Ao contrário da Baía do Tejo, a Câmara Municipal do Barreiro (CMB) recorre largamente a especialistas da memória, que trabalham nos seus serviços ou com estes têm interagido: arquivistas, historiadores, arqueólogos, museólogos. Esta presença reflete-se nas formas de divulgação que utiliza (textos de cariz historiográfico, exposições museologicamente informadas, arquivos escritos e orais, pesquisa e espólio arqueológicos) e concorre para a autoridade da narrativa que veicula. Esta distingue-se da proposta da Baía do Tejo em dois pontos fundamentais: uma explícita descolagem entre a história da CUF e a história do Barreiro e da sua indústria – inserindo aquela empresa num contínuo mais alargado de tempos e empreendimentos industriais – e um foco decidido na exploração laboral e na resistência operária na CUF. Tal como contada pela CMB, a história industrial do Barreiro salienta valores opostos àqueles sublinhados pela Baía do Tejo (trabalho vs. empreendedorismo, protagonismo individual vs. esforço coletivo) e relativiza a importância local da CUF e de quem a dirigiu.

Por mais nítidos e relevantes que se apresentem, estes contrastes são apenas parte de uma dinâmica mais complexa – que inclui, nomeadamente, uma continuada interação e colaboração entre as duas entidades no âmbito histórico-patrimonial. Assim, por exemplo, o Espaço Memória da CMB (compreendendo arquivo municipal, reservas museológicas e exposição sobre história local) encontra-se em instalações geridas pela Baía do Tejo; a Câmara promove regularmente visitas ao Museu Industrial; e as duas entidades são frequentemente levadas a colaborar no âmbito de iniciativas várias.

O centenário da presença CUF no Barreiro, assinalado em 2007/2008, ilustra as dinâmicas de coexistência entre ambas as narrativas e instituições. Envolveu aliás, e crucialmente, ainda uma terceira: a atual CUF/GJM que, como nos disse em entrevista o respetivo responsável de Comunicação, suscitou junto da CMB e da Baía do Tejo[11] a criação de uma comissão comemorativa – cujo trabalho, como recordou o mesmo entrevistado, implicou um intenso processo de mútuo ajuste entre as três entidades. Esse processo deixou marcas nos materiais resultantes das comemorações. Por exemplo, a exposição então montada no Museu Industrial incluía referências à resistência e à luta laboral na CUF[12] – conteúdos que a Baía do Tejo não reteve para a exposição permanente. O ensaio historiográfico de divulgação encomendado a um autor de origem barreirense (Morais, 2008) intercala no elogio rasgado a Alfredo da Silva e à «obra social» da Companhia referências à poluição atmosférica e à presença repressiva da GNR no complexo fabril. O documentário *Saudades da Fábrica*

[10] Veja-se, por exemplo, a criação do «Prémio de Empreendedorismo Alfredo da Silva/Baía do Tejo» (http://www.rostos.pt/inicio2.asp?cronica=9000681, Consultado em 6 de maio de 2016).

[11] Que tinha ainda, à data, a designação Quimiparque.

[12] Sob a designação «agitação social». Ver os prospetos «CUF Informação Interna» que, recuperando a designação de uma antiga publicação CUF, foram editados pela CUF/GJM por ocasião do centenário e incluem o mapa da exposição.

(2008, Paulo Silva Costa/RTP) realizado no mesmo quadro comemorativo, é igualmente eclético nos temas, nas perspetivas e no posicionamento dos que aí depõem. Assim, o peso da ocasião comemorativa, conduzindo ao encontro de atores díspares, constitui-se ele próprio como factor de modelação da narrativa, mediante processos de apropriação e ressignificação. É o caso, por exemplo, das lutas operárias na CUF que, entre descrições de tecnologias ultrapassadas e configurações empresariais obsoletas, resultam anacrónicas e inertes a ponto de se tornarem admissíveis num volume financiado pela atual CUF/GJM.

A mesma ocasião comemorativa abriu caminho a um interessante processo de patrimonialização dos antigos filmes por parte da CUF/GJM. Esta financiou então, em regime de mecenato, o restauro e digitalização de algumas dessas películas, depositadas no ANIM – assim como de um filme promocional dos anos 1930, cuja existência se desconhecia e que foi fortuitamente descoberto na mesma altura (*Via Áurea*, 1931, duração e autor desconhecidos), editando um DVD comemorativo do centenário[13]. Surgidos, décadas atrás, no âmbito das práticas promocionais e de comunicação da CUF, estes filmes são agora, também eles, reapropriados enquanto afirmações, simultaneamente, da importância histórica da antiga empresa e da qualidade – assim ancorada num passado prestigioso – da empresa presente[14].

A Baía do Tejo, a Câmara Municipal do Barreiro e, ocasionalmente, a CUF/GJM são assim, pela importância e volume dos lugares e utensílios de memória que detêm (dos espaços museológicos aos filmes, dos arquivos municipais ao saber especializado ou às publicações historiográficas) locutores-chave das principais narrativas sobre o passado industrial barreirense. Se é possível discernir claramente as grandes linhas destes discursos, e contextualizá-las nos lugares sociais das instituições que os proferem, é também claro que esses discursos, tal como essas instituições, não são monolíticos nem incomunicantes entre si.

2.2. Emoção, diversidade narrativa e limites à participação

Estão longe, também, de serem os únicos a povoar a paisagem das memórias do passado fabril no Barreiro. Muitos outros atores, institucionais e individuais, aí se movem, construindo e difundindo, ainda que em círculos menos alargados, múltiplos discursos com ligações diversas às grandes narrativas institucionais.

Um dos casos mais ilustrativos, que se destaca, também, por convocar memórias de infância emocionalmente muito carregadas, é a Memória Colorida Associação, constituída por pessoas que estiveram ligadas, como utentes ou como trabalhadores, à colónia de férias infantil que a CUF (e mais tarde a Quimigal) manteve em Almoçageme, Sintra.

Nas falas de alguns dos seus animadores, que entrevistámos, é claro o esforço de construção de representações coerentes do passado industrial a partir de reminiscências e perspetivas díspares, como o encómio à ação social da CUF (acarretado pela memória entusiástica da colónia), a lembrança da poluição industrial e das difíceis condições de trabalho, a imagem empreendedora

[13] Cf. capítulo 9 deste livro.

[14] Inclusive, de modo bastante explícito, num filme promocional da CUF/GJM, disponível na internet, que extrata largamente o *Via Áurea* (1931), aí tomado como marca da inovação e vanguardismo que desde sempre teriam caracterizado o grupo (http://www.cuf.pt/pt/inovacao/redes-conhecimento/inovacao-cuf/. Consultado em 6 de maio de 2016).

de Alfredo da Silva, ou a ideia de que a decadência das fábricas terá começado ainda sob gestão dos Mello. Veja-se, por exemplo, neste fragmento a duas vozes, o modo como a figura daquele empresário se encontra em reconfiguração, à luz da retração económica presente, e como se mobilizam argumentos (caso da explicação tecnológica para situar os danos ambientais associados à atividade da CUF) numa busca de coerência narrativa:

> «– Nós hoje (...) dia após dia estamos afinando, digamos, de certa forma a forma de olharmos para o Alfredo da Silva (...) o nome Alfredo da Silva foi um bocado maltratado e provavelmente não houve a sensibilidade necessária para fazer a destrinça (...) e se calhar hoje (...) é uma imagem mais, digamos, realmente, um industrial que a gente hoje se calhar provavelmente precisávamos...
>
> – Exatamente, um homem duro ali e com a mão de ferro a gerir as empresas...
>
> – E continua a haver as polémicas em torno (...) realmente uma área social muito boa, pá, mas por outro lado, comíamos com os gases todos em cima durante todo o dia, pá. E há aqui um contrassenso. O que é um facto é que apesar de tudo, pá, havia trabalho para esta gente toda. Isso é uma realidade. Mas continuávamos a comer com os gases [risos].
>
> – Mas tomara nós termos a indústria que tínhamos na altura com as tecnologias de hoje...»
>
> *(animadores da Memória Colorida, ambos antigos frequentadores da Colónia, um deles antigo quadro intermédio da CUF e da Quimigal)*

Igualmente exemplar dos dispositivos de ressignificação envolvidos nos processos de memória é a apropriação que no quadro desta associação se faz da película *Quero ir a Almoçageme* (1964, 12', Jean Leduc). Encomendado pela CUF, nos anos 1960, para exaltar aquela sua realização pedagógica e social, este filme é agora tomado pelos associados da Memória Colorida, em paralelo com uma reportagem do último turno da colónia de férias (1989) que dois quadros da empresa tiveram então a iniciativa de filmar, como catalisador de emoções subjetivas e memórias partilhadas.

Num outro plano, destacam-se obviamente, na construção de memórias do passado industrial, os autores locais dedicados à história barreirense, tanto pelo tema que trabalham como, sobretudo, por apoiarem as suas narrativas (veiculadas em livros e outros textos escritos, colóquios ou conferências) em conteúdos e formas associados a um saber especializado e reconhecido: a historiografia.

A este propósito, torna-se de novo ilustrativo o caso do centenário da CUF, ocasião em que diversos grupos e entidades fizeram uso daqueles recursos, frequentemente com participação de autores locais. De facto, para lá da conferência integrada nas comemorações acima referidas (organizadas por iniciativa da CUF/GJM), tiveram lugar três outras séries de iniciativas desse tipo veiculando um discurso alternativo. Uma delas – «100 anos de lutas: o outro lado da CUF» – foi organizada pelo Bloco de Esquerda, que situou a sua intervenção por referência à opção comemorativa do município (associado para o efeito, como vimos, à CUF/GJM), convocando explicitamente a memória coletiva como arma de intervenção cívica e luta política[15]. No entanto, sob um lema semelhante, «100 anos de luta e resistência na CUF – Barreiro», também o partido maioritário na autarquia (PCP) organizou comemorações alternativas[16]. (Neste ponto, é ilustrativo notar como as mesmas «lutas» são, nestas duas iniciativas, objeto de usos e veículo de significados radicalmente diversos daqueles, atrás referidos, que lhes apuseram os textos editados no âmbito das comemorações com patrocínio empresarial). Duas associações próximas da CMB, a Cooperativa Cultural e o Movimento Barreiro, Património, Memória e Futuro[17], promoveram também «contracomemorações», das quais resultaria um volume intitulado *A CUF no Barreiro: realidades, mitos e contradições* (Teixeira et al., 2014).

Se a presença destes eventos ilustra a diversidade de perspetivas e atores localmente intervenientes na construção e difusão de narrativas de memória, é importante salientar também a assimetria de recursos que entre eles se verifica – em particular, justamente, no que toca à apropriação das formas mais prestigiosas de discurso. Tal assimetria é claramente evocada pelo autor principal do livro citado no parágrafo anterior, quando recorda, entrevistado por nós, as dificuldades que atrasaram a saída daquele volume («enquanto os outros saíram logo na altura, financiados pelos Mellos, pelos meus patrões que a mim não financiavam, naturalmente», nota) e o motivo por que não participou na conferência organizada pela comissão tripartida:

> «Eu, nessa altura, era funcionário superior da nova CUF[18], e disse a quem me convidou: "Eu acho que ninguém deve morder a mão de quem lhe paga.. (...) O que eu tenho a dizer é naturalmente muito polémico, não é? Portanto, eu não vou participar nesse colóquio". E não participei.»
> *(antigo quadro da Quimigal e da CUF Adubos pós-privatização).*

2.3. *Passado vivido, futuro roubado e memórias operárias da CUF*

Como terá ficado claro, as dinâmicas de memória que acabam de se observar envolvem sobretudo a elite local, letrada e politicamente interveniente, sendo muito limitadamente participadas por pessoas de outros grupos sociais, sem acesso à mesma voz no espaço público. Os nossos entrevistados antigos operários ou empregados da CUF pouco interesse ou opinião demonstraram, por exemplo, a propósito do Museu Industrial, ou dos volumes historiográficos publicados sobre o Barreiro.

Revelaram-se, contudo, atentos à presença explícita do passado industrial no espaço quotidiano. Assim, por exemplo, a estátua de Alfredo da Silva, que fora recentemente objeto de polémica por ter a edilidade decidido posicioná-la, em novo arranjo paisagístico, diretamente ao nível do solo (eliminando o pedestal onde se inscreviam frases do próprio Silva e de Manuel e Jorge de

[15] http://www.esquerda.net/content/100-anos-da-cuf-bloco-lan%C3%A7-comemora%C3%A7%C3%B5es. Consultado em 6 de maio de 2016.
[16] *O Militante*, setembro/outubro, 2008.
[17] Que daria origem à Associação do mesmo nome, referida acima.
[18] Cf. nota 4.

Mello)[19], suscita elaborações que, mais uma vez, indiciam a complexidade, no contexto presente, dos processos de memória industrial barreirense – como quando um antigo operário, militante comunista, acha pouco digna, como nos referiu em entrevista, a nova colocação da estátua.

> «Devia estar dentro da CUF, que era o terreno dele, dentro da CUF. Nunca devia ter ido para aquela praça, devia ter ficado ali. (...) E como ele está ali no chão, se eu fosse de família, como os netos, não consentia que aquilo estivesse ali, assim naquela posição, porque é um desprezo que está ali. E eu que queira ou não, sempre foi um indivíduo que ajudou o desenvolvimento do Barreiro (...) Com intenções de arranjar grande quantidade do capital para ele, não é, mas de qualquer das maneiras houve outros que tinham capital e não o desenvolviam assim.»
> *(antigo operário da CUF e da Quimigal, militante laboral e partidário).*

A importância do contexto presente, bem como das vivências e reminiscências subjectivas, na construção destes olhares é transparente na fala de um outro entrevistado, antigo empregado administrativo e igualmente próximo da Câmara Municipal, embora sem ter sido ativista laboral ou partidário.

> «Aquilo devia era estar cá na parte da CUF. O homem foi um grande industrial. (...) Ainda há pouco tempo fizeram aí uma homenagem, [alguns] levantaram problemas. Quanto a mim é uma grande parvoíce, o homem foi um grande industrial. Estão melhores agora?! Agora estão melhores? Eh pá, naquela altura, o homem tinha que se defender. Uma pessoa gasta ali milhões e milhões, a malta o que é que queria? Milhares de postos de trabalho, era no hóquei em patins, era no futebol, era as saídas da fábrica... Eu parece que estou a ver na saída a escadinha, a minha mulher, ainda namorávamos, a sair ao portão, parece que estou a ver. Oh pá, agora? Agora não se vê nada! Não venham cá com histórias... »
> *(antigo empregado administrativo da CUF e da Quimigal).*

Vale a pena ouvir, ainda, um terceiro entrevistado, antigo operário da CUF nacionalizada e da Quimigal, com um percurso de forte participação laboral, sindical e partidária que, interrogado sobre a pertinência do mausoléu de Alfredo da Silva[20], reconhece como contraditória a sua própria forma de encarar a ação do empresário no Barreiro e se resigna à impossibilidade de dar sentido à nostalgia, que não pode deixar de sentir, de um passado que, por outro lado, considera ter sido também de exploração.

> «Apesar do que o Alfredo da Silva representou, eu penso que ele fez muita coisa útil para o Barreiro. Apesar de ele ter representado o que era o grande capital, não há dúvida. Mas eu vejo isso de outra forma (...) apesar de ser os trabalhadores que trabalharam, ele partiu do nada. Ele partiu do nada e ele conseguiu aos poucos criar um grande monopólio.

[19] De acordo com a imprensa local, a decisão foi objeto de contestação pelas bancadas social-democrata e socialista na Assembleia Municipal, com os primeiros a defenderem, nomeadamente, a preservação do pedestal pela importância atual da criação de emprego mencionada na frase de Jorge de Mello que ali se inscrevia. Ver, por exemplo, http://www.rostos.pt/inicio2.asp?cronica=143667. Consultado em 6 de maio de 2016.

[20] Monumento funerário localizado na área do antigo complexo fabril onde, por vontade expressa do industrial, se encontram os restos mortais de Silva.

> (...) Isso pode estar um pouco dissonante com a minha forma de estar na política... E possivelmente haverá amigos meus e camaradas que não estarão de acordo. Mas é assim... eu acho que [o mausoléu] será de estar ali na mesma, porque aquilo recorda um homem que fez alguma coisa em prol do povo. A palavra prol do povo é um bocado pesada, diremos. Mas construiu algo para dar trabalho às pessoas. (...) Aquilo que eu ouvi dizer ao meu pai e ao meu avô é que ele era um indivíduo autoritário, mas era um indivíduo... O meu avô contava-me... o Alfredo da Silva era um indivíduo que chegava no grupo de trabalhadores e falava com eles. (...) Mas realmente é uma contradição, porque ele depois acabou por formar o maior monopólio em Portugal.»
>
> *(antigo operário da CUF nacionalizada e da Quimigal, militante laboral e partidário).*

Mais do que referidas às principais narrativas que acima vimos circular no espaço público barreirense, as quais veem na CUF o grande capital explorador ou, alternativamente, o espelho das virtudes da iniciativa privada, as multifacetadas e contrastantes memórias do passado industrial veiculadas pelos antigos operários e empregados que entrevistámos são devedoras de outras e muito diversas ideias, experiências e reminiscências. Ao contrário do que acontece com pessoas noutros lugares ocupacionais e sociais, eles recordam a CUF através de uma experiência profundamente subjetiva e partilhada, social e incorporada, do trabalho e da sociabilidade no complexo fabril. A sua memória de exploração no emprego é também memória de investimento subjetivo no trabalho, e de uma vida pessoal e familiar estruturada por emprego e salário certos, cuja comparação nostálgica com a privação de futuro[21] (Smith 2011) hoje experimentada é inevitável, e absolutamente crucial nos olhares múltiplos que lançam sobre um passado industrial que foi a sua vida de tantos anos.

Embora dois dos nossos entrevistados tenham acabado por vir a trabalhar como empregados administrativos, todos começaram como operários, e muitos reportam uma trajetória de mobilidade entre funções e postos no interior da empresa, ou até do grupo, em percursos por vezes associados a circunstâncias de mudança técnica e geralmente pontuados por concursos ou convites internos, cursos de formação e também, crucialmente, contactos, conhecimentos e diligências informais, por vezes conflituosas. A valorização do percurso e atividade que se desenvolveram na fábrica coexiste, obviamente, com memórias fortes da dureza do trabalho na CUF e de uma remuneração salarial que a maioria recorda estreita, ainda que garantida. Já a remuneração indireta (apoio social) essa é, nas entrevistas, quase unanimemente recordada em tom positivo – e associada à afirmação da solidez e grandeza da Companhia. Nas várias evocações de que é objeto, torna-se explícito a que ponto este apoio social e, através dele, a própria CUF, intersetava, e interseta, vivências e memórias de grande alcance subjetivo, que largamente extrapolam o âmbito do trabalho propriamente dito para tocar o modo e o curso da vida individual e familiar.

[21] No original, «temporal dispossession», definida como impossibilidade de planear, prever ou construir futuros de modo sequente e acumulado – «the inability to plan, predict, or build futures in an incremental way» (Smith, 2011: 17).

> «A CUF não era bem os próprios salários que fossem muito grandes (...) Cada um, conforme os anos de casa que tinha, tinha direito a uma... (...) A CUF não era só salários, era também prémios que dava. E depois era o problema de a gente comer aqui barato, tinha as suas diversas regalias, portanto, tínhamos trabalho assegurado, não é, e íamos vivendo assim desta maneira.»
> *(antigo operário da CUF e da Quimigal, militante laboral e partidário)*.

> «[Na creche] era tudo gente competente (...) Estava a médica, estavam três enfermeiras, aquilo tudo... (...) Três enfermeiras. Tinham piscina, davam-lhe almoço, davam-lhe o pequeno-almoço, eu nunca paguei nada. (...) A gente passou, não é, mas eles também recompensavam o que a gente passou.»
> *(antiga operária da CUF e da Quimigal).*

> «Ainda comprei lá na Despensa [supermercado mantido pela CUF para os seus assalariados] um esquentador, um «Vaillant», ainda o tenho a trabalhar (...) já tem à volta de 50 anos. (...) Não quero outro, enquanto aquele resistir não quero outro.»
> *(antigo operário da CUF e da Quimigal).*

> «A CUF era uma casa com que a gente contávamos.»
> *(antigo operário da CUF e da Quimigal, militante laboral e partidário).*

3. Encontros com os filmes

Pensar a receção dos velhos filmes empresariais por parte de antigos trabalhadores enquanto processo de memória social, como nesta análise se faz, com base em aquisições dos estudos de memória, é uma opção que também algumas contribuições relevantes dos estudos de receção fílmica vêm corroborar. Esta notória coincidência traduz o facto de ambas as áreas sublinharem vigorosamente o caráter imbricadamente social (intersubjetivo, partilhado) e contextual das práticas que observam. De facto, a ideia de receção enquanto produção de sentido e apropriação do objeto que se lê, hoje dominante (Gelly & Roche, 2012), acarreta uma forte e multifacetada insistência na importância do contexto de receção, o qual passa a ser considerado coprodutor daquele sentido (Staiger, 1992; Korte, 2010; Lagny, 2010).

Deste ponto de vista, a noção de comunidades interpretativas («interpretive communities»), proposta por Fish (1980, apud Gelly & Roche, 2012) no âmbito dos estudos literários e amiúde aplicada à receção fílmica (por exemplo Esquenazi, 2012), reveste aqui particular utilidade. De acordo com esta proposta, a partilha de experiências e representações, adquiridas no âmbito de percursos e posições sociais definidos, delimita diferentes comunidades interpretativas: isto é, grupos de pessoas que partilham estratégias ou quadros de interpretação próprios, os quais vão enquadrar e influenciar a construção de sentido no âmbito do processo de receção. Exemplo desses quadros interpretativos são as classificações *a priori* do objeto a interpretar e da sua origem («propaganda da CUF», ou «imagens do Barreiro antigo» seriam algumas classificações possíveis – e que foram efetivamente ativadas, como se verá – no caso vertente). Como nota Sorlin (2015), a interpretação constrói-se confrontando o filme com aquilo que até aí se viu e viveu – percurso traduzido num saber e numa presença que constituem e orientam o ato de ver.

A detalhada observação de Montebello (1997) sobre receções operárias do cinema de ficção corrobora a importância dos eixos social e contextual nesses processos, os quais ativam visões e princípios de interpretação decorrentes da vivência e da partilha de quotidianos de trabalho e de vida. Por exemplo, o autor nota que a experiência incorporada de trabalho duro e perigoso influencia os modos operários de receção da violência no ecrã. Complementarmente, ao refletir – como aqui se faz também – sobre a receção de filmes ocorrida numa época histórica diferente daquela em que foram realizados, Lagny (2010) assinala a importância que então assume o detalhe das condições de receção («conditions of reception»). Do seu ponto de vista, uma noção de contexto abrangente e sofisticada (que tenha em conta não apenas as diferentes épocas históricas envolvidas mas, especificamente, o campo do cinema / audiovisual, incluindo o tipo de relação do público estudado com essas formas, e o modo como essa relação é ativada no momento de receção em análise) é essencial para se compreender o modo como a audiência aborda um filme de outro tempo[22].

É importante dar conta, assim, da forma como teve lugar, no âmbito desta investigação, o encontro entre filmes CUF e antigos trabalhadores da empresa.

Como indicado acima, promovemos no Barreiro, com esse fim, um ciclo de sessões de visionamento, para o qual programámos dois filmes CUF: *Criando fontes de trabalho* (1961, 24', João Mendes) e *Um homem, uma obra* (1973, 17', Alfredo Tropa)[23]. Antes destas películas projetámos *A visita oficial ao Barreiro* (1933, 8', autor não identificado) – reportagem da visita à localidade, para inaugurações diversas, dos presidentes da República e do Conselho e do ministro das Obras Públicas[24] – e, no final, *Visita à fábrica – a Quimigal/DPEQ em 1989* (2014, 14', Orlando Santos & António Ferreira), mencionado acima. Este formato procurava proporcionar alguma contextualização dos filmes CUF, pela sua comparação com outras abordagens fílmicas do espaço local (e) fabril e, também, com outras configurações que esse espaço ao longo do tempo foi assumindo.

O ciclo, que decorreu em seis associações locais, foi organizado em estreita colaboração com o Gabinete de Associativismo do município[25]. Na sequência da disponibilidade manifestada pelo presidente da CMB, os técnicos daquele serviço propuseram-nos, após uma reunião em que apresentámos os objetivos da pesquisa, uma lista das associações onde consideravam mais eficaz fazermos os visionamentos, agendaram e mediaram os nossos contactos iniciais com essas entidades e asseguraram a divulgação das sessões, através de cartazes nos locais e de meios eletrónicos. Um ou dois destes técnicos acompanharam as projeções, manifestando muitas vezes familiaridade com as pessoas

[22] «This wider and more sophisticated conception of "contexts" is essential for the diachronic perspective» (Lagny 2010: 81).

[23] Para o contexto de surgimento destes filmes, ver capítulo 9 deste livro.

[24] À época, e como é sabido, respetivamente Salazar, Carmona e Duarte Pacheco.

[25] Além deste ciclo, organizámos ainda uma projeção apenas do filme de 1989, a pedido de antigas operárias da fábrica aí retratadas (algumas delas figurando nas imagens) e um visionamento também de contornos específicos na festa de Natal da Memória Colorida Associação. Um dos comentadores que convidámos para a sessão no Cineclube pediu-nos para ver previamente os filmes, tendo sido também registadas em audio as observações que então fez. Dedicámos ainda ao Barreiro a primeira sessão de um ciclo que programámos na Cinemateca.

presentes[26]. Os visionamentos decorreram, portanto, em círculos muito próximos da CMB, que apoia estas associações e com a qual as mesmas regularmente colaboram. Além disso, a Câmara surgiu, para todos os efeitos, como coorganizadora dos eventos.

As associações que os acolheram espalham-se pelo território geográfico e social barreirense, o que nos permitiu chegar a pessoas que trabalharam na CUF/Quimigal em várias épocas e setores. Em cinco das sessões, realizadas durante a tarde, o público foi maioritariamente constituído por frequentadores habituais das associações em causa, o que nos permitiu aceder a alguns aspetos das dinâmicas de sociabilidade quotidiana que envolveram também a leitura dos filmes. Uma única sessão teve lugar à noite, no Cineclube do Barreiro. Animadas por dois a três elementos da equipa de investigação, que procuravam suscitar comentário e debate em torno dos filmes (tanto durante a projeção como imediatamente a seguir) as sessões foram filmadas e registadas em áudio, com posterior transcrição e análise. No caso da sessão no Cineclube, convidámos dois autores locais para comentarem os filmes após a projeção.

Com o objetivo de contextualizar mais finamente a receção dos filmes nos percursos ocupacionais e sociais, e em narrativas particularizadas das memórias de trabalho, realizámos também, como referido acima, entrevistas pós-visionamento a antigos trabalhadores da CUF. Salvo duas, que decorreram em instalações de uma outra coletividade, estas entrevistas tiveram lugar nas mesmas associações onde havíamos realizado os visionamentos - embora, de modo geral, em salas mais pequenas, e na presença apenas do entrevistado e nossa - tendo sido gravadas em áudio (posteriormente transcrito e analisado) e, na maior parte, também filmadas. Ricas em narrativas sobre os percursos ocupacionais e o passado industrial barreirense, as entrevistas são menos loquazes a respeito dos filmes propriamente ditos. Tornam-se, ainda assim, relevantes desse ponto de vista, por permitirem uma contextualização mais fina daquilo que sobre os filmes é dito (inclusive de algumas observações feitas durante os visionamentos, cujos autores foram depois entrevistados) e, também, por suscitarem um comentário mais sedimentado e refletido do que aquele, espontâneo, enunciado aquando das projeções. A análise que a seguir se apresenta integra, portanto, estes dois pontos, complementares entre si, de acesso à receção dos filmes: as entrevistas e, sobretudo, as sessões de visionamento.

3.1. *No Cineclube do Barreiro: os filmes CUF enquanto cinema*

O Cineclube do Barreiro, fundado em 1958 e cuja atividade de divulgação do cinema e formação de espectadores, atravessando épocas de maior ou menor vigor e assumindo diferentes características, se prolonga até ao presente[27], acolheu na sua sede, numa praça do Barreiro antigo, a sessão final do ciclo de visionamentos que promovemos. Pensada para o público genérico de atividades culturais, esta sessão teve, como se indicou já, comentadores convidados

[26] Agradecemos à Câmara Municipal do Barreiro, em particular ao Gabinete de Apoio ao Associativismo e respetivos técnicos o apoio prestado, e ao Grupo Dramático e Recreativo «Os Leças», Associação Unitária de Reformados, Pensionistas e Idosos do Lavradio, Grupo Recreativo Quinta da Lomba, Grupo Recreativo e Desportivo de Palhais, Associação de Acção de Reformados do Barreiro e Cineclube do Barreiro o acolhimento das sessões de projeção.

[27] Ver notas históricas sobre o percurso e enquadramento do Cineclube do Barreiro em DBA/CMB (2011) e elementos sobre a atividade mais recente em http://ccbarreiro.blogspot.de/ (consultado em 6 de maio de 2016).

por nós, que tomaram a palavra imediatamente após a projeção. Ambos engenheiros, antigos trabalhadores da CUF e/ou da Quimigal e estudiosos do passado local, têm, contudo, percursos ocupacionais e posições políticas distintas, proferindo narrativas também diversas do passado CUF no Barreiro.

Ao contrário do que aconteceu nas demais associações, durante a projeção o ambiente no Cineclube foi claramente de sala de cinema, marcado por obscuridade e silêncio – salvo raros comentários sussurrados, em voz particularmente baixa durante o filme mudo. Não houve falas partilhadas para a sala, nem reconhecimento de conhecidos na tela; ninguém reagiu aos espaços e utensílios de trabalho. Apenas risos perante um computador dos anos 1980, no filme mais recente, *Visita à fábrica – a Quimigal/DPEQ em 1989* (2014), e palmas no final deste, de que se encontrava presente um dos autores. Terminados os filmes, somente os comentadores e uma única pessoa na assistência se fizeram ouvir.

O primeiro comentador a intervir – que, além de ter sido quadro superior da CUF e da Quimigal, exerceu também funções junto da direção da CUF/GJM – ocupou-se sobretudo do contexto de surgimento dos filmes. Distinguindo entre *A visita oficial ao Barreiro* (1933), que considera uma película de propaganda do regime, e os filmes CUF, que caracteriza como «filmes de indústria, filmes de empresa», considerou que estes se destinavam a «passar mensagens» à administração central, identificando os recursos retóricos mobilizados com esse propósito: os «grandes números» periodicamente enunciados em *off*, a Lisnave, protagonista grandiosa em *Um homem, uma obra* (1973); a exaltação da «obra social»; e o crescendo apoteótico final. Afirma também ter havido intervenção direta de técnicos da empresa na escrita de parte do texto lido em *off*, embora essas contribuições tenham sido «resumidas e condicionadas à realidade do filme» – que, do seu ponto de vista, vai muitas vezes à «procura da cor», em vez de ilustrar com precisão os excertos mais técnicos do texto. Depois de referir questões de proteção do património documental e industrial barreirense, termina em tom industrialista, defendendo que «o facto de [Portugal] ser um país pequeno não pode ser argumento para uma desindustrialização tão violenta, tão dura.» Anteriormente, visionando connosco os filmes como preparação para este comentário, tinha feito algumas observações de caráter formal – como a pertença, do seu ponto de vista, de *Criando fontes de trabalho* (1961) a um formato de «filmes do ciclo do dia» (muito frequentes, afirma, no filme industrial), ou a exploração do efeito cromático do sulfato de cobre nos vários filmes CUF.

O segundo orador, que se apresenta como nado e criado no Barreiro, praticamente «dentro das fábricas», e que trabalhou na Quimigal e na CUF Adubos pós-privatização, adota, por seu turno, uma perspetiva decisivamente crítica destes filmes. Considera-os exemplos de «nacional-documentarismo», nos quais «quem encomenda, quem paga, quem fala é o capital». Do seu ponto de vista, *A visita oficial ao Barreiro* (1933) é «pura propaganda do regime do Estado Novo», eivado de inexatidões e omissões, que enumera. Valoriza, entretanto, as imagens hoje históricas que o filme proporciona – do mesmo modo que atribui valor pedagógico, pela «descrição de processo e tecnologia muito interessante» a algumas sequências de *Criando fontes de trabalho* (1961). Focando decisivamente o seu comentário no conteúdo dos filmes, enumera aspetos, para si essenciais, da atividade e do trabalho na CUF relativamente aos quais aqueles são omissos: más condições de trabalho e segurança, acidentes e doenças profissionais, baixos salários e acentuada desigualdade salarial, poluição, nepotismo, repressão. Insiste na ligação entre a CUF e o estado ditatorial. Tocando também o tema da destruição de património histórico industrial, atribui neste campo responsabilidades à própria CUF atual.

Depois de o primeiro orador, voltando à palavra, aludir à excelência técnica da CUF, o segundo concorda, assinala-lhe idêntica excelência também no campo da comunicação e reconhece, algo a contragosto: «eu próprio, apesar do espírito crítico que envolve a minha investigação, a determinado ponto vejo as fábricas e as pessoas com quem trabalhei... » – e não pode deixar de sentir empatia.

Da assistência, apenas um antigo operário especializado da CUF e da Quimigal, instado pelo segundo orador, tomará brevemente a palavra, para evocar a perda do saber técnico dos trabalhadores da CUF, na sua opinião um recurso da maior importância para o Barreiro e para o país – ideia que o primeiro orador logo corrobora, reorientando-a para a excelência internacionalmente reconhecida da engenharia da CUF. Embora aquele antigo operário não elabore, nesta ocasião, qualquer comentário sobre os filmes, falar-nos-á sobre eles em entrevista posterior, referindo-se ao conteúdo – considerando, designadamente, que não conseguem tratar a riqueza do relacionamento social no interior da empresa, nem as próprias consequências sociais da «obra social» – e à finalidade – meramente promocional, do seu ponto de vista. Mobilizando os conhecimentos sobre cinema que o seu interesse de longa data por esse campo e a sua atividade cineclubista lhe proporcionam (claramente o distinguindo, neste ponto, dos restantes operários com quem falámos) refere-se também à forma dos filmes – que lhe parece pobre, meramente subordinada ao objetivo de «mostrar coisas, como a gente hoje tem uma máquina de compra e faz vídeos para a família».

Neste visionamento, foi possível observar com clareza a presença das políticas de memória local nos modos de receção dos filmes. Assim, o segundo dos nossos convidados, cuja narrativa do passado barreirense se compõe, em grande parte, da contestação de «mitos» vigentes em relação à CUF, rejeita decididamente o discurso veiculado pelos filmes – ainda que não consiga, como vimos, resistir à evocação, que ali fatalmente encontra também, da sua própria vivência de trabalho. Fica, assim, a braços com a contradição, que explicitamente reconhece, entre uma tal cedência e o «espírito crítico» que o orienta. Já o primeiro orador, participante ativo dos tempos CUF e cujos trabalhos sobre o passado local, estreitamente ligados a fontes escritas da própria empresa, têm um pendor sobretudo descritivo, embora desassombrado, ainda que articule um discurso distanciado e contextualizante sobre os filmes, em momento algum se desliga explicitamente da narrativa que veiculam – a qual, na verdade, nunca toma como objeto do seu comentário. Mais uma vez, no entanto, a presença de distintas representações do passado local não exclui áreas de intersecção entre elas: uma visão industrialista comum, embora diferentemente matizada, está presente nestas elaborações, e pesa também sobre os modos de receção dos filmes.

Sobretudo comum aos vários intervenientes, contudo, foi a forma do seu comentário. Na verdade, tanto o público, visionando em silêncio e na escuridão, como os comentadores, tomando os filmes enquanto objetos passíveis de leitura e de crítica, ativaram nesta sessão, por causa da qual se haviam propositadamente deslocado à sala do Cineclube, as suas disposições e competências de espectadores, entendidos e apreciadores de cinema.

3.2. Olhares operários: memórias densas, filmes transparentes

Significativamente diferente foi o modo como os espectadores das restantes sessões de visionamento se relacionaram com os filmes. Vale a pena percorrê-las uma a uma.

A primeira sessão teve lugar no Grupo Dramático e Recreativo «Os Leças». Com sede no centro da cidade, ocupando instalações já com décadas, aparentemente construídas em várias fases, o Grupo tem uma página eletrónica com centenas de «likes» e desenvolve um vasto leque de atividades e eventos, sobretudo nas áreas do desporto e do entretenimento.

O visionamento decorreu num grande salão polivalente, tendo sido agendado para o dia do magusto anual. Os filmes partilharam, portanto, o espaço, o tempo e a atenção das cerca de 120 pessoas presentes com o magusto, o artista que o abrilhantava e as intervenções do presidente da Junta e do presidente da coletividade. Neste contexto, omitimos um dos filmes (*Um homem, uma obra*) e abrimos debate apenas no final, antes da prevista animação musical e baile. Durante a projeção, e embora o magusto seguisse o seu curso, com as pessoas comendo e bebendo, sentadas a mesas redondas espalhadas por toda a sala – escurecida para a projeção – houve de modo geral muita atenção e comentário, nos vários grupos, aos filmes. O período de debate, no entanto, foi curto, dado o caráter polivalente do evento.

Ainda assim, os comentários que ouvimos tocaram pontos significativos, que voltariam a surgir, com maior nitidez e pormenor, nas sessões seguintes, assim como nas entrevistas pós-visionamento: a associação entre o visionamento destes filmes e um «reviver» subjetivo do passado ocupacional; o contraste entre os tempos de segurança laboral retratados e o atual contexto de incerteza; e a responsabilização dos governantes por esse contexto. Foram também recordadas a dureza do trabalho de armazenamento antes da mecanização (os sacos de 100 kg transportados às costas, de que muitas vezes ouvimos falar) e as dificuldades iniciais do trabalho mecanizado, bem como a satisfação de finalmente decifrar a máquina e o seu funcionamento. Um dos intervenientes identificou-se, também, com a política de memória oficial da CUF: «Uma companhia como aquela, que eu adorava, aquele padrão que lá está de 100 anos[28], eu estive lá e ajudei a pô-lo... ».

Por outro lado, algumas antigas operárias da fiação e sacaria assinalaram que os filmes omitem o seu trabalho («ali não apareceu») recordando a dureza das tarefas e dos horários em laboração contínua («uma semana de dia, uma semana de noite»), bem como a diversidade de sacaria fabricada, alguma com especificações muito exigentes, arriscando-se as operárias a serem «castigadas» em caso de falha. Na mesma conversa mas numa fala de sinal algo contrário, outra antiga trabalhadora contou ter entrado muito nova para a fiação e, depois, ter estudado de noite a expensas da empresa.

A Associação Unitária de Reformados Pensionistas e Idosos do Lavradio acolheu o segundo visionamento. Ocupando instalações amplas e construídas de raiz com financiamentos públicos, e presidida, há bastantes anos, por um antigo trabalhador administrativo da CUF, esta é uma associação muito frequentada, observando-se uma marcada assimetria de género quanto a espaços e atividades: as mulheres em grupos na grande sala de convívio, bar e TV, os homens predominantemente em duas salas mais pequenas e recolhidas, embrenhados em jogos de cartas.

Entre 30 a 40 pessoas viram os filmes com atenção e interesse. Muitos dos que estavam a jogar cartas acabaram por vir também assistir (apesar de alguma desconfiança inicial perante o nosso convite) e ao longo da sessão foram sempre chegando pessoas, estabelecendo-se conversas em pequenos grupos.

Tal como na sessão anterior, o comentário sobre os filmes esteve praticamente ausente. Apenas alguém, perante *Um homem, uma obra*, comenta: «é dedicado ao Alfredo da Silva», num momento fugidio de consideração do filme propriamente dito. Em tudo o mais que registámos, as pessoas ignoram os filmes enquanto tais, mergulhando de imediato nas memórias que estes lhes despertam.

Vão assim emergindo, frequentemente em diálogo, e de modo geral em contraponto com falas mais nostálgicas, referências à poluição atmosférica que assolava o Barreiro, à dureza do trabalho e das condições de trabalho. Por exemplo:

> «– [voz masculina jovem] Era outros tempos (...) e eu também não queria viver neles. Apanhava c'a gasaria toda, a gente jogar à bola no meio dos gases.
>
> – Olha, hoje não há gasaria, nada presta.»

> «– Quando chegava ao Barreiro tinha que pôr um lenço no nariz... até os telhados ficavam negros.
>
> – ... tosse na garganta.»

> «– [quando, em *Um homem, uma obra*, um entrevistado diz que trabalhou sempre com gosto na CUF] Não andaste com sacos de 100 quilos às costas... »

[28] Monumento erigido em 1965, por ocasião do centenário da empresa.

«– [perante o mesmo filme] Mas havia muita exploração também, aquilo era trabalho de escravos...

– Mas não deixavam acabar as coisas, melhoravam.

– ...só quem trabalhou lá é que sabe.

– Também é verdade.

– Aquilo era uma escravidão, aqui no Barreiro. Um gajo andar ali a trabalhar descalço, pá. Eu trabalhei ali descalço.»

Algumas cenas dos filmes suscitam também o tema da repressão laboral e política. Por exemplo, perante o cortejo de figuras de autoridade em *A visita oficial ao Barreiro* (1933) alguém comenta «a ver se aparece o cabo da GNR antigamente, também...», e verbaliza-se mais tarde a suspeita de que o depoente que descreve uma agressão a Alfredo da Silva em *Um homem, uma obra* (1973) fosse informador da PIDE.

Mas as lembranças detêm-se, sobretudo, na grandiosidade do complexo fabril e nas «regalias» de que dispunham os trabalhadores da CUF. O primeiro aspeto é expresso através de alusões à dimensão do efetivo laboral, evocando-se as ruas cheias de gente à hora da saída de fábrica (esta é aliás, nos filmes, uma das imagens que mais comentários desperta) e também a ideia de que «o gajo [Alfredo da Silva] construiu aqui um império» e que a CUF era «uma empresa das maiores da Europa».

Quanto ao apoio social, que os filmes enfatizam bastante, é invariavelmente objeto de adesão, mesmo se, por vezes, algo a contragosto. Por exemplo, um grupo masculino que reagira com pouca empatia à apresentação do filme sobre Alfredo da Silva passa daí a pouco, perante a «obra social» exaltada no ecrã, a evocar elogiosamente o posto médico (agora «ali a cair») ou a farmácia («as minhas filhas quando nasceram... ali é que iam aviar»), notando que «hoje 'tamos em democracia, mas antigamente as empresas tinham tudo».

Igualmente o encómio à «obra» de Alfredo da Silva encontra eco entre estes antigos trabalhadores. No mesmo grupo inicialmente retraído que acaba de se citar, e imediatamente depois dos elogios ao passado, faz-se um contraponto para recordar a exploração e as más condições de trabalho, mas logo o filme suscita novo ponto de vista:

«– O meu pai (...) ele disse-me que o conheceu (...) e chegou a falar com ele.

– O Barreiro deve muito a ele.

– Então não deve?!

– Só os velhos do Restelo é que não concordam.

– E muita malta que trabalhou lá também se baldou...

– Que era trabalho escravo, era sim senhor.

– Mas era o tempo, era o que havia.»

Este vaivém entre crítica e nostalgia é, claramente, contextualizado por uma perceção de perda e retrocesso face ao tempo que os filmes retratam. Por exemplo:

> «– [onde estava a CUF] agora não há lá nada. 'Tá lá o terreno... Se ele viesse cá agora morria de susto»

> «– O gajo construiu um império, foi naquela altura... agora estes bandidos [políticos no poder]... dão cabo de tudo».

Num grupo de antigas operárias com quem uma de nós conversa no final – até porque o comentário feminino fora pouco audível durante a projeção – sobressai um forte reconhecimento de espaços e pessoas representadas nos filmes e, sobretudo, uma reveladora sobreposição entre o conhecimento do filme e o conhecimento do que aí se mostra: perguntamos pelo filme, e respondem-nos como se perguntássemos pelo real. O filme propriamente dito é, de novo, tornado invisível, como uma película transparente através da qual se olha o passado.

> «– [E os filmes, nunca tinha visto?]
> – Não, nunca vi.
> – [Nem sabia que existiam?]
> – [interpretam como não saber que existia o que se mostra no filme] Eu corria aquilo tudo! Sabia! As máquinas e tudo; corríamos tudo, a gente depois corria tudo. Quando era os plenários a gente corria tudo. Davam duas horas p'os plenários e a gente andava a ver isto e a ver aquilo.»

O visionamento seguinte teve lugar no Grupo Recreativo da Quinta da Lomba, criado em 1953 numa zona periférica do Barreiro e detentor de um grande palmarés desportivo em várias modalidades, destacando-se ultimamente no atletismo, sobretudo feminino. Entra-se nas instalações pelo que, de fora, parece um café-bar de beira de estrada, com pessoas às mesas e a jogar às cartas. Logo ao fundo, portas de acesso a um grande salão de baile com palco, cujas paredes estão forradas de vitrines com troféus. É aqui que tem lugar a projeção.

Das filas de cadeiras que circundam a sala, agrupamos algumas numa pequena plateia junto ao ecrã. A assistência é muito reduzida: uma dezena de homens, que alternam entre comentário animado aos filmes e silêncio. Comentam muito o primeiro filme (mudo), calam-se de início perante o segundo e a voz *off* que o domina, depois começam a comentar de novo. Reconhecem lugares, espaços fabris, tarefas, gestos, maquinaria. Os comentários de reconhecimento alargam-se também a pessoas no filme de 1961 e posteriores. Um dos presentes procura, sem sucesso, reconhecer a mãe entre as operárias da zona têxtil:

> «– A ver se vejo ali a minha mãe, foi em 61... Pode ser que a veja, trabalhou nesse sítio.»

Emerge também algum apreço por Alfredo da Silva, de quem alguns dizem que o Estado Novo não gostava muito, razão por que teve, a certa altura, de se refugiar em Espanha. O mais idoso dos espectadores recorda:

«– Quando eu era miúdo, eu tinha aí 7 anos, e ele [Alfredo da Silva] às vezes vinha ao Barreiro e a gente ia lá para o portão (...) E a gente ia só para o ver passar.»

Na sequência de perguntas nossas sobre eventuais omissões nos filmes, ocorrem referências a más condições de trabalho e às lutas travadas já depois do 25 de Abril para as melhorar, emergindo também o tema da poluição. Por exemplo:

«– O coveiro quando tirava os ossos dos trabalhadores da CUF que eram sepultados no cemitério eram todos amarelos, era tudo amarelo. Da poluição.

– [em tom jocoso] E como é que se chamava o coveiro?

– Mas não era dos amarelos do coiso… »[29]

O visionamento dos filmes desencadeia também alusões à repressão laboral durante a ditadura, especificamente à PIDE, aos legionários, ao posto da GNR dentro da fábrica e à atitude dos guardas, sempre desconfiados dos locais, até no futebol («eles não viam os jogos, eles estavam a olhar era para o povo»), assim como aos barreirenses presos no Tarrafal – notando-se, a propósito, que «o Barreiro sempre foi uma grande zona de resistência».

Ao terminar a projeção de *Criando fontes de trabalho*, inquirimos diretamente os presentes sobre a fidelidade ao real deste filme, originando um pequeno diálogo, tanto mais significativo quanto o principal falante é um antigo operário que foi política e laboralmente muito ativo.

«[– Este foi um filme encomendado pela própria CUF, os senhores trabalharam lá, foi em 61. Este filme representa corretamente o que era o trabalho lá?]

– O que 'teve a dar?

[– Sim.]

– Sim, representa. Temos aqui várias pessoas de diversos setores e é isto mesmo que é a realidade. E a gente vê isto com saudade.

– E isto está bem conseguido.

– Está bem conseguido e está perfeitíssimo.»

Esta atribuição de valor de verdade aos filmes foi também diretamente observada nalgumas entrevistas, onde é ainda mais significativa por não ter já lugar sob o efeito imediato do visionamento. Apenas uma das pessoas, aquela que teve uma intervenção laboral e política mais intensa, adiantou, em entrevista, uma breve ressalva à veracidade dos filmes:

«[– Aqueles filmes mostram a realidade que conheceu?]

– Aquilo mostra o que era a realidade, mas não é bem… (…) havia o tempo [em] que, havendo separação, o que eles faziam em relação aos

[29] Alusão à popular expressão «amarelo» para designar trabalhadores que não aderem a uma greve.

trabalhadores [não efetivos]... que era a pior coisa, era aquele problema, como já disse, dos eventuais. E depois era o problema dos direitos dos trabalhadores, só passavam a ter direito ao subsídio de férias, os 100%, depois do 25 de Abril.»

(antigo operário da CUF e da Quimigal, militante laboral e partidário).

Na memória dos restantes entrevistados, estes antigos filmes de empresa parecem ter-se inserido como documentos fiéis do passado de trabalho que se viveu.

«[– O que é que acha dos filmes?]

– Então, é a realidade, aquilo é a realidade. É o que foi. É a realidade

[– Os filmes não falam muito daqueles aspetos... condições de trabalho, e isso?...]

– Não. Não, é a realidade, é aquilo, as fábricas...»

(antigo operário da CUF e da Quimigal).

Aconteceu inclusive, nas entrevistas, observar-se que estes filmes, visionados havia poucos dias, se encontravam já apropriados como fonte e legitimação da narrativa que o entrevistado ia fazendo sobre o passado industrial local.

«– A CUF era um mundo. A CUF era um mundo, pá. Política à parte, aquilo era um mundo, aquilo não faltava nada. Aliás, vimos no filme.»

(antigo empregado administrativo da CUF e da Quimigal).

O Grupo Desportivo e Recreativo de Palhais, onde decorreu a quarta sessão, situa-se na pequena localidade do mesmo nome, a uns três quilómetros do centro da cidade. Sede de freguesia até à reforma administrativa de 2013, Palhais abriga no seu território alguns importantes vestígios do Barreiro proto-industrial.

Por sugestão do presidente do Grupo Desportivo, o visionamento foi marcado para a hora de saída de uma classe de ginástica de manutenção. Terminada esta, ficaram para a sessão – que decorreu na mesma sala – umas 13 pessoas, na maioria mulheres, a que se juntariam ainda outros quatro ou cinco espectadores vindos propositadamente para ver os filmes. Esta assistência dividiu-se em dois grupos. Por um lado, a pequena turma da aula de ginástica, nenhuma de cujas participantes tinha trabalhado na CUF ou na Quimigal, sendo algumas do Seixal ou dos arredores, e que pouco reagiram aos filmes. Por outro lado, um grupo essencialmente masculino, incluindo alguns antigos trabalhadores da CUF/Quimigal, que foram comentando e dialogando, amiúde interrompidos pelos pedidos de silêncio de uma das espectadoras, interessada no texto em *off*. Também nesta sessão omitimos *Um homem, uma obra*, passando apenas três filmes.

Estes não foram, mais uma vez, objeto de comentário propriamente dito, antes suscitando evocação e elaboração de memórias sobre os contextos a que respeitam. Nesta sessão relativamente pouco participada ocorreram, ainda assim, as habituais reações de reconhecimento de espaços face a *A visita oficial ao Barreiro* e de reconhecimento de pessoas em *Visita à fábrica...* . Observaram-se, também, alguns acenos de concordância perante as falas do narrador em *Criando fontes de trabalho*, recrudescendo os comentários perante as imagens da creche, e sendo as da colónia de férias recebidas com entusiasmo. A mulher de um antigo «colono»[30] contou que o marido, em criança frequentador entusiasta da colónia, passara a certa altura, já adulto, a sonhar durante meses com aquela atividade, até que finalmente visitou de novo o local e os sonhos cessaram. Já no final, emergiu uma referência à *memorabilia* CUF, com uma senhora contando que a sogra lhe tinha oferecido um enxoval de panos confecionados com sacos da CUF (as letras C.U.F. bem postas em evidência) que guardou cuidadosamente.

O quinto visionamento decorreu na Associação Acção de Reformados do Barreiro, sediada no primeiro andar por cima da piscina municipal, em pleno centro e mesmo junto ao rio. Além de outros espaços, dispõe de uma grande sala de convívio e TV, com bar, muito frequentada da parte da tarde, entre aficionados de jogos de cartas (homens e mulheres) e pessoas que vêm lanchar. Aqui teve lugar a projeção, com assistência de umas trinta pessoas, incluindo funcionárias da associação que também trabalharam em tempos na CUF. Contrastando com a anterior, esta foi uma das sessões mais participadas, e aquela com maior intervenção feminina.

Como habitualmente, o primeiro filme despertou comentários ligeiros de reconhecimento dos locais filmados, seguidos de algum silêncio no arranque do segundo, perante o tom grandiloquente do texto em *off*. Ao surgirem imagens da zona têxtil, no entanto, as antigas operárias presentes retomam as suas observações e evocações. A reação mais enfática foi certamente de reconhecimento, sempre emotivo (e valorizado, também, como demonstração de conhecimento do espaço fabril) de lugares e práticas de trabalho, com estabelecimento, mais uma vez, de uma ligação forte entre o filme e as vivências subjetivas de trabalho, ou a memória de pessoas muito próximas.

> «– Foi o primeiro trabalho da minha mãe...
>
> – E a minha tia também trabalhou ali.
>
> – ...no ensacamento. Mas como os homens andavam lá em cuecas, ela era miúda ainda, não quis ir pra lá. Veio ao almoço, disse ao meu avô que já não queria mais. Olha, é isso, os homens enchiam sacos e elas cosiam. Com 10 anos.»

> «– E olha, o meu trabalho... Olha, o meu trabalho era aquele. 'Tás a ver? Era bobinadeira.
>
> – [voz masculina] Era aquele o teu trabalho?
>
> – Era bobinadeira. Este era da Eva. Era fiandeira. Era estas máquinas. Trabalhavam com duas, uma daqui e outra daqui.

[30] É comum no Barreiro o uso deste termo para designar os frequentadores da colónia de férias.

– E eu fazia de burro a empurrar os carros [risos] os carros ‹tavam cheios de cotão, não andavam.»

«– O meu pai trabalhava ali nos guindastes... O meu pai trabalhava ali... »

As entrevistas pós-visionamento voltariam a mostrar a centralidade deste modo de relação aos filmes, que imediatamente suscitam e são feitos dialogar com a experiência vivida e as emoções de cada um:

«[– Gostou? Já conhecia os filmes?]

– Costuma-se dizer que recordar é viver. (...) fui empregado da CUF. Estive lá 39 anos. De maneira que ao ver aquilo, pá, tá a ver...? Aquela gente a sair ali dos portões da *afiação*... milhares de pessoas ali. E as fábricas em si e a parte onde eu estive, a parte de escritório, aparece ali tudo.»

(antigo empregado administrativo da CUF e da Quimigal).

Aconteceu, inclusive, estabelecer-se uma identificação tão forte entre a película e o real que se viveu que, à data da entrevista, se mantinha ainda a incompreensão (expressa logo no visionamento) por não se aparecer ali, naquele contexto onde tão claramente se pertencia:

«– Foram duas amigas minhas – uma mora aqui em baixo – que eu vi [no filme] mas eu, não sei onde estava. (...) Não sei onde é que eu estava, ou se tinha ido lá ao escritório a buscar as folhas... »

(antiga operária da CUF e da Quimigal).

No visionamento vertente, como noutros, esta adesão exprimiu-se também em apreciações do trabalho, ou até do espaço fabril que se vê nas imagens – «Aquele trabalho é muita giro»; «Não há dúvida que isto é bonito»; «Era tão bonito!... esse trabalho era tão bonito... » – alargando-se ainda a momentos e lugares de pausa. As imagens do refeitório despertam uma rememoração desvanecida, em que o jarro da água ocupa uma atenção especial:

«– Aqui é o refeitório [risos] olha o refeitório!

– Olha o jarro da água!

– O refeitório!

– Olha o jarro da água! Olha o jarro da água... »

Juntamente com frequentes silêncios perante os trechos mais técnicos e quantitativos da narração dos filmes, verificaram-se aqui, a exemplo das restantes sessões, muitas instâncias de anuência, ora aberta ora, mais tipicamente, condicional ou indecisa (i.e., contrapondo aspetos negativos, mas deixando em aberto o balanço) ao discurso veiculado nas películas. Esta adesão verificou-se não apenas face a pontos particulares, como o apoio social, mas também relativamente ao valor da empresa e dos seus dirigentes de modo geral.

> «– [voz off: Alfredo da Silva foi um ‹homem excecional›] Pois era, fez a fábrica, fez!
> – Pra gente ir *opois* trabalhar.»

> «– Fazia-se tudo. Era uma fábrica que fazia de tudo aqui.
> – Tudo!
> – Tudo! Vês? sulfato de cobre...
> – A CUF tinha ali tudo, tudo! Uma *granda* fábrica.»

> «– [voz *off* refere o salário dos aprendizes, antiga operária transpõe para o seu próprio salário] Era um grande salário [irónica] era um salário e pêras!...
> – Mas havia trabalho...
> – Só isso! Mas como éramos muito escravizados...
> – Mas havia trabalho... Olha, ginástica [o filme volta a cativar a atenção].»

Evidentemente, observaram-se também, tal como nas outras sessões, instâncias de mais clara rejeição à mensagem dos filmes. Num caso particularmente interessante, um antigo operário constrói de uma sequência de *Criando fontes de trabalho* uma leitura que, assente na sua memória prática e incorporada do trabalho, vai exatamente ao arrepio do papel que lhe está atribuído na narrativa do filme. É igualmente revelador, entretanto, que esta sua resposta não tenha sido imediata: permaneceu silencioso perante o texto e as imagens, apenas articulando a sua perspetiva após terminada a projeção.

> «– [tendo o filme mostrado o tapete rolante para expedição de adubos, com a voz *off* declarando que bastava aos operários executar "o fácil empilhamento" dos sacos nos vagões de carga] Vinha [no tapete] a saca, a saca do adubo (...) estávamos à espera do saco pra cima das costas. Vinha o saco, estávamos assim à espera que o saco viesse p'às costas. Pumba!, põe em cima do carro, do... como é que se chama?
> [– Do vagão.]
> – O vagão. Exato. E então era uns atrás dos outros, em fila. A gente vê aquilo, mas... »

O mesmo antigo operário enunciou a única crítica frontal aos filmes enquanto tais que ocorreu neste visionamento, atribuindo mesmo parte da inexatidão que lhes encontra a um efeito de forma («é lindo na fotografia»):

> «Condições de trabalho (...) à base da escravidão (...) a trabalharem descalços, sem proteção, nos serviços que estavam a fazer. Muita coisa,

há muito que dizer, quem passou por muito... (...) É lindo na fotografia, mas nunca se sabe o sofrimento de quem trabalhou ali. A exploração, a chefia (...) a situação dos trabalhadores que reclamavam os seus direitos e condições de trabalho. Isso não está ali, minha senhora! Não está ali. Pois. Pois não.»

Estas afirmações, no entanto, embora tivessem de início sido ouvidas pelos outros presentes e secundadas por um ou outro murmúrio de «é verdade!», não tiveram seguidores. Não aderindo na totalidade ao discurso veiculado pelos filmes, e tendo expressado, também, memórias e representações incompatíveis com essa narrativa, nesta sessão como nas anteriores as pessoas não traduziram esse desacordo em apreciação crítica aos filmes propriamente ditos.

Inclusive, a memória de desigualdade e injustiça em contexto laboral, longe de se exprimir numa crítica ao filme, reflete-se, antes, na ideia de que privar os operários do seu visionamento era, precisamente, um exemplo dessa desigualdade e opressão.

«[– Mas no tempo da CUF eles nunca passavam isto para os trabalhadores verem?]

– Não.

– Acha?! Alguma vez?...

– Se a senhora fosse lá ver era presa.

– A gente não tinha direito a nada!

– Só tinha direito a trabalhar e aos respetivos recebimentos, que...

– Para comer um bocadinho de pão era com ele escondido aqui na algibeira, e estava lá o fiscal a ver onde é que eu ia.»

Assim, tal como nas sessões anteriores, a memória vivida de um passado duro, mas também recordado com nostalgia, e a experiência de um presente de destruição e fim conjugam-se para valorizar, entre estes antigos operários, os velhos filmes de empresa – cuja parcialidade, até essa, é a dada altura legitimada.

«[– Não sei se alguém gostaria de referir mais alguma opinião ou comentário em relação aos filmes...]

– Para já, só tenho que dizer muito obrigado por lembrar os bons tempos. Maus e bons, bons e maus.

[– Maus e bons, não é? Mas os filmes só falam dos bons...]

– Ah, mas depois, eu também conheço os outros. Conhecemos!

– Então, mas os maus temos nós cá dentro, que não esquece. A mim não me esquece, nem o bom nem o mau.»

4. Trabalho, lugares sociais e «comunidades de interpretação»: entre cinema e memória

Corroborando o papel central, acima discutido, das comunidades de interpretação (Fish, 1980 apud Gelly & Roche 2012) nas práticas de receção fílmica, a análise da receção dos filmes CUF no Barreiro, tal como suscitada no âmbito deste estudo, conduz, em primeiro lugar, à emergência de dois padrões distintos, claramente visíveis no contraste entre a sessão do Cineclube e as restantes.

É certo que, na interpretação desta diferença, devem ter-se em conta as distintas condições de receção (Lagny, 2010) associadas à emergência de cada um dos padrões. A sessão no Cineclube do Barreiro teve lugar à noite, numa sala de cinema, com comentadores convidados e público vindo expressamente para visionar filmes. As restantes, nas colectividades, decorreram durante o dia, com os filmes interpelando as pessoas em lugares e tempos da sua sociabilidade quotidiana. Aqui, as «condições [próximas] de receção» assemelharam-se mais àquelas que rodeiam o audiovisual televisivo (com o qual este público tem grande familiaridade) do que àquelas que costumam enquadrar o contacto com o cinema (com o qual o mesmo público tem um contacto muito limitado[31]). Aliás, o documentário televisivo *Saudades da Fábrica* (realizado, como se viu, por altura do centenário da CUF no Barreiro) foi, na ocasião, evocado por alguns.

Mas os dois modos de receção observados associaram-se, sobretudo, a diferentes percursos e lugares sócio-ocupacionais, a distintas relações com o trabalho fabril e a vivência operária, e a lugares também diferentes nas dinâmicas de memória locais. Assim, um deles foi observável entre antigos quadros da CUF/Quimigal e outras pessoas sem experiência própria do trabalho operário – ou que, tendo essa vivência, detêm também capitais culturais, nomeadamente relativos à linguagem cinematográfica, que os conduzem a dirigir aos filmes um olhar analítico, comentando articuladamente forma, conteúdo e contexto. Foi também visível, aqui, uma relação direta entre o posicionamento de cada um nas dinâmicas locais de construção e uso do passado industrial e o seu discurso sobre os filmes.

Significativamente diferente foi a receção operária destas películas. Aqui, como um de nós anotou em diário de campo a seguir à primeira sessão de visionamento, os filmes «ficaram pelo caminho»[32]: ignorados enquanto tais, não foram espontaneamente tomados como objeto de comentário ou análise. Funcionaram, antes, como janela e ponte para a experiência pessoal e partilhada de trabalho – que permitem «reviver», na expressão que muitos empregaram. Aqui, os filmes foram apropriados e valorizados, fortemente, enquanto lugares e utensílios de memória.

Este valor de memória relacionou-se estreitamente com uma receção acentuadamente subjetiva dos filmes, em permanente diálogo com a experiência vivida e a memória incorporada do trabalho. Cada um procura (e festeja) no ecrã a presença (ou ecos dela) de si próprio ou de pessoas significativas (mãe, pai, irmãos, amigos, colegas...), assim como de espaços, utensílios ou gestos do

[31] A própria atividade de difusão do cinema e da cinefilia levada a cabo pelo Cineclube do Barreiro nos anos 1960 e 70 envolveu sobretudo, como nos disse, em entrevista, um antigo diretor, «pessoas que podem-se considerar intelectuais do Barreiro».

[32] Frédéric Vidal.

seu próprio percurso ocupacional. Há quem se surpreenda por não aparecer, em contextos que sente como fortemente seus. Ocorre, assim, uma adesão aos filmes marcadamente pessoal e emocionalmente carregada.

Mas esta adesão tem, ao mesmo tempo, como observámos pela intensa interação e partilha de rememorações entre os presentes nos visionamentos, e pela evocação de pessoas e circunstâncias tanto nos visionamentos como nas entrevistas, uma dimensão claramente coletiva, assente na vivência partilhada do passado ocupacional operário. Foi particularmente visível, por exemplo, que os filmes proporcionaram a estes antigos trabalhadores uma apropriação coletiva do espaço global do complexo fabril, tanto mais valorizada quanto o acesso à área era, nos tempos da CUF, hierarquicamente muito marcado: limitado, para os operários, à zona de trabalho de cada um, em contraste com a liberdade de circulação das chefias e, também, com o acesso de visitantes ao prestigiado complexo fabril[33]. Também nesta medida são os filmes claramente valorizados – e, ao mesmo tempo e mais uma vez, ignorados na sua dimensão propriamente fílmica e tomados, sim, como ferramentas de rememoração coletiva.

A avaliação do passado contida nos processos de memória desencadeados pelos filmes assumiu, vimos também, um caráter fortemente «presentista» (cf. Olick & Robbins, 1998[34]), marcado pelas atuais circunstâncias de declínio e incerteza associadas à desindustrialização, e pelas causas e responsabilidades que se lhes associam. Perante os filmes, o passado foi construído num vaivém entre crítica e nostalgia, num balancear entre um passado duro e um futuro incerto, entre a lembrança do grandioso empreendimento industrial (e da participação pessoal que nele se teve, sendo a retórica grandiloquente dos filmes, nessa medida, gratificante para a subjetividade operária) e as ruínas que dele restam. A própria exaltação das figuras patronais, tão marcante nos filmes, sai reforçada deste contraste entre obra e ruína, assestando-se antes sobre os «bandidos» obreiros da destruição (administrações e governos) as baterias ideológicas que esperaríamos encontrar ativas em contextos, como estes onde trabalhámos, próximos de uma câmara municipal de maioria comunista. Recuperam-se, então, histórias sobre a familiaridade de Alfredo da Silva com os trabalhadores (por vezes com aguda consciência da dificuldade em conciliar o desenho que se faz deste particular «capitalista» com o modo como se interpreta o capitalismo em geral) ou reativa-se a oposição entre o bom patrão e as más chefias. Nestas memórias e elaborações, a influência das narrativas dicotómicas do passado industrial barreirense que vimos circular com maior dominância no espaço público local afigurou-se pouco relevante, ou apenas indireta. O que pesa aqui, sobretudo, são memórias de classe, que elaboram a experiência subjetiva, incorporada e partilhada do trabalho industrial, ela própria multifacetada e contraditória.

Esta experiência refletiu-se, algumas vezes, em leituras «operárias», completamente opostas à interpretação veiculada pelo filme, de algumas imagens. Assim aconteceu quando um antigo operário evocou, perante a correia transportadora que o filme apresenta enquanto benesse para o trabalhador, a

[33] Entre as pessoas com quem falámos, aquelas cuja função (manutenção, por exemplo) implicava circular pelo complexo valorizaram sempre essa mobilidade como traço positivo do seu trabalho. A importância desta liberdade de circular e do conhecimento direto que assim se obtinha do espaço e utensilagem fabris é também patente no facto, relatado por um grupo de antigas operárias citadas acima de, a seguir ao 25 de Abril, empregarem a deambular pelo complexo as duas horas de dispensa atribuídas para participação em plenários de trabalhadores.

[34] Os autores usam o termo «presentism» para descrever o foco da sociologia da memória no modo como as imagens do passado mudam ao longo do tempo, nos usos do passado para propósitos atuais e na sua adequação à expressão de interesses presentes («work which documents the ways in which images of the past change over time, how groups use the past for present purposes, and that the past is a particularly useful resource for expressing interests.» (Olick & Robbins 1998: 128).

memória do esforço físico e do impiedoso ritmo mecânico do trabalho a jusante do tapete. Mas este tipo de evocação raramente foi formulado enquanto crítica ao filme e à sua veracidade – que a maior parte das pessoas, quando diretamente interpelada, explicitamente corroborou.

De facto, embora todos aqueles que ouvimos tivessem enumerado aspetos fundamentais da sua experiência de trabalho fabril que se encontram omissos ou, mesmo, negados nestes filmes, não deixaram de lhes atribuir quase unanimemente valor de verdade – de «realidade», na formulação que muitos utilizaram. Como ler a contradição que assim se desenha? Encontrar-se-á aqui, nesta adesão operária aos filmes, o prolongamento insidioso das antigas relações de hierarquia fabril? Será a capacidade crítica operária impotente face à retórica esmagadora destes filmes de empresa?

Estudando receções operárias ao cinema de ficção, Montebello sublinhou uma atitude pragmática, traduzida na adesão mínima («adhésion minimale) a personagens e enredos, que permite desfrutar do entretenimento fílmico sem perder de vista o caráter ilusório da narrativa aí proposta (Montebello, 1997: 411). No caso vertente, observa-se decerto uma «adesão máxima» a contextos e enredos presentes nos filmes (a fábrica, o trabalho, a pausa, o apoio social) que são, ao mesmo tempo, tópicos centrais nas memórias do trabalho destes operários. Mas esta adesão, facilitada pelo contexto presente de declínio e incerteza[35], de modo algum exclui, antes traduz, a capacidade crucial de construir ativamente face aos filmes uma posição própria. Neste modo de receção, a adesão prática que apropria os filmes como utensílios de memória não exclui a lucidez com que se reconhecem os limites dessa apropriação: o filme é mobilizado na elaboração de um discurso operário, mas em momento algum se confunde com ele. Por isso, aliás, se considera legítimo que o filme omita a dureza do trabalho e da repressão laboral – e sabe-se, evidentemente, que seria irrealista esperar que fosse de outro modo. De facto, estes antigos operários parecem desenhar, perante os velhos filmes empresariais, uma divisão do trabalho de memória, em que «os maus [tempos] temos nós cá dentro, que não esquece», enquanto ao filme cabe, precisamente, exaltar o outro lado: a «boa» e inegável «realidade» do grandioso complexo fabril hoje desaparecido, cuja evocação cada um mobiliza para valorizar o esforço e o trabalho que aí desenvolveu, a trajetória pessoal, familiar e social que aí soube ancorar.

Assim, o facto de estas audiências operárias não se dedicarem a analisar os filmes não significa, obviamente, que os não identifiquem enquanto tais. Há, pelo contrário, um lúcido reconhecimento do filme enquanto discurso – claramente diferente daquele que se tem «cá dentro». Um discurso cujo conteúdo não se controla, proferido a partir de outro lugar social e dirigido a outros e mais privilegiados destinatários. Assim nos responderam, num dos visionamentos, quando perguntámos se estes filmes eram, à época, mostrados aos trabalhadores: «Acha?! ...a gente não tinha direito a nada!». O filme pode, portanto, ser pragmática e emotivamente apropriado, tomado e utilizado como utensílio de memória partilhada e subjetiva – mas sabe-se, realisticamente, que pertence a outro mundo.

[35] E contrastante, de resto, com a indiferença ou mesmo ativa recusa com que estes operários terão recebido os mesmos filmes na época em que surgiram, como sugere o facto de todos dizerem enfaticamente nunca os terem visto, quando há registos da sua projeção, à época, no Barreiro.

Referências bibliográficas

Almeida, A. N. de (1993). *A fábrica e a família: famílias operárias no Barreiro*. Barreiro: Câmara Municipal do Barreiro.

Almeida, V. (2013). A Comissão Interna da Empresa: ideologia, resistência e transformação, in B. Monteiro, & J. D. Pereira (orgs). *De pé sobre a terra: estudos sobre a indústria, o trabalho e o movimento operário em Portugal* (pp. 561-572). Disponível em http://hdl.handle.net/10362/11192

Assmann, J. (2008). Communicative and Cultural Memory. In A. Erll; & A. Nünning (orgs.), *Cultural Memory Studies. An International and Interdisciplinary Handbook* (pp. 109-118). Berlim, Nova Iorque: Walter de Gruyter.

Berdahl, D. (2010). *On the Social Life of Postsocialism: Memory, Consumption, Germany*. Bloomington: Indiana University Press.

Buyandelgeriyn, M. (2008). Post-Post-Transition Theories: Walking on Multiple Paths. *Annual Review of Anthropology*, 37, 235-250.

Carmona, R. (2005). *Do Barreiro ao Alto do Seixalinho: um passado rural e operário*. Barreiro: Câmara Municipal do Barreiro.

Connerton, P. (1989). *How societies remember*. Cambridge: Cambridge University Press.

DBA/CMB (2011) *Guia documental do Arquivo do Cineclube do Barreiro*. Barreiro: Câmara Municipal do Barreiro.

de Cesari, C.& Rigney, A. (2014). Introduction: Beyond methodological nationalism. In C. de Cesari, & A. Rigney (orgs.). *Transnational Memory: Circulation, Articulation, Scales* (pp. 1-25). Berlin: de Gruyter.

Debouzy, M. (1986). In search of working-class memory: Some questions and a tentative assessment. *History and Anthropology*, 2(2), 261-282.

DGDR, s.d. *Programa Península de Setúbal*. Lisboa: MPAT/SDPDR, D-G Desenvolvimento Regional.

Esquenazi, J-P. (2012). L'interprétation du film. In Gelly, C. & Roche, D., dir, *Approaches to film and reception theories* (pp. 55-71). Clermont-Ferrand: Presses Universitaires Blaise Pascal.

Fish, S. (1980). *Is there a text in this class? the authority of interpretive communities*. Cambridge: Harvard University Press.

French, B. M. (2012). The Semiotics of Collective Memories. *Annual Review of Anthropology*, 41, 337-353.

Gelly, C. & et Roche, D. dir. (2012). Introduction. *Approaches to film and reception theories* (pp. 11-30). Clermont-Ferrand: Presses Universitaires Blaise Pascal.

Halbwachs, M. (1925). *Les cadres sociaux de la mémoire*. Paris: Alcan.

Halbwachs, M. (1950). *La mémoire sociale*. Paris: PUF.

Herzfeld, M. (2009). Patrimoine, histoire et personne dans les lieux de l'Antiquité classique aujourd'hui. In D. Laborde (dir.) *Désirs d'Histoire: Politique, mémoire, identité* (pp. 159-182). Paris: L'Harmattan.

Hughes, C. P. (2013). Negotiating Ungovernable Spaces between the Personal and the Political: Oral History and the British Left in the 1960s and 1970s. *Memory Studies*, 6(1), 70-90.

KNIGHT, D. M. (2012). Cultural proximity: crisis, time and social memory in central Greece. *History and Anthropology* 23(3), 349-374.

KORTE, H. (2010). Wunschkonzert (D 1940): Reconstructing historical effects. In I. Schenk, M. Tröhler & Y. Zimmermann, (orgs.), *Film – Kino – Zuschauer: film rezeption* (pp. 229-244). Marburg: Schüren.

LAGNY, M. (2010). Historicizing film reception. a 'longue durée' perspective. In I. Schenk, M. Tröhler & Y. Zimmermann, (orgs.), *Film – Kino – Zuschauer: film rezeption* (pp. 75-84). Marburg: Schüren.

LOWENTHAL, D. (1985). *The past is a foreign country*. Cambridge: University Press.

MONTEBELLO, F. (1997). *Spectacle cinématographique et classe ouvrière. Longwy, 1944--1960*. Thèse de Doctorat d'histoire, Université Lyon II.

MORAIS, J. (2008). *Rua do ácido sulfúrico: patrões e operários, um olhar sobre a CUF do Barreiro*. Lisboa: Bizâncio.

OLICK, J. K., & ROBBINS, J. (1998). Social Memory Studies: From «Collective Memory» to the Historical Sociology of Mnemonic Practices. *Annual Review of Sociology*, 24, 105-140.

PAIS, A. da S. (1971). *O Barreiro contemporâneo – a grande e progressiva vila industrial – 3.° vol. e miscelânea (figuras e factos do barreiro)*. Barreiro: Câmara Municipal do Barreiro.

RIBEIRO, J. F., FERNANDES, L. G., & RAMOS, M. M. C. (1987). Grande indústria, banca e grupos financeiros – 1953/1973. *Análise social*, 99, 945-1018.

SILVA, J. M. L. (2002). *Cronologia CUF* (Versão de 22 fevereiro 1993, reeditada em 15 Julho 2002). Lisboa, manuscrito.

SMITH, J. H. (2011). Tantalus in the digital age: Coltan ore, temporal dispossession, and «movement» in the Eastern Democratic Republic of the Congo. *American Ethnologist*, 38(1), 17-35.

SOBRAL, F., SÁ, E., & LEITE, A. (2008). *Alfredo da Silva, a CUF e o Barreiro: um século de revolução industrial em Portugal*. Lisboa: Bnomics.

SORLIN, P. (2015). *Introduction à une sociologie du cinéma*. Paris: Klincksieck.

STAIGER, J. (1992). *Interpreting films: studies in the historical reception of american cinema*. Princeton: Princeton University Press.

TEIXEIRA, A. et al. (2014). *A CUF no Barreiro: realidades, mitos e contradições*. Barreiro: edição de autor.

WALL, C. (2010). Something to show for it: The place of mementoes in women's oral histories of work. *Management & Organizational History*, 5(3-4), 378-394.

CAPÍTULO 11

CONCLUSÃO

LUÍSA VELOSO E FRÉDÉRIC VIDAL

1. O que foi esta investigação: uma abordagem com quatro eixos analíticos

A investigação cujos resultados foram apresentados ao longo deste livro permitiu chegar a uma proposta de abordagem alicerçada nos seguintes quatro eixos analíticos: estrutural (capítulo 2), situacional (capítulo 3), socio-histórico (capítulos 4 a 6) e, finalmente, um eixo baseado em estudos de caso (capítulos 7 a 10).

Procurando não adotar uma visão monolítica da análise, desenvolvemos uma leitura multidimensional da problemática, potenciando perspetivas, esquemas concetuais e procedimentais das ciências sociais e humanas e da área dos estudos fílmicos. Esta leitura assenta ainda numa perspetiva próxima da proposta bourdiana da teoria da prática (Bourdieu, 1972), já que foi produzido um conhecimento praxeológico que exigiu um profundo trabalho de construção de conceitos, de quadros teóricos e de procedimentos técnico-metodológicos de abordagem da realidade social, assim como de recolha e análise da informação. Este trabalho culminou na construção de um quadro analítico alimentado de forma permanente pelas práticas dos investigadores, recusando uma postura de obediência a um quadro rígido de partida.

Em primeiro lugar, a abordagem estrutural permitiu delimitar e ordenar um corpus de filmes bastante diversificado sem recorrer a categorias de pensamento socio-históricas ou estéticas preestabelecidas, mas sim utilizando uma série de observações preliminares sobre os contextos de produção (conjuntos) ou as regularidades nas estruturas narrativas dos filmes (subgéneros). Por um lado, os filmes que analisámos foram situados e classificados em função de um contexto histórico, político, ideológico e socioeconómico, ou da evolução das formas de produção cinematográfica em Portugal. Por outro lado, esta primeira abordagem permitiu definir fronteiras fluidas sobre o entendimento da presença do tema do trabalho no cinema, do tipo e das especificidades dos filmes analisados e dos respetivos procedimentos de análise que foram sendo encontrados e construídos. constituindo um desafio da investigação extremamente estimulante.

Após delimitado e classificado o corpus de filmes, foi realizada, em segundo lugar, uma análise situacional, focada na estrutura interna dos filmes. Adotando uma perspetiva de cariz micro-analítico, procedeu-se a um estudo de representações do trabalho a partir de situações específicas. A análise desenvolvida permitiu evidenciar como o isolamento analítico de unidades dos filmes e a exploração da forma como rimam entre si constitui um caminho extremamente frutífero de compreensão das maneiras heterogéneas como o cinema produz determinadas figurações do trabalho. É notório, deste modo, como a prática dos investigadores no visionamento e reflexão sobre os filmes, permitiu chegar a uma abordagem que interliga ferramentas analíticas das ciências sociais e dos estudos fílmicos numa ótica de diálogo entre filmes com uma natureza e objetivo díspares.

A análise estrutural e situacional conduziu a dois outros eixos que, por sua vez, permitiram uma maior aproximação ao papel do cinema na configuração de discursos e representação sobre o trabalho na sociedade portuguesa contemporânea. Nestes dois eixos, os pontos de partidas não foram os filmes mas sim os contextos sociais da sua produção e/ou difusão.

O eixo socio-histórico evidenciou uma perspetiva analítica de cariz temático comum a determinadas abordagens das ciências sociais e humanas sobre o trabalho, revelando-se particularmente profícuo quando equacionada no quadro dos estudos fílmicos. A análise da produção social do espaço do trabalho, dos usos da palavra e das representações dos gestos e dispositivos técnicos destacou como o cinema contribui para construir, reproduzir e transmitir determinadas perspetivas sobre o trabalho, mas também como o uso desses mecanismos discursivos potencia determinadas formas de fazer cinema. Evidenciou também as relações existentes entre os filmes e os contextos da sua produção, permitindo refletir sobre a complexidade das realidades sociais sobre as quais – e no quadro das quais – os filmes foram realizados.

Finalmente, em quarto e último lugar, as representações cinematográficas do trabalho foram analisadas no âmbito de três estudos de caso, que correspondem a três géneros cinematográficos: o cinema institucional, o cinema militante e o cinema de empresa ou industrial. Baseados em abordagens e procedimentos técnico-metodológicos distintos, os estudos de caso potenciaram um eixo que equaciona o cinema, por um lado, do ponto de vista da sua produção e uso e, por outro lado, dos processos sociais de construção de memórias sobre o trabalho através do ou a propósito do cinema.

2. Os principais desafios

A investigação realizada colocou diversos desafios que foram sendo explicitados ao longo dos vários capítulos, em consonância com as perspetivas e objetos estudados. A título conclusivo, gostaríamos aqui de explicitar ainda alguns desafios transversais, sem, contudo, esgotar todas as pistas que foram surgindo ao longo do estudo.

Um primeiro radicou na delimitação do corpus de filmes a analisar em articulação com a definição do que se entende por «trabalho». Optando por uma aceção lata e aberta, o desafio traduziu-se num trabalho de permanente construção do objeto sobre o qual recaiu a análise e a perceção clara de um objeto de estudo inacabado.

A delimitação do corpus de filmes analisado deparou-se com outro desafio e que merece uma reflexão de cariz metodológico ou, mesmo, epistemológico adicional, que se concretizou no facto de a pesquisa dos filmes realizada no ANIM ter sido mediada pelas pessoas responsáveis, nesta instituição, pela realização da pesquisa para efeitos de investigação. Assim, os investigadores não acedem a uma base de dados e a um arquivo sobre os quais efetuam uma pesquisa com base em critérios que definem; antes acedem aos filmes que selecionam com base numa seleção previamente efetuada. Trata-se assim, e retomando a aceção de Pierre Bourdieu (1972), de uma prática que tem na sua base um conjunto de disposições duráveis dos investigadores, mas, também, dos atores sociais que contribuem, de forma ativa, para a constituição de uma conceção de filmes que falam de trabalho. Ainda neste domínio, importa destacar a preocupação desta investigação em não se ter limitado a abordar filmes de determinado tipo ou género (ficção, documentário, atualidades, etc.), mas em ter analisado filmes relevantes do ponto de vista da problemática, usando as mesmas ferramentas concetuais e procedimentais em filmes de natureza distinta. Assim, e sem ignorar esta última, o desafio permanente consistiu em não ficar refém de fronteiras disciplinares, do lado das ciências sociais e humanas, nem de estilo ou de apreciação da qualidade dos dispositivos cinematográficos, do lado dos estudos da imagem ou do cinema.

Outro desafio desta investigação foi o da estrutura técnico-metodológica concebida e posta em prática. Negando qualquer tipo de delimitações rígidas e ortodoxas, esta investigação ancorou-se num conjunto de procedimentos heterogéneos e cuidadosamente definidos em função dos objetivos a atingir, constituindo a sua principal contribuição a arquitetura final que sustentou o projeto. Optando por acionar procedimentos tão diversos como entrevistas, recolha documental, observação direta, visionamentos, análise fílmica, etc., a investigação foi sendo construída com práticas baseadas no princípio da adequação dos procedimentos, da ausência de rigidez e de preocupação com uma resposta única para necessidades de pesquisa diversas.

Finalmente, destacamos o facto de ser uma investigação que visou analisar o papel do cinema na construção e disseminação de representações sobre o trabalho em Portugal e não uma pesquisa ancorada num pressuposto da análise das imagens como ilustrativas de determinadas realidades sociais. Acreditamos que o cinema e a sua abordagem relacional pelas ciências sociais e humanas e os estudos fílmicos ou da imagem constitui um campo científico extremamente frutífero de compreensão das sociedades.

3. Perspetivas futuras

Um projeto de investigação ancora-se num conjunto de delimitações teóricas, substantivas e metodológicas. E, para além dos resultados que alcança, é fundamental as pistas que deixa para explorar no futuro.

Uma perspetiva fundamental que importa reter desde já é o potencial analítico subjacente à multiplicidade de leituras relacionais dos vários eixos construídos e explicitados ao longo dos vários capítulos. A sua explicitação encontra-se delimitada em cada capítulo, mas um trabalho futuro será, certamente, o da construção de eixos dialogantes entre as várias abordagens. Confrontar as figurações presentes na representação dos espaços de trabalho ou as relações entre representações do trabalho no cinema militante e no cinema industrial, são dois exemplos de entre vários que deixamos como desafio para o leitor e que poderão ser objeto de análises futuras.

Outro eixo que esta investigação aflorou e que mereceria uma pesquisa detalhada é o relativo aos processos sociais de receção do cinema e a construção e configuração da memória coletiva. Os atores institucionais e individuais implicados, para quem se dirige o cinema, são algumas das questões a aprofundar em estudos futuros. Trata-se de perceber de que forma o cinema sobre o trabalho é usado, visto e circula em diferentes contextos com características sociais, culturais e temporais específicas.

Um terceiro e último desafio a destacar radica na realização de uma abordagem transnacional das temáticas explicitadas. As representações do trabalho no cinema devem ser objeto de uma reflexão que é comum a várias realidades nacionais, já que os filmes, assim como os atores sociais, circulam entre territórios espaciais e institucionais, merecendo uma abordagem que ultrapasse o âmbito nacional. Este enfoque na dimensão transnacional do cinema é imposto pelas características do objeto em estudo, tanto do ponto de vista da circulação das representações sociais do trabalho e movimentos culturais, como da organização económica e social da produção e distribuição dos filmes (Palacio & Türschmann, 2013). Trata-se de analisar como os sistemas de produção e distribuição dos filmes, por um lado, e os usos e modos de receção, por outro, dependem de modelos culturais e ideológicos que circulam e são redefinidos através dos contextos locais, nacionais e transnacionais. Esta análise urge ser aprofundada, dando prioridade às formas de receção dos filmes pelos atores sociais (indivíduos, associações locais, empresas, agências governamentais, etc.) em diferentes contextos e às transformações ocorridas nos usos dos filmes.

Referências bibliográficas

Bourdieu, P. (1972). *Esquisse d'une théorie de la pratique. Précédé de «Trois études d'ethnologie kabyle»*. Paris: Librairie Droz.

Palacio, M. & Türschmann, J. (orgs.) (2013). *Transnational Cinema in Europe*, Vienna: LIT.

ANEXOS

Anexo 1

Lista dos filmes classificados por conjuntos (título, data de produção, realizador)

A ideologia do «Trabalho Nacional» (anos 1930 – anos 1950)		
A colónia balnear infantil de Setúbal	1935/1936*	Não identificado
A bênção aos pescadores de bacalhau (3 de Maio de 1936)	1936	Não identificado
Comícios anti-comunistas	1936*	Serviços Cinematográficos do Secretariado de Propaganda Nacional (SPN)
A exposição de pesca e a parada dos pescadores na Póvoa de Varzim	1937	Não identificado
Festa do Trabalho e do Desporto em Vila Franca de Xira	1938	Artur Costa de Macedo
Festas do Trabalho em Famalicão 1 Maio de 1937	1938	Salazar Diniz
A pesca do atum	1939	Leitão de Barros
Deus os fez	1951	Fernando Garcia
I Exposição de Arte dos Trabalhadores	1952	Elísio A. Figueiredo Rodrigues
Ação social ao pescador	1958	António Veríssimo
Bodas de prata do Estatuto do Trabalho Nacional 23 de Setembro 1933-1958	1958	Perdigão Queiroga
A modernização do país e a construção de uma economia nacional (anos 1930 – anos 1940)		
Setúbal, suas indústrias	1930	Virgílio Nunes
Cerâmica de Portugal	1932	Aníbal Contreiras
Hulha branca	1932	Manoel de Oliveira
Madeiras indústria portuguesa	1932	Aníbal Contreiras
Refinação de açúcar	1933	Lutero Aço
Fábrica de Lanifícios da Breia (Título a confirmar)	1934	Não identificado
Inauguração da fábrica de fibro-cimento Cruz-Quebrada 11 Abril 1934	1934	Não identificado
Obra da Junta Autónoma das Estradas	1934	Jorge Brum do Canto
Tin sardines	1935*	Leitão de Barros
Gente da via	1937	Cottinelli Telmo
Lançamento dos barcos bacalhoeiros	1938	Salazar Diniz
Portugal já faz automóveis	1938	Manoel de Oliveira
A pesca da sardinha	1939	Não identificado
Construções navais	1945	Não identificado

Desenvolvimento das economias locais e regionais (anos 1930 – anos 1980)		
Alpiarça	1928	Aníbal Contreiras, J. César de Sá
Évora	1929	José César de Sá
Pescadores de Setúbal – pesca da sardinha	Anos 1920*	Não identificado
Gouveia, tear da Beira	1948	Américo Couto
Rumo à vida – A obra de assistência na Beira Litoral	1950	João Mendes
Nazaré	1952	Manuel Guimarães
Portugal – um país junto ao mar	1952	Alfred Ehrhardt
Alentejo não tem sombra	1953	Orlando Vitorino, Azinhal Abelho
Figueira da Foz	1954	João Mendes
Setúbal	1956	Fernando de Almeida
Faina do rio e do mar	1959	António Lopes Ribeiro
Homens da baleia	1959	Não identificado
Loiça de barro	1959	António Lopes Ribeiro
O sobreiro: Alguns aspectos do seu cultivo	1959	João Mendes
Sal sem mar	1959	Fernando Duarte
Beja – A rainha da planície	1960	Folhadela de Mello
Indústrias regionais	1960	António Lopes Ribeiro
Rendas de metais preciosos – Filigranas	1960	Cândido da Costa Pinto
As pedras e o tempo – Évora	1961	Fernando Lopes
Portugal roteiro do sol	1961	João Mendes
Visor em Tavira	1962	Perdigão Queiroga
O lenhador algarvio	1962	Gentil Marques
Oleiros do Redondo	1964	Maria Luísa Bívar
Almada – Varanda do Tejo	1967	Ricardo Malheiro
Tapeçaria – tradição que revive	1967	António-Pedro Vasconcelos
Tapetes de Viana do Castelo	1967	Manuel Guimarães
Covilhã – Cidade da serra e do vale	1970	António Escudeiro
Matosinhos – Rumo ao futuro	1971	César Guerra Leal
O barro	1972	António Faria
Recompensa	1977	Arthur Duarte
Copejo do atum	Não identificada	Matos Cartuxo
Urbanização e economias urbanas (anos 1930 – anos 1970)		
Barreiro	1928	Artur Costa de Macedo
A visita oficial ao Barreiro	1933	Não identificado
Porto de Lisboa	1934	Paulo de Brito Aranha
As rodas de Lisboa	1951	António Lopes Ribeiro, Francisco Ribeiro
A pesca da sardinha	1953	João Mendes

A alma de uma cidade	1954	João Mendes
Silhuetas da vida	1955	João Mendes
O tirador de cerveja – Uma nova profissão	1959	Manuel Ruas
A ponte da Arrábida sobre o rio Douro	1961	Leitão de Barros
Lisboa	1961	João Mendes (coordenação)
Jornais	1967	Mário Pires
O ritmo da vida	1968	Manuel Guimarães
As doenças de Megalópolis	1969	António Ruano
Recordando – Obras de construção da sede, do museu e do grande auditório da Fundação Calouste Gulbenkian (1962-1969)	1969	António Campos
Porto de Lisboa, porta do Atlântico	1971	António Lopes Ribeiro
Concelho de Oeiras	1973	António Escudeiro
O porto de Lisboa	1975*	António Aurélio
Amolador!	1980	Não identificado
Calceteiros artísticos	1980	António Damião
Um navio à carga em Alcântara	Não identificada	Não identificado
O ciclo da industrialização (anos 1940 – anos 1970)		
Indústria de vidros, garrafas e garrafões	1941*	Manuel Santos
O jogo da sardinha	1946	José de Oliveira Cosme
Sinfonia de cristal	1947	Victor Raposo
O documentário da fabricação de farinha e óleo de peixe	1948	Não identificado
Forja de maravilhas	1951	Perdigão Queiroga
Três indústrias modelares	1952	Ricardo Malheiro
Fábrica de bolachas Triunfo – uma indústria modelar ao serviço da nação	1953	Fernando Garcia
As voltas que um pneu dá	1954	Perdigão Queiroga
União Eléctrica Portuguesa – Uma indústria ao serviço da nação	1954	Ricardo Malheiro
Fabricação de carruagens	1956	João Mendes
A vida de uma semente	1957	Cândido da Costa Pinto
I Congresso Nacional da Oliva	1958	Não identificado
Neve azul	1960	Fernando de Almeida
O sobreiro: Do Montado ao Tejo. Salvando as Riquezas Nacionais)	1960	Não identificado
Criando fontes de trabalho	1961	João Mendes
A empresa e o homem	1962	João Mendes
Nocturno	1962	Jacinto Ramos
Faianças portuguesas	1963	Mário Pires
Vidros de Portugal	1963	Mário Pires
Homens e máquinas	1964	João Mendes
Quero ir a Almoçageme!	1964	Jean Leduc
A lapidação de diamantes em Portugal	1964*	Baptista Rosa

A oliveira e a pirite	1965	Jean Leduc
O fogo e o aço	1966	António Ruano
A indústria cervejeira em Portugal – A fábrica de Coimbra da Sociedade Central de Cervejas	1967	Alfredo Tropa
Artes gráficas	1967	Manuel Guimarães
Estaleiros navais	1967	Carlos Marques
Indústria cervejeira em Portugal (A nova fábrica da SCC)	1967	Alberto Seixas Santos
Livros e bibliotecas	1967	Mário Pires
A indústria cervejeira em Portugal	1968	António-Pedro Vasconcelos
Atum	1968	Não identificado
Como se faz a cerveja	1968	Faria de Almeida
Como se faz a margarina	1968	Faria de Almeida
Keramus	1968	Afonso Botelho
Sociedade Central de Cervejas (A Fábrica de Vialonga) (aka Cervejeira de Lisboa)	1968	Ricardo Malheiro
Termolaminados	1968	António Lopes Ribeiro
Tráfego e estiva	1968	Manuel Guimarães
Scooter sinfonia	1969	António Ruano
A revelação	1969	António de Macedo (não creditado)
Artes gráficas	1970	Afonso Botelho
História breve da madeira aglomerada	1970	António de Macedo
Celnorte – Celulose do Norte	1973	César Guerra Leal
Um homem – Uma obra	1973	Alfredo Tropa, Eduardo Elyseu
Como nascem os plásticos	1982	José Carlos Oliveira
FISIPE- O nascimento de uma indústria	1984*	Não identificado
50 Anos de vidro plano em Portugal	1986	João Santa Clara
Oliva	Não identificada	Paulo Lucena
A modernização do setor agrícola (anos 1940 – anos 1970)		
Uma fábrica de trigo	1931	Artur Costa de Macedo
O trigo da nossa terra	1954	Augusto Fraga, Carlos Marques
O pão (versão longa)	1959	Manoel de Oliveira
Cultura e indústria do tomate	1961	Félix da Cruz, Weber de Oliveira
Um caso de agricultura de grupo	1970	Manuel Costa e Silva
Vilarinho das Furnas	1971	António Campos
Cooperativas agrícolas	1971	Alice Gabriela Gamito
Sever do Vouga uma experiência	1971	Paulo Rocha
Povo da terra	1973	Não identificado
Alguns aspectos da organização do trabalho em agricultura	1976	Alice Gabriela Gamito
O movimento das coisas	1985	Manuela Serra

Políticas educativas e de formação (anos 1950 – anos 1970)		
O Plano de Educação Popular	1953	Orlando Vitorino, Azinhal Abelho
Pensar no futuro	1953	João Mendes
Um futuro melhor	1953	João Mendes
A roda presa	1954	João Mendes
Bom dia, senhora professora!	1954	Fernando Garcia
Realidade do trabalho português	1960	João Mendes
Enquanto é tempo	1960	Manuel Moutinho
O perigo não dorme	1960	Fernando Garcia
O homem e a máquina	1961	Francisco de Castro, Manuel Moutinho Múrias
Perigo invisível	1961	Afonso Botelho, Manuel Moutinho Múrias
As mulheres e o trabalho	1962	Fernando Garcia
Cerâmica de ontem e de hoje	1967	Alfredo Tropa
Crónica de um jornal	1968	António Ruano
O pão, esse desconhecido	1968	Mário Fialho Lopes
Dobragem de um tubo a frio	1969	Não identificado
Formação de ferroviários	1970	Fernando Garcia
Planificação do desenvolvimento económico (anos 1950 – anos 1980)		
Hulha branca	1953	Armando da Silva Brandão
As obras do Cabril – A barragem	1954*	J. de Almeida Pereira, J. Cândido da Silva, Hidalgo Barata, A. P. Simões de Almeida
As obras do Cabril – A central	1954*	J. de Almeida Pereira, J. Cândido da Silva, Hidalgo Barata, A. P. Simões de Almeida
As obras do Cabril – O fabrico do betão	1954*	J. de Almeida Pereira, J. Cândido da Silva, Hidalgo Barata, A. P. Simões de Almeida
Barragens portuguesas no Douro internacional	1958	Constantino Esteves
Central térmica da Tapada do Outeiro	1959	Tavares da Fonseca
Portugal país de cortiça	1959	Alfred Ehrhardt
O trabalho de um povo	1960	João Mendes
Aço português	1961	Perdigão Queiroga
Uma força prodigiosa	1962	João Mendes
A ponte Salazar sobre o rio Tejo em Lisboa	1966	Leitão de Barros
Alto Rabagão	1966	César Guerra Leal
Encruzilhada intercontinental	1966	J. N. Pascal-Angot
Distribuição e aplicação de energia eléctrica	1967	César Guerra Leal
Frutos e vinhos	1968	J. N. Pascal-Angot
Indústria da madeira	1968	J. N. Pascal-Angot

Agualuz	1968	António Ruano
Cerâmica e vidro	1968	J. N. Pascal-Angot
Electro-técnicas	1968	J. N. Pascal-Angot
Estação de serviço	1968	J. N. Pascal-Angot
Indústria têxtil	1968	J. N. Pascal-Angot
Informações sociais	1968	J. N. Pascal-Angot
Mãos criadoras	1968	J. N. Pascal-Angot
Matérias plásticas	1968	J. N. Pascal-Angot
Metalo-mecânica	1968	J. N. Pascal-Angot
Produtos do mar	1968	J. N. Pascal-Angot
Síntese	1968	J. N. Pascal-Angot
Vinho do Porto	1968	J. N. Pascal-Angot
Agar-agar	1970	J. N. Pascal-Angot
A cortiça	1971	Jean Collomb
A indústria do aço	1971	Francisco de Castro
Face à Europa	1973	J. N. Pascal-Angot
Povo do mar	1973	Não identificado
Porto de Sines	1979	Francisco Saalfeld
Setenave – Um estaleiro para o mundo	1979	Augusto Cabrita (supervisão)
Sines, dez anos de progresso	1981	Forum
Aproveitamento hidroeléctrico «Aguieira» «Raiva»	1983	César Guerra Leal
O Novo Cinema Português (anos 1960)		
As palavras e os fios	1962	Fernando Lopes
Nicotiana	1963	António de Macedo
Os verdes anos	1963	Paulo Rocha
Belarmino	1964	Fernando Lopes
Faça segundo a arte	1965	Faria de Almeida
Domingo à tarde	1965	António de Macedo
A embalagem de vidro	1966	Faria de Almeida
Mudar de vida	1966	Paulo Rocha
A metafísica dos chocolates	1967	José Fonseca e Costa
Alta velocidade	1967	António de Macedo
Crónica do esforço perdido	1967	António de Macedo
Tejo – Rota do progresso	1967	Fernando Lopes
A arte e ofício de ourives	1968	Alberto Seixas Santos
Por um fio...	1968	Fernando Matos Silva
A aventura calculada	1970	Fernando Lopes
Triunfo da técnica	1970	Faria de Almeida
5 temas para refinaria & quarteto	1971	António de Macedo

O movimento revolucionário e o período de democratização (1974 – anos 1980)		
Emigrantes portugueses	1972/1973*	Nuno Cintra Torres
Falamos de Rio de Onor	1974	António Campos
Lúcia e Conceição	1974	Cinequipa
Apanha da azeitona	1975	Cinequipa
Applied Magnetics – O início de uma luta	1975	Cinequipa
Comunal, uma experiência revolucionária	1975	Cinequanon
Cooperativa Cesteira de Gonçalo	1975	António de Macedo
Gente da Praia da Vieira	1975	António Campos
Nascer, viver, morrer. Paradinha, Moimenta da Beira	1975	Cinequipa
Quinta da Vargem – Ocupação de terras na Beira Baixa	1975	António de Macedo
... Pela razão que têm!	1976	José Nascimento
A luta do povo – Alfabetização em Santa Catarina	1976	Grupo Zero
Assim começa uma cooperativa	1976	Grupo Zero
Cenas da luta de classes em Portugal	1976	Robert Kramer, Philip Spinelli
Diga-me, o que é a ciência? – I	1976	Ana Hatherly
Diga-me, o que é a ciência? – II	1976	Ana Hatherly
Emigr'Antes... e depois?	1976	António-Pedro Vasconcelos
A lei da terra	1977	Grupo Zero
Avante com a Reforma Agrária	1977	Unidade de Produção Cinematográfica n.° 1
Congresso de Todos os Sindicatos	1977	Luís Gaspar
Contra as multinacionais	1977	Cinequipa
E do mar nasceu	1977	Ricardo Costa
Gente do norte ou A história de Vila Rica	1977	Leonel Brito
Jornal Cinematográfico Nacional (Congresso de todos os sindicatos)	1977	Unidade de Produção Cinematográfica n.° 1
Operação Boa Colheita	1977	Luís Gaspar
Terra de pão, terra de luta	1977	José Nascimento
1° de Maio – Festa Unitária dos Trabalhadores de todo o mundo	1978	Unidade de Produção Cinematográfica n.° 1
A cortiça em Portugal	1978	Francisco Saalfeld
Trabalho	1978	Não identificado
1.° de Maio 1980	1980	Forum
3.° Congresso da CGTP	1980	Forum
1.° de Maio Dia de unidade e luta	1981	Forum
Manifestação de 12 de Dezembro de 1981	1981	Forum
12 de Fevereiro 1982 Greve Geral	1982	António Damião
1.° de Maio de 1982 – Dia internacional dos trabalhadores	1982	Forum
Greve Geral 12 de Fevereiro de 1982	1982	Forum

Greve Geral de 11 de Maio de 1982	1982	Forum
Reforma Agrária – Depoimentos e realidades	1982	Forum
Manifestação de vidreiros e manifestação «Não ao roubo do 13° mês»	1983	Não identificado
Vigília de 23 de Dezembro de 1983	1983	Não identificado
1.° de Maio de 1985	1985	Não identificado
1.° de Maio de 1986	1986	Não identificado
Filmes não classificados		
Douro, faina fluvial	1931	Manoel de Oliveira
Face of Argus	1951	Allan Villiers
Quando o mar galgou a terra	1954	Henrique Campos
Vidas sem rumo	1956	Manuel Guimarães
A costureirinha da Sé	1958	Manuel Guimarães
A almadraba atuneira	1961	António Campos
O trigo e o joio	1965	Manuel Guimarães
Num mar de moliço	1965	Alfredo Tropa
Histórias selvagens	1978	António Campos
Porto da minha infância	2001	Manoel de Oliveira

* Data estimada ou não confirmada.

Anexo 2
Sinopses dos filmes analisados

Quadro I (capítulo 2)

O ciclo de produção

Cerâmica de Portugal (1932, 19', Aníbal Contreiras)
Filme extraído do documentário *Cerâmica de Porcelana*, rodado na Electro Cerâmica de Vila Nova de Gaia por ocasião da Grande Exposição Industrial Portuguesa, e que segue o ciclo produtivo de diversos produtos e peças no interior da fábrica.

A visita

A visita oficial ao Barreiro (1933, 8', autor não identificado)
Filme que faz uma apresentação geral do Barreiro, a propósito de uma visita oficial do Presidente da República Óscar Carmona, o Presidente do Conselho de Ministros, António de Oliveira Salazar e o Ministro das Obras Públicas e Comunicações, Duarte Pacheco para a inauguração de algumas obras públicas.

Inauguração da fábrica de fibro-cimento Cruz-Quebrada 11 Abril 1934 (1934, 10', autor não identificado)
Filme mudo que acompanha a inauguração da fábrica de fibro-cimento Lusalite, com a presença do Presidente da República Óscar Carmona e o administrador Fortunato Abecassis. Além dos discursos, a cerimónia é composta por uma visita às instalações da fábrica pelos convidados enquanto os operários vão demonstrando como funcionam as máquinas.

A revelação (1969, 18', António de Macedo (não creditado)
Ficção publicitária que celebra o 50° aniversário da «presença da Sociedade Nacional de Sabões e suas Associadas na Vida Económica Portuguesa». Conta a história de um miúdo (João) que entra clandestinamente numa fábrica à procura do cão que fugiu. O miúdo acaba por ser apanhado pelo patrão, que lhe oferece uma visita guiada à fábrica.

Quadro II (capítulo 3)

Figuração a pausa

Évora (1929, 94', José César de Sá) *
Filme da Comissão de Iniciativa de Évora dividido em 4 partes, sendo que a última, com a duração de 12 minutos, é dedicada ao trabalho rural: a colheita do trigo nas suas várias fases, e a apanha da cortiça.

Douro, faina fluvial (1931, 18', Manoel de Oliveira)
Filme estruturado em torno do ciclo de um dia na zona ribeirinha do Porto, na margem do Rio Douro, retratando as condições de vida e trabalho da população.

Uma fábrica de trigo (1931, 36', Artur Costa de Macedo)
Filme de promoção à Fregus, Sociedade Agrária, Lda., uma firma importadora de tratores, charruas e outras máquinas agrícolas, sobre as vantagens da mecanização do trabalho agrícola.

Um futuro melhor (1953, 21', João Mendes)
Filme de ficção da série «Novas Indústrias em Portugal», e que ilustra o propósito da Campanha Nacional de Educação de Adultos: um operário tecelão analfabeto deixa-se enganar por um encarregado que sabe ler, e só o seu regresso à escola permitirá que se desenvolva como operário e cidadão.

Crónica do esforço perdido (1967, 16', António de Macedo)
Filme produzido para a Federação Nacional para a Alegria no Trabalho (FNAT) sobre a prática da chamada «ginástica de pausa» nos locais de trabalho como forma de diminuir a fadiga e aumentar a produtividade dos trabalhadores.

Avante com a Reforma Agrária (1977, 20', Unidade de Produção Cinematográfica n.º 1)
Filme que retrata umas Jornadas de Unidade Operária Camponesa, realçando o ambiente de cooperação entre camponeses, operários e intelectuais no contexto da Reforma Agrária. Trabalhadores da Mague e do Arsenal do Alfeite oferecem tratores e deslocam-se às cooperativas «União faz a força» e «Boa lembrança» para colaborar no trabalho rural, conviver e partilhar experiências.

O movimento das coisas (1985, 85', Manuela Serra)
Filme que retrata a vida na vila de Lanheses, Viana do Castelo. Na primeira metade do filme, esse retrato é feito através do ciclo de um dia de trabalho, desde o amanhecer até ao deitar, focando-se sobretudo nos diversos trabalhos femininos, tanto domésticos como rurais, e na vida de duas famílias. A segunda metade do filme está organizada em torno de alguns acontecimentos específicos – o mercado e a feira de manhã, a missa e a procissão ao cemitério na manhã seguinte, aparentemente o dia de Todos os Santos – em que reconhecemos as famílias já retratadas.

Figuração o corpo coletivo e a relação com a autoridade

Setúbal, suas indústrias (1930, 20', Virgílio Nunes)
Originalmente parte de uma longa-metragem sobre Setúbal, produzida pela Comissão de Iniciativa de Setúbal no contexto da I Exposição Regional do Distrito de Setúbal, este filme retrata brevemente a indústria da cerâmica, do cimento e dos adubos químicos, centrando-se depois na pesca da sardinha e na indústria das conservas, representando o seu ciclo produtivo completo.

Madeiras indústria portuguesa (1932, 33', Aníbal Contreiras)
Produzido no contexto da Grande Exposição Industrial Portuguesa e propriedade do empresário retratado – Manoel Vieira da Cruz – e da sua empresa de madeiras, o filme retrata o ciclo produtivo da madeira, desde o corte de árvores, passando pelo transporte fluvial na corrente do Tejo, até às suas diversas utilizações (exportação, fabricação de caixas, etc.). Este olhar industrial é acompanhado por um olhar turístico sobre os locais onde a empresa trabalha ou tem instalações – Pombal, Constância e Almourol.

Inauguração da fábrica de fibro-cimento Cruz-Quebrada 11 Abril 1934 (1934, 10', autor não identificado)
Filme mudo que acompanha a inauguração da fábrica de fibro-cimento Lusalite, com a presença do Presidente da República Óscar Carmona e o administrador Fortunato Abecassis. Além dos discursos, a cerimónia é composta por uma visita às instalações da fábrica pelos convidados enquanto os operários vão demonstrando como funcionam as máquinas.

Comícios anti-comunistas (1936, 20' (duração incompleta), Serviços Cinematográficos do Secretariado de Propaganda Nacional – SPN)
Filme incompleto sobre os comícios anticomunistas organizados pelo Estado Novo em Lisboa, Coimbra e Porto, no contexto da Guerra Civil de Espanha. Os comícios incluem discursos e diversas manifestações de apoio ao regime e ameaças contra os inimigos da pátria, além da presença de delegações nazis, fascistas italianos e falangistas.

O trigo da nossa terra (1954, 32', Augusto Fraga, Carlos Marques)
Filme que celebra os 25 anos da Campanha do Trigo lançada pelo Estado Novo para aumentar a produção de trigo em Portugal, nomeadamente no Alentejo, e diminuir a dependência alimentar do país face ao estrangeiro, sublinhando o papel centralizador da Federação Nacional dos Produtores de Trigo.

A lei da terra (1977, 67', Grupo Zero)
Filme que conta a história da Reforma Agrária em Portugal em paralelo com a evolução política portuguesa entre fevereiro de 1975, data das primeiras ocupações de terras no Alentejo, e finais de 1976, quando se dão as primeiras desocupações. Através de um narrador e de depoimentos, são ainda descritas as condições de trabalho rural antes do 25 de Abril de 1974.

Terra de pão, terra de luta (1977, 68', José Nascimento)
Filme que conta a história da Reforma Agrária no Alentejo, desde o 25 de Abril de 1974 até finais de 1976, momento da desocupação das terras. São ainda narradas, através de depoimentos, voz *off* e imagens de arquivo, as condições de vida e trabalho dos camponeses alentejanos desde o feudalismo até ao 25 de Abril de 1974.

12 de Fevereiro 1982 Greve Geral (1982, 44', António Damião)
Filme que mostra não só o dia da Greve Geral, mas sobretudo a preparação para esse dia, através de plenários de esclarecimento e discussão em várias empresas, nomeadamente na Lisnave. Inclui ainda depoimentos de trabalhadores a descrever o dia da greve, o papel da polícia e da imprensa, alternando com imagens de trabalho: uma fábrica têxtil, uma de peças metálicas, pescadores e agricultores no Alentejo.

* Existe uma versão deste filme com 7 partes, mas a cópia visionada só tem 4.

Quadro III (capítulo 4)

A cidade e o rio como espaço de trabalho

Porto de Lisboa (1934, 12', Paulo de Brito Aranha)
Apresentado no genérico como um «Documentário Cultural Sonoro do Engenheiro P. de Brito Aranha», o filme publicita a ação da Administração Geral do Porto de Lisboa, focando diversos aspetos da sua atividade – o turismo, a indústria naval, a estiva – através de um olhar focado no moderno apetrechamento técnico do porto.

A pesca da sardinha (1953, 13', João Mendes)
A partir do intuito publicitário de promover um navio abastecedor da Shell a operar no rio Tejo, o filme retrata a atividade dos pescadores da zona de Lisboa, tanto no mar, como no porto e em convívio a bordo de uma traineira.

A alma de uma cidade (1954, 17', João Mendes)
Filme pedagógico patrocinado pela Câmara Municipal de Lisboa sobre higiene urbana e regras de bom comportamento cidadão num contexto de crescente urbanização da cidade e desenvolvimento de novos bairros, sem que tal signifique uma qualquer rutura com os valores tradicionais e típicos da Lisboa antiga.

Lisboa (1961, 19' João Mendes (coordenação))
Filme de contextualização geral produzido para o Secretariado Nacional de Informação (SNI) que vai alternando entre aspetos pitorescos de bairros típicos e imagens de bairros modernos, passando por um retrato de Sintra, em registo cartão postal, para reforçar uma ideia de continuidade entre os vários tempos e espaços que compõem Lisboa.

Tejo – Rota do progresso (1967, 11', Fernando Lopes)
Filme que acompanha as várias fases da construção e o início da atividade do Estaleiro Sul da Lisnave, na margem sul do Tejo, salientando a importância do empreendimento para a economia nacional e a sua relevância estratégica de um ponto de vista geográfico.

Tráfego e estiva (1968, 17', Manuel Guimarães)
Filme que representa a transformação em curso nas atividades portuárias em Portugal – Lisboa e Leixões – com destaque para a modernização dos equipamentos usados na estiva.

Porto de Lisboa, porta do Atlântico (1971, 21', António Lopes Ribeiro)
Filme que aborda todo o território sob jurisdição da Administração do Porto de Lisboa, da foz do Tejo até Vila Franca de Xira, de um ponto de vista económico, geográfico e turístico, através de um percurso rio acima e de um mapeamento de diversos cais ao longo da margem.

Amolador! (1980, 13', autor não identificado)
Filme produzido para a Secretaria de Estado da Emigração e das Comunidades Portuguesas que traça o itinerário pessoal e profissional de um amolador através de uma entrevista e de imagens do seu percurso quotidiano pelas ruas de Alfama, onde exerce a sua profissão, e nas ruas de um bairro degradado, onde mora.

A fábrica

Fábrica de Lanifícios da Breia (1934, 4', autor não identificado)
Filme composto por uma série de imagens não montadas, filmadas no interior de uma fábrica de lanifícios em laboração, em Guimarães, embora não haja certezas sobre a identificação da empresa.

Inauguração da fábrica de fibro-cimento Cruz-Quebrada *11 Abril 1934* (1934, 10', autor não identificado)
Filme mudo que acompanha a inauguração da fábrica de fibrocimento Lusalite, com a presença do Presidente da República Óscar Carmona e o administrador Fortunato Abecassis. Além dos discursos, a cerimónia é composta por uma visita às instalações da fábrica pelos convidados enquanto os operários vão demonstrando como funcionam as máquinas.

Gouveia, tear da Beira (1948, 23', Américo Couto)
Filme que acompanha uma visita presidencial ao distrito por parte do Presidente da República, Marechal Óscar Carmona, incluindo uma curta sequência sobre as fábricas aí instaladas e a qualidade do trabalho efetuado de forma harmoniosa por uma mão de obra obediente e asseada.

Forja de maravilhas (1951, 14', Perdigão Queiroga)
Filme que retrata o ciclo de produção das máquinas de costura Oliva através de uma visita à fábrica da empresa em São João da Madeira, realçando o seu papel na indústria nacional.

Fabricação de carruagens (1956, 15', João Mendes)
Oferecido pela SOREFAME – Sociedades Reunidas de Fabricações Metálicas – à Campanha Nacional de Educação de Adultos, no âmbito da série «Novas Indústrias em Portugal», o filme retrata o ciclo produtivo da fabricação de carruagens naquela fábrica. O retrato é acompanhado por um discurso de valorização da produção nacional e independência face ao estrangeiro, graças aos cérebros dos engenheiros portugueses e às mãos dos operários nacionais.

Mudar de vida (1966, 94', Paulo Rocha)
A história deste filme de ficção situa-se no Furadouro, em Ovar, e retrata o lento declínio da atividade piscatória naquela zona, obrigando os pescadores a encontrar ocupações alternativas, seja através da emigração, seja através da sua reconversão em operários fabris.

Oliva (data não identificada, 17', Paulo Lucena)
Filme produzido pela Junta de Acção Social (JAS) que depois de uma breve menção às origens das Oficinas Metalúrgicas Oliva e à evolução da empresa, aborda as diversas oficinas da fábrica de São João da Madeira, onde, além das máquinas de costura, se fabricam diversas peças metalúrgicas e produtos como fogões. O tom é bastante descritivo de cada um dos processos mecânicos/gestos manuais envolvidos em cada operação, além de imagens dos diversos serviços sociais oferecidos ao pessoal.

Quadro IV (capítulo 5)

Belarmino (1964, 72', Fernando Lopes)
Filme que parte da figura do pugilista Belarmino Fragoso e da sua carreira desportiva e que é, ao mesmo tempo, o retrato de um proletário do bairro da Mouraria, em Lisboa.

A aventura calculada (1970, 14', Fernando Lopes)
Filme sobre o trabalho desenvolvido pelo Laboratório Nacional de Engenharia Civil (LNEC), cruzando imagens de diversos trabalhos de engenharia com depoimentos de alguns trabalhadores.

Um homem, uma obra (1973, 17', Alfredo Tropa, Eduardo Elyseu)
Filme sobre a história da Companhia União Fabril (CUF) a partir do retrato do seu fundador, Alfredo da Silva. Imagens panorâmicas do Barreiro e das fábricas da empresa vão sendo acompanhadas por breves depoimentos de antigos e atuais empregados da CUF sobre o fundador.

Emigrantes portugueses (c. 1972/1973, 33', Nuno Cintra Torres)
Filme construído em torno do registo sonoro de depoimentos de emigrantes portugueses em França, habitantes de *bidonvilles*, alternando com o discurso anti-imperialista do narrador, que desconstrói os interesses do capitalismo na imigração. Os depoimentos são ilustrados sobretudo com fotografias dos trabalhadores e algumas imagens do exterior de uma fábrica da Renault.

Lúcia e Conceição (1974, 26', Cinequipa)
Rodado nos Açores pouco depois do 25 de Abril de 1974, o filme recolhe depoimentos de recoletores de chá, crianças e adolescentes, e dos seus pais. Falam do seu quotidiano, condições de vida e perspetivas de futuro, que se dividem entre o casamento ou a emigração.

Diga-me, o que é a ciência? – I (1976, 20', Ana Hatherly)
Filme produzido para a Direcção-Geral de Educação Permanente, em que vários trabalhadores rurais do Alentejo são questionados sobre a definição que dariam de técnica e ciência. Na maioria dos casos, as perguntas são feitas enquanto trabalham.

Terra de pão, terra de luta (1977, 68', José Nascimento)
Filme que conta a história da Reforma Agrária no Alentejo, desde o 25 de Abril de 1974 até finais de 1976, momento da desocupação das terras. São ainda narradas, através de depoimentos, voz *off* e imagens de arquivo, as condições de vida e trabalho dos camponeses alentejanos desde o feudalismo até ao 25 de Abril de 1974.

1° de Maio de 1982 – Dia internacional dos trabalhadores (1982, 27', Forum)
Filme militante que começa com imagens e depoimentos da manifestação do 1° de Maio em Lisboa, e depois relata a morte pela polícia de um operário no Porto durante a manifestação. Várias imagens do funeral, acabando com um apelo à Greve Geral do dia 11 de maio.

Quadro V (capítulo 6)

Indústria do vidro

Sinfonia de cristal (1947, 10' (duração incompleta), Victor Raposo)*
Filme que faz uma breve panorâmica por diversas fábricas da Marinha Grande que «orgulham a indústria nacional» com a sua produção de jarras, garrafões, vidros, ampolas, lustros. A narração vai descrevendo os processos envolvidos e enaltecendo a arte dos operários com algum humor à mistura.

Vidros de Portugal (1963, 19', Mário Pires)
Filme produzido para o Fundo de Fomento de Exportação que faz um retrato geral de várias indústrias ligadas ao setor vidreiro, desde vidro artístico e garrafas até lâmpadas e placas de vidro. A narração enaltece o lado artístico e humano da mecanização dessas indústrias, sublinhando sempre a qualidade do vidro português e a sua procura no mercado externo.

A embalagem de vidro (1966, 10', Faria de Almeida)
Breve retrato da indústria de garrafas de vidro, focado sobre o gesto humano e a produção mecânica em série, de um ponto de vista abstrato e montado ao ritmo da música, sem narração. Segundo os créditos, o filme foi patrocinado por «um grupo de industriais vidreiros».

Indústria siderúrgica

Aço português (1961, 20', Perdigão Queiroga)
Filme em *Cinemascope* sobre a inauguração e funcionamento da Siderurgia Nacional, no Seixal, e o seu papel na economia portuguesa.

Nocturno (1962, 12', Jacinto Ramos)
Filme que se apresenta como um retrato poético das instalações da Siderurgia Nacional, dispensando qualquer comentário de um narrador ou a obediência a critérios narrativos que transmitam de forma fiel o ciclo de produção da fábrica. Filme integrado no catálogo da Junta de Acção Social (JAS).

A indústria do aço (1971, 14', Francisco de Castro)
Filme sobre a Siderurgia Nacional, cuja fábrica no Seixal é usada como símbolo da capacidade construtora do país e «instrumento vital para o desenvolvimento da economia», um passo na direção do «Portugal do futuro».

* Cópia incompleta.

Quadro VI (capítulo 7)

O perigo não dorme (1960, 11', Fernando Garcia)
Filme pedagógico realizado no âmbito do Plano de Formação Social e Corporativa, do Ministério da Previdência, e que retrata as condições de trabalho em diversas profissões exercidas em horário noturno – controladores aéreos, transporte de mercadorias, bombeiros, reparação de linhas de elétrico, tipografia – e as precauções a ter para evitar acidentes. Produção de Domingos Mascarenhas / Produções Cinematográficas Perdigão Queiroga.

Realidade do trabalho português (1960, 17', João Mendes)
Filme realizado no âmbito do Plano de Formação Social e Corporativa do Ministério da Previdência. que aborda a transformação de diferentes setores de atividade económica em Portugal. Começa com uma celebração da cultura portuguesa do trabalho – estaleiros navais, tapeçaria, artesanato – para depois se focar na mecanização e industrialização da economia nacional. Produção de Felipe de Solms e da Junta de Acção Social (JAS).

Enquanto é tempo (1960, 9', Manuel Moutinho)
Filme realizado no âmbito do Plano de Formação Social e Corporativa do Ministério da Previdência, sobre a prevenção contra os acidentes de trabalho. Produção de Domingos Mascarenhas e Perdigão Queiroga.

Perigo invisível (1961, 11', Afonso Botelho e Manuel Moutinho Múrias)
Filme realizado no âmbito da Campanha Nacional de Acidentes no Trabalho, do Plano de Formação Social e Corporativa do Ministério da Previdência que se debruça sobre a prevenção contra a poeira sílica que provoca a silicose, uma doença dos pulmões ligada a certas indústrias. Produção da JAS.

O homem e a máquina (1961, 10', Francisco de Castro e Manuel Moutinho Múrias)
Filme pedagógico, mas com elementos narrativos, como personagens ou cenas encenadas, sobre regras de segurança no trabalho em oficina, realizado no âmbito da Campanha Nacional de Acidentes no Trabalho, do Plano de Formação Social e Corporativa do Ministério da Previdência. Produção da JAS.

As mulheres e o trabalho (1962, 15', Fernando Garcia)
Filme realizado para apresentar o novo papel das mulheres na sociedade, e no mercado de trabalho em particular, o que tem na sua base leis laborais específicas. Estas são ilustradas através de imagens da indústria da cortiça, têxtil, alimentar e cerâmica, abordando ainda a questão da maternidade. Produção da JAS.

Nocturno (1962, 12', Jacinto Ramos)
Filme que se apresenta como um retrato poético das instalações da Siderurgia Nacional, dispensando qualquer comentário de um narrador ou a obediência a critérios narrativos que transmitam de forma fiel o ciclo de produção da fábrica. Filme integrado no catálogo da JAS.

Oleiros do Redondo (1964, 12', Maria Luísa Bívar)
O filme começa por fazer uma breve panorâmica pelo património arquitetónico do Redondo, para depois se focar na olaria em três fases distintas – moldar o barro; desenhos e pintura; transporte de burro. A câmara foca-se sobretudo nos gestos manuais e nos rostos de um artesão e uma artesã mais velha. Produção da JAS.

O fogo e o aço (1966, 13', António Ruano)
Filme que retrata o ciclo de produção de uma siderurgia, iniciando nas minas e terminando com o produto armazenado. Note-se a ausência de locução até aos últimos planos. Produção da JAS.

Cerâmica de ontem e de hoje (1967, 9', Alfredo Tropa)
Filme sobre os processos industriais e manuais de trabalhar a cerâmica. Produção Ricardo Malheiro/ Cultura Filmes para a JAS.

Tapeçaria – Tradição que revive (1967, 16', António-Pedro Vasconcelos)
Filme sobre as Manufacturas Portalegre, oficina onde se fabricam tapetes de forma artesanal, mas a uma escala industrial e para os mais variados clientes. O retrato é realizado com uma atenção particular sobre os gestos manuais de trabalho

da mão de obra feminina, cuja delicadeza é sublinhada pela banda sonora de Bach. Produção Ricardo Malheiro/Cultura Filmes para a JAS, com financiamento do Fundo do Cinema Nacional e do Fundo de Fomento de Exportação.

Agualuz (1968, 10', António Ruano)
Filme sobre a construção da rede de produção de energia hidroelétrica em barragens no norte do país. Produção de António Ruano e JAS.

A arte e ofício de ourives (1968, 10', Alberto Seixas Santos)
Filme que retrata sucintamente os diversos processos envolvidos na arte do ourives, focando-se sobre os gestos manuais de trabalho: laminagem, repuxagem, martelo, soldagem, cinzelagem e acabamento. Produção Ricardo Malheiro/ Cultura Filmes para a JAS.

Crónica de um jornal (1968, 10', António Ruano)
Filme sobre o ciclo de produção de um jornal, o *Diário de Notícias*, com particular ênfase para a tipografia. Produção da JAS.

As doenças de Megalópolis (1969, 10', António Ruano)
Filme sobre os problemas das grandes cidades modernas, e de Lisboa em particular: automatismo, poluição, ruído, trânsito, subúrbios. Filme da série «Urbanismo e Habitação». Produção da JAS, produtor Francisco de Castro.

Scooter sinfonia (1969, 11', António Ruano)
Filme sobre o ciclo produtivo da fabricação de scooters na Metalúrgica Casal (Aveiro), desde a fase de desenho até ao produto final. Filme da série «Indústrias de Portugal». Produção da JAS.

Árvore – Papel (1970, 12', Afonso Botelho)
Filme que retrata o ciclo produtivo do papel, desde o abate de árvores até à sua transformação em jornais. Este retrato é realizado a partir de uma analogia entre a árvore e o homem, como fazendo parte do mesmo ciclo de vida, recorrendo a uma sugestiva banda-sonora *pop* com laivos de psicadelismo. Produção da JAS.

Oliva (data não identificada, 17', Paulo Lucena)
Filme que depois de uma breve menção às origens das Oficinas Metalúrgicas Oliva e à evolução da empresa, aborda as oficinas da fábrica de São João da Madeira, onde além das máquinas de costura, se fabricam diversas peças metalúrgicas e produtos como fogões. O tom é bastante descritivo de cada um dos processos mecânicos/gestos manuais envolvidos em cada operação, além de imagens dos diversos serviços sociais oferecidos ao pessoal. Produção da JAS.

Quadro VII (capítulo 8)

Contra as multinacionais (1977, 67', Cinequipa)
Filme que se propõe explicar o funcionamento do capitalismo internacional e o papel das multinacionais em Portugal, mostrando e dando voz a diversas lutas de trabalhadores de empresas como a Timex, a Firestone ou a Sogantal, mas sobretudo a Applied Magnetics, usando para este efeito muitas imagens do filme *Applied Magnetics – O início de uma luta* (1975).

Applied Magnetics – O início de uma luta (1975, 48', Cinequipa)
Originalmente um episódio da série *Nome Mulher* produzida pela Cinequipa para a RTP, o filme mostra a ocupação pelos trabalhadores das instalações da multinacional Applied Magnetics Portugal, em Sacavém, depois da fuga do administrador para os EUA. A luta é representada através de depoimentos, tanto da Comissão de Trabalhadores, como de jovens operárias, sobre as condições de trabalho antes do 25 de Abril de 1974 e as perspetivas para o futuro da empresa, além da representação de uma peça de teatro pelos próprios trabalhadores. Parte destas imagens reaparecerá, numa nova montagem, no filme *Contra as multinacionais* (1977).

Quadro VIII (capítulos 9 e 10)

Barreiro (1928, 45', Artur Costa de Macedo)
Filme sobre diversos aspetos do Barreiro, entre os quais o industrial, abordado numa curta sequência na segunda parte do filme, com o registo de uma saída das fábricas da Companhia União Fabril (CUF) e imagens da indústria de cordoaria, da estação dos caminhos de ferro e dos bombeiros. O filme foi iniciativa do Comandante da Corporação de Bombeiros dos Caminhos de Ferro do Sul e Sueste, e estreou em agosto de 1928 no Salão Foz, em Lisboa.

A visita oficial ao Barreiro (1933, 8', autor não identificado)
Documentário que faz uma apresentação geral do Barreiro, a propósito de uma visita oficial do Presidente da República Óscar Carmona, o Presidente do Conselho de Ministros, António de Oliveira Salazar e o Ministro das Obras Públicas e Comunicações, Duarte Pacheco para a inauguração de algumas obras públicas.

Neve azul (1960, 15', Fernando de Almeida)
Filme com uma dimensão publicitária de promoção de um produto específico, o sulfato de cobre – um pó azul – matéria-prima para o tratamento da videira. O filme começa com imagens do trabalho do campo (vindimas), e da operação de sulfatagem, para depois retratar as diferentes etapas da produção do sulfato de cobre na CUF.

Criando fontes de trabalho (1961, 24', João Mendes)
Filme de empresa que faz um retrato das diversas indústrias que compõem a CUF, seguindo a estrutura de um dia de trabalho. Além da componente produtiva da CUF, é realçado o seu papel social no apoio aos trabalhadores e suas famílias.

A empresa e o homem (1962, 19', João Mendes)
Filme que apresenta a organização da empresa CUF e o seu papel social e de enquadramento da vida dos trabalhadores – habitação, alimentação, saúde, educação, lazer.

Quero ir a Almoçageme! (1964, 12', Jean Leduc)
Produzida no âmbito das comemorações do centenário da empresa, esta curta-metragem de ficção encena a ida para a colónia de férias da CUF do filho de um operário e da importância desta experiência para a sua «formação física e espiritual».

A oliveira e a pirite (1965, 19', Jean Leduc)
Filme que faz uma apresentação geral das atividades da CUF a propósito dos 100 anos da empresa, cuja história é contada através dos seus principais ciclos de produção e atividades anexas, como a fiação, a mecânica ou criação de serviços de pesquisa química e agrónoma. É também sublinhado o papel social da CUF, mostrando o seu contributo para o desenvolvimento da produção agrícola nacional.

Um homem, uma obra (1973, 17', Alfredo Tropa, Eduardo Elyseu)
História da CUF a partir do retrato do seu fundador, Alfredo da Silva. Imagens panorâmicas do Barreiro e das fábricas da empresa vão sendo acompanhadas por breves depoimentos de antigos e atuais empregados da CUF sobre o fundador.

Figura 2.7. – *A revelação*, 1969, António de Macedo [col. ANIM].

Figura 2.8. – *A revelação*, 1969, António de Macedo [col. ANIM].

CAPÍTULO 3

A ANÁLISE SITUACIONAL DAS FIGURAÇÕES: MECANISMOS REPRESENTACIONAIS DO TRABALHO NO CINEMA

Luísa Veloso, Frédéric Vidal e *João Rosas*

FIGURA 3.2. – *O movimento das coisas*, 1985, Manuela Serra [col. ANIM].

FIGURA 3.4. – *Crónica do esforço perdido*, 1967, António de Macedo [col. ANIM].

FIGURA 3.7. *Avante com a Reforma Agrária*, 1977, Unidade de Produção Cinematográfica n.º 1 [col. ANIM].

FIGURA 3.8. – *12 de Fevereiro 1982 Greve Geral*, 1982, António Damião [col. ANIM].

CAPÍTULO 4

A CONSTRUÇÃO SOCIAL DO ESPAÇO DE TRABALHO

João Rosas e *Frédéric Vidal*

Figura 4.4. – *Amolador!*, 1980, autor não identificado [col. ANIM].

Figura 4.5. – *Amolador!*, 1980, autor não identificado [col. ANIM].

CAPÍTULO 5

OS USOS DA PALAVRA

Luísa Veloso e *Frédéric Vidal*

FIGURA 5.1. – *A aventura calculada*, 1970, Fernando Lopes [col. ANIM].

FIGURA 5.2. – *A aventura calculada*, Fernando Lopes, 1970 [col. ANIM].

FIGURA 5.4. – *Terra de pão, terra de luta*, 1977, José Nascimento [col. ANIM].

FIGURA 5.6. – *A aventura calculada*, Fernando Lopes, 1970 [col. ANIM].

CAPÍTULO 6

GESTOS DE TRABALHO E DISPOSITIVOS TÉCNICOS EM FILMES SOBRE AS INDÚSTRIAS DO VIDRO E SIDERÚRGICA

Luísa Veloso e *Emília Margarida Marques*

FIGURA 6.2. – Sob o olhar atento do encarregado (cuja presença indicia fabrico propositado para a filmagem), um oficial vidreiro fabrica uma peça artística, assistido por ajudantes aos quais a câmara não dá rosto – VIDROS DE PORTUGAL, 1963, Mário Pires [col. ANIM].

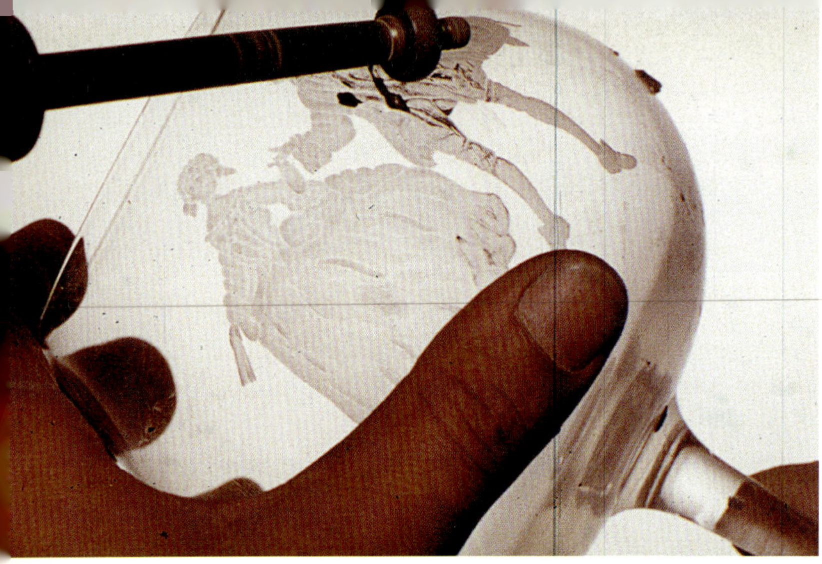

FIGURA 6.3. – Grande plano de gravura à roda, salientando a ação do utensílio sobre a superfície vítrea – *Cerâmica e vidro*, 1968, J. N. Pascal-Angot [col ANIM].

FIGURA 6.4. – *Aço português*, 1961, Perdigão Queiroga [col ANIM].

FIGURA 6.5. – *A indústria do aço*, 1971, Francisco de Castro [col ANIM].

CAPÍTULO 8

CINEMA MILITANTE E PRODUÇÃO DE DISCURSOS MEMORIAIS: A LUTA DAS TRABALHADORAS DA APPLIED MAGNETICS (1973-1975)

Frédéric Vidal, Luísa Veloso e *João Rosas*

FIGURA 8.2. – *Contra as multinacionais*, 1977, Cinequipa [col. RTP].

CAPÍTULO 9

CINEMA DE EMPRESA NO QUADRO DA POLÍTICA DE COMUNICAÇÃO DA COMPANHIA UNIÃO FABRIL

Luísa Veloso e *Emília Margarida Marques*

FIGURA 9.2. – *Neve azul*, Fernando de Almeida, 1960 [col. ANIM].

FIGURA 9.3. – *Criando fontes de trabalho*, João Mendes, 1961 [col. ANIM].

Figura 9.4. – *Criando fontes de trabalho*, João Mendes, 1961 [col. ANIM].